레위기 강해

IVP

IVP(InterVarsity Press)는
캠퍼스와 세상 속의 하나님 나라 운동을 지향하는
IVF(InterVarsity Christian Fellowship)의 출판부로
생각하는 그리스도인을 위한 문서 운동을 실천합니다.

The Message of Leviticus
Copyright © 2005 by Derek Tidball
Translated by permission of Inter-Varsity Press
Norton Street, Nottingham, NG7 3HR, England
All rights reserved.

Korean Edition © 2016 by Korea InterVarsity Press
156-10 Donggyo-Ro, Mapo-Gu, Seoul 04031, Korea

The Message of Leviticus

Free to be holy

Derek Tidball

차례

시리즈 서문 ... 7

저자 서문 ... 9

약어 ... 11

서론 ... 13

1부 제사 실행 지침: 하나님의 임재를 누리다(1:1-7:38)

1. 하나님께 드리는 봉헌: 번제(1:1-17) ... 37
2. 하나님께 바치는 예물: 소제(2:1-16) ... 51
3. 하나님과의 친교: 화목제(3:1-17) ... 67
4. 하나님의 용서: 속죄제(4:1-5:13) ... 83
5. 하나님 앞에서 바로잡음: 속건제(5:14-6:7) ... 101
6. 하나님이 명령하신 제사장의 책무(6:8-7:38) ... 115

2부 제사장직 실행 지침: 하나님께 대한 봉사를 시작하다(8:1-10:20)

7. 봉사를 위한 기름부음(8:1-36) ... 131
8. 여호와의 영광이 나타남(9:1-24) ... 151
9. 여호와에게서 나온 불(10:1-20) ... 163

3부 정결 실행 지침: 하나님의 설계를 만나다(11:1-15:33)

10. 정결과 음식물(11:1-47) ... 179
11. 정결과 몸(12:1-8; 15:1-33) ... 201
12. 정결과 질병(13:1-14:57) ... 217

4부 속죄 실행 지침: 하나님의 용서를 보장하다(16:1-34)

13. 이스라엘의 모든 죄를 위하여(16:1-34)   239

5부 거룩함 실행 지침: 하나님 말씀을 법률로 제정하다(17:1-26:46)

14. 생명의 피에 관한 하나님 말씀(17:1-16)   263
15. 건강한 가족에 관한 하나님 말씀(18:1-30)   277
16. 사회 복지에 관한 하나님 말씀(19:1-37)   297
17. 형법에 관한 하나님 말씀(20:1-27)   319
18. 영적 리더십에 관한 하나님 말씀(21:1-22:33)   333
19. 절기에 관한 하나님 말씀(23:1-44)   347
20. 거룩한 물건의 보호에 관한 하나님 말씀(24:1-23)   363
21. 급진적 경제에 관한 하나님 말씀(25:1-55)   375
22. 미래의 번영에 관한 하나님 말씀(26:1-46)   391

6부 봉헌 실행 지침: 하나님의 은혜에 매혹되다(27:1-34)

23. 봉헌에 관한 하나님 말씀(27:1-34)   409

참고 도서   423

시리즈 서문

BST(Bible Speaks Today) 시리즈란 다음 세 가지 목적을 특징으로 하는 신구약 및 주제별 강해 시리즈를 말한다. 즉, 성경 본문을 정확하게 해설하고, 그것을 현대 생활에 관련시키며, 읽기 쉽게 만드는 것이다.

따라서 이 시리즈는 '주석'이 아니다. 주석은 본문을 적용하기보다는 설명하려고 애쓰며, 독립된 책이라기보다는 참고서 역할을 하는 경향이 있다. 다른 한편으로 이 시리즈는 단순한 '설교'가 아니다. 성경은 진지하게 다루지 않고 그저 현대적이고 읽기 쉬운 것만을 추구하려고 하지 않기 때문이다.

본 시리즈의 기고자들은 모두, 하나님이 이미 말씀하신 것을 통해 지금도 말씀하고 계시며, 그리스도인들의 삶과 건강과 성장을 위해서는 성령님이 오래 전에 주신 그러나 항상 새로운 말씀을 통해 지금도 말씀하시는 것을 듣는 일이 그 무엇보다도 중요하다는 확신을 가지고 있다.

시리즈 편집자
모티어(A. Motyer), 스토트(J. Stott), 티드볼(D. Tidball)

저자 서문

10여 년 전 나는 크로스웨이 바이블 가이드(Crossway Bible Guides)의 일부로 소그룹이 사용할 수 있는 작은 레위기 주석서를 썼다. BST 시리즈 레위기를 쓰려고 다시 레위기를 새롭게 연구하게 되어 기쁘다. 나는 여전히 레위기가 하나님과 기독교 신앙을 이해하는 토대라고 확신한다. 레위기가 없다면 성경의 다른 많은 책을 이해할 수 없다. 따라서 우리는 레위기를 공부하고 그 메시지를 경청하라고 반드시 권유해야 한다. 레위기에 대한 나쁜 평판은 부당하며, 그리스도인들이 레위기에 대한 편견을 극복한다면 이 책이 제공하는 풍성한 영적 열매를 알게 되리라고 확신한다. "모든 성경은 하나님의 감동으로 된 것으로…유익하다"는 바울의 주장은 레위기도 분명히 포함한다. 이런 이유로 나는 레위기가 오늘날의 회중에게 설교할 수 있고, 설교해야 하는 책이라고 확신한다.

지난 10여 년간 레위기에 관한 학문적 연구 작업이 상당히 많이 이루어졌다. 학문적 토론에 참여하는 것이 이 책의 목적은 아니지만 나는 각주에 그런 내용을 언급하려고 노력했으며, 관련 내용을 더 알고 싶은 사람들은 각주에 소개한 출판 자료를 참고할 수 있다. 본문비평 전문가들은 내가 크로스웨이 가

이드를 쓴 이후 생각이 바뀐 부분을 여러 군데 발견하겠지만 그 부분은 그리 중요하지 않으며, 그중 많은 내용이 본문과 그 의미를 더 명료하게 하는 데 기여하기를 바란다.

늘 그렇듯이 이 책을 쓰는 데 도움을 준 많은 분들에게 감사드린다. 이 책은 런던 신학교(London School of Theology)가 제공한 안식년 기간에 썼다. 내가 없는 동안 늘어난 부담을 함께 감당해 준 동료 교수들에게 깊이 감사드린다. 특히 대학 경영진과 내 개인 비서 제니 애스톤(Jenny Aston)에게 감사드린다. 앤드류 스토바트(Andrew Stobart)가 원고 앞부분을 읽고 유용한 조언을 많이 제공했다. IVP의 필 듀스(Phil Duce)와 다시 함께 일하게 되어 기뻤고 그의 섬세한 눈과 개인적인 지원이 큰 도움이 되었다. BST 시리즈의 편집자 알렉 모티어(Alec Motyer)는 훌륭한 교사이자 놀라운 격려자, 통찰력 있는 비평가, 정확한 편집자임을 다시 한 번 입증했으며, 그 모든 것에 깊이 감사드린다. 이 책을 집필하는 동안 큰 도움을 주고, 글을 쓸 수 있도록 아주 행복한 가정환경을 제공한 아내와 아들에게도 감사한다. 드럼 소리도 내 집중력을 무너뜨릴 수는 없었다!

레위기가 구약성경에서 주석서를 쓰기가 쉽지 않은 책 중 하나이긴 하지만, 오랫동안 설교 사역을 하면서 BST 시리즈를 매우 높이 평가했기 때문에 이 책을 집필해 달라는 요청을 특권으로 생각했다! 내가 그 시리즈에서 유익을 얻었듯이 이 책도 성경 본문에 충실하고, 오늘날 하나님의 사람들이 그 메시지를 드러내는 데 도움이 되기를 기도한다. 이 책이 사람들이 거룩한 삶을 위한 해방을 경험하도록 고무하고 자극하고 동기를 부여할 수 있기를.

데렉 티드볼
2004년 6월
런던 신학교

약어

Bib Sac	*Bibliotheca Sacra*
DOTP	*Dictionary of the Old Testament: Pentateuch*, ed. T. D. Alexander and D. W. Baker (Downers Grove, IL, and Leicester: IVP, 2003)
EQ	*Evangelical Quarterly*
Int	*Interpretation*
JBL	*Journal of Biblical Literature*
JPS	Jewish Publication Society
JSOT	*Journal for the Study of the Old Testament*
NICNT	New International Commentary on the New Testament
NIDOTTE	*New International Dictionary of Old Testament Theology and Exegesis*, ed. W. A. VanGemeren, 5 vols. (Grand Rapids, MI: Zondervan, 1996; Carlisle: Paternoster, 1997)
NIGTC	New International Greek Testament Commentary
NIV	New International Version, 1993-1996
NDCEPT	*New Dictionary of Christian Ethics and Pastoral Theology*, ed. D. J. Atkinson and D. H. Field(Leicester: IVP, 1995)
NRSV	New Revised Standard Version, 1989-1995
RSV	Revised Standard Version, 1952-1971
SBL	Society of Biblical Literature
SJT	*Scottish Journal of Theology*
ZAW	*Zeitschrift für die Alttestamentliche Wissenschaft*

서론

레위기는 좋은 소식이다. 레위기는 용서를 구하는 죄인들, 다른 사람을 세워 줄 능력이 필요한 성직자들, 취약한 상태에 있는 여자들, 정결을 갈구하는 부정한 사람들, 자유를 열망하는 가난한 사람들, 존엄성을 회복하려는 소외된 사람들, 보호가 필요한 동물들, 강한 결속이 필요한 가정들, 튼튼한 울타리를 원하는 공동체들, 돌봄이 필요한 창조세계를 위한 복음이다. 레위기는 이 모든 이슈와 그 밖의 내용을 긍정적인 방식으로 다룬다.

많은 사람들이 인정하듯이, 레위기에 대한 사람들의 일반적인 인상은 이와 다르다. 이 책에 대한 사람들의 평판은 대체로 좋지 않다. 1891년까지 거슬러 올라가 보면, 복음주의 성경주석가 새뮤얼 켈로그(Samuel Kellogg)는 사람들이 레위기에 대해 느끼는 어려움을 지적하면서, 이 책을 하나님의 말씀으로 소유하고 싶어 했던 많은 사람들이 "낙심했다"고 말했다. 하지만 대다수 사람들은 레위기를 모세 시대에나 타당한 것으로 치부하거나, 율법의 극단적인 엄정함에 불편한 기색을 드러내거나, 그저 무관심한 태도로 다루거나, 이 책이 정말 하나님의 말씀인지 의심했다.[1] 그 뒤로도 상황은 나아지지 않아서, 애석하게도 오늘날 대다수 그리스도인들에게도 열리지 않는 미지의 책으로 남아 있다.

레위기에 대한 현대인들의 무관심한 태도와 달리 초기 유대인들은 그와 반대되는 태도를 보였다. 그들은 이 책을 매우 귀중하게 여겨서 학교에서 어린 학생들에게 토라를 소개할 때 가장 먼저 가르쳤다. 그들은 일상에 필요한 가치와 규칙이 몸에 배도록 교육할 때 레위기에서부터 시작했다.[2] 예수님도 모세오경의 나머지 책들과 함께 레위기를 잘 아시고, 이 책의 권위를 존중하셨다.

복음은 제사와 속죄, 율법과 은혜, 죄와 순종, 부정과 정결, 제사장직과 성전 휘장에 관한 지식을 전제하며, 이런 지식 없이는 이해하기 힘들다. 레위기는 그리스도 안에서 드러날 걸작을 예비하는 스케치 역할을 한다. 히브리서는 레위기와 복음의 관계를 가장 자세하게 설명한다. 레위기는 복음뿐 아니라 그리스도인의 삶의 토대를 형성한다. 신약성경은 그리스도인의 도덕적·영적 생활을 안내하는 새로운 지도를 그릴 때 이전에 레위기에 나왔던 약도들을 활용한다. 구체적인 적용은 바뀔 수 있지만 윤리적 지도(指導) 원리는 여전히 견고하게 유지된다. 레위기가 없다면 우리 그리스도인들의 경험은 기초 없는 집이 될 것이다.

1. 저자와 저작 시기

레위기는 56회나 "여호와께서 모세에게 말씀하여 이르시되"라고 언급한다. 이에 대해 월터 카이저(Walter Kaiser)는 "다른 어떤 구약성경 책보다 레위기는 인간에게 주시는 하나님의 말씀임을 주장한다"라고 논평했다.[3] 그렇다면 레위기의 인간 저자와 전달 과정은 어떤가? 전통적으로, 여러 가지 명백한 이유 때문에 레위기는 모세가 직접 기록했거나, 적어도 그의 지도하에 서기관들이 작성한 것으로 간주되었다. 그러므로 레위기에 "모세가 이 책을 기록했다"는 명백한 언급이 나오지 않음에도 레위기는 전반적으로 이 책에 대한 모세의 권위와

---

1 Kellogg, pp. 3-4.
2 Caspari Centre Newsletter, December 1997; Douglas, *Literature*, p. 15.
3 Kaiser, p. 987.

영향력을 주장한다. 예수님은 레위기나 모세오경의 다른 책들을 언급하실 때, 그것을 모세가 아닌 다른 사람이 쓴 작품으로 여길 필요성을 전혀 느끼지 못하셨다.[4]

그러나 현대 학자들이 레위기에 대해 합의한 내용은 최근까지도 우리에게 매우 다른 그림을 제시했다. 율리우스 벨하우젠(Julius Wellhausen, 1844-1918)이 발표한 고전적인 견해인 문서 가설―모세오경에서 다양한 문학적 갈래를 발견할 수 있다는 점에서 모세오경이 이스라엘의 다양한 학파들의 작품이라는 이론―에 따르면, 모세가 레위기를 직접 쓰지도 않았으며, 저작 시기도 생각보다 빠르지 않다는 것이다. 이 가설을 주장하는 학자들은 레위기의 첫 부분, 곧 1-16장이 제사장 자료(priestly source, P)에서 비롯되었고, 17-26장에 나오는 성결 자료(holiness source, H)가 나중에 결합되었다고 말했다. P자료의 주요 관심사는 "거룩한 하나님과 그 백성이 서로 교류할 수 있게 해주는 제사 의식"이었다.[5] P자료의 저자들이 가장 중요하게 생각한 것은 제사장의 역할, 제사 도구, 정확한 제사 의식, 잘못된 것을 바로잡는 절차와 관련된 문제였다. 아울러 모세오경의 다른 책에 비해 아론의 역할이 확대되었다. P자료가 상정한 세계관은 질서정연하고 규율이 잘 잡힌 세계였다. 제사 활동의 목적은 풍요를 제공하고 하나님 백성의 행복을 증진하며 가난과 절망과 황무함과 노예 상태를 근절하는 것과 같은 창조세계[6]의 본래 목적들과 긴밀한 관련이 있었다. 제사 의식은 죄나 부정으로 혼란에 빠진 창조세계의 질서를 회복했다. 이 때문에 P자료에서는 안식일이 재창조(recreation)의 메커니즘으로 중요한 역할을 한다.

최근까지도 대다수 학자들은 P자료의 저작 시기를 바벨론 포로기나 포로기 이후로 보았다. 그들은 레위기를 동시대의 중요한 문제들(가령, 성전 제사 제도를 재확립하는 문제)에 대해 제사장들의 입장을 옹호하는 문서로 보았다. 이를

---

[4] 마 8:4; 19:7-8; 막 1:44; 7:10; 10:3-5; 눅 5:14; 24:27, 44; 요 5:46; 7:19-23.
[5] Walter Brueggemann and Hans Walter Wolff, *The Vitality of Old Testament Traditions*, 2nd edn (Atlanta, GA: John Knox, 1982), p. 102.
[6] 창 1:28은 이른바 제사장적 세계관의 중심 내용이다.

테면 제사장들은 이스라엘 초기의 제사장 의복을 격식대로 차려입고 지난날을 재현하는 것을 이상적으로 여겼다. 또한 레위기의 일부 내용이 이스라엘의 초기 제사 방법을 언급하고 있지만 대부분의 내용은 포로 상태에 있거나 최근에 포로기를 경험한 세대의 관심사를 반영한다고 제안한다.[7] 이것은 메리 더글러스(Mary Douglas)가 말했듯이, "그러한 해석의 큰 강조점은 이 책의 내용이 그저 아름다운 공상, 전혀 존재한 적 없었던 삶에 대한 환상이라고 의심하는 회의주의적 가능성에 있다"[8]는 점을 의미한다.

그러나 가장 최근 들어 이런 합의에 대한 확신이 점차 무너지고 있다. 일부 사람들은 P자료의 저작 시기를 기존보다 훨씬 더 이른 시기로 추정할 뿐만 아니라, 어떤 사람들은 문서 가설이 가정하는 독립된 자료들의 존재를 의심하기까지 한다.[9] 레위기의 저작 시기를 더 이른 시기로 보는 최근 학자들 중 가장 권위 있는 사람은 제이콥 밀그롬(Jacob Milgrom)이다. 그는 언어적 근거에 기초하여 저작 시기가 왕정 체제가 형성되기 직전이라고 주장한다.[10] 그는 레위기의 어휘가 고대 언어이며 포로 시대에는 더 이상 통용되지 않는 용어를 사용한다고 본다. 그에 따르면, 레위기가 신명기에 의존하는 것이 아니라 오히려 그 반대이며, 레위기의 배경은 포로 상태에 있는 이스라엘 백성이 아니라 실로(Shiloh)와 관련이 있는 작은 부족민이다.[11] P자료(와 H자료)의 존재 자체를 의심하는 사람들은 이 자료들을 존재했을지도 모르는 독립된 문서로 따로 구분하는 것이 불가능하거나, 기껏해야 P자료가 독립된 문서라기보다는 편집자의 관점이라는 견해를 취한다.[12]

---

7 학자들은 저작 시기를 다양하게 제안한다. 많은 학자들이 주전 6세기 중반을 가장 유력하게 보는 것 같다. Grabbe, *Leviticus*, p. 12를 보라.
8 Douglas, *Literature*, p. 7.
9 자세한 내용은 Grabbe, *Leviticus*, pp. 12-18와 Grabbe, *Currents*, pp. 93-96에서 볼 수 있다.
10 Y. Kaufmann, *The Religion of Israel from its Beginnings to the Babylonian Exile* (London: George, Allen and Unwin, 1961), pp. 175-211도 보라. Kaufmann은 Milgrom의 주장에 동의하면서 P자료에 개략적으로 기록된 전쟁 규칙이 이전 시기와 부합한다고 덧붙인다. 그는 이 내용의 기록 시기를 사사기나 사무엘 시대로 추정한다.
11 Milgrom, *Leviticus 1-16*, pp. 3-35.
12 예를 들어, R. N. Whybray, *The Making of the Pentateuch: A Methodological Study*, JSOT

카이저는 현재 상황을 이렇게 요약한다. "현재 고등비평의 입장이 하나로 통일되어 있지 않다는 것은 확실하다. 모세오경의 기원을 이해하는 방법은 매우 다양하고, 당연히 레위기도 마찬가지다."[13] 최신 성경 연구가 동의하는 내용은 매우 체계적인 이 책이 집필, 편집, 수정의 긴 과정을 거친 결과물이라는 것뿐이다. 그러나 존경받는 많은 학자들이 레위기의 저작 시기를 상당히 이른 시기로 주장하는 점을 감안할 때 그들이 전통적인 모세 시대 저작설을 여전히 받아들일 수 없다고 간주하는 이유에 의문을 제기하지 않을 수 없다. 그들이 주장하는 논리대로라면 레위기는 당연히 모세의 저작이라고 볼 수 있다. 레위기의 일부분으로 포함된 가나안 정착 이후의 삶을 그려 보는 내용은 매우 이른 저작 시기를 받아들이는 데 걸림돌이 되지 못한다. 모세가 레위기가 예고하는 약속의 땅에서 누릴 삶(성읍과 집에서 거주하고 순례를 위해 중앙 성소로 올라가야 하는 것)을 개략적으로 상상해 보는 것은 매우 쉬운 일이었을 것이기 때문이다. 키우치(Kiuchi)와 나는 "레위기의 저작 시기와 관련하여, 이 책의 내용이 모세 시대 이후의 것임을 입증하는 중요한 증거가 없으며…[그리고] 만일 모세가 이 책의 저자가 아니라면, 아마 그의 동시대인 중 한 사람이 이 책을 썼을 것"이라는 데 동의한다.[14]

2. 언어 형식과 사고 형식

레위기는 법률 문서이며, 형식 면에서 고대 근동의 다른 법률 문서와 대체로 비슷하다. 하지만 내용 면에서는 항상 같지는 않으며, 레위기가 시민 생활, 제사 의식, 종교 생활, 도덕 생활, 범죄, 가정, 의식 절차에 관한 율법을 함께 다루었다는 면에서도 다르다.[15] 레위기는 율법에 관심을 두기 때문에 신중한 어조

Supplement Series 53 (Sheffield: Sheffield Academic Press, 1987), and R. Rendtorff, *The Problem of the Process of Transmission in the Pentateuch*, *JSOT* Supplement Series 89 (Sheffield: Sheffield Academic Press, 1990)를 보라.
13 Kaiser, p. 997.
14 N. Kiuchi, "Leviticus, Book of", in *DOTP*, p. 523.

를 사용하며, 신명기보다는 덜 감동적이다. 그럼에도 레위기의 형식은 일반적으로 추정하듯이 너무 지루하거나 위압적이거나 논쟁적이지 않다. 존 소이어(John Sawyer)[16]는 레위기의 언어를 분석한 후에 레위기에 두 가지 "두드러진 특징"이 있음을 보여준다. 첫째, 명령법이 나타나지 않는다. 둘째, 사실에 대한 진술이 드물다. 직접 명령이 드물고 부정(否定) 명령도 특별히 빈번하게 나타나지 않는다. 대부분의 구약 책들은 레위기에 비해 (1만 단어당) 서너 배 정도 명령문이 많이 나타나며, 시편은 열 배 정도 더 많다. 뿐만 아니라, 18장과 19장을 제외하면 이른바 성결 법전(Holiness Code)[17]에 해당하는 장에서도 예상과 달리 명령문 수가 증가하지 않는다.

명령문과 사실 진술문이 상대적으로 드물다면(거기다 짧은 이야기도 두 개뿐이라면), 레위기는 독자들에게 어떤 방식으로 말을 건넬까? 레위기는 독자들이 상상력을 활용하여 이상적인 사회를 상상하도록 격려했다. 이 이상 사회에서는 어떤 일은 하고, 어떤 일은 하지 않는다. 레위기의 어조는 "훔쳐서는 안 된다"보다는 "물론 당신은 훔치지 않을 것이다"에 훨씬 더 가깝다. 게다가 소이어가 지적하듯이, 일상의 정결과 제의적 정결 문제에 대한 집중적인 관심은 몇 장에 국한되는 반면, "자유", "해방", "속죄", "희년" 같은 단어—이 중 일부는 레위기에만 나온다—가 많이 등장한다. 이 책의 전체적 특징은 이 책의 일반적 이미지가 암시하는 것보다는 훨씬 덜 제약적이고 훨씬 더 고무적이며 영감이 넘친다.

이 책 전반에 배어 있는 하나님의 따뜻한 임재 의식은 레위기에 대한 이런 해석을 뒷받침한다. 출애굽기에서는 하나님의 위엄을 높이고 그 백성은 멀리 떨어져 있다. 그러나 레위기에서는 비록 하나님의 거룩하심에 경외감을 불러일으키긴 하지만, 하나님은 출애굽기(40:34-35)가 언급한 바로 그곳—그분의 백성 한가운데—에서 거하시면서 하나님과 그들의 관계를 방해하는 모든 장애물을

---

15 Grabbe, *Leviticus*, p. 26.
16 John Sawyer, "The Language of Leviticus", in Sawyer, pp. 15-20.
17 이 책에서는 레 17-26장을 성결 법전이라는 편리한 약어로 언급할 것이다. 그러나 이것은 성결 법전이 한때 독립적인 문서였다는 뜻을 포함하지는 않는다.

제거하는 방법을 끊임없이 찾으심으로써 서로 교제를 누리도록 하신다.

메리 더글러스는 이 책의 표현 양식에 대해 존 소이어만큼 쉽사리 열변을 토하지 않는다. 그녀는 1-16장의 저자가 "매력적이지 않고, 매우 추상적이며, 비개성적이고, 건조한" 특징을 지녔다고 본다. 그녀에 따르면, 하나님은 그분의 백성에게 직접 말씀하시는 법이 없고 제삼자를 통해서만 말씀하신다. 그러나 그다음부터는 글쓰기 방식이 바뀌고 저자도 상당히 열정적으로 바뀐다는 점을 인정한다. 레위기 저자는 사회 정의를 설교하면서 "마치 현대의 침례교인처럼, 또 선한 자유주의자처럼 이방인과 시민의 평등"을 주장한다.[18]

사람들이 언어를 사용할 때 선택하는 두 가지 다른 패턴에 대한 폭넓은 논의를 배경으로 레위기를 바라보면 이 책의 접근 방법을 이해하는 데 도움이 된다. 바실 번스타인(Basil Bernstein)[19]은 1960년대 중산층 학교에 다니는 노동 계층 자녀들을 조사한 후 정밀어(elaborate language code)와 한정어(restricted language code) 개념을 도입했다. 정밀어는 질문에 대해 인과관계의 설명, 심지어 확장된 설명을 제시한다. 한정어는 질문에 대해 위치적 관점에서 대답한다. 가령, 아이가 "왜 이렇게 해야 돼요?"라고 물으면 엄마는 "내가 하라고 했으니까, 내가 네 엄마니까"라고 대답한다. 이렇게 되면 더 이상 토론은 불가능하다. 더글러스는 한정어가 레위기의 특징이라고 믿는다.[20] 하나님이 말씀하셨고, 하나님은 하나님이시기 때문에 사람들은 자신이 서 있는 위치를 안다. 더 이상 정당화나 설명이 필요 없다. 레위기 전체가 한정어를 따르지는 않는데, 레위기는 하나님의 거룩한 본성과 출애굽 때 경험한 하나님의 자비에 기초하여 이스라엘을 향한 하나님의 열망을 자주 호소하기 때문이다(예를 들어, 19:2, 34; 11:45). 그럼에도 이 이론은 레위기를 이해하는 데 도움이 된다.

---

18 Douglas, *Literature*, p. 34. 그녀가 침례교인을 언급한 것은 신학적으로 보수 성향인 영국 침례교인이나 미국 남부 침례교인이 아니라 미국 침례교의 민권운동 전통에 기초한다.
19 Basil Bernstein, "A Public Language: Some Sociological Implications of a Linguistic Form", *British Journal of Sociology* 10 (1959), pp. 311-326. 이 논문은 Douglas, *Literature*, pp. 36-42에서 언급된다.
20 Douglas, *Literature*, pp. 35-40.

레위기에는 두 형태의 언어뿐만 아니라 두 형태의 사상이 나타난다. 하나는 이성적이고 도구적인 사고방식이고 다른 하나는 유비적 사고방식이다.[21] 유비적 사고는 인과적 연결과 설명보다는 사고의 연상에 기초하여 작동한다. 한 가지가 다른 하나로 이어지고 한 영역의 경험이 다른 영역의 경험을 이해하기 위한 틀이 된다. 이것은 논리적인 사고 과정이라기보다는 훨씬 더 관계적인 과정이며, 경험적 증거보다는 사회적 경험에 기초하여 연결된다. 레위기는 유비에 기초하며 전개되며, 종교의식에 대한 일상의 실천 경험이 이스라엘 백성이 하나님과 창조세계의 관계에 관한 더 큰 그림을 이해하는 축소판 역할을 한다. 예를 들어, 부정한 짐승은 그들에게 하나님의 창조세계를 파괴할 수 있는 혼돈의 위협을 상기시켜 주고, 하나님이 자기 백성에게 누리게 하신 생명을 파괴하는 죽음과 관련된다. 반대로, 거룩한 물건이나 사람은 하나님이 자기 백성에게 누리게 하신 생명과 온전함을 상기해 주는 역할을 한다. 고든 웬함(Gordon Wenham)[22]의 글을 인용하여 만든 〈표1〉은 이런 연결을 보여주기 위한 것이다. 레위기가 언급하는 진영 생활의 다양한 차원은 삶이나 죽음에 대한 유비 역할을 하며, 삶과 죽음 사이의 연속선상에 표시할 수 있다.

그렇다면 우리는 레위기의 율법을 해석할 때 합리적인 설명이 아니라 직접 진술을 넘어 그 배후에 놓인 더 큰 유비를 찾아야 한다. 메리 더글러스가 옹호하고 고든 웬함이 널리 사용한 이 접근법은 합리적 사고를 가진 사람들을 당혹스럽게 하는 많은 것들의 의미를 푸는 데 도움이 된다. 부정하다고 언급된 짐승은 부정한 짐승으로 판단한다. 왜냐하면 그것들은 그 형태 때문에 정상으로 간주되는 것에는 부합하지 않기 때문이다(11:1-47). 그래서 부정한 짐승은 병든 사람과 비슷하다. 병든 자들은 질서와 생명보다는 무질서와 혼돈을 상징하기에 진영에서 추방하고 피해야 할 대상이기 때문이다(13:1-45). 마찬가지로, 신체의 질병을 부정하다고 판단하는 것은 몸의 벽을 침범한 질병이 사회의 벽을

---

21 Douglas, *Literature*, pp. 13-26에 자세한 설명이 나와 있다.
22 Wenham, p. 177, n. 34.

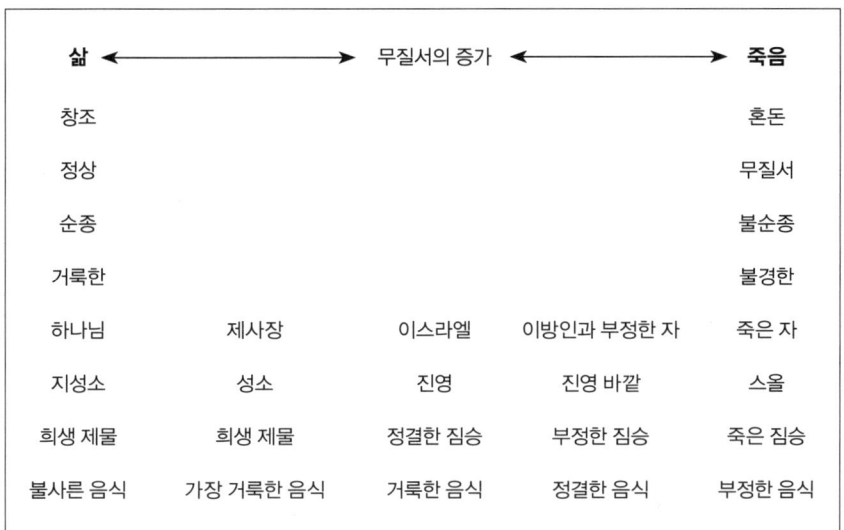

〈표1〉 진영 생활의 여러 차원

무너뜨리고 무질서하게 만들어 사회를 위협하는 것과 유사하게 받아들일 수 있기 때문이다(15:1-33). 따라서 질병은 생명보다는 죽음과 연결된다. 이런 문제들은 앞으로 관련 단락에서 상세하게 다룰 것이다.

3. 구조

여기서는 레위기의 구조를 간략하게 언급하려 한다. 우리는 레위기에서 정교한 구조와 신중한 배치를 분명히 볼 수 있다. 최근까지 대다수 학자들은 레위기가 두 가지 이전 자료, 즉 1-16장의 제사장 실행 지침과 17-26장의 성결 법전으로 이루어져 있으며, 27장은 나중에 덧붙인 부록으로 간주했다.

보다 최근 들어 메리 더글러스는 고리 구조(ring structure)를 제안했다.[23] 그녀

---

23 Douglas, "Forbidden Animals", pp. 8-12.

의 견해에 따르면, 레위기는 19장을 기점으로 완전한 원을 이룬다. 시작하는 장들의 관심사는 이후 장들의 관심사와 대응하는데 대응 순서는 반대가 된다. 1-9장은 25장과 대응하고, 10장은 24장, 11-15장은 21-22장(순서가 약간 어긋난다), 16장은 23장, 18장은 20장, 19장은 26장에 각각 대응한다. 이런 구조는 레위기의 한 부분을 다른 부분과 연결하여 읽을 수 있게 해준다는 점에서, 이 책을 단절된 일련의 문서로 읽는 것보다는 분명한 장점이 있다. 이것은 특히 성결 법전을 레위기의 나머지 부분과 분리하는 것을 극복하고 이 책의 본질적인 통일성을 유지해 준다. 적어도, 한 저명한 학자는 그녀의 제안을 "생각해 볼 만한 가치가 있고 심지어 설득력도 있다"[24]고 크게 칭찬했다. 그러나 가끔은 대응 관계를 약간 무리하게 설정한 측면이 있고, 대속죄일을 다루는 16장이 아니라 19장을 중심 장으로 본 것은 의문의 여지가 있다.

이 강해서가 선택한 접근법은 목차에서 보듯이 좀더 직선적이다. 레위기를 여섯 가지 '실행 지침'으로 나눈 것은 레위기가 기존의 여섯 자료로 구성된 작품이라는 신념—나는 그렇게 생각하지 않는다—을 전달하려는 의도는 아니다. 다만 길고 복잡한 책에 보다 쉽게 접근하고, 각 부분의 주요 관심사를 부각하려는 도구에 지나지 않는다.

레위기의 내부 구조에 대한 관심이 모세오경의 전체 구조와 그 안에서 레위기가 차지하는 위치에 대한 질문을 가려서는 안 된다. 조금 전 각주에서 언급한 렌토르프(Rendtorff)는 "레위기를 독립된 책으로 읽을 수 있는가?"라고 질문한다.[25] 레위기를 보다 넓은 배경에서 분리하면 그 의미를 거의 이해할 수 없다. 출애굽기는 레위기 없이는 완전하지 않으며, 레위기는 출애굽, 광야 이야기, 율법 수여, 성막 건설을 포함하여 출애굽기에 기록된 많은 내용을 전제로 한다. 실제로 레위기는 출애굽기와 아주 밀접한 관계이기 때문에 첫 부분에서 아무런 도입문이나 설명문을 제시하지 않고 그냥 "여호와께서 회막에서 모세를 부

---

[24] Rolf Rendtorff, "Is it Possible to Read Leviticus as a Separate Book?", in Sawyer, p. 32.
[25] Sawyer, pp. 22-35.

르시고…"라는 말로 시작한다. 여호와의 영광이 성막을 가득 채웠다는 출애굽기의 마지막 말씀에 이어 이 말씀이 말 그대로 숨도 돌리지 않은 채 계속된다. 이전 세대의 매우 저명한 성경교사였던 그레이엄 스크로기(Graham Scroggie)는 하나님이 자기 백성에게 다가가셔서 그들이 그분과 가까워지는 것이 출애굽기의 메시지라면, 레위기의 메시지는 백성이 하나님께 다가가서 계속해서 그분을 가까이하는 것이라고 설명했다.

스크로기는 레위기와 민수기의 연관성도 설명했다. 그는 "레위기의 주제가 믿는 사람들의 예배라면 민수기의 주제는 믿는 사람들의 발걸음이다. 하나는 정결을 다루고 다른 하나는 순례를 다룬다. 하나는 영적 위치에 대해 말하고 다른 하나는 우리의 영적 진보에 대해 말한다"[26]라고 썼다. 그런가 하면, 창세기와 신명기는 레위기와는 분명히 별도의 책이지만 창세기의 창조 신학과 신명기의 법에 대한 관심은 레위기와 상당 부분 중첩된다.

4. 방향 탐지기

레위기가 제기하는 몇 가지 중요한 이슈에 대해 예비 안내를 받는다면 도움이 될 것이다.

a. 제사의 의미

사람들이 제사를 통해 무엇을 얻고자 했는지에 대해 그동안 많은 논의가 있었다. 대부분의 논의를 주도한 인류학자들은 이스라엘의 제사가 독특하다는 생각을 무시하고 고대 세계 다른 사람들이 드렸던 제사와 똑같이 취급했다. 이런 연구는 환원주의적 설명을 지지하는, 예배자들 자신이 제시한 근거도 열외로 취급한다. 그래서 널리 알려졌듯이 로버트슨 스미스(W. Robertson Smith)는 제사

---

[26] Graham Scroggie, *Know Your Bible 1*, 2nd edn (London and Glasgow: Pickering & Inglis, 1953), p. 34.

를 공동체 식사라고 생각했다. 즉 예배자들은 신성한 제물로 제사를 드린 후 그 제물을 먹음으로써 신과의 결속을 강화했다.[27] 다른 관점에서는 마치 신이 봉헌자들의 부양에 의지하고 그들이 없으면 굶어죽기라도 하는 것처럼, 예배자들이 제사를 통해 신에게 예물을 바치거나 음식을 제공했다고 제안한다. 또 다른 관점에서는 제사가 거룩한 세계와, 대개 불경하거나 세속적이라고 불리는 일상 세계 사이를 소통하는 수단이라고 생각한다. 오늘날 가장 인기 있는 학문적 설명은 앞에서 언급한 유비적 사고 방법을 이용하여, 제사 의식과 규례가 한 집단이 보유한 가치관과 그들이 원하는 공동체 형성 방식을 구체적으로 표현한 방법이라고 추정한다. 따라서 제사는 "혼란에 빠진 균형을 다시 바로잡는 수단"이며 부정한 것을 정결한 상태로, 거룩하지 못한 것을 거룩한 상태로 회복하는 수단이다.[28]

이 이론들 중 몇 가지의 그림자가 레위기에 나타나며, 이것들은 레위기에 나오는 가르침의 의미를 푸는 데 도움을 줄 수 있다. 하나님은 전혀 부족함이 없는 분이시지만 제사 중에는 감사 예물도 있었다.[29] 다른 제사들은 공동체 식사 행위였다. 특히 번제에서 성별(聖別)의 요소가 분명히 나타난다. 그러나 어떤 면에서는 많은 사람들이 피하고 싶어 하지만, 가장 중요한 부분은 속죄를 위한 피의 제사다. 제사의 주요 목적 중에는 죄를 속하고 하나님의 진노를 달램으로써 용서를 받고 정결해져 하나님과의 깨진 관계를 회복하는 것도 있었다. 이런 모든 미묘한 의미 차이는 제사를 개별적으로 살펴보면서 더 자세히 탐구할 것이다.

---

27 W. Robertson Smith, *Lectures on the Religion of the Semites*, 3rd edn (London: A. & C. Black, 1927).
28 이 주제에 대해서는 폭넓은 문헌이 있다. 권위 있는 주석과 함께 다음 글들을 주목할 필요가 있다. R. E. Averback, "Sacrifices and Offerings", in *DOTP*, pp. 706-733; D. Davies, "An Interpretation of Sacrifice in Leviticus", *ZAW* 89 (1977), pp. 387-399; Mary Douglas의 다양한 저술; W. van Gemeren, "Offerings and Sacrifices", in *NIDOTTE*, pp. 996-1021; J. Goldingay, "Old Testament Sacrifice and the Death of Christ", in *Atonement Today*, ed. J. Goldingay (London: SPCK, 1995), pp. 3-20; and G. Wenham, "The Theology of Old Testament Sacrifice", in *Sacrifice in the Bible*, ed. R. T. Beckwith and M. J. Selman (Grand Rapids, MI: Baker, and Carlisle: Paternoster, 1995), pp. 75-87. 인용문은 Davies, p. 387에서 가져왔다.
29 시 50:9-13.

b. 거룩함의 지형도

레위기의 중심 가르침은 거룩함이라는 개념이다. 거룩함은 단일한 일차원적 상태가 아니라 어떤 것이 더 거룩하거나 덜 거룩할 수 있는 스펙트럼 상태로 인식된다.[30] 필립 젠슨(Philip Jenson)은 레위기에서 "거룩함의 단계"가 나타나는 것을 보여주었다. 예를 들어, 이스라엘은 공간이 다섯 구역, 즉 1구역: 지성소, 2구역: 성소, 3구역: 성전 뜰, 4구역: 진영, 5구역: 진영 바깥으로 구분된다고 생각했다.[31] 일을 수행하는 장소는 중요하다. 대속죄일 행사만 지성소에서 이루어지고(16:11-17) 일상 제사는 성소에서 거행된다(16:18-25). 덜 거룩한 일일수록 성소에서 점점 더 멀리 떨어진 곳에서 이루어진다(16:20-22). 그래서 매우 부정한 사람들은 진영에서 추방되고, 이스라엘 백성의 죄는 경계 밖 멀리 떨어진 광야에서 처리한다(예를 들어, 4:1-12; 13:46; 16:27).

	I 매우 거룩한	II 거룩한	III 정결한	IV 부정한	V 매우 부정한
공간	지성소	성소	성전 뜰	진영	진영 바깥
인간	대제사장	제사장	레위인과 정결한 이스라엘인	부정이 경미한 자	부정이 중대한 자
종교의식	제사 (제물을 먹지 않음)	제사 (제사장이 먹음)	제사 (일반인이 먹음)	정결 (1일)	정결 (7일)
시간	대속죄일	절기와 안식일	평상시		

〈표2〉 거룩함의 지형도

---

30 Jenson, 여러 곳.
31 Jenson, pp. 89-114.

거룩함의 지형도는 사람과 종교의식, 심지어 시간 개념에도 영향을 미친다. 젠슨은 이를 반영하여 앞서 제시한 〈표1〉을 수정하여 앞의 표를 만든다(〈표2〉를 보라).[32] 거룩함의 지형도는 이스라엘에게 그들의 신앙에 대한 생생한 시각 도구를 제공했으며 이를 통해 신앙을 구체적으로 표현할 수 있었다.

c. 거룩한 것과 속된 것, 깨끗한 것과 부정한 것

레위기에는 "거룩한"(holy)과 "속된"(common),[33] "정한"(clean)과 "부정한"(unclean)이란 용어가 자주 등장한다. 제사장의 주요 책무는 이런 범주를 구분하는 일이었다(10:10). 일반적으로 거룩함은 흔히 정결함과 같고, 속된 것은 부정한 것과 같다고 여긴다. 그러나 이 단어들은 동의어가 아니며, 그 관계는 약간 더 복잡하다. 거룩함은 인간이나 물건이 하나님을 위한 섬김에 봉헌되었음을 나타내는 상태다. 정결함은 사물의 정상 상태다(11:1-3, 9, 22). 부정함은 일시적인 병이나 사소한 부정 행위(11:24-25, 31-32, 34; 12:1-8; 13:1-59)에서 보듯이 일시적일 수도 있고, 특정 종류의 동물들처럼 영구적일 수도 있다(11:24-25, 31-32, 34; 12:1-8; 13:1-59). 고든 웬함은 "속된 것"을 "거룩함과 부정함의 양극단 사이에 있는 범주"로 설명한다. 그는 이런 이유 때문에 "속된 것"이 레위기 전체에서 단 한 번만 언급되었을 것으로 추정한다(10:10).[34]

이런 범주들은 어느 정도 유동적이다. 정결한 것은 거룩한 것일 수도 있고 속된 것일 수도 있다. 정결한 것들은 대개는 제사로, 가끔은 다른 봉헌 행위로 거룩해질 수 있다(예를 들면, 27:9, 14). 정결한 물건이나 사람이 질병에 걸리거나 이미 부정한 것에 접촉하면 부정해질 수 있다. 거룩한 것도 더럽혀지면 부정해질 수 있다(예를 들면, 21:1-4, 10-12). 따라서 거룩한 것과 더럽혀진 것이 서로 접촉하지 않도록 각별히 주의를 기울였다.

---

32 Jenson, p. 37.
33 학술 문헌에서는 "profane"이란 단어를 자주 사용한다. 이때 이 단어의 의미는 하나님의 이름을 모독한다(profaned)는 의미의 "불경한" 또는 "경멸하는" 것과 같은 뜻이 아니라 "거룩하지 않은", "속된", "일상적인"이라는 뜻이다.
34 Wenham, p. 19.

이 모든 내용이 제사장이 세계를 이해하는 방식에 어떤 영향을 미쳤는지에 대해 몇 가지 예를 들어 보자. 일반인도 정결할 수는 있지만, 제사장만이 거룩하다. 그러나 일반 사람뿐만 아니라 제사장도 이미 부정한 것과 접촉하면 부정해질 수 있다. 정결한 짐승은 먹을 수 있지만, 제사에 바쳐질 경우에는 거룩해진다. 속된 물건은 정결하게 하여 하나님께 봉헌될 경우 거룩해질 수 있다. 제사장이 아닌 정결한 일반 사람들은 하나님께 봉헌된 경우라도 절대로 거룩해질 수 없다. 부정한 사람이 정상 상태로 회복되려면 몸을 씻어 깨끗해지거나 제사를 드려 속죄를 받아야 한다. 레위기에는 이런 형태의 사고가 깊이 스며있다(특히 11장-15장). 거룩함, 속됨, 정결함, 부정함이라는 중첩되는 네 범주는 레위기 전체와 거룩함에 대한 레위기의 접근 방식에 영향을 미치는 주요 요인이다.

d. 율법에 대한 이해

레위기가 던지는 또 다른 주요한 질문은 레위기의 율법을 오늘날 어떻게 이해하고 적용해야 하느냐이다. 사람들은 관습적으로 모세의 율법을 시민법, 종교의식법, 도덕법으로 구분하고, 시민법은 고대 신정 체제였던 이스라엘에 적용될 뿐 오늘날에는 더 이상 의미가 없으며, 종교의식법은 그리스도가 완수하셨기 때문에 철폐되었고, 도덕법은 오늘날 우리에게도 여전히 권위가 있다고 주장했다. 그러나 이런 접근법에는 몇 가지 문제점이 있다. 신약성경의 관점에서는 이 접근 방법이 이해할 수 있는 해석일지 모르지만, 성경은 명시적으로 그렇게 구분하지 않는다. 고대의 율법 자체가 분명히 그런 구분을 두지 않으며, 레위기에서 이 세 부분은 분리하기 어려울 정도로 서로 긴밀히 엮어 있다. 실제로 어떤 율법이 어느 범주에 속하는지 결정하기가 어렵기 때문에 그런 접근법은 결국 임의적일 수밖에 없다.[35] 율법을 범주화할 수 있다면 전통적인 삼중구조보다는 범죄, 소송, 가정, 종교, 자선으로 범주화할 수 있을 것이다.[36] 어쨌

---

35 이에 대한 비판은 Hays, pp. 21-30를 보라.

든 나머지 부분을 버리려는 마음으로 영속적인 도덕법을 찾아내려는 시도가 근본적으로 잘못이라는 크리스토퍼 라이트(Christopher Wright)의 주장은 옳다. 우리는 일부 율법만이 오늘날에도 타당성 있다고 상정하기보다는 율법을 본래 그 사회적 맥락에서 연구하면서 그 배후에 놓인 도덕적 원리를 이해하려고 해야 한다.[37] 그렇다면 정확히 어떻게 해야 할까?

리처드 보컴(Richard Bauckham)[38]과 대니얼 헤이스(J. Daniel Hays)는 율법에서 소중히 여기는 원리들을 발견하라고 주장한다. 보컴의 접근법은 이 책 16장에서 더 자세히 설명하고 차용하기로 하고, 여기서는 헤이스가 제시한 접근법의 개요만 언급하기로 한다. 그는 이 절차가 복잡한 문제를 지나치게 단순화할 수 있다는 위험성을 인정하면서도, 구체적인 율법에서 영속적인 윤리 지침을 도출하기 위해 취할 수 있는 다섯 단계를 다음과 같이 제시한다.

1. 특정 율법이 최초의 청중에게 어떤 의미였는지 밝힌다.
2. 최초의 청중과 오늘날의 신자들의 차이점을 이해한다.
3. 성경 본문에서 보편적 원리를 도출한다.
4. 그 원리와 신약성경의 가르침을 서로 연결한다.
5. 수정된 보편적 원리를 오늘날의 삶에 적용한다.[39]

크리스토퍼 라이트는 이 분야에 대한 다양하고 고무적인 글에서 이 접근법과 약간 다른 방법을 제시한다. 라이트는 율법에서 이끌어 낼 수 있는 여러 원리들이 아니라 패러다임으로서의 이스라엘을 말하고 싶어 한다. 즉 다른 사례들에 적용할 수 있는 모델이나 패턴, 곧 기본적인 원리가 정해져 있는 모델이나 패턴을 제시한다. 이것을 통해 다른 주장을 비판할 수도 있고 또한 그 원리를

---

36 이런 범주화에 대해서는 C. J. H. Wright, *Ethics*, pp. 288-301를 보라.
37 같은 책, pp. 288-289.
38 Richard Bauckham, *The Bible in Politics* (London: SPCK, 1989), pp. 20-40.
39 Hays, pp. 30-35.

다른 상황에 다시 적용할 수 있다.[40] 그는 패러다임은 그대로 모방하기보다는 적용하기 위한 것이라고 설명한다. 그는 이 접근법을 통해 성경 해석자들이 오늘날에도 이스라엘의 율법을 문자 그대로 모방해야 한다고 생각하거나, 다른 한편으로 율법을 타당하지 못한 것으로 치부하는 양극단을 피할 수 있기를 바란다. 그가 만든 패러다임은 인상적이다. 이 패러다임은 하나님이 이스라엘을 선택하고 구속하고 언약을 맺으셨다는 신학적 측면, 이스라엘이 이 언약을 중심으로 공동체 관계 구조와 가족 관계 구조를 형성한다는 사회적 측면, 땅이 약속과 선물과 책임이라는 경제적 측면을 적절하게 고려한다.[41] 이 틀에서 각 '측면'은 다른 두 측면과 상호작용하면서 오늘날을 위한 모델 역할을 할 수 있는 이스라엘의 삶에 대한 포괄적인 시각을 제공한다. 라이트의 관점에는 장점이 많다. 이것은 (보컴과 헤이스가 표방한) **원리주의** 접근법을 채택할 때 일어날 수 있는 이스라엘의 율법에 대한 다소 단편적이고 피상적인 이해를 막아 주는 동시에, 몇 가지 유익한 통찰을 제시한다. 로드(C. S. Rodd)는 라이트를 비판하면서 "패러다임이라는 발상이 매우 의미심장하기는 하지만, 그것이 실제로 우리를 보컴보다 더 멀리 데려가는지는 의심스럽다"[42]라고 말했다. 그러나 패러다임 접근법이 "서로 분리된 방식으로 표현된 원리들을 **포함**"하지만 그것으로만 환원할 수 없으며, 너무 성급하게 원리를 찾으려 할 때 쉽게 일어날 수 있듯이, 성경이 말하는 특정한 역사적 현실을 놓치는 것을 분명히 막아 준다는 라이트의 반론은 옳다.[43]

로드 자신은 여러 원리나, 원리로서의 패러다임을 찾는 것에 동의하지 않는다! 그는 이 두 시도가 모두 성경 본문이 낯선 상태로 스스로 말하게 내버려두지 않고 본문을 해석할 때 "우리 자신의 윤리적 가치관과 사상"을 포함할 위험이 있다고 믿는다.[44] 그래서—예를 들자면—그는 레위기를 여성 평등에 관한

---

40 C. J. H. Wright, *Ethics*, pp. 62-74.
41 같은 책, pp. 23-99에 이 패러다임을 자세히 설명했다.
42 Rodd, p. 318.
43 C. J. H. Wright, *Ethics*, pp. 70-71.
44 Rodd, p. 327.

현대적 태도에 맞추려고 시도하는 페미니즘 접근법에 비판적이다. 그는 "완전히 다른 것"을 요구한다. 즉 그의 접근법은 하나님이 진리의 언설을 통해 자기 백성과 소통하신다는 사상과 "외적 권위로서의 성경"에 대한[45] 믿음을 포기한다. 그 대신 우리는 "구약성경을 그 자신의 세계—더 정확히 말하면 세계들—에 있는 그대로" 두어야 하며, 또 낯설음을 숨기거나 우리와의 차이를 줄이려 하지 말고 레위기의 매우 다른 삶을 둘러보기 위해 낯선 땅을 방문하는 사람처럼 다가가야 한다.[46] 그는 구약성경에 대한 너무 많은 윤리적 접근법들이 레위기를 해석할 때 현대 문화에 지나치게 맞추려고 시도하는 것을 우려한다. 낯선 땅을 응시하는 것의 가치는 오늘날 우리에게 맞는 규칙이나 적용을 제공하는 것이 아니라 "현재 우리의 것과는 완전히 다른 가정이나 전제, 동기, 목적에 눈을 떠서" 우리의 것에 질문을 던지게 하는 것이다.[47] 로드는 이를 통해 오늘날 우리가 직면한 곤혹스러운 많은 문제를 풀 때 덜 직접적이지만 더 안전한 방식으로 도움을 얻을 것이라고 믿는다.

로드가 제시한 접근법의 가치는 모세 시대의 문화와 우리 시대의 문화 사이에 너무 쉽게 다리를 놓는 것을 막아 준다는 데 있다. 이 방식은 우리가 패키지 여행객으로서가 아니라, 자기 고유의 문화를 간직한 채 그 시대의 문화 자체로 들어가길 원한다는 점에서 옳다. 그가 레위기나 구약성경 다른 책이 복잡한 문제에 진부한 대답을 제시할 수 있다는 주장들에 조심스러운 태도를 취하는 것은 옳다. 하지만 그가 구축하는 윤리적 구조는 성경의 권위에 대한 연약한 토대에 기초하며, 이것 때문에 그의 진취적 시도 전체가 문제가 될 수 있다.[48] 포스트모던 시대의 많은 접근법과 마찬가지로 그의 접근법은 다양성과 모호성을 강조하고, 복잡한 특징과 질문들을 마음껏 쏟아내지만 해답과 방향성은 거의 내놓지 못한다. 이런 이유 때문에 성경이 당대의 문화에 빠져 있을

---

45 같은 책, p. 327.
46 같은 책, pp. 327-328.
47 같은 책, p. 329.
48 C. J. H. Wright in *Ethics*, 여러 곳, 특히, pp. 32, 439-440; 465-467에 제시된 다양한 비판을 보라.

뿐 오늘날에 대해 어떻게 말하는지 알기가 쉽지 않다. 우리가 적절하게 주의한다면 여러 원리와 패러다임을 찾는 것이야말로 레위기를 해석하는 가장 신뢰할 만한 방법이며, 레위기를 신적 계시이자 역사적 문서요 현대 시대에도 타당성 있는 문서로 적절하게 강조하는 방법이다.

5. 레위기의 메시지

거룩함이라는 메시지는 레위기 전체에 스며들어 있다. 레위기의 난해하고 복잡하지만 명백한 이 주제는 책 전체를 관통하여 흐른다. 거룩함의 핵심은 분리다.[49] 분리는 평범한 것, 세속적인 것, 타락한 것, 이교적인 것과 **따로 떨어진 것**, 어떤 사람에게 **주어진 것**이나 어떤 목적을 위해 **구별한 것**을 묘사한다. 레위기에서 거룩함의 세 가지 주요 흐름은 앞뒤로, 따로 또 같이 흐른다. 첫 번째 흐름은 진술, 두 번째 흐름은 약속, 세 번째 흐름은 명령이다.

진술: 하나님은 거룩하시다. 하나님을 거룩하신 분으로 언급하는 것은 "구약성경 하나님의 가장 깊고 내적인 본성을 간단히 언급하는 것"이다.[50] 하나님은 그 존재에 있어 그분이 만드신 사람들과는 완전히 다르며, 그들과는 분리되어 계시다. 하나님만이 본성상 영원하시며, 전능하시며, 전지하시며, 창조세계에 무소부재하시며, 예외나 조건 없이 도덕적으로 순결하시다. "내가 거룩하니"라는 말씀에 나타난 하나님의 자기 계시는 레위기가 기초한 근본 전제다.[51] 하나님은 자기 백성에게 놀라운 능력으로 자신의 거룩함을 보여주시지만 출애굽 때 시내 산 꼭대기에서 보았던 그런 모습은 더 이상 볼 수 없다. 이제는 진영 중앙에 있는 성소에서 거룩함을 보여주신다.[52] 하나님께 예배를 드릴 때 사용하는 모든 것—제사장, 제사용 짐승, 제단이나 솥과 냄비—은 하나님께만

---

49 Gammie, pp. 9-44를 보라.
50 Ernst Sellin, Gammie, p. 3에서 인용.
51 레 11:44-45; 19:2; 20:26; 21:8.
52 레 10:3.

사용할 수 있도록 구별하고, 그분의 거룩한 속성을 함께 가져야 한다. 그분의 거룩함을 파괴하거나 타협하거나 사소한 것으로 취급해서는 안 된다. 그분의 거룩함을 모독하는 범죄 행위는 제사를 드려 신속히 바로잡아야 한다. 그렇게 하지 않으면 범죄자는 심판을 받아 불에 타 죽을 수 있다. 그분의 거룩함은 이스라엘의 예배에서 극적으로 묘사될 뿐만 아니라, 이스라엘에게 주신 율법에 윤리적으로도 나타난다. 하나님의 백성은 예배를 드리고 율법에 복종함으로써 그분의 거룩함을 세상에 명백하게 나타낼 것이다.

명령: "너희는 거룩하라. 이는 나 여호와 너희 하나님이 거룩함이니라."[53] 하나님의 거룩함을 단언하는 이런 구절들은 흔히 사람들에게도 거룩하게 살라고 명령한다.

그러나 이 명령은 은혜를 전제한다. 이스라엘의 형성 과정에서 경험한 가장 중요한 사건은 여호와가 그들을 이집트의 압제에서 구출하신 사건이었다.[54] 그 결과, 그들은 감사와 의무라는 특별한 끈으로 하나님과 묶이게 되었다. 그들은 이제 하나님의 종이며, 그분의 뜻에 순종할 뿐만 아니라 그분의 본성을 세상에 드러내기 위해 다른 나라들과는 구별된다.[55] 그들은 하나님을 본받아 살아야 한다. 그들은 거룩해지기 위해 이집트에서 해방되었다. 그래서 이제 그들은 어떻게 이방 나라들과 구별되어야 하는지, 어떤 특별한 예배 방식과 행동 방식을 채택해야 하는지에 관한 명령을 받는다.

비록 거룩함의 언어가 이른바 성결 법전인 17-26장에 가장 집중적으로 나타나고, 거기에 윤리적 비전과 가르침이 가득하다 해도, 거룩함은 단순한 윤리를 뛰어넘는다. 거룩하라는 요구는 11:44-45에 처음 나오지만, 예배와 제사장직을 다루는 이전 내용에도 계속 암시되어 있다. 하나님께 드리는 예배가 요구하는 거룩함의 정확한 기준에 미치지 못했기 때문에 속죄의 필요성이 제기된다. 정결 문제를 다루는 장들(11-15장)은 음식과 질병, 신체 유출물을 논의하

---

53 레 19:2; 11:44-45; 20:7, 26.
54 레 11:45; 19:36; 22:33; 23:43; 25:38, 42, 55; 26:13, 45.
55 레 20:26.

면서 다른 관점에서 거룩함의 중요성을 가르쳐 준다. 거룩함의 요구는 사람이 무엇을 먹고, 삶의 물리적인 부분, 심지어 지저분한 문제들을 어떻게 다룰지에 영향을 미친다. 거룩함은 포괄적이어서 삶의 어떤 영역도 예외가 없다. 오늘날 우리가 하나님의 거룩한 백성이 되기 원한다면, 우리는 때로 우리가 인정하는 것보다 더 광범위한 범위의 거룩함에 대한 요구들을 인정해야 한다. 레위기가 잘 보여주듯이, 그 요구들은 교회 예배자 못지않게 가족 구성원, 사회 시민, 시장 노동자, 지구촌 경제 소비자로서의 우리 삶에 많은 영향을 미친다.

약속: "나는 너희를 거룩하게 하는 여호와이니라."[56] 거룩함의 책무는 매우 무겁지만 하나님의 약속으로 조금은 가벼워진다. 우리는 도움을 받지 않고는 거룩함이라는 목표에 도달할 수 없다. 이스라엘을 해방하시고 그분의 특별한 백성이라는 지위를 부여하신 하나님은 변화시키는 은혜로 그들을 계속해서 다시 새롭게 만드시는 분이다. 그들은 이를 통해 거룩한 백성이라는 자신의 정체성을 점차 실현해 나간다. 성령을 통한 하나님의 변화시키는 힘에 대한 약속은 계속적으로 그분의 백성이 변화를 경험하도록 북돋워 그들이 세상에서 점점 더 많이 하나님의 형상을 나타내게 하신다.

거룩함은 하나님에 대한 진술이며, 그 백성에게 주시는 명령이며, 그분의 성령과 관련된 약속이다. 레위기는 지루할 정도의 문화적 차이와 수십 세기의 시간 간격을 뛰어넘어 우리를 다시 한 번 거룩한 삶으로 부른다. 그리스도인 신자들도 이스라엘 백성처럼 거룩하라는 부름을 받고 있으며[57] 삶의 모든 차원에서 거룩함을 추구해야 할 소명이 있다. 이스라엘 백성과 마찬가지로 우리도 그리스도에 의해 해방되었지만, 그렇다고 계속해서 죄 가운데 또는 하나님께 무관심한 채 살아갈 수는 없다. 우리는 거룩해지도록 해방되었다.

---

56 레 20:8; 21:8; 22:9, 16, 32.
57 벧전 1:15-16.

1부

제사 실행 지침: 하나님의 임재를 누리다

1:1-7:38

1장

하나님께 드리는 봉헌: 번제
1:1-17

인간은 본능적으로 제사를 드린다. 인간 본성의 깊은 무언가 때문에 그렇게 할 수밖에 없다. 선진 문명 세계의 최근 사고방식에서 제사(sacrifice, 희생)는 다른 사람이나 자국의 유익을 위해 가치 있는 것을 포기하는 것을 의미하게 되었다. 예를 들어, 부모가 자녀 교육을 위해 검소하게 살거나 군인이 전사하는 것처럼 말이다. 그러나 역사의 대부분 시기에 제사는 예물, 통상적으로 값비싼 것을 신이나 왕에게 바치는 것이었다. 선진 문명 세계를 제외한 많은 지역에서는 오늘날에도 여전히 이런 의미가 있다. 그런 지역에서는 제사를 정당화하거나 설명할 필요가 거의 없다. 과거 이스라엘에서도 마찬가지였다. 레위기 서두에는 제사에 대한 어떤 설명이나 정당화도 찾아볼 수 없다. 제사의 의미는 전제되어 있고, "예물을 드리려거든" 어떻게 해야 한다는 명령만 있을 뿐이다.

그러나 이런 첫인상이 오해를 낳을 수도 있다. 제사를 드려야 하는 타당한 이유를 제시하지 않는 것은 레위기가 독립된 책이 아니라 모세오경에 전개되는 이스라엘 자손 이야기의 일부라는 사실로 부분적으로 설명이 된다. 더 구체적으로, 레위기는 이스라엘 자손이 이집트에서 구출된 사건, 시내 산 언약

체결, 성막 또는 회막의 설계와 건설 등 출애굽기에 기록된 사건들과 연결된 내용이다. 출애굽기의 마지막 몇 구절을 읽어 보면 모세는 하나님의 영광으로 둘러싸인 회막 밖에 서 있다.[1] 레위기의 첫 구절에서 모세는 아직도 그곳에 서 있고, 하나님은 자기 백성 사이에 거처로 삼은 회막 안에서 그에게 말씀하신다.

이런 사건들은 하나님이 이스라엘을 그분의 특별한 백성으로 삼고 그들 가운데 거하기로 선택하시는 과정이 하나님의 구원하시는 은혜와 특별한 사랑과 자비임을 보여준다. 하나님이 이스라엘 민족을 이집트의 압제에서 구하시고 위엄 가운데 자신을 그들에게 계시하시고 그들 가운데 임재하심을 보여주셨기 때문에 제사를 드리는 타당한 이유를 설명하는 것은 불필요하게 생각되었을 것이다. 구원하시는 은혜, 장엄한 거룩함, 놀라운 임재만으로 충분한 이유가 된다. 그래서 하나님은 "너희가 여호와께 예물을 드린다면"이 아니라 "너희가 여호와께 예물을 드릴 때"라고 말씀하신다(개정개역 성경은 "여호와께 예물을 드리려거든" 이라고 번역한다-역주).

그러나 모든 제사가 적절하지는 않았다. 고대 세계에는 제사가 아주 흔했기에 이스라엘의 하나님은 그분과 언약을 맺은 백성에게 특별한 명령을 주셨다. 그들은 달라야 했다. 그들은 하나님을 위해 따로 구별되어 그분께만 매인 거룩한 백성이었다. 그들은 주변 문화의 제사를 치명적으로 중독시킨 영적인 독에서 해방되어야 했다. 주저하는 신을 억지로 쥐어짜기 위해 고안된 그런 제사와 달리 이스라엘의 제사는 은혜를 주시는 하나님이 은혜를 공급하시는 것이었다. 따라서 이스라엘의 제사는 이웃 나라 제사의 싸구려 모조품이 아니었다. 그들의 제사는 하나님이 규정하고 직접 계시하셨기 때문에 조심스럽게 수행해야 했다. 심지어 손쉬운 행동을 하는 동안에도, 그들은 하나님의 거룩함의 불을 다루고 있었으므로 그들이 선택한 방식이 아닌, 하나님이 요구하신 방식으로 다가가야만 했다.

---

[1] 출 40:34-38.

1. "여호와께서 부르셨다"(1:1)

우리는 레위기의 이 첫 말씀을 단순히 주제를 펼치는 데 필요한 가교 역할로 여기고 가볍게 지나쳐서는 안 된다. 이 말씀은 **하나님의 부르심**과 **바람**을 언급한다. 이것은 하나님이 세 번째로 모세를 부르신 말씀이었다. 하나님은 광야의 불타는 가시떨기에서 모세를 불러 이스라엘을 이집트에서 이끌어 내라는 사명을 맡기셨다.[2] 하나님은 시내 산 꼭대기에서 모세를 불러 그분과 이스라엘의 언약을 공표하셨다.[3] 이제 하나님은 모세를 불러 이스라엘 백성이 그분과 지속적인 교제를 누리려면 평범한 모든 일상에서 어떻게 살아야 하는지를 더 자세히 계시하려 하신다.

19:2에 요약된 레위기의 핵심 메시지는 다음과 같다. "너희는 거룩하라. 이는 나 여호와 너희 하나님이 거룩함이니라." 거룩함은 삶의 모든 영역, 이를테면 성소뿐만 아니라 부엌, 침실, 회의실, 법정에 영향을 미친 큰 개념이었다. 이것은 삶과 죽음, 시간과 절기, 나라와 도시의 문제를 포함했다. 이것은 하나님을 기쁘시게 하는 예배로 그분께 나아가는 것, 하나님의 창조세계를 존중하는 방식으로 그것을 돌보는 것, 성실하고 자비로운 삶으로 하나님의 백성을 사랑하는 것과 관련이 있었다. 거룩함의 열쇠는 분리와 정결이라는 개념에 있다.[4] 이스라엘 민족의 생활 방식은 주변 민족과 달라야 했다. 가령, 예배를 드리는 방법, 먹는 음식, 서로 사랑하고 대하는 방식에서 달라야 했다. 그들은 정결 사상의 지배를 받아야 했다. 거룩함에 대한 이해의 핵심에는 그들 삶에서 하나님의 성품을 반영해야 한다는 소명이 있었다.

거룩한 백성이 되라는 비전은 지극히 부담스러운 일이었다. 그래서 하나님은 은혜 가운데 이스라엘 백성에게 어떻게 거룩한 백성이 될 수 있는지에 대해 신중한 지침을 제시하셨다. 하나님은 그들이 아무런 지침도 없이 그분의 뜻을 짐

---

2 출 3:4.
3 출 19:3.
4 Gammie, p. 43.

작하거나 암중모색하게 내버려 두시지 않았다. 그분은 말씀하셨다. 레위기에서 우리는 "여호와께서 모세에게 말씀하셨다"는 구절을 적어도 35회 읽게 된다.[5] 레위기의 명령들은 모세의 지나치게 풍부한 상상력의 산물이 아니고, 후대 학자들의 창작품은 더욱이 아니었다. 레위기는 하나님의 계시다.[6] 따라서 레위기는 주의 깊게 읽고, 심혈을 기울여 연구하고, 신중하게 해석하고 적용하며, 기쁜 마음으로 순종해야 한다.

하나님의 부르심 배후에는 자기 백성과 친교를 나누시려는 **그분의 바람**이 숨어 있다. 그분은 이스라엘 공동체의 한가운데 사시면서 그들과 지속적으로 교제를 나누기를 간절히 원하셨다. 제대로 이해한다면, 레위기는 일차적으로 규정보다는 관계에 관한 책이다. 레위기는 사람들이 하나님을 계속 가까이 하려면 어떻게 해야 하는지에 대해 말한다.

불가피하게도, 이스라엘 백성은 하나님 앞에서 신실하게 살지 못했고 하나님이 그들 앞에 제시한 거룩함의 비전에 이르지 못했다. 부정과 죄와 허물이 살금살금 기어들어와 피할 수 없는 삶의 현실이 되었다. 하나님이 그분의 백성 가운데 계속 계시려면 이런 현실을 처리하고 극복하셔야 했다. 필요한 경우 하나님과의 조화와 공동체 내의 조화를 회복하고, 사람들이 세상에 발생시킨 무질서—창조세계를 혼돈으로 되돌리려는 무질서—를 생명을 진작하는 질서로 바꾸려면 용서와 원상회복의 수단이 필요했다.[7]

레위기의 첫 말씀은 이스라엘이 이집트에 있을 때처럼 그들의 지속적인 행복은 은혜로우신 하나님의 주도권에 달려 있다고 말한다. 하나님은 침묵을 깨시고 어떻게 그들이 그분과의 우정을 키우고 그들이 실패할 경우 어떻게 회복할 수 있는지에 대한 가르침을 주신다.

---

[5] 레 1:1; 4:1; 5:14; 6:1, 8, 19, 24; 7:22, 28; 8:1; 11:1; 12:1; 13:1; 14:1, 33; 15:1; 16:2; 17:1; 18:1; 19:1; 20:1; 21:1, 16; 22:1, 17, 26; 23:1, 9, 23, 26, 33; 24:1, 13; 25:1; 27:1. Kaiser에 따르면, 변형 형태를 모두 포함할 경우 56회 언급된다. 레위기의 총 스물일곱 장 중 열일곱 장이 이런 표현으로 시작한다. Kaiser, p. 987.

[6] Kellogg, p. 5. 저자와 편집에 대한 현대의 관점들에 대한 논의는 이 책 서문 pp. 14-17를 보라.

[7] 동일한 주제가 성경 전반에 걸쳐 지속된다. 요일 1:7을 보라.

2. "예물을 드리려거든…"(1:2)

레위기의 첫 일곱 장은 이스라엘이 하나님께 바쳐야 하는 제사 제도만을 다룬다. 다섯 제사를 자세히 언급한다. 첫 세 가지 제사는 번제(1:1-17), 소제(2:1-16), 다양한 이름으로 불리지만 흔히 화평이나 친교, 평안의 제사로 불리는 화목제(3:1-17)다. 이 제사들은 자원제로, 제단에서 예물을 태우면 "여호와께 향기로운 냄새"가 되듯이(1:9, 13, 17)[8] 때로 즉흥적으로 드려졌다. 이 제사들은 '의무'가 아니며, 감사하는 마음에서 자유롭게 흘러나온다.[9] 4:1-6:7에서 자세히 언급하는 나머지 두 제사는 속죄하는 제사인데, 범죄와 그에 따른 책임을 다룬다. 이 제사들은 특정한 상황에서 의무적으로 드려야 했다. 먼저 일반 백성의 관점에서 모든 제사를 소개한 후 6:8-7:38에서 동일한 내용을 다시 살피는데, 그때는 제사장의 관점에서 더 깊은 통찰을 제시한다. 이 일곱 장에서 이스라엘의 제사에 관한 내용을 대부분 언급하지만, 나중에 다른 장들도 제사에 대해 언급한다. 예를 들어, 정결(14:1-7, 48-53)과 맹세(27:1-33)와 관련하여 드리는 제사가 있는데, 16장에서 언급하는 대속죄일에는 이 두 제사를 드렸으며 추가로 독특한 희생 염소 의식을 거행했다(16:20-22).

레위기에서 처음에 제사를 소개하는 순서는 제사장에게 말할 때 사용한 순서와는 다르다. 레위기 후반부를 보면 제사 제도를 실행할 때 제사를 드리는 순서 역시 다르다는 것을 알 수 있다. 나중에 보겠지만 순서가 바뀐 데는 영적 의미가 있다.

제사마다 목적이 다르고 다른 예물을 사용하며, 그 결과 제사를 드릴 때 어느 정도 불가피하게 차이가 발생함에도, 이러한 극적인 제사 의식들은 전반적으로 동일한 형태를 따르는 것을 볼 수 있다. 예물을 선택하여 가져와서 안수한 뒤 예물을 죽인다. 희생 제물의 피를 뿌리고, 적어도 그 일부를 불에 태운다.

---

8 참고. 레 2:2, 9; 3:5; 6:15, 21; 23:18.
9 Kaiser, pp. 1009, 1014.

경우에 따라서 불에 태우지 않은 부분은 버리거나 먹는다. 제사 의식의 각 구성 요소는 중요하며, 그 차이는 매우 심오한 의미가 있다. 제이콥 밀그롬이 말했듯이 각 요소는 "의미를 내포한다."[10] 하나님은 이러한 상징적이고 거룩한 행위들을 이용하여 이스라엘에게 영적 진리를 가르치셨다. 바로 이런 이유 때문에 새뮤얼 밸런타인(Samuel Balentine)은 "레위기의 독자들은 세부 내용에서 하나님을 발견할 것이다"[11]라고 논평했다.

3. "그 예물이 소의 번제이면…"(1:3-17)

번제는 가장 자주 드리는 제사로, 각 날의 시작과 해질 녘에 정례적으로 드렸다.[12] 번제는 하나님이 그분에게 전적으로 헌신하는 백성을 원하신다는 메시지를 전달하는, 다목적 기본 제사였다. 이것이 여호와가 모세에게 그분의 명령을 전할 때 이 제사에 우선권을 부여하신 이유일 것이다. 번제는 제단에 예물을 모두 드리고 불로 완전히 태우는 유일한 제사다.

a. 하나님이 초대하시는 예배자

번제는 '너희'로 번역된 '아담'(ādām)이란 단어가 분명히 보여주듯(2절) 남녀 상관없이 누구든지 드릴 수 있었다. 모든 사람이 성별이나 경제적 지위나 사회적 지위와 상관없이 가까이 다가와[여기서 다양한 형태로 네 번 등장하는 '코르반'(qorbān)의 근본 의미는 '가까이 다가오다'이며 여기서는 '예물'로 번역한다] 하나님께 예물을 드리라는 초대를 받았다. 출애굽과 시내 산에 나타나신 장엄한 하나님은 자기 백성과 친밀한 우정을 갈망하셨다. 그렇다고 해서 이 특권을 가볍게 취급해서는 안 되었다. 월터 브루그만(Walter Brueggemann)은 성막에서 이루어지는 일은 "극적인 참여 의식을 불러일으키기 때문에 만들다, 실행하다, 가져오다, 드리다 같은 능

---

10 Milgrom, *Leviticus 1-16*, p. 42.
11 Balentine, p. 20.
12 레 6:8-13; 출 29:38-43; 민 28:3-6.

동형 동사들은 이스라엘 백성에게 그들 가운데 계신 하나님의 임재의 축복을 누리는 데 적극적으로, 신체적으로 참여하기를 요구한다"고 지적했다.[13] 비록 중요한 역할은 제사장들이 수행한다 해도, 예배는 수동적 관찰보다는 적극적 참여를 요구했고 다른 사람이 대신 수행할 수 없었다. 사람들은 직접 회막으로 예물을 가져와서(3절), 짐승을 죽인 뒤 가죽을 벗기고 깨끗하게 씻고 토막을 내야 했다(5-9, 11-13절). 누구도 이 일을 대신해 주지 않았다. 그들은 예물을 드릴 때 발생하는 어수선한 상황과 끔찍한 폭력을 피하지 않고 직접 경험해야 했다.

개인의 참여는 "번제물의 머리에 안수할지니"(4절)라는 명령에서 더욱 강조된다. 이 행위의 의미(문자적으로는 희생 제물에 힘주어 기댄다는 뜻이다)에 대해서는 그동안 논란이 분분했다. 대속(代贖) 신학을 반대하는 사람들은 이것을 희생 제물을 확인하거나 예물의 소유권을 나타내거나, 기껏해야 레위 지파 사람들을 성별하기 위해 그들에게 안수한 것과 동일한 방식으로 제물을 하나님께 봉헌하는 수단으로만 본다.[14] 그러나 이것은 매우 피상적인 시각이다. 예배자를 대신해 그의 죄를 위한 대리적 죽음으로 예배자가 속죄를 받는다고 믿는 사람들은 더 깊이 있는 정당한 이해를 통해 이 행위를 예배자의 죄가 희생 제물에 전달되는 것으로 본다. 희생 제물은 예배자가 마땅히 있어야 할 자리에서 대리자 역할을 한다. 희생 제물이 "너희를 위하여 기쁘게 받으심이 되어"라는 4절에 대한 가장 명백한 해석은 대리적 제물로 보는 것이다. 카이저가 안수 행위의 목적이 단순히 소유권을 나타내는 것이라면 왜 피의 제사에서만 안수하는지 의문을 제기한 것은 옳다.[15] 게다가 레위기 16:21은 안수—이 경우에는 두 손을 다 사용하기는 했지만—가 예배자에게서 희생 예물로 죄를 전가한다는 생각을 분명히 하고, 결정적으로 찬성하는 것처럼 보인다.[16] 예배자는 이처럼 자

---

13 Brueggemann, *Theology*, p. 668.
14 민 8:10.
15 Kaiser, p. 1011.
16 Budd, p. 47에 나오는 논의를 보라. Budd는 Milgrom과 Levine을 따른다. 그는 전가의 개념을 회피하기 어렵다는 것을 동의하면서도 번제를 드릴 때의 한 손 안수와 레 16:21에 나오는 두 손 안수를 구분해야 한다고 주장한다. 그는 한 손을 대는 행위는 식별을 나타내며, 두 손을 대는 행위만 중요한 의미가 있는 전가와 관련된다고 결론을 내린다. 그러나 이런 결론에 대한 실제 근거는 없는 것 같다.

신이 드리는 예물에 가장 긴밀하게 관여한다.

b. 하나님이 받으시는 예물

예물은 가축(3-9절)이나 가축 떼(10-13절)에서 취하거나 새(14-17절)를 드릴 수 있다. 이것은 자발적인 제사이기 때문에, 하나님은 스스로 원하는데도 경제적 형편 때문에 번제를 드리지 못하는 사람이 없도록 관심을 기울이신다. 비록 암시적으로 드러나기는 하지만, 어떤 본문도 부자들은 수소를, 상대적으로 잘사는 사람들은 양이나 염소를 가져와야 하고, 가난한 사람들은 흔히 볼 수 있는 수많은 비둘기 중 한 마리를 잡아서 가져와도 된다고 말하지 않는다. 실제로 가장 흔하게 드린 예물은 양이었다. 그렇다고 해도 번제는 자발적인 제사이기 때문에 아마도 사람들은 무엇을 예물로 가져갈지를 스스로 결정할 수 있었을 것이다. 그러나 하나님은 아무도 비용 때문에 그분의 임재를 누리는 데서 배제되지 않기를 원하신다는 메시지만큼은 분명하다. "하나님은 평범한 이스라엘 백성에게 그들이 감당할 수 없는 것을 예물로 바치도록 기대하지 않으신다."[17] 그분의 은혜는 모든 사람에게 미치며, 그분의 환영은 폭넓다.

그러나 이러한 "하나님의 넓으신 자비"[18]는 어린 소나 양이나 염소를 드릴 경우에는 "흠 없는 수컷"(3, 10절)이어야 한다는 명령과 긴장 상태를 유발했다. 짐승은 "여호와 앞에 기쁘게 받으실" 만한 것이어야 했다(3절). 그렇게 하려면 가축 중에서 가장 좋은 것을 선택해야 했다. 번제는 그 가축을 없애더라도 가족 재산에 특별히 손해가 없는 불구나 기형인 가축을 처분하는 편리한 방법이 아니었다. 죽어서 주변에 널려 있는 짐승도 예물로는 적합하지 않았다. 하나님은 차선을 드려 무시해서는 안 되는 분이었다. 최고의 것을 받기에 합당하셨다.[19] 그 정도로 제사는 예물을 드리는 자에게 큰 희생을 요구했다. 나중에 다윗이

---

17 Knight, p. 17.
18 F. W. Faber (1814-1863)의 "Souls of men! why will ye scatter?"에서 인용.
19 이에 대한 예외가 레 22:23과 27:9-10에 나와 있다. 일반적인 희생 제물이 아니라 서원에 따른 자원 예물의 경우, 기형인 짐승이나 부정한 짐승도 받아들여진다.

이스라엘 인구를 조사하여 교만의 죄를 지었을 때 아라우나가 속죄를 위한 제물을 무상으로 제공하려 하자, 그는 비통한 마음으로 외쳤다. "값 없이는 내 하나님 여호와께 번제를 드리지 아니하리라."[20] 아무 대가를 치르지 않는 예배는 의미가 없다. 값싼 예배는 살아 계신 하나님에 대한 체험을 값싸고 피상적이며 맥없게 만든다.

예물로 **수컷**을 요구한 이유는 무엇일까? 전통적인 해석은 흔히 수컷의 힘이나 우월성, 또는 고대 사회에서 수컷에 더 높은 가치를 부여한 점을 언급한다.[21] 더 설득력 있는 주장은 이스라엘 사회에서 암컷은 젖을 생산하거나 새끼를 낳을 수 있기 때문에 수컷이 암컷보다 쓸모가 없었으리라는 지적이다.[22] 여러 주장들을 단정적으로 판단하기는 어렵지만, 암컷 예물이 화목제나 속죄제에서는 아무 문제없이 받아들여졌다는 점을 유의해야 한다.[23] 이는 수컷을 요구한 것이 일반 규칙이라기보다 번제에만 적용되는 특별한 사항이었다는 점을 시사한다. 따라서 수컷이 더 쉽게 처분이 가능했기 때문에 자원해서 드리는 유일한 제사인 번제에서 허용되었다는 생각을 지지한다 해도 무리는 없을 것이다.

c. 하나님이 명령하시는 제사 의식

예배자가 할 일은 짐승을 죽이는 것이다. 새는 너무 작아서 여러 사람이 다룰 수 없기 때문에 제사장들만 처리했다(15절). 예배자는 예물을 죽인 후 짐승의 가죽을 벗기고 각을 뜬 다음 "그 내장과 정강이를 물로 씻어야" 한다(9, 13절). 이 의식에서 중요한 점은 내장에 들어 있는 더러운 것이나 정강이에 묻은 똥이 여호와의 제단에 닿아서는 안 된다는 것이다. 이와 비슷한 이유로 제사장들은 더러운 음식물이 들어 있는 새의 "모이주머니와 그 더러운 것"(16절)을 제거해야 한다. 제사장이 할 일은 피를 가져다가 "회막 문 앞 제단 사방에 뿌리"거나(5, 11절),

---

20 삼하 24:24.
21 유형론에 지나치게 의존하는 Bonar는 수컷이 두 번째 아담을 나타낸다고 말한다. p. 13.
22 예를 들어, Milgrom, *Leviticus 1-16*, p. 147, and Demarest, p. 37. 이에 대한 반대 주장은 Hartley, p. 18를 보라.
23 레 3:1, 6; 4:28, 32; 5:6.

새의 경우에는 그 피를 "제단 곁에" 흘리는 것이었다(15절). 레위기 17:11은 피가 제사에서 그토록 중요한 이유를 분명하게 밝혀 준다. 피에는 생명이 있다. 짐승의 피를 흘리는 것은 속죄의 수단으로 예배자의 생명을 대신하여 생명을 하나님께 바치는 것이었다. 제사장이 피를 다루는 것은 다른 제사들에서 훨씬 더 두드러진 역할로 간주되었지만, 번제에서도 제사 의식의 일부로 포함된다.

그런 다음, 제사장들은 예물을 회막 문 근처에 있는 놋 제단으로 가져갔다.[24] 이 제단은 일반 백성이 자원해서 드리는 예물을 태우기 위해 만든 제단이었다. 비록 회막 구역 안이었지만 지성소로부터의 거리를 기준으로 볼 때 이 제단은 다른 제단보다 거룩함의 수준이 낮았다. 잡은 예물은 이미 불이 붙은 나무 위에 벌려 놓았다. 예물은 완전히 불태워져 인간이 소유할 수 있는 것은 아무것도 남지 않았다. 완전히 바치는 제사는 여호와께 속했다. 이때 사용된 특별한 용어는 제물을 적당히 굽는 것이 아니라 완전히 불태우는 것을 나타낸다. 예물은 "연기로 바뀌고 승화되어 하늘로 올라간다."[25] 형태가 바뀐 예물은 위로 올라가 "여호와께 향기로운 냄새"가 된다.

d. 하나님이 받으시는 예배

번제는 폭넓은 배경과 다양한 이유로 사용된 것 같지만, 규례에 언급된 근본 목적은 예배자를 위한 "속죄"(4절), 즉 하나님과의 조화를 회복하는 것이었다.[26] 일부 사람들이 원하듯이 다른 설명을 지지하기 위해 이런 명백한 진술을 가볍게 제쳐놓아서는 안 된다. 죄에 대한 언급이, 구체적인 죄를 저질렀을 때 의무로 드려야 하는 죄와 죄책을 위한 제사에서만큼 지배적이지 않다는 것은 사실이다. 그럼에도 번제는 다른 속죄 제사와 비슷한 피의 제사였으며, 따라서 켈로그가 제안하듯이 우리에게 "우리가 잘못한 행위보다는 존재 자체에 대한 속

---

24 출 27:1-8.
25 Douglas, *Leviticus*, p. 69, and Milgrom, *Leviticus 1-16*, p. 161, F. C. N. Hicks, *The Fulness of Sacrifice* (London: SPCK, 1953), p. 13에서 인용.
26 속죄의 의미는 4장에서 추가로 논의할 것이다.

죄의 필요성"을 상기시켜 주는데, 우리는 행위뿐만 아니라 본성과 성향 자체가 죄인인 존재이기 때문이다.[27] 제사가 다른 어떤 목적을 달성하든지 간에, 다른 일을 수행하기 전에 죄를 깨닫고 이 장애물을 제거하지 않고서는 어떤 사람도 하나님 앞에 다가가는 것은 불가능했고 지금도 그렇다.

다른 곳에서 언급한 이 제사에 대한 많은 내용은 번제의 포괄적인 속성을 보여준다. 노아는 홍수 후에 물이 줄어들고 땅이 새로운 창조를 누리게 되자, 예배로 번제를 드렸다.[28] 많은 사람들이 번제를 하나님께 드리는 예물로 사용했다. 하나님께는 예물이 필요 없었기 때문에 자유롭게 드린 예물은 뇌물도 아니고 그분을 조종하기 위한 것도 아니고, 단순히 그분께 감사와 헌신을 표현하기 위한 것이었다(22:18). 욥은 규칙적인 경건 훈련의 일부로 번제를 드렸다. 다윗은 죄의 고백에 수반하여 번제를 드렸다. 솔로몬은 일 년에 세 번 번제를 드렸고, 히스기야는 이방 종교로부터 성전을 정화한 것에 감사하며 번제를 드렸다.[29] 하나님은 성전 예배에 대해 언급하시면서 번제는 아침과 저녁에 드릴 주요 제사로 "항상 내 앞에 있을" 것이라고 말씀하셨다.[30]

이 모든 사례는 번제의 취지가 온전한 헌신과 감사하는 마음으로 하나님께 예물을 드려서 그분을 기쁘시게 하려는 것임을 입증한다. 이로 볼 때 단지 외적인 제사 의식만으로는 하나님이 받으실 만한 제물을 드릴 수 없었다는 점은 분명하다. 예배자의 내적 자세가 외적 제사 의식 못지않게 중요했다. 제사가 "상한 심령…상하고 통회하는 마음"[31]을 표현하지 않는다면, 하나님을 기쁘시게 하기보다는 고통스럽게 했을 것이다.

번제의 본질적 의미는 제사 의식 자체에 명백하고 강하게 나타나 있다. 다른 제사와 달리 번제의 두드러진 특징은 예물 전체를 제단에서 태우는 것이었다. 이것은 하나님에 대한 전적 굴복, 완전한 봉헌, 온전한 헌신을 뜻한다. 아무것

---

27 Kellogg, p. 109.
28 창 8:20-21.
29 욥 1:5; 삼하 24:25; 왕상 9:25; 대하 29:20-28.
30 출 29:38-42; 시 50:8, 시 20:3; 40:6; 51:16, 19; 66:13도 보라.
31 시 51:17.

도 주저하지 않고 남김없이 다 바친다. 인간을 대신한 짐승이 나타내듯이 자신을 전폭적으로 드리는 것은 구원의 은혜와 언약적 사랑을 베푸신 하나님께 대한 적합한 반응이었고 지금도 역시 그렇다.[32]

4. "여호와께 향기로운 냄새"

여호와에 대한 상한 심령과 헌신을 수반하지 않은 채 번제를 자주 반복적으로 드리다 보니 나중에는 그 가치가 떨어져 버렸다. 그러나 그 제사는 계속해서 초대교회 신자들에게 상한 심령과 온전한 헌신을 여호와께 드리라고 말했으며, 오늘날에도 그렇게 하라고 말한다.

a. 번제는 그리스도의 희생을 가리킨다

신약성경은 그리스도의 희생—그분의 자발적인 죽음은 물론 흠 없는 삶의 희생—을 완전한 번제라고 누누이 암시한다. 복음서 저자들은 예수님이 겟세마네 동산에서 드린 기도를 통해 자신의 생명을 하나님께 완전히 바쳤다고 말한다.[33] 바울은 예수님의 십자가 죽음을 번제라는 관점에서 바라보고, "그는 우리를 위하여 자신을 버리사 **향기로운 제물**과 희생 제물로 하나님께 드리셨느니라"[34]라고 말한다. 바울이 예수님이 "죽기까지 복종하셨으니 곧 십자가에 죽으심이라"[35]라고 표현할 때는 번제와 관련된 완전한 봉헌을 나타낸다. 이와 마찬가지로 베드로는 번제 모델을 이용하여 예수 그리스도를 "점 없고 흠 없는 어린 양"[36]으로 주목한다.

---

32 이것은 창 22장에 명확하게 나타난다. 아브라함은 이삭을 번제로 드리라는 명령을 받는다(22절). 여기에 이미 대속 사상이 잘 확립되어 있으며(13절), 하나님은 "네가…네 아들 네 독자도 아끼지 않았기" 때문에 아브라함에게 복을 주시겠다고 분명하게 말씀하신다(16절).
33 마 26:39, 42; 막 14:36; 눅 22:42; 요 17:19.
34 엡 5:2.
35 빌 2:8, Hartley, p. 25, 그는 롬 8:32을 같은 진리를 말씀하는 것으로 보지만 이 구절의 주제는 성자 하나님이 아니라 성부 하나님인 것 같다. 그러나 성자 하나님이 우리 모두를 위해 자신을 버리셨다는 점에서 그 결과는 같다.

그러나 번제의 전형적인 의미는 히브리서에서 가장 온전하게 전개된다. 히브리서 10:5-7은 시편 40:6-8의 칠십인역을 인용한다.

> 하나님이 제사와 예물을 원하지 아니하시고
> 오직 나를 위하여 한 몸을 예비하셨도다.
> 번제와 속죄제는 기뻐하지 아니하시나니
> 이에 내가 말하기를 "하나님이여 보시옵소서
> 두루마리 책에 나를 가리켜 기록된 것과 같이
> 하나님의 뜻을 행하러 왔나이다."

히브리서는 이것을 예수 그리스도에게 적용하고, 이어서 10절에서 다음과 같이 말한다. "예수 그리스도의 몸을 단번에 드리심으로 말미암아 우리가 거룩함을 얻었노라." 예수님은 완전하고 흠 없는 온전한 번제물이었으며, 여호와께 온전한 순종과 가장 완전한 헌신으로 자신을 드리셨다. 그분의 희생은 이전에 드린 그 무엇보다, 미래에 드릴 수 있는 그 무엇보다 더 탁월하다. 이제 다른 제사는 필요 없다.

b. 번제는 신자들의 예배를 가리킨다

번제는 신자들이 독창성과 자존감으로 가득 차서 하나님에게 가까이 갈 수 있는 권리를 이용하기보다는 예배 가운데 조심스럽게 여호와께 다가가야 한다고 말해 준다. 예수님의 피가 이미 우리의 과거를 깨끗이 청산했고 우리가 그리스도 안에서 용납되었다고 확신할 수 있음에도, 번제는 우리가 계속 범하는 죄를 매일 고백하고 깨끗함을 받아야 할 필요성을 말해 준다(요일 1:7-9은 이런 현실을 인정한다). 번제는 우리에게 "항상 찬송의 제사를…드리자 이는 그 이름을 증언하는 입술의 열매니라"라고 격려한다.[37] 하나님이 이집트에서 구해 주신

---
36 벧전 1:19.

사람들이 자신의 구원에 대한 기쁨을 표현했다면, 우리는 그리스도를 통해 이루어진 더 크신 구원을 되돌아보면서 감사가 넘치는 마음으로—의무에서가 아니라 자유롭게—얼마나 더 많이 고마움을 표현해야 하겠는가?

무엇보다도 번제는, 모든 신자 곧 남자나 여자, 부자나 가난한 자, 평신도나 성직자의 삶이 하나님의 코에 불쾌한 냄새가 아니라 향기로운 냄새가 되게 하려면 자신의 삶을 하나님께 온전히 헌신해야 한다고 말해 준다. 과거에 광야 회막에서 드렸던 번제는 현대라는 광야에서 예수님을 따르는 사람들의 삶에서 매일 드려져야 한다. 번제는 예수님이 우리에게 마음을 다하고 지혜를 다하고 힘을 다하여,[38] 모든 의지와 생각과 감정과 행동을 다하여 하나님을 사랑하라고 요구하신 명령을 극적인 형태로 나타낸다. 바울이 로마의 그리스도인들에게 "하나님의 자비하심으로 너희를 권하노니 너희 몸을 하나님이 기뻐하시는 거룩한 산 제물로 드리라. 이는 너희가 드릴 영적 예배니라"[39]라고 촉구하면서 이용한 것이 바로 번제의 이미지였다.

한번은 마이클 그리피스(Michael Griffiths)가 말레이시아의 산악 지대에서 길을 잃은 뒤 이렇게 썼다. "한 번뿐인 삶, 이것은 우리 모두가 드려야 할 전부다. 하나님의 가장 크신 영광과 인간의 가장 큰 축복을 위해 어떻게 삶을 사용할 수 있을까? 어떻게 하면 그리스도인으로서 최대한 유용하고 효과적으로 살 수 있을까?"[40] 번제가 그 대답을 제공한다. 이 하나뿐인 삶은 제단에 놓여 하나님께 완전히 봉헌되어야 한다.

하나님의 놀라운 은혜를 진정으로 이해하는 신자들은 자신의 삶이 더 이상 자기 것이 아니며, 그런 삶을 바라지도 않는다. 하나님이 받으시는 향기가 되는 것보다 더 그들을 기쁘게 하는 것이 없기 때문이다. 하나님은 그들의 전 존재를 예물로 받으신다.

---

37 히 13:15.
38 막 12:33; 참고. 신 6:5.
39 롬 12:1.
40 Michael Griffiths, *Give Up Your Small Ambitions* (London: IVP, 1970), p. 10.

2장

하나님께 바치는 예물: 소제

2:1-16

소제는 이스라엘의 제사에서 별로 중요해 보이지 않는다. 소제는 번제와 화목제에 관한 가르침 사이에 간략하게 소개된다. 그도 그럴 것이, 소제는 보통 독립된 제사라기보다 번제와 화목제 중 하나에 수반되었기 때문이다. 다른 제사와 달리, 불을 사용하기는 해도 짐승을 바치지도 않고 피를 흘리지도 않는다. 이것이 소제의 독특한 점이다. 속죄에 대한 언급이 전혀 없는 점도 그렇다.

랍비들은 소제가 가난한 자들의 번제라고 생각했다.[1] 몇 가지 요인이 소제가 가난한 사람들을 위한 제사였다는 제안에 무게를 실어 준다. 너무 가난하여 속죄제에 필요한 짐승—산비둘기나 집비둘기 두 마리조차도—을 마련할 여유가 없는 사람들에게는 소제와 유사한 것으로 대체하여 속죄 제물로 드리는 것을 허용했다(5:11-13). 매일 드리는 예배의 일부로 번제와 함께 소제를 드릴 때는 십분의 일 에바(6:20)만 사용했는데(오늘날의 기준으로 2리터가 조금 넘는다), 그마저도 절반은 아침에 드리고 나머지 절반은 저녁에 드렸다.[2] 그러나 이런 통찰

---

[1] Milgrom, *Leviticus 1-16*, p. 195.

이 아무리 옳다 해도, 그것은 전체 진리의 일부에 지나지 않으며, 작지만 중요한 소제가 수행하는 풍성하고 다양한 역할을 왜곡해서는 안 된다.

1. 소제에 관한 명령[3]

['아담'(*ādām*)이 아니라 '네페쉬'(*nepeš*)라는] 다른 단어를 사용했지만, 번제와 마찬가지로 소제를 드리라는 포괄적인 초청이 이스라엘 자손에게 주어진다. 성별이나 지위와 상관없이 모든 개인이나 집단에게, 여호와께 소제의 예물을 가져와서 동등하게 제사 의식에 온전히 참여하라고 초청한다.

쇠렌 키르케고르(Søren Kierkegaard)는 예배를 극장에 비유했는데, 그가 특별히 강조하려고 했던 요점이 이스라엘의 제사 의식에서 특히 잘 드러난다. 극장은 배우가 관객 앞에서 드라마를 공연하는 장소다. 이스라엘의 예배에서 예배자들은 관객이 아니라 배우였고, 적극적인 역할을 맡았다. 제공된 드라마의 유익을 누리는 관객은 바로 하나님이셨기 때문에 그분을 만족시켜야 했다. 그 때문에 제사 절차를 신중하게 규정하고 준수했다. 이스라엘의 제사는 회중을 수동적인 구경꾼인 관객으로 만들어 그들의 감정을 달래 주고 그들의 모든 기호와 변덕을 만족시켜야 하는 오늘날 대다수의 예배와 얼마나 다른가! 그런 예배는 역할이 뒤바뀌어, 하나님의 백성을 기쁘게 하려고 하나님을 무대 위 배우로 세우는 어리석은 짓이다.[4]

a. 하나님이 허락하시는 다양성

처음부터 우리는 소제를 다양한 방법으로 드릴 수 있다는 말씀을 듣는다. 이런 융통성은 소제의 목적이 다양하다는 것을 반영한다. 세 형태의 소제를 간

---

2 민 28:3-8도 보라.
3 제사장들에게 주신 추가 명령이 6:14-23에 나온다.
4 나는 이 내용을 Marva Dawn의 글에서 참고했다. 그는 *Reaching Out without Dumbing Down: A Theology of Worship for the Turn of the Century* (Grand Rapids, MI: Eerdmans, 1995), p. 82에서 이와 같은 내용을 언급한다.

략하게 소개하면 다음과 같다. 첫째(1-3절), 예배자는 요리하지 않은 "고운 가루"만 가져오면 됐지만, 그럴 경우 "그 위에 기름을 붓고 또 그 위에 유향을 놓아야" 했다. 그러면 제사장은 그것을 가져다가 일부를 제단에서 태우고 나머지는 제사장들의 몫으로 남겨두었다. 고운 가루는 세몰리나(semolina) 즉 "밀의 속 알맹이로 만든 가장 좋은 부분"[5]으로 만들었다. 다시 말하지만, 가장 좋은 것만이 하나님께 적합하다.

둘째(4-13절), 예배자는 구운 예물을 가져갈 수 있는데, 이것은 "화덕"(4절)이나 "철판"(5절), "냄비"(7절)를 이용해 만들 수 있었다. 예물을 준비하는 다양한 방법은 당시의 다양한 요리 방법을 반영하는 것에 지나지 않는다. 화덕은 진흙이나 점토로 만들었는데 위쪽에 구멍이 나 있으며 흔히 화덕 일부는 땅속에 묻혀 있었다. 철판은 평평한 도구로 흔히 점토로 만들었으며, 반면 냄비는 더 움푹한 도자기 그릇에 뚜껑이 있었는데 음식물이 잠길 정도로 많은 양의 기름에 음식물을 튀길 때 사용했다. 구운 예물을 가져갈 경우 똑같이 기름을 사용했지만 유향은 첨가하지 않았고, 누룩과 꿀은 금지했다(4, 5, 11절). 모든 소제물에는 소금을 쳐야 했다(13절). 소제물의 일부는 불에 태우고 일부는 제사장 몫으로 남겼다(9-10절).

셋째(11-16절), 소제에 관한 특별한 언급은 "첫 이삭"을 "여호와께" 가져와서 드리라는 것이다. 이것은 23:15-22에 나오는 예물이 아니라 언제든지 자원하여 드리는 특별한 예물을 언급하는 것으로 보인다. 23:15-22에서 이스라엘 백성은 추수기 때 하나님이 주신 풍성한 양식에 감사하고, 그들이 생산한 모든 것에 대해 하나님의 우선적인 소유권을 인정하는 감사 예물을 드렸다. 그러나 드리는 시기는 다르다고 해도 그 동기는 같았을 것이다. 이 예물의 두드러진 특징은 "첫 이삭을 볶아 찧고" 그 위에 "기름과 유향"을 더했다는 것이다(14-15절). 앞의 경우와 마찬가지로, 일부만 제단 불에 태우고 나머지는 제사장의 몫으로 삼았다.

---

5 Levine, p. 9.

b. 하나님이 명시하신 재료들

기름(1, 2, 4, 5, 6, 7, 15-16절), 소금(13절), 소제의 세 유형 중 두 유형에서 사용하는 유향(1, 2, 15절)은 소제에서 필수 재료였다. 어떤 면에서 기름을 사용한 것은 매우 당연하게 보일 수 있다. 올리브기름은 이스라엘 요리에서 늘 빠지지 않는 재료였다. 올리브기름은 음식물에 붓거나 섞거나, 위에 뿌리거나, 음식물을 튀기는 데 사용했다. 이런 용도가 모두 여기에 언급되어 있다. 하지만 이런 제사 의식이 영적 진리들을 나타내는 극적이고 상징적인 행위라는 점을 염두에 둘 때, 우리가 눈에 보이는 것 이상을 보지 못한다면 하나님의 의도를 이해하지 못한 채 중간에 멈추는 셈이 될 것이다. 기름은 기쁨[6]은 물론 성령의 사역과 관련이 있다[7](슥 4:1-6에서 가장 두드러지게 나타난다). 이것은 우리가 예배 때 여호와께 예물로 무엇을 드리든지 우리가 타고난 재능이 아니라 우리 안에서 역사하시는 성령 덕분이라는 것을 일깨워 준다. 또한 이것은 인간적인 것을 취하여 하나님께 가치 있는 것으로 바꾸는 성령의 강력한 사역을 나타낸다.[8]

자발적으로 드리는 다른 제사와 마찬가지로 소제의 목적은 "여호와께 향기로운 냄새"(2, 9, 12절)를 올려드리는 것이다. 이것은 소제에 유향을 사용하는 이유를 설명해 준다. 바룩 레빈(Baruch Levine)은 고대 근동 지역에서 훈증법을 널리 사용했다고 주장하면서, 마이모니데스(Maimonides)를 따라서 향기는 피의 제사의 나쁜 냄새를 없애기 위해서라는 실용적이지만 무미건조한 설명을 제시한다.[9] 해리슨(R. K. Harrison)은 유향이 "제사 의식의 좋지 못한 냄새를 가리거나 제거하기 위한 훈증약이나 냄새 제거제 역할을 하며, 예물을 '여호와께 향기로운 냄새'로 만드는 물리적 효과에 기여한다"[10]고 쓴다. 이것은 요리한 예물에는 유향이 필요 없었던 이유를 설명해 주는데, 구운 음식물의 냄새만으로 충분히 훌륭하기 때문이었을 것이다. 이것이 사실이라고는 해도 이런 구태의연하고 실

---

6 시 45:7; 사 61:3.
7 삼상 10:1-11.
8 Kaiser, p. 107.
9 Levine, p. 8.
10 Harrison, p. 49.

용적인 설명은, 신인동형론에 입각해서 말하자면, 본문이 강조하는 바 하나님이 코로 느끼시는 기쁨을 주목하지 못하게 한다. 여인이 풍기는 기분 좋은 향기처럼 소제가 발산하는 향기는 하나님의 마음을 끌고 기쁨을 주었다.

향기는 하나님의 모든 진실한 예배자들의 특징이어야 하는 삶의 질을 상징한다. 성막이 기억만으로 남게 된 오랜 세월 후 마리아가 예수님의 발에 기름을 부었을 때, 요한은 "향유 냄새가 집에 가득하더라"[11]라고 말했다. 바울은 그가 사로잡혔지만 그리스도 안에서 승리했을 때 자신의 삶을 "각처에서 그리스도를 아는 냄새"[12]를 나타내는 향기로 보았다. 이것은 더 이상 성막의 예배 의식이 아니라 그리스도를 선포하는 일에 헌신하고 순종하여 봉사하는 우리 행위로 하늘에 퍼뜨려야 할 "여호와께 향기로운 냄새"다.

세 번째 공통 재료는 "소금"이다. "네 모든 소제물에 소금을 치라. 네 하나님의 언약의 소금을 네 소제에 빼지 못할지니 네 모든 예물에 소금을 드릴지니라"(13절). 소금은 고대 세계에서 음식물을 보존하는 주요 수단일 뿐만 아니라(따라서 "예물을 적합하게 만든다")[13] 환대와 언약의 확정에서 핵심 요소였다. 따라서 소금은 우정과 유대와 단결을 나타냈던 것으로 보인다.[14] 민수기 18:19은 "여호와 앞에…영원한 소금 언약"에 대해 언급한다. 예배자들은 아무렇게나 아니면 이따금씩 하나님이 필요해서 그분께 나아가는 것이 아니라, 결코 깨지지 않는 영원한 은혜의 언약에 속한 사람으로서 구속력이 있는 진실한 우정 안에서 나아간다.[15] 예수님이 제자들에게 그들이 "세상의 소금"[16]이라고 말씀하셨을 때, 그 의미는 단순히 그들에게 사회의 도덕적 타락을 막는 사명이 있다는 것 이상이

---

11 요 12:3.
12 고후 2:14-16.
13 Hartley, p. 32.
14 Noth, p. 29. 그는 이 사상이 아랍인들에게 여전히 존재한다고 기록한다. 그는 아랍인들이 "함께 소금을 먹는 것이 공동체의 상호 유대를 확립해 준다"고 믿고 있다고 쓴다. 구약성경 어디에서도 소금의 의미를 명확하게 밝히지 않지만 엘리사는 여리고에 대한 저주를 풀고 언약의 축복을 다시 회복하기 위해 소금을 사용한다. 왕하 2:19-22.
15 고후 13:5도 보라.
16 마 5:13.

었다. 예수님은 이제 그들이 새 언약으로 그분과 결속된 하나님의 참된 백성이기에 이스라엘이 포기했던 사명을 완수할 소명을 받았다고 말씀하고 계셨다.

이 세 필수 재료는 "누룩"과 "꿀"(4, 5, 11절) 같은 금지된 두 재료와 균형을 이루었다. 누룩은 예물에서 항상 금지되지는 않았으며, 맥추절에 흔들어서 드리는 요제(搖祭)의 일부였다(23:17). 일부 사람들은 누룩을 넣지 않은 예물이 유월절 식사를 기억하게 하기 위해서라고 주장한다.[17] 그러나 이런 연관성이 확실히 드러나지는 않는다. 여기서 누룩 금지에 대한 가장 분명하고 일반적인 설명은 누룩이 부패를 유발한다는 점이며, 따라서 소금이 예물에 포함된다는 이유 때문에 누룩은 금지된다. 그러나 메리 더글러스는 이런 설명이 때로는 누룩을 허용하는 이유도, 누룩과 꿀을 함께 금지하는 이유도 설명해 주지 못한다고 지적한다.[18] 더글러스는 누룩과 꿀을 함께 묶는 관점을 제시하면서, 이 두 가지를 금지한 이유는 고대 세계에서는 이 둘을 밀가루 반죽과 분리하지 않고 그 안에 함께 넣었을 것이고, 그 결과 오래된 반죽이 자연스럽게 발효되어 부풀어 올라 숙성되고 기포를 발생시키면서 분해되었기 때문이라고 본다. 그녀에 따르면, 이것은 "충만한 생명"의 예, 즉 신적 생명의 발생과 대조되는 자연적이고 인간적인 발생 과정의 예다.[19] 고든 웬함은 누룩에 대해 언급하지만 꿀에도 적용되는 비슷한 내용을 통쾌스러울 정도로 단순하게 언급한다. 즉 "누룩은 살아 있는 유기체이며 제사 때는 죽은 것만 제단에서 불태울 수 있다."[20] 분명한 사실은 우리가 이 두 재료가 무엇을 상징하는지 모른다는 점이다. 그러나 더 단순한 이 설명은 많은 이유에서 추천할 만하다. 게다가 이 설명은 꿀이 이방 종교의식에서 널리 사용되었고 거룩함은 구별을 요구했다는 사실과 일관성이 있다. 여기에는 이스라엘이 하나님을 예배하는 방식이 이웃 민족을 모방하는

---

17 출 12:8.
18 여기서 꿀은 꿀벌이 만드는 여느 꿀과 마찬가지로 대추야자와 무화과의 꿀을 언급하는 듯하다. Levine, p. 12.
19 Douglas, *Literature*, pp. 164-166. Hartley는 "금지에 대한 어떤 이유도 제시되어 있지 않기 때문에…제시된 모든 제안은 추측"이라고 논평한다. p. 33.
20 Wenham, p. 71.

것이 아니라 그들과 구별되어야 한다는 요구가 담겨 있었다.

C. 하나님이 주도하시는 제사

이 제사를 드리는 방식은 아주 간단하지만 상당히 암시적이다. 소제의 예물은 일부만 제단 위에서 불사른다. 이것을 "기념물"(memorial portion, 2, 9, 16절)이라고 부른다. 이것은 하나님께 속하며, 나중에 더 설명하겠지만 하나님께 언약을 상기시키는 역할을 한다.

기념물은 전체 예물을 표시하는 것에 불과하고, 나머지는 "아론과 그의 자손에게 돌린다"(3, 10절). 다소 놀랍게도, 그들의 몫은 "여호와의 화제물 중에 지극히 거룩한 것"(3, 10절)이라고 말한다. 레위기에는 신성함을 나타내는 거룩함의 등급이 존재하는데, 지성소라고 일컫는 가장 거룩한 곳에는 하나님의 발등상이 있다.[21] 남은 음식을 "지극히 거룩한 것"으로 삼은 것은 '거룩한' 사람들, 곧 제사장만이 먹을 수 있다는 표시다. 평민들은 하나님과 다른 사람들과의 친교를 위해 드리는 화목제물을 먹을 수 있었다. 그러나 화목제물에는 '지극히 거룩하다'는 등급이 주어지지 않는다. 소제물은 자원하여 노동의 결과물을 하나님께 드리는 예물이었기 때문에 자신의 가까운 종들이 먹을 수 있도록 남겼다. 아울러 소제물은 '거룩한' 장소, 곧 성막 구역 안에서만 먹을 수 있었다. 다른 곳에서 소제물을 먹으면 더럽혀질 위험이 있고 예물이 부정해질 수 있었다.[22]

여기에는 여호와를 섬기는 종들의 필요를 채울 수 있는 여러 방법 중 하나가 있었다. 성막 예배에 관한 명령 내내 하나님은 제사장과 레위인들의 필요에 자비로운 관심을 보이시고 그들이 섬기는 공동체가 그들의 필요를 채우게 하셨다. 그들은 일상 노동이나 경제 활동에 참여할 수 없어서 스스로를 부양할 수 없었기 때문이다. 나중에 바울이 빌립보 교인들의 선물에 감사를 표시할 때 이 예물—특히 "향기로운 제물"이라는 표현—에서 그 언어를 차용했다.[23]

---

21 이 주제에 대한 자세한 설명은 이 책의 서론 pp. 25-27와 거기에 제시된 Jenson의 글을 보라.
22 Budd, pp. 58-59.
23 빌 4:18.

예수님과 사도 바울은 주님의 일에 특별한 방식으로 종사하는 사람들을 부양해야 하는 지속적 책임을 반복해서 언급했다.[24] 우리는 가치 있게 여기는 것에 값을 지불한다. 슬프게도, 오늘날 많은 그리스도인들이 이런 부분에 대한 성경의 가르침을 문자적으로도, 정신적으로도 이행하지 않는다. 더군다나 그들은 영적 지도자들의 봉사를 보통 사람들의 봉사만큼도 가치 있게 여기지 않는데, 이는 세속 사회가 사람들로 하여금 오히려 일반인들의 봉사를 더 높이 평가하게 만들었기 때문이다.

2. 의미에 대한 이해

소제를 가리키는 히브리어 명칭은 아주 일반적이다. '민하'(Minḥâ)는 단순히 '선물'을 뜻한다. 그런데 레위기에서는 이 단어를 소제에만 사용한다. 이 단어는 다양한 목적을 아우르는 것처럼 보이며, 해리슨의 말에 따르면 "경배(삿 6:19, 삼상 10:27)나 감사(시 96:8), 존경(창 43:11, 15, 25), 충성(삼하 8:2, 6)의 표현으로" 사용된다.[25] 민수기 5:15에는 전혀 다른 사용법이 나온다. 여기서 소제는 "의심의 소제"로 묘사되며, 아내가 남편에게 신의를 저버렸는지 식별하기 위한 의식의 일부다. 소제의 성격을 어떻게 더 구체적이고 정확하게 규정할 수 있을까?

a. 소제는 왕이신 여호와께 바치는 공물이다

'민하'라는 단어는 신하 된 백성이 윗사람에게 바치는 공물이라는 맥락에서 사용되기도 했다. 이것은 때로 상급자를 달래서 불쾌함을 가시게 하고 그의 선의를 확실히 보장받기 위해서였다. 예를 들어, 야곱은 수십 년의 도망자 생활을 마칠 무렵, 에서와 직접 대면하기 전에 몇 가지 선물을 먼저 보내 그의 호의를 구하려 했다.[26] 모압 족속이 이스라엘 자손을 억압했을 때 사사 에훗

---

24 눅 10:7; 고전 9:13-14; 딤전 5:17.
25 Harrison, p. 49.
26 창 32:13-21.

은 모압 왕 에글론에게 공물('민하')을 바쳤다. 역설적이게도, 이 경우에는 굴종하는 항복의 표시가 아니라 에훗이 에글론에 접근하여 그를 암살하여 이스라엘을 해방시키기 위한 수단이었다. 정치적 상황이 역전되어 이제 모압이 이스라엘에게 속박을 당하게 되었다.[27] 모압 족속과 아람 족속이 다윗 왕의 지배를 받게 되었을 때 그들은 그에게 '민하' 곧 공물을 바쳤다.[28]

소제는 그것을 드리는 사람들의 삶을 다스리시는 하나님의 주권을 인정하는 공물이다. 그러나 다른 공물을 바칠 때와 대조적으로 그분의 권위는 강제되지 않고 이 공물은 의무가 아니다. 오히려 하나님의 "최고 권위를 인정하고 그분의 호의와 축복을 바라는 표현으로"[29] 그분께 자발적으로 드리는 선물이었다. 소제는 이스라엘 백성의 구원자이자 주님과 왕이신 분에 대한 충성을 표현했다. 가루나 빵 같은 평범한 선물을 가져오는 것은 하나님이 삶의 모든 부분을 관할하신다는 것을 상징했다. 하나님과의 관계는 '영적'이라고 이름 붙인 영역에 머물지 않았다. 하나님은 모든 것의 주님이시기에 예배를 드릴 때 매일 일상 노동의 결과물을 그분 앞에 가져가서 드렸다.

소제의 이런 측면은 첫 이삭을 드릴 때 특히 두드러진다(23:17, 20).[30] 예배자들은 첫 이삭을 여호와께 드리면서 수확물이 그들의 독자적 노동의 산물이 아니라 하나님의 축복의 결과임을 인정했다. 그들은 자신의 손으로 처음 수확한 것 중 최고의 것을 하나님에게 돌려드렸다. 일상 노동에서 비롯된 소득인 수확물은 권리가 아니라 선물이었다. 소제를 드리는 것은 이를 의도적인 방식으로 선언했으며, 이스라엘 자손이 수확물을 '당연하게 여기는' 태도나 '권리'라는 사고방식에 빠지지 않게 해주었다. 왕이신 여호와는 풍성하게 베푸시는 분이었다.

---

27 삿 3:12-30.
28 삼하 8:2, 6.
29 Kellogg, pp. 63-64.
30 출 23:16, 19; 34:22, 26; 민 18:12-13도 보라.

b. 소제는 언약의 하나님께 상기시켜 준다

이 장은 제단 위에서 태우는 부분을 "기념물"이라고 세 번 언급한다.[31] 이 말의 의미에 대해서는 논란이 있지만, 우리가 소제의 목적을 이해하려 한다면 이 의미는 분명히 중요하다. 제단에서 행해지는 이런 표시 행위는 어떤 면에서 무언가를 상기시키는 역할을 한다. 그렇다면 누구에게 무엇을 상기시키는 것일까? 하나님께 무언가를 상기해 드려야 한다는 생각은 그분이 무언가를 잊어버리실 수도 있다는 점을 암시한다. 그래서 당연하게도, 일부 사람들은 상기시킬 대상이 바로 하나님이라는 말을 회피해 왔다. 그래서 그들은 상기시킬 대상이 예배자이며, 비록 하나님이 소제물의 일부만 받을 준비가 되어 계신다 해도 소제물 전체가 당연히 하나님에게 속한다거나,[32] 아니면 사람이 삶의 모든 영역에서 여호와를 충실히 섬겨야 한다는 결론을 내린다.[33] 이것이 사실이라면, 기념물은 언약에 대한 적극적인 인정을 새롭게 하고 언약에 대한 헌신을 새롭게 다짐하는 방법이었다. 이처럼 의식적으로 다시 다짐하는 시간이 없다면 하나님과 우리의 관계는 너무 쉽게 무디고 단조로운 상태에 빠지고 지속적으로 쇠퇴하여 결국 그 중요성이 완전히 사라진다.

하지만 기념물이란 표현은 정말로 하나님께 무언가를 기억나게 하는 것을 가리킬 수도 있다. 이것은 '깜빡하는' 노인들처럼 하나님이 잘 잊어버리신다는 뜻이 아니라, 하나님에 대해 언급하는 매우 인간적인 방법이다. 마치 우리가 성경이 우리를 위해 만들어 놓은 길을 따라갈 때 끊임없이 의인화에 의존하여 하나님에 대해 말하는 것처럼 말이다. 하틀리(Hartley)의 설득력 있는 관점에 따르면, 이것은 기념물 때문에 하나님이 언약적 신실하심 가운데 예배자를 기억하신다는 뜻이다. 그는 "하나님은 기억하실 때 복을 내리셨다"[34]고 덧붙인다. 느헤미야도 자주 이런 방식으로 말했다. 그는 하나님께 자비와 호의를 베풀어

---

31 이 표현은 또한 5:12에서 가난한 사람의 속죄제, 6:15의 소제, 24:7의 떡을 진설할 상에 놓을 유향을 언급할 때 각각 사용한다.
32 Wenham, p. 68, n. 2.
33 Kaiser, p. 1020.
34 Hartley, p. 32.

달라고 간구하기 위해 먼저 모세에게 하신 약속을 그분께 상기시킨 다음, 그분이 예루살렘에서 수행하신 재건 작업을 기억해 달라고 요청했다.[35] 고운 가루를 태운 향기는 요한계시록 5:8에 언급된 성도들의 기도와 간구처럼 하늘로 올라가면서, 예배자의 필요와 상황이 여호와 앞에 항상 있게 하고 그분이 성실하게 그분의 약속을 이행하시도록 상기시켜 주었다.

c. 소제는 관대하신 창조주에 대한 응답이다

i. 일과 예배

의미심장하게도, 하나님이 수확물의 공급자라는 인식과 제단에 드리는 것이 인간 노동의 결과라는 사실이 긴장 관계를 유발한다. 곡식을 맷돌에 갈아서 고운 가루를 준비했는데, 이것은 일상적인 일이었다. 구운 빵은 가루와 물과 기름과 소금을 함께 섞어 치대고 힘들게 굽는 과정의 결과물이었다. 첫 이삭은 씨를 뿌리고 수확하는 노동의 결과물 또는 가지를 치고 가꾸고 열매를 따는 수고의 결과물이었다. 비록 하나님이 그 모든 것의 창시자라고 해도 예물을 제단에 드리려면 인간의 노력이 필요했다. 이런 점을 감안할 때 이 예물은 우리의 일상 노동을 하나님께 봉헌하는 것을 상징한다고 보는 것이 정당하다. 우리가 매일의 노동 과정에서 이용하는 선물들을 여호와께 선물로 가져갈 수 있으며, 그것은 그분이 받으실 만한 것이다.

성경적으로 말하자면, 일은 필요악이 아니라 예배 행위다. 일은 주님 앞에 드리는 봉사이며 그분의 영광을 위한 섬김이다. 비록 아담과 하와의 불순종 때문에 우리가 경험하는 일이 저주[36]로 더럽혀졌다 해도 일은 여전히 우리를 향한 창조자의 목적에서 긍정적인 일부분이다. 기독교 신자들은 이스라엘 자손이 이 제사를 통해 희미하게 이해한 것을 아주 분명하게 이해할 수 있는데, 신약성경에서 우리의 모든 일이 주님을 섬기고 그분을 기쁘시게 하기 위한 것

---

35 느 1:8; 5:19; 13:14, 22, 31. 그는 또한 그의 일을 좌절시키려 한 사람들을 기억하고 그에 따라 그들을 심판해 달라고 요청한다(6:14; 13:29).

36 창 3:17-19.

이라고 가르치기 때문이다. 바울은 심지어 골로새 교회의 노예들에게도 이 점을 깊이 인식하도록 했다. 신자들은 세상의 인정이나 보상이 아니라 주님을 위해 온 마음을 다해 일한다.[37]

ii. 일과 속죄

속죄와 관련한 소제의 역할을 명확하게 살펴볼 필요가 있다. 하나님은 분명히 소제를 기뻐 받으셨지만, 부분적으로 소제는 사람들의 노동에서 비롯된 선물이었다. 이것은 우리가 일에 기초하여 하나님께 받아들여진다는 뜻일까? 게다가, 우리는 여기 나오는 소제에 대한 긍정적 평가가 창세기 4:2-5에서 땅의 열매를 바친 가인에게 내려진 부정적 평가와 어떻게 조화가 되는지에 관련된 질문을 던질 필요가 있다. 전통적으로, 하나님이 아벨의 제사를 받으신 것과 대조적으로 가인의 제사를 거부하신 것은 예물의 차이 때문이라고 설명했다. 아벨의 제물은 짐승, 곧 속죄를 받을 수 있는 피의 제사였기 때문에, 피를 흘릴 필요가 없고 인간의 성취를 자랑하는 자연의 산물을 드린 가인의 제사보다 더 월등하다고 여겨졌다. 하지만 사실 하나님이 가인의 제사를 거부하신 이유에는 더 큰 문제들이 관련되어 있었다. 월터 브루그만이 인상적으로 표현했듯이[38] 이것은 하나님이 열매보다 고기를, 또는 농부보다 목동을 더 좋아하신다는 문제가 아니었다. 이후의 이야기가 암시하듯이 창세기의 관심사는 제사의 성격이나 본질적으로 속죄의 문제가 아니라, 예물을 드리는 자들의 본성과 그들 각자의 성품과 운명이었다. 물론 이 이야기가 전달하는 영구적인 진리는, 여호와는 자기에게 나아와 예배를 드리는 방법을 주권적으로 선포하시며, (가인과 달리) 우리는 그것을 겸손하게 받아들이고 순종해야 한다는 것이다.

비록 그렇다 해도 가인의 제사는 거부하시고 소제를 칭찬하신 분명한 대조

---

37 골 3:17, 22-25.
38 W. Brueggemann, *Genesis*, Interpretation (Atlanta, GA: John Knox, 1982, 『창세기』, 한국장로교출판사), p. 56. David Atkinson, *The Message of Genesis 1-11*, The Bible Speaks Today (Leicester: IVP, 1990), pp. 102-104도 보라.

는, 소제를 명백히 장려하고 그렇게 쉽게 받아들이신 이유를 더 탐구하게 만든다. 이것은 하나님이 우리의 일을 받아들이시고, 그에 기초해 우리를 받아들이심을 보여주는 것일까? 사실 이런 가르침들은 절대로 소제와 속죄를 명시적으로 연결하지 않는다. 그러나 이런 침묵을 암묵적인 승낙으로 받아들여서는 안 된다. 즉 우리가 가진 것—우리 손의 수고—으로 그분께 나아간다면 그분이 우리를 받아들이시고 죄를 용서하시고 우리와 화해하실 것이라는 데 동의하는 것처럼 여겨서는 안 된다.

그렇지 않다. 소제의 두 특징이 암시하는 내용은 전혀 다르다. 첫째, 소제를 단독으로 드리는 경우는 드물었으며, 죄인들을 위한 속죄 통로였던 다른 제사들 중 하나와 함께 드렸을 것으로 추정된다. 아무리 가치 있다고 해도 우리의 일은 하나님의 용서를 얻기에는 충분하지 않다. 오로지 한 사람의 완전한 사역만이 그분의 용서를 얻기에 충분한데, 곧 완전한 인간이신 우리 주 예수 그리스도의 사역이다. 둘째, 개별 예배자가 제단에 직접 예물을 올려놓는 것을 허용하지 않았다는 점에 유의하면 그 점이 분명해진다. 제사장에게 예물을 건네면 그는 그것을 거기에 두고 그 일부를 기념물로 하나님께 바쳤다. 제사에는 중재자가 반드시 필요했다. 우리가 하나님께 드리는 선물들은 우리의 대제사장 예수의 중재를 통해서만 드려질 수 있다. 그분의 완전한 헌신과 무흠한 사역만이 우리 죄를 속하고, 우리를 하나님께 받아들여질 만한 존재로 만드실 수 있다.[39] 그렇다면 속죄가 소제의 중심이 아니라, 소제의 절차를 거행하는 방식이 속죄를 가능하게 한다. 이것은 토플레디(A. M. Toplady)의 다음 찬양 가사를 사실로 확인해 준다.

> 내가 공을 세우나 은혜 갚지 못하네.
> 쉼이 없이 힘쓰고 눈물 근심 많으나
> 구속 못할 죄인을 예수 홀로 속하네.[40]

---
[39] 히 2:17; 5:1; 8:3; 9:11-12.

iii. 일과 목적

우리는 소제가 우리의 일 자체가 목적이 아니라 일의 결과물을 가져다 "제단 위에 놓고" 그것을 통하여 우리 자신이 아니라 주님을 섬기도록 고무한다는 점을 주목해야 한다.[41] 현대 사회에서 일은 많은 사람에게 폭군이 되어 그들을 노예로 삼고 가족의 행복, 공동체의 선, 심지어 신체적·정신적 건강을 희생시키고 있다. 의식적으로 결과물을 하나님에게 가져가는 것은 우리가 일을 보다 건강한 관점으로 바라볼 수 있도록 도와준다.

이것은 이른바 세속 직업에 종사하는 사람들만의 문제가 아니라 기독교 사역에 종사하는 사람들에게도 해당된다. 역설적이게도, 우리는 의도치 않게 주님을 잊어버리거나 주님을 위해 분주하게 사역하는 중에 삶에서 알게 모르게 그분을 배제하기 쉽다. 중국의 기독교 지도자 윈 형제(Brother Yun)는 인생의 한 시점에 "사역이 우상이 되었고 하나님을 위한 일이 하나님을 사랑하는 것을 대신하게 되었습니다"라고 최근 고백했다. 그는 자신의 상태를 다른 사람들에게 숨기고 "[내] 힘으로 계속 사역을 하고 있을 때 하나님이 자비와 사랑 가운데서 개입하기로 결정하셨습니다." 하나님의 개입은 그의 2차 투옥으로 나타났다. 그는 그 시기를 다음과 같이 담담하게 묘사한다. "주님은 내가 사역으로 탈진했음을 아셨습니다. 그래서 은혜롭게도 한동안 투옥되어 주님 안에서 쉬며 내면의 영적 삶에 대해 배우도록 허락하셨습니다." 그는 주님의 종들이 똑같은 오류에 떨어지지 않기를 촉구하면서 "만일 어떤 것—심지어 예수님을 위한 일일지라도—을 우리와 예수님의 관계보다 더 우선시한다면 우리는 오류에 빠지고 말 것"이라고 경고한다.[42]

소제가 대수롭지 않게 보일지도 모르지만, 여기에는 영적 격려와 진리가 생생하게 나타난다. 번제가 우리 자신을 봉헌하는 것을 말하는 반면, 소제는 우

---

40 A. M. Toplady (1740-1778), "Rock of Ages, cleft for me". 새찬송가 494장 "만세 반석 열리니".
41 이 내용은 Kellogg, pp. 66-67를 참고했다.
42 Brother Yun and Paul Hattaway, *The Heavenly Man* (London: Monarch, 2002), pp. 198-199. 『하늘에 속한 사람』(홍성사).

리 일을 봉헌하는 것에 대해 언급한다. 소제는 하나님의 주권적 권리를 강조하며, 그와 동시에 자기 백성을 위한 그분의 관대한 공급을 보여준다. 소제는 하나님이 우리가 그분께 드리는 것을 기쁘게 받으시며, 우리가 제사를 드릴 때 주변 문화를 흉내 내지 말라고 요구하신다고 말해 준다. 소제는 하나님의 풍성하신 창조세계를 확인해 주고 땅이 공급하는 것을 누리라고 권고하며, 한편으로 그것을 우상화하지 않도록 예방해 준다. 소제는 일의 진정한 성취는 그 일이 여호와께 봉헌될 때에만 가능하다고 말해 준다. 소제의 주목적은 여호와를 기쁘시게 하는 동시에 그 종들의 필요를 돌보는 것이다. 무엇보다도 소제는 우리의 대제사장이신 예수 그리스도를 예표한다. 우리는 오직 예수님의 순종하는 삶과 완전한 사역에서 제단 위에 놓인 더 훌륭한 제물을 본다. 그 제물이 우리의 모든 부족함과 결점을 덮으신다. 켈로그는 이렇게 썼다.

그리스도에 대한 이런 관점은 얼마나 큰 위로가 되는가! 우리는 기껏해야 불완전하고 간헐적으로 이것을 행하지만, 그분은 우리를 대신하여 행하시고 언제나 한결같으시다. 이것은 즉시 성부 하나님께 완전한 영광을 돌리고 또한 이 헌신의 한없는 공덕을 통해 영원한 생명에 이르기까지 매일의 은혜를 우리에게 끊임없이 내려 주신다.[43]

---

43 Kellogg, p. 81.

3장

하나님과의 친교: 화목제
3:1-17

"거기 곧 너희의 하나님 여호와 앞에서 먹고 너희의 하나님 여호와께서 너희의 손으로 수고한 일에 복 주심으로 말미암아 너희와 너희의 가족이 즐거워할지니라." 신명기 12:7에 기록된 이 말씀은 여호와가 자기 백성에게 요청하시는 세 번째 자원하는 제사의 핵심을 보여준다. 특별한 점은 이 예물의 일부를 먼저 여호와 앞에서 태운 다음, 예배자들이 하나님의 선하심을 기리는 행위로서 남은 예물로 잔치를 즐긴다는 것이다.

이 제사를 어떻게 불러야 할지 판단하기가 쉽지 않다. 흔히 '화목제'(peace offering)라고도 하고, '친교제'(fellowship offering),[1] '성찬제'(communion offering), '나눔제'(shared offering), '거룩한 인사의 제사'(sacred offering of greeting), 또는 '안녕의 제사'(offering of well-being)라고 하기도 하는데, 각 명칭은 이 제사의 어느 한 측면을 나타낸다.[2] 히브리어 명칭에서 핵심 단어는 '셀라민'(šĕlāmîn)인데, '평화'

---

[1] 이 명칭은 NIV가 선호하는 번역어이다. 나는 이 제사 명칭의 가장 좋은 일반적 번역어로 '화목제'를 선택하여 사용한다.

를 뜻하는 '샬롬'(šālôm)과 같은 어원에서 파생한 것이다. 따라서 '화목제'가 일반적으로 인정받는 번역어이며, 이 제사의 주요 특징 중 하나인 하나님이 주시고 하나님과 함께 누리는 화평을 분명하게 나타낸다. 우리 시대의 '평화'는 '샬롬'이 뜻하는 건전한 생활 방식과 적극적인 안녕과 같은 놀라울 정도로 풍성한 함축적 의미를 지닌 단어가 아니라 갈등의 부재를 뜻하는 상당히 피상적인 단어가 되었다. 그래서 일부 사람들은 이런 피상성을 피하려고 '안녕'(well-being)이라는 더 포괄적인 명칭을 선택한다.

1. 제사 절차

모든 제사와 마찬가지로 하나님은 따라야 할 절차를 신중하게 제시하신다. 레위기 3장에 이와 관련된 첫 진술이 나오고, 7:11-21에서 추가로 제시된다.

a. 레위기 3장이 제시하는 내용

소의 암컷이나 수컷(1-5절), 양(6-11절)이나 염소(12-16절)를 예물로 드릴 수 있다. 그러나 예물의 다양성에도 불구하고, 규정된 절차에서 더 이상 벗어나는 것은 허용되지 않는다. 이 제사는 짐승 때문에 비용이 많이 소요되었겠지만 비용을 줄이기 위해 새를 대신 드릴 수 있는 기회는 제공되지 않는다. 새가 빠진 이유는 세 가지다. 분명히 속죄제가 아닌 자원제였기 때문에 아무도 제물을 억지로 가져오지 않았고, 따라서 가난한 사람을 위한 예외 조항을 둘 필요가 없었다. 좀더 중요한 이유로는, 새는 이런 제사에 부여된 역할을 수행할 수 없었을 것이다. 제사 의식에서 분명하게 드러나듯이 이 제사는 피를 뿌리고 기름을 태우는 것에 초점을 맞추기 때문이다. 새에서 얻을 수 있는 피와 기름이 부족하기 때문에 이 제물을 드릴 때 "당황스러운 상황"이 발생할 것이다.[3] 마지막으

---

[2] 자세한 내용은 Hartley, pp. 37-39, Levine, pp. 14-15, and Milgrom, *Leviticus 1-16*, pp. 220-221에서 찾아볼 수 있다.
[3] Milgrom, *Leviticus 1-16*, p. 222.

로, 새는 가족 잔치에 넉넉하게 고기를 제공할 만큼 크지 않았고, 제단에서 모두 불살라졌을 것이다. 이런 이유로 새는 화목제의 예물로는 적당하지 않다.

대부분의 다른 제사와 달리, 예물은 수컷이나 암컷을 모두 드릴 수 있다(1, 6절). 밀그롬은 필요한 고기를 충분히 제공하기 위해 수컷과 암컷을 사용할 수 있도록 허락했을 것이라고 추측한다.[4] 자원제를 드리고 싶은 사람들에게 선택의 폭을 넓혀 주기 위해 암컷이 포함되었다고 추정하는 사람들도 있다. 그러나 짐승의 성별과 상관없이 예물은 "흠 없는 것"(6절)이어야 했다.[5] 유일한 작은 예외—레위기 22:23에 언급된 자원 제물에 관한 내용—가 있지만, 불완전한 예물은 하나님께 드리는 제물로는 적절하지 않다. 하나님은 가장 좋은 것을 요구하신다.

예물을 드리는 자는 예물로 선택한 짐승을 "회막 앞"으로 가져와서 짐승의 머리에 안수했다(2, 8, 13절). 앞서 주장했듯이 이것은 소유권을 확인할 뿐만 아니라 그 짐승이 예배자를 대신하는 것을 보여주는 표시였다. 그러나 예물을 드리는 자는 이렇게 한 다음 뒤로 물러나 단순한 구경꾼에 머물지 않았다. 항상 그렇듯이, 예배자는 직접 짐승을 죽여서 그것을 제사장에게 건네야 했다(2, 8, 13절). 진정한 예배는 결코 대리인이 대신 드릴 수 없다.

제사 의식 드라마의 다음 막에서는 제사장들이 핵심 위치를 차지하는데, 다음 막은 죽인 짐승의 가장 거룩한 부분인 피와 관련되기 때문이었다. 피는 짐승의 생명을 나타냈다(17:11). 제사장들은 피를 그릇에 담아[6] 제단 주변에서 그릇을 앞뒤로 흔들면서 "제단 사방에 뿌린다"(2, 8, 13절). 이것은 짐승의 생명을 하나님 앞에 쏟아내는 것을 극적으로 표현하는 것이다.[7] 상당한 양의 피가 뿌려졌다.

---

4 같은 책, p. 204.
5 염소 예물에 관한 명령에는 염소의 성별이나 무흠한 상태에 관한 언급이 빠져 있다. 그러나 이 제사의 세 형태 사이에 매우 밀접한 동일성이 존재한다는 점을 감안할 때, 두 가지 특성이 염소에게도 똑같이 적용된다고 추정하는 것이 타당하다.
6 출 27:3; 38:3.
7 Noordtzij, p. 35.

그런 다음, 짐승의 특정 부분을 선택하여 "제단 위에서 불사를지니…화제로 여호와께 향기로운 냄새"였다(5, 11, 16절). 우리 관점에서는, 어떤 부분을 선택하여 불살라 드렸는지가 궁금하다. 화제로 드리기 위해 소에서 선택하는 부분은 "내장에 덮인 기름과 내장에 붙은 모든 기름과 두 콩팥과 그 위의 기름 곧 허리 쪽에 있는 것과 간에 덮인 꺼풀을 콩팥과 함께 떼어낼 것이요"(3-4절). 양과 염소에 대해서도 동일한 명령이 주어지지만(9-10, 14-15절), 양의 경우 "미골(尾骨)에서 벤 기름진 꼬리"가 추가된다(9절). 꼬리가 넓적한 품종의 양이 중동 지역에 산 것으로 알려져 있다. 이 양들의 꼬리는 평균 약 7킬로그램에 달하는 기름으로 되어 있었다. 이 양들은 너무 무거워서 목동들이 양을 이동시키려고 때로 원시 형태의 손수레를 만들어 사용했다고 한다. 여기서 언급하는 양은 아마 그런 양이었을 것이다.[8]

예물 중에서 하나님께 드리기 위해 선택한 부위는 오늘날 대부분의 서구인들이 매우 싫어하는 부위다. 기름과 콩팥이 왜 그렇게 특별했을까? 우리는 이 문제를 식이요법의 관점에서 생각하는 데서 벗어나야 한다. 하나님은 허기를 느끼시지 않으며 좋은 식사로 '살을 찌우실' 필요가 없다. 이 부위들은 영양학적 장점보다는 종교적 가치 때문에 선택되었다. 밀그롬은 이런 설명이 "신비에 가려져 있다"고 생각하지만,[9] 이런 선택에 대한 합리적 근거를 조심스럽게 찾아보는 것은 불합리하지 않다.

미골과 내장 주변 기름은 왁스처럼 굳은 기름으로 힘과 번성을 상징했다. 비만은 풍부를 의미했고 오늘날처럼 문화적인 경멸의 대상이 아니었다. 사실, 이스라엘 민족은 이것을 번영이라는 영적 책임으로 인식할 수도 있었지만,[10] 축복에 대한 긍정적 상징으로 이해할 때가 더 많았다. 예를 들어 이삭은 야곱을 축복할 때 하나님이 그에게 "땅의 기름짐"을 주시기를 기도했다.[11] 하나님의

---

8 Demarest, p. 51; Milgrom, *Leviticus 1-16*, p. 212.
9 Milgrom, *Leviticus 1-16*, p. 207.
10 예를 들어, 신 32:15; 렘 5:28.
11 창 27:28, RSV.

축복은 곡식과 포도의 풍성함은 물론 양의 기름짐으로 평가되었다.[12] 이 모두는 하나님께 드린 것이 짐승의 가장 기름진 부분임을 암시했다. 이와 마찬가지로, 간과 콩팥에도 상징적 의미가 있다. 이 둘은 사람의 깊은 감정과 내밀한 사고가 머무는 자리로 여겼기 때문에 진미로 간주했다.[13]

그렇다면 이런 부분을 하나님께 드릴 때 화목제물과 함께 나아간 사람들은 하나님께 최고의 것을 드릴 뿐만 아니라 순복하는 예배를 통해 가장 큰 힘과 가장 깊은 감사를 여호와께 바치는 셈이었다.[14]

이 제사 의식과 관련하여 마지막으로 준수해야 할 명령에 주목할 필요가 있다. 5절은 제사장에게 예물을 "제단 위의…번제물 위[15]에서 사를지니"라고 말한다. 화목제는 속죄제가 아니었다. 화목제의 역할은 번제를 통해 이미 속죄를 받은 사람들이 하나님의 선하심을 기릴 수 있게 해주는 것이었다. 사람들은 속죄 없이는 하나님께 가까이 다가가 화목제를 드릴 수 없었다. 그렇게 한다면 화목제는 받아들여지지 않았을 것이다.

b. 레위기 3장에서 누락된 내용

화목제를 처음 소개할 때 언급한 세부 내용에도 불구하고, 더 완전한 그림을 이해하기 위해 다른 곳, 특히 레위기 7:11-21에서 제사장들에게 주신 명령을 살펴보아야 한다. 예배자들이 너무 성급하게 이 제사의 한 요소인 공동체 식사로 내닫지 않게 하고, 또 여호와 앞에서 드리는 제사가 형식화되지 않도록 더 완전한 그림을 의도적으로 미루었는지도 모른다. 예배자들은 먼저 여호와께 주의를 기울이고 난 다음에야 비로소 서로 주목할 수 있었다.[16]

제단에서 불태우지 않은 고기는 제사장을 비롯한 예배자의 가족과 공동체

---

12 신 32:14.
13 시 16:7, 9; 73:21; 렘 11:20; 17:10; 애 2:11. Hartley, p. 40. 그는 이것들과 마음의 관계를 지적한다.
14 Kiuchi는 레 3장이 제사 의식의 내적 감정도 외적 표현도 그 자체로는 충분하지 않으며, 각각은 다른 것을 필요로 한다고 주장한다. "Spirituality", p. 30.
15 히브리어로는 '위에서'가 아니라 '함께'라는 의미를 나타낼 수 있지만 이 언급의 중요한 의미는 여전히 동일하다. Levine, p. 16.
16 Kiuchi, "Spirituality", pp. 26-27를 보라.

구성원들이 축하 잔치용으로 사용했다. 이것은 공동체 활동이었으며, 하나님과의 친교의 결속 그리고 화목제에 초대받은 이웃, 친구, 친척들과의 유대를 강화하는 것이 목적이었다(그래서 어떤 사람들은 이 제사에 '친교제'라는 명칭을 붙인다). 고기를 먹는 것은 고대 이스라엘에서 사치스러운 일이었고, 이런 축하 잔치는 정기적이기보다는 드문 일이었다. 잔치 메뉴에는 고기뿐만 아니라 누룩을 넣은 빵과 누룩을 넣지 않은 빵도 포함되었다(7:12-14). 음식을 제공하는 사람들은 둘 중에 자신이 좋아하는 것을 선택할 수 없었고, 이 두 종류의 빵을 함께 내놓아야 했다.

두어 가지 명령이 이 식사법에 대해 지침을 제공했지만, 기쁜 축제라는 화목제의 특성을 방해하지는 않았다. 우리가 지금까지 살펴본 이유들 때문에 기름과 피를 먹어서는 안 되었고, 이는 피를 먹지 말라는 일반적인 제한과 부합했다.[17] 이 식사는 회막 구역 안이나 근처에서 이루어졌다. 소제와 달리(2:3, 10) 화목제는 "지극히 거룩한" 제사가 아니었다. 그래서 반드시 성소 구역 내에서 먹을 필요가 없었고, 제사장들도 잔치에 참석했지만 남은 음식을 반드시 불태우지는 않아도 되었다. 종교의식상 부정한 가족 구성원이나 친구들만 잔치 식탁에 오지 못하게 했다(7:20). 그 외에는, 이 축제에 참여하기 원하는 축하객은 모두 환영했다. 초대받은 손님 중에는 너무 가난하여 자기 힘으로는 화목제를 드릴 수 없었던 사람들도 분명히 있었을 것이다.

화목제의 목적이 여호와께 감사를 표현하는 것이라면 화목제물의 고기는 제사 당일에 먹어야 했다(7:15). 만약 제사의 목적이 서원이거나 자원하는 것이면 그다음 날까지 남은 예물을 먹을 수 있었다. 이처럼 다양한 제한에 대해서는 다양한 이유가 제시되었다. 이런 제한은 화목제물의 고기를 빨리 먹게 함으로써 제사의 흐름을 원활하게 하여 대기 행렬이 길어지는 것을 막기 위해서였는지도 모른다.[18] 음식을 저장할 수 없다면, 날마다 하나님의 공급에 의존하도

---

17 레 3:17; 17:10-12.
18 Bellinger, p. 48.

록 고취하는 역할을 했을 것이다.[19] 이스라엘 지역의 더운 기후를 감안할 때 건강상의 문제로 이런 제한을 두었을 수도 있다. 사흘이 지난 음식은 거의 확실히 상했을 것이다. 더 설득력 있는 설명은, 이런 제한 때문에 제사 참석자들이 음식을 버리기보다는 가난한 사람을 포함한 많은 손님과 식사를 함께 나누었을 것이라는 점이다.[20] 그러나 전체적으로 볼 때, 현대의 설명으로 이런 제한을 합리화하려고 노력하기보다는 이런 제한이 정결과 부정이라는 종교적 관심사를 표현하기 위한 제의적 제한이라는 점을 기억해야 한다.

2. 화목제의 목적

화목제는 개인 행사는 물론 공동체 차원의 행사로 널리 거행되었으며, 이스라엘 역사의 최대 절정기와 쇠퇴기에 중요한 역할을 했다.[21] 레위기에서는 전체적인 한 가지 목적을 배경으로, 구체적이고 더 개인적인 세 가지 목적을 언급한다.

a. 감사를 표현하기 위해

제사장들에게 주신 명령은 가장 먼저 "감사함으로" 화목제를 드린다고 말하는데(7:12), 이것이 가장 중요한 목적인 것 같다. 예배자들은 감사하며 무언가를 그분께 돌려드림으로써 하나님이 복 주신 것을 축하했다. 신명기 12:7이 명확하게 보여주듯이 화목제의 지배적인 분위기는 기쁨이다. 지금도 그렇지만 그 당시에 예물을 드리는 것은 감사를 표현하는 자연스러운 방법이었다. 이것은 이스라엘 자손이 관대하고 은혜로우신 하나님께 드리는 선물이었다.

고든 웬함은 대개 '감사'로 번역하는 '토다'(*tôdâ*)라는 단어를 '고백'으로 번

---

19 Wenham, p. 124.
20 Harris, p. 557; Kaiser, p. 1051.
21 예를 들어, 삿 20:26; 삼상 9:12-13; 10:8; 삼하 6:17-18; 24:25; 왕상 8:62-64; 대하 29:31-35; 30:22-27. 이것들은 특히 언약 갱신의 시대와 관련이 있는 것 같다.

역하면 더 좋지 않은지 의문을 제기했다.[22] 그는 고백이 적절한 번역일 뿐만 아니라, 죄의 고백과 믿음의 고백을 동시에 포함하는 더 폭넓은 개념이라고 주장한다. 이 주장에도 어느 정도 장점이 있지만, 여전히 감사가 이 특별한 제사의 주요 주제라는 점은 분명하다.

이스라엘 백성은 "여호와는 선하시니 그의 인자하심이 영원하고 그의 성실하심이 대대에 이르[기 때문에] 감사함으로 그의 문에 들어가며 찬송함으로 그의 궁정에 들어가서 그에게 감사하며 그의 이름을 송축할지어다"[23]라는 요청을 자주 받았다. 그들은 화목제를 드림으로써 말[24]이나 음악이 아니라 상징적 행위로 바로 그렇게 했던 것이다.

b. 서원을 확정하기 위해

화목제의 또 다른 목적은 서원을 확정하는 것이었다(7:16). 서원은 이스라엘 백성들 사이에 흔했고 내용도 다양했다. 한나가 하나님이 자기에게 자녀의 복을 주시면 그 아들을 바치겠다고 약속했듯이,[25] 레위기의 마지막 장은 사람들이 하나님을 섬기는 일에 서원하는 방법에 대한 한 예를 제시한다(27:2). 나실인들은 하나님을 섬기기 위해 특별한 생활 방식에 따라 살겠다는 서원을 드렸다.[26] 다윗은 하나님의 처소를 발견하기까지 자지 않겠다고 서원했다.[27]

사람들이 여러 종류의 맹세[28]에 너무 많이 의지하기 때문에 그런 약속의 진실성이 쉽게 평가 절하되었던 것 같다. 전도자는 하나님 앞에서 성급하게 서원한 뒤 실행을 미루거나 변명하는 우매자들을 강하게 책망한다.[29] 제물을 드리

---

22 Wenham, p. 78, n. 11.
23 시 100:4-5. 예를 들어, 시 105:1; 106:1; 107:1도 보라.
24 흥미롭게도, 레위기는 각종 제사 의식을 거행할 때 사용하는 말에 대해서는 침묵하고 오로지 행동에만 집중한다.
25 삼상 1:11.
26 민 6:2, 21.
27 시 132:2-5.
28 민 30:1-5.
29 전 5:4-6.

며 서원하는 것은 어떤 사람이 맹세한 말의 엄숙함을 강조하는 한 방법이었다. 생각은 순간적일 수 있고 말도 값싼 것일 수 있지만, 엄숙한 종교의식 행위는 생각 없이 약속하려는 사람들에게 그런 행동을 자제하도록 영향을 미칠 수 있는 의식적 활동이다.

c. 사랑을 고백하기 위해

시편 116:12은 "내게 주신 모든 은혜를 내가 여호와께 무엇으로 보답할까?"라고 묻는다. 이 질문에 대한 한 가지 대답은 아무런 조건 없이 자유롭게 드리는 화목제를 봉헌하는 것이었다. 그런 화목제를 레위기 7:16에서는 "자원하는 것"이라고 언급한다. 화목제는 특별한 기도 응답이나 구원의 경험을 축하하기 위해 드렸을 수도 있지만,[30] 하나님의 은혜에 대한 정확한 대가 지불이나, 하나님의 호의를 구하거나, 예배자의 목적을 달성하기 위해 하나님을 조종하기 위한 것은 아니었다. 화목제는 순수하게 자발적인 사랑의 표현이었다.

d. 하나님과의 친교를 강화하기 위해

특정한 제사를 드리는 구체적인 이유가 무엇이든 간에, 일반적으로 화목제는 하나님 앞에서 다른 사람들과 함께 즐기는 식사였으며, 사람들 사이는 물론 여호와와의 교제를 강화하는 효과가 있었다. 이 때문에 일부 사람들이 화목제를 친교제라고 부르는 이유를 쉽게 이해할 수 있다.

현대 인류학자들은 흔히 희생 제사를 일차적으로 한 민족과 그들의 신을 연합하는 공동체 식사로 해석하고, 이스라엘의 제사에 대해서도 자주 그런 해석을 제시한다. 이런 해석에는 진리의 요소가 많이 포함되어 있지만, 그런 취지를 받아들이면서도 이스라엘의 예배를 왜곡하여 이해하지 않도록 주의해야 한다. 비록 이 식사가 가족과 친구들이 제공하여 함께 즐기는 축제 잔치라고 해도, 이 식사의 주인은 하나님이시다. 여호와는 주요 귀빈이 아니라 그 백성

---

30 시 22:25-26; 54:1-7.

을 오라고 초대하시는 분이며, 궁극적으로는 필요한 음식을 제공하고, 잔치의 세부 사항을 준비하고, 그분의 거처 근처에서 잔치를 주관하시는 분이다. 참석자들이 그 잔치를 즐기는 것은 하나님의 호의 덕분이다.

이교 문화에서 예배자들은 스스로를 신들에게 필요한 물품을 제공하는 사람이라고 생각했다. 그들의 신들은 사람들의 제공에 의존함으로써 결과적으로 사람들 눈에는 왜소해 보이게 되었다. 그러나 이스라엘의 화목제를 주관하신 하나님은 사람들을 의지할 필요가 없으셨다. 시편 50:9-12은 이렇게 말한다.

> 내가 네 집에서 수소나 네 우리에서
>   숫염소를 가져가지 아니하리니
> 이는 산림의 짐승들과
>   뭇 산의 가축이 다 내 것이며
> 산의 모든 새들도 내가 아는 것이며
>   들의 짐승도 내 것임이로다.
> 내가 가령 주려도 네게 이르지 아니할 것은
>   세계와 거기에 충만한 것이 내 것임이로다.

친교의 식사라는 개념을 이스라엘의 하나님을 축소하는 데 사용해서는 안 된다. 그분은 비할 데 없이 크신 분이셨다. "하나님은 음식물이 필요해서가 아니라 예배자들의 헌신과 친교를 바라기 때문에 그들의 제사를 원하신다."[31]

이교 문화에서 제물을 나누는 식사는 관능적인 경험이나 마술적인 기법을 통해 한 민족과 그들 신의 결속을 강화하는 것으로 간주되었다. 그러나 이런 형태의 영성은 이스라엘의 윤리적·속죄적 영성에서는 낯선 것이었다. 이런 식사는 여호와와 '함께'가 아니라 '여호와 앞에서' 신비한 방식으로 이루어졌다.[32]

---

31 Levine, p. 17.
32 신 12:7. Milgrom, *Leviticus 1-16*, p. 221, and Kaiser, p. 1024.

레위기의 뒷부분이 상기해 주겠지만, 이런 잔치는 우리가 하나님 말씀에 순종해야 할 필요성을 면제해 주지 않는다. 하나님 앞에서 일부러 시간을 내어 예배하는 것과 **동시에** 하나님이 주재하시는 세상에서 신실하고 순종하는 삶을 통해 그분의 임재를 더 잘 누릴 수 있다.

이 식사는 이스라엘 백성이 언약의 하나님 앞에서 느끼는 확신을 분명히 보여주고, 그들이 그분의 손에서 받는 풍성함에 대해 말해 준다. 이스라엘이 언약을 따라 그들의 의무를 다하는 한, 이 식사는 행복하고 유익하고 안정적인 관계였다.

3. 화목제의 의미

신약성경이 화목제를 언급하고 다시 적용하는 방식에서 알 수 있듯이, 화목제는 기독교 신자들에게 지속적으로 의미가 있다.

a. 화목제는 공동체의 삶에 대해 말해 준다

화목제는 이스라엘 자손이 풍성한 식사를 나누는 공동체 잔치를 통해 서로 조화를 이루어 사는 삶과 아울러, 하나님의 선하심을 축하하며 그들 가운데 있는 가난한 사람들의 필요를 공급하는 모습을 보여준다. 이것은 이상화된 행복의 모습일 수도 있지만 그들이 가끔 실제로 경험한 모습이기도 하다.

누가가 사도행전 2:44-47에서 초대교회를 간략하게 묘사한 그림이 "안녕의 제사의 의도를 실현한다"[33]는 존 하틀리의 제안은 유용하다. 초기 기독교 공동체의 삶, 곧 화목제가 의도한 삶의 특징적인 모습은 가난한 사람의 필요를 제공하는 것("재산과 소유를 팔아 각 사람의 필요를 따라 나눠 주며"), 하나님의 집에 함께 모이는 것("날마다 마음을 같이하여 성전에 모이기를 힘쓰고"), 함께 식사를 나누는 것("집에서 떡을 떼며…음식을 먹고"), 하나님께 감사와 찬미를 드리는 것("기쁨과 순전한

---

33 Hartley, p. 42.

마음으로 하나님을 찬미하며")이었다.

이것이 교회 공동체의 삶의 모델이다. 이것은 교회 안에서 종종 마주치는 딱딱하고 형식적인 모습과는 거리가 멀다. 피상적인 동료애가 아니라 궁핍한 사람들을 위해 실제로 행동하는 진정한 돌봄을 특징으로 하는 친교 공동체를 분명히 보여준다. 이에 못지않은 또 다른 특징은 하나님 중심의 영성이 그분의 임재 가운데 드리는 기쁜 예배를 통해 흘러넘치는 것이다.

b. 화목제는 성찬식의 실행에 대해 말해 준다

바울은 고린도 성도들에게 주의 만찬에 대해 쓰면서 화목제 모델을 사용한다.[34] 고린도전서 11:17-34은 레위기의 화목제를 확실히 떠올리게 한다. 두 식사는 모두 하나님과의 언약을 기념한다. 화목제는 시내 산에서 맺은 이스라엘과 하나님의 언약을 기념하고 주의 만찬은 골고다 언덕에서 맺은 그분의 새 언약[35]의 영광을 기념한다. 전자는 사람들이 식사에 참여하기 전에 종교적 정결 상태를 요구했다. 새 언약은 사람들에게 만찬에 참여하기 전에 인격적 정결 상태를 요구한다.[36] 전자는 희생 제물의 피를 먹지 말라고 했고,[37] 이와 대조적으로 후자는 희생 제물의 피를 마시라고 요구한다. 실제로 바울은 포도주 잔이 예수님이 흘리신 피를 나타내며 "내 피로 세운 새 언약의 잔"[38]이라는 예수님의 설명을 인용한다.

지금까지 보았듯이, 화목제에는 매우 현실적인 사회적 차원이 있었다. 화목제는 친구들과 가족이 서로 하나가 되고 여호와께 결속되는 것과 아울러, 고기 같은 고급 음식을 마련할 수 없는 사람들이 그렇게 할 수 있는 사람들에게 초대를 받는 기회였을 것이다. 이런 면에서, 주의 만찬에 대한 고린도 교회 성

---

34 Bailey는 p. 28에서 기독교의 성만찬은 역사적으로 화목제보다는 유월절에서 파생된 것이라고 주장한다. 이 주장이 비록 옳다 해도 이 둘 사이에서 불필요한 선택을 강요한다. 신약성경에는 이 두 가지를 상기시키는 내용이 분명히 나타난다.
35 고후 3:1-18; 히 8:6-13; 또한 요 6:53-58.
36 고전 11:27-32.
37 레 3:17은 이 금지를 특히 화목제에 적용하고 "영원한 규례"라고 강조한다.
38 고전 11:25; 마 26:28; 막 14:24; 눅 22:20.

도들의 경험은 사회적 거룩함과 공동체의 결속을 강조하는 화목제와는 전혀 상반되는 모습이 분명했다. 바울은 고린도 성도들이 고대 이스라엘이 정한 기준에 미치지 못했다고 꾸짖는다. 부자들은 풍성한 음식으로 자기 배만 채우고 술에 취하면서도 옆에 앉은 주리고 목마른 사람들의 필요에는 무관심했던 것 같다.[39] 고린도 성도들이 주의 만찬에서 보여준 행동은 공동체를 세우기보다는 허무는 것이었다. 성찬식은 남보다 한발 앞서려는 게임으로 전락했다. 사람들은 이에 따른 자연적 사회 분열을 용인했을 뿐만 아니라 악화시켰고, 그 결과 그들이 믿는다고 주장한 바로 그 복음을 배반하게 되었다. 오늘날 많은 교회가 주의 식탁에 둘러앉을 때 하나님과의 진정한 교제를 경험하지 못하는 이유는 교리에 결함이 있거나 성례전이 불완전하기 때문이 아니라 고린도 성도들처럼 그들 가운데 있는 약자들을 대하는 방식이 그들이 믿는 내용과 동떨어졌기 때문이다.

바울은 그들이 이처럼 분열을 초래하는 태도로 먹는 식사가 무엇이건 간에 그것은 주의 만찬이 아니라고 비판했다. 그래서 그는 그들이 회개하고 주님이 기쁜 마음으로 주관하시는 진정한 성찬식을 발전시킬 수 있도록 주의 식탁에 대한 더 완전한 교훈을 제시한다. 그런 식사는 주님과의 관계와 그들 사이의 진정한 우정의 결속을 강화할 것이다.

c. 화목제는 예배의 동기에 대해 말해 준다

화목제의 또 다른 반향은 히브리서 13:15-16에 나타나 있다. "그러므로 우리는 예수로 말미암아 항상 찬송의 제사를 하나님께 드리자. 이는 그 이름을 증언하는 입술의 열매니라. 오직 선을 행하고 서로 나누어 주기를 잊지 마라. 하나님은 이 같은 제사를 기뻐하시느니라." 이 구절도 하나님께 드리는 찬송이라는 상향적 차원과 다른 사람에 대한 봉사라는 외향적 차원을 결합한다. 또한 찬송은 간헐적이기보다는 지속적이어야 하며, 봉사는 건성으로 하지 말고

---

[39] 고전 11:17-22.

자신을 희생해야 한다고 상기해 준다. 오히려 이것이 끊임없이 모여서 쉬지 않고 찬송을 부르는 것보다 참된 예배다.

d. 화목제는 미래의 소망에 대해 말해 준다

화목제는 지난날 하나님이 주신 복에 대한 감사 행위이자 미래에 하나님이 복을 주시기를 바라는 표현으로 드려졌다. 하나님의 백성이 하나님 앞에 베풀어 놓은 잔치 자리에 앉은 모습은 이스라엘의 소망을 북돋워 주었다. 이사야는 이 이미지를 이용하여 이스라엘의 패배와 실패라는 어두운 시기 너머 메시아 시대를 바라보았다. 그는 "이 산에서 만민을 위하여 기름진 것과 오래 저장하였던 포도주로 연회를 베푸시리니"[40]라고 예언했다.

예수님도 오실 하나님 나라에 대해 가르치실 때 동일한 이미지를 이용하셨다. 그분은 화목제의 고유한 축하 분위기를 채택하여 다가올 잔치의 이미지를 결혼 잔치로 재구성하여 제시하셨다.[41] 그러나 단순히 이 이미지를 이용하는 것에 머물지 않으시고 그것을 혁명적으로 바꾸셨다. 레위기는 화목제의 식탁에 참가하는 사람들이 종교적으로 정결해야 한다는 점을 분명히 했고, 바리새인들은 메시아의 잔치에 초대받을 사람들을 생각할 때 이런 관점을 엄격하게 유지했다. 그러나 예수님은 그분의 잔치는 다르다고 말씀하신다. 메시아의 잔치에 초대받은 사람들은 가장 부정하다고 간주된 사람들이었다. 그들은 이방인, 가난한 사람, 불구자, 다리를 저는 사람, 앞을 못 보는 사람 등 존경받는 종교 지도자들이 그들의 식탁에 참여하지 못하게 했던 바로 그 사람들이었다. 그러나 예수님의 제사는 그들을 깨끗하게 하여 잔치 자리에 앉을 수 있는 자격을 부여할 것이다.[42] 이 소망은 미래에도 계속해서 성취될 것이다. 신자들은 지금도 간절히 고대하는 마음으로 어린 양의 혼인 잔치를 기다린다.[43]

---

40 사 25:6.
41 마 22:1-14.
42 눅 13:29; 14:12-24.
43 계 19:1-9.

제사 제도를 제대로 운영할 경우, 화목제는 마지막으로 드리는 제사였다.[44] 화목제는 다른 제사들을 절정으로 이끌었고, 그 때문에 "완성의 제사"[45]라고 불렀다. 속죄제로 속죄를 얻고, 속건제로 배상금을 지불하고, 번제로 헌신을 표현하고, 소제로 여호와께 자신의 수고를 봉헌한 뒤, 이스라엘의 예배자는 화목제로 하나님의 임재와 그분의 선하심을 누릴 수 있었다. 화목제는 거만한 기색은 조금도 없이 예배자들과 하나님의 관계에 대한 확신과, 그분이 미래에 그들을 위해 공급하시리라는 신뢰를 표현했다.

한 기독교 신자는 그 점을 이렇게 표현했다.

주께 온전히 맡기니 모든 것이 평안하고
구주 안에서 복되며 또한 복을 받네.
위를 바라보며 잠잠히 기다리니
그분의 선하심이 충만하고 그분의 사랑에 깊이 잠기네.

**이것이 나의 간증이요 이것이 나의 찬송일세.
나 사는 동안 끊임없이 구주를 찬송하리로다.**[46]

---

44 Alec Motyer가 나에게 통찰력 있는 의견을 제시했다. 그에 따르면, 레 1:1-6:7에 기록된 제사 순서는 예배가 완전한 헌신에서 시작하여 하나님과 타인과의 완전한 친교를 누리는 방향으로 이동하고, 제사 목록 마지막에 나오는 속죄제와 속건제를 통해 일시적인 범죄를 해결하려는 여호와의 바람을 표현한 것이며, 반면 6:8-7:38에 나오는 순서는 제사장이 수행해야 할 의무에 따른 순서를 나타낸다. 관련 내용에 대한 설명에서 분명히 밝혔듯이, 나의 이해는 약간 다르다. 그러나 우리 두 사람 중 어느 누구도 확실하지는 않다.

45 P. Jenson, "The Levitical Sacrificial System", in Beckwith and Selman, p. 31.

46 Fanny J. Crosbie (1820-1915)의 "Blessed assurance, Jesus is mine"에서 인용. 새찬송가 288장 "예수로 나의 구주 삼고".

4장

하나님의 용서 : 속죄제
4:1-5:13

레위기는 여호와께 자원하여 드리는 제사에서 여호와가 단호하게 요구하시는 의무적인 속죄 행위로 관심을 전환한다. 의무적인 제사 두 가지, 즉 4:1-5:13에서 속죄(정결)제, 5:14-6:7에서 속건(보상)제를 각각 소개한다. 이 두 제사는 죄와 죄에서 발생하는 부정에 관한 깊은 관심을 반영한다.

죄를 심각하게 취급하는 이유는 죄가 하나님에 대한 인격적 공격이기 때문이다. 죄는 그분의 은혜를 거절하고, 이스라엘을 향한 그분의 자비로운 뜻을 거부하는 행위다. 죄의 결과로 사람들은 하나님과 멀어지고 세상이 더럽혀지며, 이 때문에 세상은 창조자와의 조화를 잃게 된다. 문제의 심각성을 감안할 때 사람들과 하나님의 관계를 회복하고 그분의 세계에 조화를 회복할 방법이 반드시 있어야 한다. 실제로 그런 방법이 있다. 고대 이스라엘 백성에게 속죄제는 죄로 야기된 손해를 회복하는 수단이다. 속죄제는 하나님이 죄의 피해자임에도 불구하고 은혜롭게도 그분이 친히 제시하신 해결책이다.

속죄제의 세부 내용은 두 부분으로 제시된다. 먼저 4:1-35에서 일반적 용어로 세부 내용을 제시한 다음, 5:1-13에서는 약간 다르게 발전시키는데, 참회하는 죄인이 감당할 수 있는 형편에 따라 필요한 제물을 종류별로 언급한다. 이 때문에 두 번째 설명 부분은 때로 "단계적 속죄제"[1]라고 일컫는다.

1. 속죄제는 언제 드렸는가?

하나님이 속죄제에 대해 모세에게 주신 첫 말씀은 "누구든지 여호와의 계명 중 하나라도 그릇 범하였을" 때 속죄제를 드려야 한다는 것이다(4:2). 이것은 죄의 전부는 아니라 해도 상당히 넓은 범위를 포함한다. 이어지는 말씀에 따르면, 그중 한 가지 주요 관심사는 태만이나 무지 때문에 종교적 의무를 수행하지 못하는 경우가 분명하다. 그러나 속죄제에는 하나님의 윤리적 율법을 지키지 못한 죄도 포함된다. 4장에서 이 첫 말씀에 대한 추가 설명을 제시하지는 않고, 추정컨대, 5장 시작 부분에서 이런 일반 원리를 자세히 설명하는 여러 구체적인 예를 제시한다. 일반적 진술과 구체적 진술 모두 좀더 살펴볼 필요가 있다.

a. 비의도적으로 죄를 범했을 때(4:2, 13, 22, 27; 5:15, 18)

"비의도적으로 범한 죄"(개역개정 성경은 "부지중에"로 번역한다—역주)가 무슨 뜻인지를 명확히 이해하려고 할 때 유일한 단서는 그것이 "금지된 것"(개역개정 성경의 번역에는 이 의미가 분명히 드러나지 않는다—역주)을 하는 행위라는 점이다. 이것은 많은 질문을 불러일으킨다. "비의도적으로"란 단어는 무슨 뜻일까? 어떤 사람이 "비의도적으로" 죄를 범한다면 그것은 틀림없이 자신이 하는 행동의 결과를 알지 못하고 죄를 지었다는 뜻이다. 그렇다면 죄인은 어떻게 자신의 행동이 금지된 행동이라는 것을 알고, 그것을 바로잡기 원하는 장소로 가게 되었을까? 이 말은 계획적이고 의도적인 죄는 용서받을 가능성이 없다는 뜻인가? 우리는 그런 죄의 결과를 영원히 짊어져야 하는 선고를 받아야 하는 걸까?

---

1 Hartley, pp. 51, 54와 Milgrom, *Leviticus 1-16*, p. 307.

의견이 엇갈리긴 하지만, '비슈가가'(bišgāgâ)를 "비의도적으로"나 "부주의하게"로 번역하는 것은 이 단어를 약간 오도하는 것일 수도 있다. 어떤 사람들은 이 번역어가 원어의 정확한 의미라고 말한다. 예를 들어, 유대인 학자 바룩 레빈은 율법에 대한 무지나 어떤 사람이 저지르는 행위의 범죄적 성격에 대한 무지 때문에 비의도적으로 죄를 범하는 것이 전적으로 가능하다고 설명한다.[2] 대부분의 성경 해석자들은 이런 죄들이 무지 탓이라고 보기 때문에 "부주의하게"는 죄인의 주관적 의지에 잘못 초점을 맞춘 "비의도적으로"보다는 확실히 더 나은 번역이다. 그렇다면 여기서 요점은 하나님의 율법에 대한 무지는 변명의 여지가 없다는 것이다. 죄는 죄인이 자신의 행위가 죄인 줄 알든 모르든 간에 바로잡아야 할 결과를 낳는다. 죄책은 죄인이 죄책감을 느끼든 느끼지 않든, 속죄가 필요한 실제 상태다.

이런 경우 부주의하게 죄를 저지른 사람들은 여러 방법으로 자기 죄를 알 수 있다. 다른 사람이 그것을 지적해 줄 수 있다. 율법 지식을 새롭게 얻을 수도 있다. 양심의 가책을 받을 수도 있다. 아마도 우림과 둠밈을 이용하여 예언이나 기타 초자연적 소통을 통해 그들에게 죄를 알려 줄 수도 있다.[3] 새롭게 죄를 인식하는 것은 최근의 기독교 개종자들의 경험에서 흔히 볼 수 있다. 그들은 자신의 잘못을 깨닫지 못한 채 즐기다가 회심한 뒤 비로소 자신의 이전 생활 방식이 얼마나 하나님께 반대되는지 발견한다. 일단 자신의 죄책을 깨달으면 자신의 죄를 자백하고 용서를 구하기 원한다. 이것이 이 구절이 말하는 상황이다.

비의도적인 죄만 속죄할 수 있다면, 이 말씀은 죄의 힘에 굴복해 자신의 행위가 잘못임을 분명히 알고도 계획적으로 죄를 저지른 사람은 희망이 전혀 없다는 뜻인가? 의도적인 죄를 바로잡으려는 이스라엘 백성의 바람은 모든 죄를 속하는 대속죄일 의식을 통해 이루어졌던 것 같다. 그러나 일부 사람들이 지적하듯이, 그 속죄는 의도적으로 죄를 범한 사람들에게 처벌을 면제해 주는

---

2 Levine, p. 19.
3 출 28:30; 레 8:8. Wenham, p. 99; Kaiser, p. 1035.

방식으로 이루어지지 않고, 그들은 먼저 백성 중에서 "끊어진다."[4]

그러나 다른 성경 해석자들[5]은 이 단어(šāgag)의 근본적인 의미가 단순히 "헤매다", "잘못하다"이기 때문에 "비의도적으로 죄를 짓다"보다는 "죄 중에서 길을 잃다" 또는 "잘못을 하다"로 번역하는 것이 가장 좋다고 말한다. 이것은 비록 하나님의 백성이 그분께 순종할 의도가 있다 해도 때에 따라 과실을 범하는 상황을 포함한다. 이에 기초하여 해리스(Harris)는 "우리가 빠지는 통상적인 죄들은 속죄제로 해결된다"고 결론을 내린다. 해리스는 이것을 더 강하게 표현하여, 이 단어는 "인간이 연약함 때문에 저지르는 모든 의식적인 불순종과 죄"를 가리킨다고 말한다.[6] 따라서 연약한 양심을 가진 사람들은 잘못인 줄 알고도 범한 죄, 또는 부주의한 중에 범한 죄(5:4)를 용서받지 못할까 봐 두려워할 필요가 없다. 죄의 원인은 무지일 수도 있고, 연약함일 수도 있다.

민수기 15:22-31은 이처럼 죄에 대한 더 포괄적인 시각을 지지한다. 이 구절은 비의도적으로 죄를 짓는 사람과 도전적으로 죄를 짓는 사람, 즉 계획적이고 반항적인 의도로 하나님의 율법을 뒤집어엎고 그 이름을 조롱하는 사람과 대조한다. 이런 죄들은 '고압적인' 죄들로, 예수님이 언급하신 "성령을 모독하는 것"[7]과 비슷하다. 이런 죄는 속죄제도 해결책이 되지 못하는데, 그런 죄는 하나님에 대한 지속적이고 의식적인 거부를 포함하기 때문이다. 더 포괄적인 시각도 하나님을 노골적으로 조롱하는 죄인에게는 희망을 주지 못한다.

폭넓은 시각이 우리를 더 안심시키는 해석이긴 하지만, 그럼에도 이 시각은 여전히 죄인이 자기 죄를 깨닫고 직면하며 속죄—속죄제가 제공할 수 있는 속죄—를 구하는 바람을 가져야 한다는 의미다.

---

4 "끊어지다"라는 표현은 7:20에서 처음 나오며 그 이후에 많은 곳에서 나타난다. 이 단어의 뜻은 6장 이하에서 논의할 것이다. 가령, Milgrom, *Leviticus 1-16*, p. 228에서 이 입장을 주장한다.
5 Harris, p. 547. Kaiser, p. 1033는 그를 지지한다.
6 Harrison, p. 60.
7 마 12:31-32. 예수님은 이 죄와 관련하여 "사람에 대한 모든 죄와 모독은 사하심을 얻되 성령을 모독하는 것은 사하심을 얻지 못한다"고 말씀하신다.

b. 무관심한 죄일 경우(5:1-4)

레위기는 일반적인 내용에서 구체적인 내용으로 이동한다. 5:1-4은 속죄제라는 해결책이 필요한 구체적인 세 죄를 열거한다. 이 죄들을 연결 짓는 공통된 잘못은 사회적·영적 책임에 대한 무심한 태도와 관련이 있다.

첫 번째 죄(1절)는 공동체에 대한 의무, 특히 정의의 문제에 무관심한 태도를 드러내는 것이다. 성경의 율법은 공동체의 모든 구성원이 정의를 행할 의무—거짓이 아니라 진실을 말하는 것은 물론, 침묵하지 말고 적극적으로 진실을 말해야 할 의무—가 있다고 명백하게 말한다. 에드먼드 버크(Edmund Burke, 1729-1797)가 "악의 승리에 필요한 것은 선한 사람들이 아무것도 하지 않는 것뿐"이라고 말하기 오래전에, 성경은 사람들이 잘못과 불의에 강력하게 반대하지 않는다면 공동체의 선과 진실이 곧 약화될 수 있다고 경고했다. 침묵은 악에 직면한 이스라엘 백성이 선택할 수 있는 태도가 아니었다. 특히 가난하고 궁핍한 사람들의 권리와 관련된 악일 경우 더 그러했다.[8]

오늘날 실제적인 우려는 자기에게 몰두하는 개인주의가 만연하는 바람에 이른바 '사회적 자본'—사회를 하나로 결속하고 건강하게 만드는 도덕적 유산—이 약화되고 있다는 것이다.[9] 많은 사람이 자신의 관심사에만 몰두하고, 지금의 사회보다 더 정직하고 정의로우며 진실이 가득한 사회로 개선하는 데 참여하고 싶어 하지 않는다. 그렇게 하려면 추잡한 정치계, 법조계, 언론계에 반드시 참여해야 하고, 그런 위험을 자초할 경우 심한 비난을 받을 수도 있다. 그러나 속죄제와 관련하여 구체적으로 언급된 잘못들은 보다 넓은 공동체의 요구에 대한 그런 무관심이 죄라고 분명히 밝힌다.

최근 사회철학자 데이비드 셀본(David Selbourne)은 오늘날 사람들이 도덕적 문제를 회피하는 열한 가지 이유를 제시했다.[10] 사람들은 이렇게 항변한다. (1) 도덕적 문제에 대해 우리가 할 수 있는 것이 없다. (2) 도덕적 문제는 결코 달

---

8 잠 31:8-9.
9 이 책 16장에서 추가적인 논의 내용을 보라.
10 David Selbourne, *Moral Evasion* (London: Centre for Policy Studies, 1999).

라지지 않는다. (3) 신속한 해결책이 존재하지 않는다. (4) 자유로운 사회가 치러야 할 대가다. (5) 대세를 따를 수밖에 없다. (6) 시간을 거꾸로 돌릴 수 없다. (7) 이 문제는 생각보다 복잡하다. (8) 이 문제는 법의 영향력 밖에 있다. (9) 당신은 잘못된 이슈에 초점을 맞추고 있다. (10) 당신은 이 문제를 누구와 논의할 것인가? (11) 모든 사람이 도덕적 문제를 회피할 때 당신은 누구에게 항의할 것인가? 이스라엘에서는 이런 변명 중에 어느 한 가지도 받아들여지지 않았을 것이다.

사람들은 무성의한 핑계를 대며 회피하는 것이 허용되지 않았으며, 따라서 레위기 5:1에서 "그는 거기에 대하여 책임을 져야 한다"(새번역)고 강조하듯이 책임을 회피할 수 없었다. 백성은 언약으로 함께 묶였기 때문에 서로 져야 할 의무가 있었다. 그들의 전체적인 정체성은 그들의 관계에 기초했다. 죄는 개인이 저질렀다고 해도 결코 사적인 문제가 아니었다. 모든 죄는 사회에 대한 죄였고, 그 사회의 구성원들은 사회를 지키고 아울러 그것을 바로잡기 위해 필요한 행동을 해야 하는 책임을 부여받았다.

두 번째 죄(2-3절)는 제의적 정결 문제에 무관심한 태도를 드러내는 것으로, 동물과 사람을 불문하고 부정한 것에 접촉하는 것과 관련이 있다. 부정은 전염성이 있다고 간주되었기 때문에 부정한 것에 접촉한 사람은 누구나 제의적으로 부정하다고 생각했다. 부정은 심각한 결과를 초래하여 정결 행위로만 제거할 수 있었다. 이 문제는 아주 중요하기 때문에 '부정한 것'의 범주에 해당하는 것과 개인이 부정하게 되었을 경우 무엇을 해야 하는지에 대한 자세한 설명이 레위기의 상당 부분을 차지한다.[11] 여기에 제시된 '시범 사례'는 짐승의 사체를 만지거나 제의적으로 부정한 사람과 접촉하는 사람은 자신이 접촉한 사실을 알건 모르건 간에 부정하다고 간주됨을 분명히 보여준다. 접촉으로 발생한 부정은 고백과 속죄제를 드려서 깨끗해질 수 있었다(5-6절).

세 번째 죄(4절)는 개인의 진실함에 무관심한 태도를 드러내는 것이다. 이것

---

11 특히 11:1-15:33; 17:15-16; 21:1-22:16.

은 성급하게 약속하는 죄, 특히 맹세하여 약속하는 죄를 강조한다. 첫 번째 죄가 마땅히 해야 할 말을 하지 않는 것이라면 이 죄는 너무 성급히 말하는 것이다. 레위기는 서원할 때 소제를 드려야 한다고 명령함으로써 진지한 맹세의 중요성을 적극적으로 가르쳤다(7:16). 여기에서는 동일한 내용을 부정적인 측면에서 주장한다. 맹세하는 내용의 정확한 의미를 알지 못한 채 약속하는 행위는 단순히 그 사람을 나쁘게 비치게 하는 데서 그치지 않았다. 그런 행위는 하나님 앞에서 죄가 되며 반드시 속죄가 필요했다.[12]

2. 속죄제는 누구를 속량했는가?

일반적으로 말해, 한 가지 규례가 모든 사람에게 동일하게 적용되는 다른 제사와 달리, 속죄제는 그와 관련된 명령이 이스라엘의 다양한 집단과 개인에게 다르게 적용된다는 점에서 주목할 만하다. 여기에는 이스라엘 공동체가 전체로서뿐 아니라 그 안의 모든 개별 구성원들도 포함된다. 이 목록에는 먼저 대제사장(4:3-12)에서 시작하여 공동체 전체(4:13-21), 개별 공동체 지도자들(4:27-35), 마지막으로 개별 백성(4:27-35)이 나온다. 이런 구성은 우연이 아니며, 각 목록에 따라 요구 사항이 다른 것도 우연이 아니다.

이 목록의 첫 번째는 "기름부음을 받은 제사장"(6:22)이라고도 불리는 대제사장(4:1-12)이다.[13] 그의 죄에는 부주의나 제의적 부정 때문에 이스라엘의 종교의식을 잘못 수행하는 것이 포함되었다. 대제사장만이 그 죄의 대가를 짊어질 수 있다는 점을 고려한다면, 그는 가장 값비싼 희생제물을 드려야 했다. 그것은 곧 "흠 없는 수송아지"였다(3절). 대제사장은 하나님과 그 백성 사이에 서는 필수적인 중재자였으며, 백성의 교사와 대표자 역할을 수행했다. 무슨 이유에서든 그가 부정한 상태가 되면 백성들에게는 "그들을 하나님께로 인도할 사람

---

12 pp. 74-75를 보라. 이 주제는 레 27:1-25에서 다시 언급한다.
13 대제사장만 기름부음을 받았다(레 8:12). 레 16:32; 21:10; 민 35:25에 기록된 대제사장과 그의 기름부음의 밀접한 관련성에 주의하기 바란다.

이 없게"¹⁴ 되었다. 그렇게 되면 여호와와 언약을 맺은 공동체는 중대한 상황, 곧 긴급하게 회복되어야 할 상황에 직면하게 되었다. 오늘날 모든 공적인 기독교 지도자들의 실패가 그러하듯이, 대제사장의 죄는 개인적인 문제가 아니며 모든 사람에게 영향을 미쳤다. 이 땅의 제사장과 지도자들의 실패는 하나님이 우리에게 위대한 대제사장—예수님의 삶과 섬김은 흠 없는 정결함을 명확히 보여주셨다—을 보내 주셔야 할 필요성과 그 경이로움을 보여준다.¹⁵

그다음에는 이스라엘 백성 전체에게로 주의를 돌린다(4:13-21). 그들이 집단적인 죄에 빠졌을 때에도 수송아지를 속죄 제물로 바쳐야 했는데(14절), 이스라엘의 장로들이 정결 의식에서 이스라엘 집단의 대표자 역할을 했다(15절). 번제를 통해 표현했듯이, 그들이 여호와께 순종하겠다고 공언했다는 점을 특히 고려할 때 어떻게 **집단적으로** "부주의하게" 죄를 범할 수 있었을까? 어떤 이는 그들이 달력을 잘못 계산하여 엉뚱한 날에 절기를 지켰을 수 있다고 제안한다.¹⁶ 좀더 가능성 있는 설명이 여호수아 9장에 나온다. 이스라엘은 여호와께 묻지 않고 기브온과 조약을 맺었다.¹⁷ 고대 세계에서는 사람들이 집단적으로 사고하는 것이 훨씬 더 일반적이어서, 스스로를 개별 존재보다는 집단적 인격으로 생각했다. 그래서 "이스라엘 온 회중"을 하나님께 책임을 지는 단일한 단위로 포함시키는 것은 충분히 이해할 수 있는 일이다. 공동체보다 개인주의를 중시하는 지역의 사람들은 "공의는 나라를 영화롭게 하고 죄는 백성을 욕되게 하느니라"¹⁸라는 말씀을 상기할 필요가 있다.

다음은(4:22-26) 태만이나 무지 때문에 잘못을 범한 이스라엘의 모든 지도자 차례다. 이스라엘의 족장이나 지파 지도자들은 책임 있는 위치와 그들의 죄가 다른 사람들에게 미치는 영향 때문에 일반 백성과는 다르게 취급되었다.

---

14 Hartley, p. 59. Kaiser, p. 1034는 그가 모범을 통해 백성을 인도하지 못한 것보다는 아마 이 점이 대제사장에게 우선권을 부여한 일차적 이유일 것이라고 언급한다.
15 히 4:15.
16 절기 달력은 레 23장에 제시되어 있다. 이 제안은 Milgrom이 *Leviticus 1-16*, p. 242에서 언급했다.
17 Hartley, p. 62.
18 잠 14:34.

그들이 드려야 할 제물은 대제사장이나 나라 전체가 드려야 하는 제물보다는 가치가 적다. 아울러 그 제물의 피는, 성소 안에 있기 때문에 더 거룩하게 간주되는 분향단이 아니라 회막 바깥뜰에 위치한 번제단에서 다루어진다.

마지막으로 공동체의 나머지 구성원을 다룬다(4:27-35). 그들의 죄는 여전히 심각하게 다루어지며 반드시 속죄가 필요했다. 그러나 이것이 일반 백성의 죄라는 점을 감안할 때, 더 큰 영향력 있는 위치에 있는 사람들의 죄만큼 큰 벌을 받아야 할 것으로 여기지 않았다. 따라서 암염소(4:28)나 어린 양(4:32)을 제물로 가져갈 수 있었다. 그것도 가져갈 형편이 안 될 경우에는 흔한 산비둘기나 집비둘기(5:7-10)나, 기름이나 유향을 놓지 않은 고운 가루 조금—"십분의 일 에바"[19]—(5:11)만 드려도 충분했다. 하나님의 의도는 모든 사람이 어렵지 않게 용서를 받을 수 있어야 한다는 것, 심지어 공동체의 가장 가난한 사람들도 참여할 수 있어야 한다는 것이었다. 나이트(G. A. F. Knight)는 그 놀라움을 이렇게 표현했다. "우리가 여기서 만나는 이 하나님은 얼마나 은혜롭고 이해심이 많으며 자비로우신가. 우리 영혼의 죄를 위해 그저 고운 가루 한 컵을 요구하시다니! 그러면 '그가 사함을 받으리라'(13절). 이 얼마나 놀라운 하나님이신가."[20]

3. 속죄제는 어떻게 드렸는가?

이런 속죄제들의 기본 형태는 같지만 제사를 드리는 사람에 따라 드리는 제물의 종류가 상당히 달랐다. 희생 제물은 "회막 앞"에서 드렸다(4:4, 14). 심지어 대제사장도 처음 시작할 때는 그곳으로 제물을 가져가야 했다. 그가 대제사장이라는 이유만으로 빠른 길이나 특권을 부여하지 않았다. 죄가 있는 경우에는 다른 사람들처럼 문제가 해결될 때까지 하나님의 임재에서 멀리 떨어진 곳에 서야 했다. 장소를 회막 입구로 명시한 이유는 그곳이 지성소에서 가장 멀리

---

[19] 십분의 일 에바는 약 2.2리터다.
[20] Knight, p. 34.

떨어져 있으면서도 회막 내에 해당하는 장소였기 때문이다.

　제물이 큰 짐승일 경우 제물을 드리는 사람이 짐승 머리에 안수하고 그것을 도살했다(4:4, 15, 24, 29, 33). 그러면 제사장은 피를 가져다가 규정된 방식대로 시행했다. 바로 여기에서 제사 의식의 중요한 차이점이 드러난다. 대제사장의 경우 자신이 직접 피를 회막 안으로 가져가서, "손가락에 그 피를 찍어 여호와 앞 곧 성소의 휘장 앞에 일곱 번(충분함과 철저함을 상징한다) 뿌릴 것이며 제사장은 또 그 피를 여호와 앞 곧 회막 안 향단 뿔들에 바르고 그 송아지의 피 전부를 회막 문 앞 번제단 밑에 쏟을 것이며"(4:6-7). 공동체 전체를 위해 속죄제를 드릴 때도 동일한 절차를 따랐다(4:16-18). 그러나 개별 지도자를 위해 제물을 드릴 때는 피를 성소 휘장 앞에서 일곱 번 뿌리거나 향단 뿔들에 바르지 않고 바깥뜰에 있는 번제단 뿔들에 바르고 나머지 피는 번제단 밑에 쏟았다(4:25). 이스라엘 공동체의 일반 백성이 속죄제를 드릴 때도 제물을 드리는 절차와 위치가 같았다(4:30, 34). 이러한 차이점들은 거룩함의 지형도라는 관점으로 설명할 수 있다. 대제사장은 거룩한 사람이었고, 이스라엘은 거룩한 민족이었다. 성소와 지성소—이 땅에 하나님이 임재하시는 핵심 장소—를 구분하는 휘장에 피를 뿌리고 향단 뿔들에 바르는 것은 그들의 죄가 회막 밖에서 다루는 일반 백성의 죄보다 더 심각하게 받아들여지고 다루어졌음을 보여주었다.

　제사 의식에서 마지막 행동은 희생 제물의 기름, 간, 콩팥을 번제단에서 불사르는 것이었다(4:8-10, 19-20, 26, 31, 35). 제물에서 특별히 이런 부분을 선택하는 이유는 화목제의 경우와 같다.[21] 화목제와 마찬가지로 축하 식사에서 그 부분을 먹는 대신 제사장들은 그것을 "진영 바깥 재 버리는 곳인 정결한 곳으로 가져다가 불로 나무 위에서 사르되 곧 재 버리는 곳에서 불사를지니라"(12절, 참고, 21절). 이러한 차이의 이유는 분명하다. 어느 누구도 죄에서 이익을 얻을 수 없다고 보는 것이다. 하나님은 설령 무지나 깜박해서 그랬다 하더라도 잘못에 대해서는 보상하지 않으신다. 따라서 이익이 될 수 있는 것은 아무것도, 심지어

---

21 이 책 pp. 70-71를 보라.

가죽도 남길 수 없었다. 모든 것이 연기로 변해야 했다.²²

사실 이 명령은 대제사장의 제물과 공동체 전체의 제물에만 해당한다. 레위기는 개별 지도자들과 일반 백성의 제사에서 남은 고기를 어떻게 처분해야 하는지에 대해서는 침묵한다. 가장 가난한 사람들의 제사(5:13)에서 남은 제물을 처분하는 규정에 근거할 때 아마 남은 고기는 제사장들의 생계유지에 사용되었을 것이지만, 확실하지는 않다.

4. 속죄제는 무엇을 성취하는가?

속죄제의 목적은 아주 분명해 보인다. 다섯 번의 명령이 다음과 같은 놀라운 말씀으로 결론을 맺는다. "제사장이 그것으로 회중을 위하여 속죄한즉 그들이 사함을 받으리라"(4:20, 참고. 26, 31, 35; 5:13).²³ 속죄제의 목적은 죄와 그에 따른 모든 결과를 함께 제거하고, 아울러 죄인과 하나님의 관계를 회복하는 것이다. 조지 나이트는 "우리는 하나님이 승리하시기 위해 몸을 굽히시는 것을 본다. 그분은 인간이 그 방법을 사용하기 원할 경우에만 인간의 죄를 용서하시는 방법을 인간 손에 두신다."²⁴ 그래서 각 제사는 사죄의 선언으로 완료된다.

그러나 일부 사람들은 제사 의식과 그것을 사용하는 때를 주의 깊게 살펴본 뒤, 전통적 방식인 속죄의 관점보다는 정결의 관점에서 이 제사의 목적을 더 잘 설명할 수 있다고 믿게 되었다. 그래서 그들은 이 제사를 '속죄 제사'보다는 '정결 제사'라고 부르기를 선호한다. 우리는 두 관점을 차례대로 살펴볼 텐데, 먼저 정결을 강조하는 관점에서 시작한다.

---

22 Hartley, p. 61.
23 두 가지 다른 표현 방식이 있는데, 둘 다 의미는 같다. "그 범한 죄에 대하여 그[지도자]를 위하여 속죄한즉"(4:26), "그가[그들이] 이 중에서 하나를 범하여 얻은 허물을 위하여 속죄한즉"(5:13).
24 Knight, p. 32.

a. 정결

하나님은 우리가 지금까지 살펴본 경우를 비롯한 여러 경우에 속죄제를 드리라고 명령하셨다. 출산한 여자는 이스라엘의 적극적인 예배 생활에 다시 참여하는 과정의 일부로 번제와 함께 속죄제를 드려야 했다(12:6-8). 속죄제가 출산한 여자를 속죄한다고 말하지만, 여기에 "그 여자는 정결하게 될 것이다"(12:8, 새번역)라고 부연한다. 어떤 사람이 나병이 나은 뒤 공동체에 다시 들어갈 경우에도 비슷한 상황이 벌어진다. 이때 여러 제사 가운데 속죄제를 요구하고, 이번에도 제사장이 "그를 위하여 속죄할 것이라. 그리하면 그가 정결하리라"(14:19-20)라는 말이 언급된다.

속죄제가 부정과 연결되어 있음을 보여주는 세 번째 예는 신체 유출물을 다루는 15장에 나온다. 우리의 지식에 새로운 요소가 추가되는데, 여기서 이스라엘 백성은 "그들 가운데에 있는 내 성막을 그들이 더럽히고 그들이 부정한 중에서 죽지 않도록"(15:31) 자신을 더럽히는 물건에서 떨어져야 한다고 말한다. 분명히 죄는 죄인뿐 아니라 하나님이 거하시는 성막을 더럽히고, 그 결과 그들 가운데 계신 하나님의 집에서 하나님이 떠나시게 만든다. "이스라엘의 하나님은 더럽혀진 성소에서 머무시지 않을 것이다."[25] 나답과 아비후의 비극적인 이야기가 잘 보여주듯이(10:1-5) 더러움을 깨끗하게 하지 않으면 더러움에 책임이 있는 사람들이 죽게 될 것이다. 대속죄일 의식을 고려할 때, 이런 해석을 주장하는 사람들은 속죄제의 본질적인 목적이 더럽혀진 사람이 아니라 더럽혀진 성소를 깨끗하게 만들어 하나님이 자기 백성 가운데 확실히 거하시게 하는 것이라고 주장한다.[26]

속죄제의 기본 목적이 하나님의 거처를 정화하는 것이었다면, 다음과 같은 몇 가지 결론을 내릴 수 있다. 피는 세척제로서 성소에서 "죄를 제거하는"[27] 세

---

25 Milgrom, *Leviticus 1-16*, p. 258. Milgrom은 '정결' 관점의 주요 주창자로, Wenham, pp. 88, 93-96를 포함하여 많은 사람이 이 관점을 따른다.
26 Milgrom은 속죄제는 "제사를 드리는 사람을 결코 깨끗하게 하지 못하며", "제사 드리는 사람이 죄책감을 느낀다는 바로 그 사실 자체가…그가 내적 정결을 경험했다"는 뜻이기 때문에 속죄제를 드릴 필요가 없다고 주장한다. *Leviticus 1-16*, p. 254.

제 역할을 한다. 이것은 죄인이 아니라 성막 내부의 주요 장소인 휘장과 제단들에 피를 뿌리는 이유를 설명해 준다. 또한 대제사장과 이스라엘 공동체 전체를 위해 피를 뿌리는 장소와 이스라엘의 일반 백성을 위해 피를 뿌리는 장소가 다른 이유를 설명해 준다. 대제사장은 성소에서 일했으며 그곳에서 이스라엘 공동체 전체를 대표했다. 따라서 그는 성소 출입이 허용되지 않은 일반 백성과 달리 자신의 죄 때문에 성소 안을 더럽힐 가능성이 있었다. 그렇다면 정결하게 되는 것은 죄인이 아니라 성막이었고, 속죄 행위는 죄를 속하는 것이 아니라 부정을 제거하는 행위였다. '속죄하다'라는 뜻의 '킵페르'(kipper)는 '속죄하다'라는 뜻뿐만 아니라 '제거하다'라는 의미도 분명히 있다.[28]

죄는 분명히 사람을 더럽히고 하나님을 불쾌하게 만들기에 하나님은 자기 백성과 화해할 필요가 있다. 피는 틀림없는 세척제다. 그런 의미에서 이런 해석은 정결 방법을 제공하시는 하나님의 은혜에 대해 놀라운 통찰을 제공한다. 그러나 이 관점은 우리가 곧 살펴볼 보다 전통적인 관점을 배제한다는 점에서 완전히 적절하지는 않다. 이 관점은 속죄제의 독특한 몇 가지 측면—주로, 피를 뿌리는 곳—을 설명하는 데는 유용하지만, 다른 측면들은 거의 고려하지 않는다. 웬함은 이런 측면들이 "모든 제사에서 핵심적인 공통부분"[29]을 구성하기 때문에 주목할 필요가 없다고 말한다. 그러나 안수하는 것, 짐승을 잡는 것, 제물의 일부를 태우는 것, 나머지 고기를 진영 밖에서 불사르는 것(두 가지 경우에, 4:12, 21)은 여전히 해석이 꼭 필요하다. 게다가, 만약 깨끗하게 할 대상이 성소라면, 밀그롬이 가난한 죄인의 정결은 불필요하다고 설명하려고 시도함에도 불구하고 그들은 여전히 불결한 상태로 남아 있게 된다.[30] 전통적인 해석 방법은 이런 질문들을 훨씬 더 적절하게 다룬다.

---

27 Hartley, p. 55.
28 '킵페르'의 의미는 이 책 13장에서 더 자세히 검토할 것이다.
29 Wenham, p. 94.
30 p. 94에 있는 26번 각주를 보라.

b. 속죄

전통적 입장은 간단하게 설명할 수 있다. 죄는 정말로 사람을 더럽히며 이를 속죄하려면 피 흘림이 필요하다. 자신의 죄를 발견한 범죄자는 죄를 해결하기 위해 필요한 제물을 가져다가 그 짐승에게 죄를 전가한 뒤 자기 생명 대신 짐승의 생명을 빼앗는다. 제사장이 짐승의 피를 가져다가 하나님께 드리는 생명의 상징으로 뿌린다. 짐승의 일부는 하나님께 드리는 예물로 불태운다. 이것은 죄인의 생명을 대신하여 한 생명을 드림으로써 속죄하는 것이다. 이것은 죄를 범했기 때문에 당연한 죽음이며, 이로써 거룩하신 하나님의 진노를 달랜다. 그런 다음, 처음 두 예에서 제물의 나머지 부분은 "진영 바깥 재 버리는 곳인 정결한 곳으로" 가져가서 범죄자의 죄가 완전히 제거되고 해결되었다는 상징으로 "재 버리는 곳에서 불사를지니라"(4:12). 그 결과 죄인은 하나님과 화해하고, 제사장의 사죄 선언을 통해 속죄함을 받는다(4:20, 26, 31, 35; 5:13).

이 입장은 비록 피를 특별한 방식으로—실제로 일부 사례에서 피를 성소 안으로 가져가는 것은 특별하다—사용하는 이유를 구체적으로 설명하지는 않지만 속죄제에서 제사장의 역할, 피, 하나님 앞에서 제물의 불사름을 설명한다. 그러나 이 입장은 확실히 속죄제 전체를 더 잘 설명한다. 카이저는 정결 이론을 주장하는 사람들이 이후의 장들, 특히 대속죄일에 대한 특정 내용[31]을 읽고, 그것을 더 폭넓고 다른 목적을 가진 속죄제에 부과하는 위험이 있다고 제안한다.[32]

키우치는 이 문제를 철저하게 연구한 뒤 사죄의 선언들이 매우 명시적이라고 지적한다. 사죄의 선언들은 제사장이 속죄할 때 용서를 받은 대상은 사람이라고 말해 준다. 사죄 선언은 '그', '그녀', '그들'과 같은 인칭대명사를 사용한다. 제사장들은 "죄가 사해질 것이다"라거나 성소가 깨끗해질 것이라고 말하지 않고, 범죄자가 용서받았다고 말한다.[33] 키우치는 하나님의 명령을 어기는

---

31 특히 16:15-20을 보라.
32 Kaiser, p. 1033.
33 Kiuchi, *Purification*, p. 37.

것은 밀그롬이 추정하듯이 주관적인 죄책감이 아니라 죄인에게 실제적인 죄책을 유발한다고 강조한다. 속죄제의 목적은 죄인을 회복하고 죄책을 제거하며, 단순히 성소의 불결함뿐만 아니라 죄의 모든 결과를 해결하는 것이다. 전통적인 해석만이 속죄제를 제대로 이해하게 해주고 죄인에게 필요한 용서를 제공한다.

5. 속죄제는 왜 중요한가?

속죄제는 많은 영적 진리를 극적으로 보여주고 아울러 우리의 용서를 보장하는 궁극의 속죄 제물로서 그리스도를 극명하게 보여준다는 점에서 그리스도인들에게 여전히 소중하다.

a. 죄의 혐오스러운 속성

속죄제에 내포된 죄에 대한 이해는, 많은 신자들이 죄를 유감스럽게도 몇 가지 명령을 어기는 사적인 문제로 바라보는 상당히 피상적인 이해보다 훨씬 더 넓고 깊다. 죄는 하나님에 대한 혐오스러운 위법 행위다. 이것은 우리와 하나님의 관계, 우리와 그분이 만든 세계의 관계를 심각하게 와해한다. 우리가 죄를 범할 때 죄는 우리를 더럽히고, 우리 존재의 깊은 곳을 정결하게 할 필요성을 유발한다. 한때 스모그가 런던 거리를 오염했듯이 죄는 우리 삶을 더럽히고 우리의 집으로 설계된 세상에서 길을 잃게 만든다. 죄는 그 결과가 죄를 범한 사람에게만 영향을 미치는 개인적인 문제가 결코 아니다. 지도자의 죄를 더 심각하게 다루고, 또한 레위기가 침묵의 죄(5:1)에 대해 언급하는 내용이 가르쳐 주듯이, 죄는 사회적인 문제이며 같은 공동체에 속한 다른 구성원에게도 해로운 영향을 미친다. 지도자들은 개인적 삶과 공적 책임을 분리할 수 없다. 예수님[34]과 야고보[35]가 재차 확언했듯이, 지도자들은 다른 사람들에 대해 책임을 져야 하

---

[34] 눅 12:48.

고, 지도자로서 큰 특권을 부여받았기 때문에 다른 사람들보다 더 엄격하게 심판 받을 것이다. 죄는 때로 악의나 의도성보다 부주의나 태만의 결과일 수 있지만, 그래도 죄는 죄다. 죄는 우리가 알든 모르든 그 결과를 낳는다. 죄를 깨닫는 순간 우리는 지체 없이 죄를 고백하고 해결함으로써 죄가 더 악화되어 더 많은 사람을 더럽히지 않게 해야 한다. 그래도 용서는 받을 수 있다. 심지어 고운 가루 한 움큼밖에 드릴 수 없는 가장 가난한 사람들도 용서받을 수 있다. 그러니 아무도 계속 죄의 수렁에 빠져 있을 필요가 없다.

b. 그리스도의 놀라운 은혜

죄 씻음은 영적 세제 역할을 하는 피의 제물로 이루어진다. 히브리서 9:22은 "율법을 따라 거의 모든 물건[36]이 피로써 정결하게 되나니 피흘림이 없은즉 사함이 없느니라"라고 말한다. 히브리서 9:14이 설명하듯이 이 원리는 한 언약 시대에서 다른 언약 시대로 이어진다. 이제는 예수 그리스도의 피가 우리를 깨끗하게 하기 때문이다. 14절은 예전의 제사가 부정한 사람을 깨끗하게 만들었다면, "하물며 영원하신 성령으로 말미암아 흠 없는 자기를 하나님께 드린 그리스도의 피가 어찌 너희 양심을 죽은 행실에서 깨끗하게 하고 살아 계신 하나님을 섬기게 하지 못하겠느냐!"라고 외친다. 예수 그리스도는 우리를 대신하여 하나님께 제물을 드린 우리의 위대한 대제사장이실 뿐만 아니라, 우리를 위해 자발적으로 자신을 완전한 제물로 드려 피를 흘리고 몸을 희생하셨다. 그분의 무흠한 제사는 우리 안팎을 정결하게 하고 하나님과의 깨진 관계를 회복한다.[37]

히브리서 13:11-12은 그리스도의 사역과 속죄제의 또 다른 연결점을 찾아낸다. "죄를 위한 짐승의 피는 대제사장이 가지고 성소에 들어가고 그 육체는

---

35 약 3:1.
36 가난한 사람들이 속죄 제물로 드리는 고운 가루에는 피가 포함되지 않는다는 점을 참고하라.
37 Wenham은 정결 해석을 선호하는 입장에도 불구하고, "레위기 율법에서 정결하게 되는 것은 예배 장소이지만, 새로운 은혜 아래서는 예배자 자신이 정결하게 된다"고 결론을 내린다(p. 101).

영문 밖에서 불사름이라. 그러므로 예수도 자기 피로써 백성을 거룩하게 하려고 성문 밖에서 고난을 받으셨느니라." 히브리서가 이렇게 말하는 목적은 기독교 신자들이 그리스도에 대한 신앙 때문에 받는 경멸을 기꺼이 받아들이도록 격려하기 위해서다. 그러나 동일하게, 이 구절은 진영 밖에서 수송아지를 불살라 완전히 재로 만들어 제거했듯이 그리스도의 희생이 우리 죄를 완전히 제거하였음을 확실히 보여준다.

헨리 프랜시스 라이트(Henry Francis Lyte)는 이렇게 썼다.

그가 우리를 속량하시며 병을 고치시고 회복시키고 용서하셨으니
우리가 그를 송축함이 마땅하지 않은가?[38]

c. 지속적인 범죄 가능성

이스라엘에서 죄가 하나님과 자기 백성을 멀어지게 한 것처럼, 그리스도인들은 성령의 전인데도 여전히 완고한 불순종으로 하나님의 성령을 근심하게 하여 그분을 몰아낼 수 있다.[39] 신자들은 "성령이 인도해 주심을 따라 살아가야"[40] 하며, 그분의 임재를 누리기 위해 계속적으로 성령 충만해야 한다.[41]

신자와 하나님의 친교가 죄로 방해를 받을 때, 이를 회복하는 방법은 이스라엘 백성 때와 원칙적으로 동일하다. 죄의 고백은 확실히 하나님께 해야 하지만, 고대 이스라엘 민족이 제사장에게 했듯이 경우에 따라서는 다른 사람에게 고백하는 것이 타당하다. 야고보도 교회에서 서로 죄를 고백하라고 권고하는 것 같다.[42] 해결책은 여전히 피를 드리는 데 있다. 기독교 신자들에게 피의 제사는 단 한 번 드려졌고 반복할 필요가 없지만[43] 그럼에도 우리는 그리스도의

---

38 Henry Francis Lyte (1793-1847)의 "Praise, my soul, the King of heaven"에서 인용. 새찬송가 65장 "내 영혼아 찬양하라"(역자 사역).
39 엡 4:30.
40 갈 5:25, 새번역.
41 엡 5:18.
42 약 5:16.
43 히 9:28.

십자가 속죄 사역을 우리 삶에 새롭게 적용하고, 그렇게 함으로써 다시금 사죄의 확신을 발견해야 한다. 사도 요한은 속죄제의 절정인 제사장의 사죄 선언을 신자들에게 적용한다. "만일 우리가 우리 죄를 자백하면 그는 미쁘시고 의로우사 우리 죄를 사하시며 우리를 모든 불의에서 깨끗하게 하실 것이요."[44]

속죄제는 고대 이스라엘 백성을 속죄했지만 그것은 예수 그리스도의 더 완전한 사역의 밑그림에 불과했다. 돌이켜 보면, 우리는 하나님의 어린 양이신 예수님의 유일한 제사 없이는 유대인의 제단에서 죽임을 당한 모든 짐승의 피가 결코 죄를 제거하지도, 죄인들을 정결하게 하여 그들을 하나님께로 다가가게 할 수도 없었다는 것을 알게 된다.

---

[44] 요일 1:9.

5장

하나님 앞에서 바로잡음: 속건제

5:14-6:7

은혜는 위험하다. 하나님의 무조건적 사랑이 경이로운 것은 아무 대가 없이 용서를 누릴 수 있기 때문인데 그래서 은혜가 값싸다는 생각에 빠질 위험이 있다. 제2차 세계대전이 끝나 갈 무렵 히틀러 정권에 처형당한 독일인 목사 디트리히 본회퍼(Dietrich Bonhoeffer)는 우리가 은혜를 너무 값싸게 만들 때 기독교 제자도가 손상될 것이라고 경고했다. 그는 이렇게 썼다.

값비싼 은혜는 몇 번이고 반복하여 반드시 **찾아야** 할 복음이며, **구해야** 할 선물이며, 사람이 **두드려야** 할 문이다.

은혜가 이처럼 값비싼 이유는 우리에게 그것을 따르라고 요청하기 때문이며, 그것이 은혜인 까닭은 우리로 하여금 예수 그리스도를 따르도록 요구하기 때문이다. 은혜가 값비싼 이유는 사람의 생명을 희생했기 때문이며, 그것이 은혜인 까닭은 사람에게 유일한 참 생명을 주기 때문이다. 은혜가 값비싼 이유는 죄에 대해 유죄를 선고하기 때문이며, 은혜인 까닭은 죄인을 의롭다고 하기 때문이다. 무엇보다도, 하나님의 아들의 생명을 하나님께 지불했기 때문에 값비싼 은혜다. "값으로 산 것이 되었으니." 하나님께 값비싼 것이 우리에게 값쌀 리가 없다. 은혜인 까닭은 하나님이 우리 생명에 대한 대가를 지불하기 위해 자기 아들의 가치를 소중하게 여기지 않고 우리를 위해 그를 넘겨주었기 때문이다.[1]

하나님이 자기 백성에게 드리라고 명령한 다섯 번째 제사인 속건제는 이스라엘 백성을 은혜가 값싸다는 잘못된 믿음에 빠지지 않도록 지켜 준다. 속죄제와 마찬가지로 이것은 죄인을 위한 용서를 구하는 피의 제사이지만, 구체적인 죄들과 관련이 있으며 제사 의식의 일부로 보상이라는 독특한 요소가 포함된다는 점에서 속죄제와는 달랐다.

전통적으로, 속건제는 '유죄의 제사'(guilt offering)라고 불렀는데, 속건제의 히브리어 명칭인 '아샴'('āšām)에 법적 과실이라는 뜻이 있기 때문이다. 사람들은 속건제를 드리는 사람들이 유죄 상태에 있다고 믿었다. 밀그롬은 최근 이런 해석에 의문을 제기하고 '아샴'이란 단어가 객관적 유죄 상태보다 주관적 죄책감을 나타낸다고 결론지었다. 이에 기초할 때 속건제를 드리는 사람들은 화가 난 하나님을 달래기보다는 그들의 행동 때문에 야기된 손상을 보상함으로써 자신의 동요하는 양심을 잠재우려 했다. 그래서 밀그롬은 '보상의 제사'(reparation offering)라는 명칭이 '유죄의 제사'보다 더 좋다고 생각한다.[2] 이 제사의 강조점이 보상에 있는 것은 분명하지만, 그렇다 해도 발생한 죄는 객관적인 것이지 이스라엘 예배자의 가변적인 양심에 의존하는 주관적인 감정이 아니다. 실제적인 유죄와 구체적인 보상이라는 두 요소가 속건제에 긴밀히 결합되어 있다.

---

1 Dietrich Bonhoeffer, *The Cost of Discipleship* (1948; London: SCM, 1959), p. 37. 『나를 따르라』 (대한기독교서회).
2 Milgrom, *Leviticus 1-16*, pp. 327, 339-345.

1. 속건제의 특별한 관심사

이 제사는 세 범주의 죄를 다루는데, 각각의 죄는 "만일 누구든지 범죄하면"(5:15, 17; 6:2)이라는 구절로 소개된다.[3] 첫 번째와 세 번째 범주는 신뢰를 깨뜨린 것과 관련된다. 두 번째 범주는 좀더 일반적인 성격을 지니고 있어서, 속죄제로 사함을 받는 잘못들과 어떻게 명확하게 구별할 수 있는지가 다소 불확실하다.

a. 독성죄(5:14-16)

이 제사의 일차적 목적은 "여호와의 성물"을 부지중에 오용하거나 유용한 것에 대해 속죄하는 것이다(5:15). 레위기 22:14에는 발생할 수 있는 독성죄(瀆聖罪, 종교의식을 통해서 성별된 사람이나 장소, 물건 등을 합당한 존경심과 예의 없이 불경스럽게 함으로써 신성을 모독하는 죄—역주)의 예가 나와 있다. 제사장들은 '일반' 사람들이 제사장과 그 가족들만 먹을 수 있도록 '거룩한 제물'로 따로 구별한 고기를 먹지 못하게 하라는 경고를 받는다. 동일하게, 사람들은 성막의 도구나 기구들을 거기에 부여한 거룩함을 깨닫지 못하고 경솔하게 자신의 목적을 위해 사용할 수 있었다. 성물의 범위를 폭넓게 고려한 것처럼 보인다.[4]

이로 볼 때 속건제는 **비의도적인** 범죄를 고려하는 것처럼 보인다.[5] 속건제는 자신이 무슨 일을 하는지 충분히 알고도 성물을 유용한 사람들에게는 '응급처방'을 제공하지 않았다. 예를 들어, 아간이 자기를 위해 사용할 의도로 하나님께 온전히 바쳐진 전리품을 취하여 숨겼을 때 그와 그의 가족은 희생 제사를 통해 용서받을 가능성도 없이 엄한 처벌을 받았다.[6] 하나님께 봉헌한 물건들은 대수롭지 않게 취급하거나 일반적인 목적으로 사용해서는 안 된다. 성물은 세속 사회와 접촉하여 더럽혀지는 것을 막기 위해 접근이 제한된다.[7] 사람

---

3 NIV는 첫 구절을 "누구든지 범죄하거든…"으로 번역한다.
4 Milgrom, *Leviticus 1-16*, pp. 320-325.
5 이 책 pp. 84-86를 보라.
6 수 7:1-26.
7 Gerstenberger, p. 68.

들은 이런 부분을 부지불식간에 위반했다는 것을 깨닫자마자 문제를 바로잡고 하나님이 은혜롭게 베푸시는 용서를 받아야 했다.

b. 불순종의 죄(5:17-19)

죄의 두 번째 범주는 "여호와의 계명 중 하나를…범한" 사람들과 관련이 있다 (5:17). 이 범주는 성물에 관련된 모든 규례에 대한 위반은 물론 하나님의 윤리적 율법에 대한 불순종을 포함하는 넓은 범주처럼 보인다. 만일 그렇다면 속건제와 속죄제는 별 차이가 없어 보인다.[8] 이것은 성막과 관련된 물건들을 염두에 두었을 가능성이 더 많다. 후대의 유대인 해석자들은 분명히 이런 방식으로 이해했다. 이를 감안할 때 이 범주의 죄가 14-16절에 제시된 죄들과 어떻게 다른지 질문해야 한다. 일부 사람들은 그것이 알려진 범죄 행위와 알려지지 않은 범죄 행위의 차이이며, 위반 사실을 발견하자마자 숫양을 제물로 바쳐야 했다고 말한다.

그러나 이 구절들은 개인이 성물과 관련하여 죄를 저질렀는지 의심하는 경우를 언급한 것일 수도 있지만 확실하지 않다. 그런 연약한 양심이 가책을 느낄 때마다 예방 조치로 속건제를 드리라고 권고받았다.[9] 이와 같이 제사장이 사죄를 선언할 때 불확실함과 죄책에 대한 두려움에서 해방되었다. 이 죄의 정확한 성격이 확실하지 않기 때문에 그에 대한 보상도 규정하지 않았다.

c. 신실하지 못한 죄(6:1-7)

이 세 번째 범주의 죄에서 놀라운 점은 이것을 소개하는 방식이다. 이 범주는 "여호와께 신실하지 못하여 범죄하되 곧 이웃…을 속인" 사람을 포함한다(6:2). 이스라엘 백성이 하나님과 언약을 맺을 때 그들은 동시에 서로 간에도 언약을 맺은 것이었다. 그들은 하나님의 특별한 백성으로 함께 결속되었고, 그들의 모

---

[8] 양자를 구분하려는 다양한 시도에 대한 요약은 N. Kiuchi, "Sacrifices and Offerings", in *DOTP*, p. 720를 보라.
[9] Levine, p. 31와 Wenham, p. 108.

든 관계를 사랑과 진실한 관계로 만들 책임이 있었다. 그러므로 이웃에 대한 신뢰를 깨는 것은 하나님에 대한 신뢰를 깨는 것이요, 이웃에게 죄를 짓는 것은 하나님께 죄를 짓는 것이었다.

여기에 열거한 다양한 불법 행위들을 연결하는 공통점은 신뢰를 깨는 것이다. 일상 업무, 특히 돈과 재산과 관련되어 일어나는 일들이다. 슬프게도, 여기에 나오는 두어 가지 예는 오늘날 우리 시대에도 너무나 익숙하다. 첫 번째 범죄는 다른 사람의 재산을 돌보라고 부탁을 받았는데도 그것을 제대로 관리하지 못해 분실하거나 손상시켰을 때 책임을 지지 않은 것과 관련된다(2절). 두 번째 범죄는 도둑질(2절)이나, 아마도 착취 등 부정한 방법으로 재산을 획득하는 것과 관련된다(2, 4절). 세 번째 예는 속이는 행위다(3절). 투명하고 정직하지 않은 것은 모두 목적을 달성하지 못한다. 네 번째 범죄는 어떤 사람이 "주운 사람이 임자"라는 사고방식으로 행동할 때 발생한다(3절). 율법은 자기 소유가 아닌 것을 발견했을 때는 주인을 찾아서 돌려주어야 한다고 분명히 밝혔다.[10] 다섯 번째 범죄는 의도적으로 서원을 할 때나 법정에서 의식적으로 서약할 때 거짓으로 맹세하는 것과 관련된다(3, 5절). 이웃과 거래할 때는 항상 온전한 진실을 요구했다. 그렇지 않은 경우는 보상금을 지불하고 하나님께 속건 제물을 바쳐야 했다.

이 세 범주의 죄는 이스라엘 자손이 성물을 보호하고, 죄 때문에 그것을 약화하거나 파괴하는 것을 막아야 한다는 그들의 깊은 관심사를 보여준다. 이런 깊은 관심 때문에 그들은 심지어 '혹시라도' 죄가 발생할 때를 대비하여 제사를 드렸던 것 같다. 욥의 이야기에서 보듯이[11] 이스라엘 자손은 어떤 것도 운에 맡기지 않고, 거룩한 것을 속된 것으로 전락시킬 수 있는 모든 사소한 죄들을 거부했다.

---

10 출 22:9; 23:4; 신 22:1-3을 보라.
11 욥 1:5.

2. 속건제의 독특한 규정

월터 브루그만은 "그동안 등한시되어 온 레위기는 하나님이 죄로 인한 마비를 극복할 수 있는 방법을 제시하셨다는 좋은 소식에 관한 긴 연구"라고 쓴다.[12] 실제적인 죄책감이든 단순한 두려움이든, 이를 해결할 수 있는 손쉬운 방법이 있었다. 해결책은 양분되는데, 이 점은 속건제를 이스라엘의 여러 제사 중에서 독특하게 만들었다. 첫 번째 내용은 "숫양을 양 떼 중에서 끌어다가" 속건 제물을 지불하라고 했다(5:15, 18; 6:6). 두 번째는 다른 종류의 지불, 즉 보상을 위한 벌금을 지불하는 것이었다.

a. 속건제의 제물

이 본문에는 속건 제물로 바치는 숫양이나 그 양을 어떻게 해야 하는지에 대해 자세한 내용이 나오지 않는다. 다만 야생 짐승이 아니라 가축이어야 하고, "흠이 없어야" 했다(5:15, 18; 6:6). 나중에 7:1-10에서 제사장들에게 주신 명령을 통해 우리는 숫양을 드릴 때 따라야 할 절차가 속죄제의 절차와 비슷했다는 것을 분명히 알 수 있다. 숫양을 잡고 그 피를 "제단 사방에 뿌렸다"(7:2). 그런 다음 기름과 콩팥은 하나님께 드리는 예물로 제단에서 불살랐다.

속건제에 대한 규례는 숫양이 "성소의 세겔로 몇 세겔 은에 상당한"(5:15, 18; 6:6) 것이어야 한다는 요구 조건이 첨가되면서 복잡해진다. 이것은 무슨 뜻일까? 표면적인 의미는 숫양이 특정한 가치를 지녀야 한다는 뜻이다. 가치가 구체적으로 명시되지 않았기 때문에 제사장들이 성물을 침해한 정도에 따라 결정하도록 맡겨졌다. 숫양의 가치는 일반 화폐가 아니라 일반 통화보다 더 무거운 성소의 화폐로 계산했다. 이 화폐는 예수님 당시에도 사용되었는데, 이 화폐의 엄격한 사용(또는 남용)은 예수님이 제물용 가축을 거래하고 환전하는 사람들을 성전에서 쫓아내시는 일부 원인이 되었다.[13]

---

12 Brueggemann, *Finally*, p. 23.

그러나 이런 규례를 이해하는 다른 방법들도 있다. 초기 규례에는 숫양을 잡으라는 언급이 없기 때문에 어떤 사람들은 숫양을 바치기는 했지만 죽이지 않고 화폐 가치로 바꾸어 속건 제물로 제사장에게 주었을 것으로 생각한다. 도둑질을 당한 분은 하나님이시기 때문에 하나님이 보상을 받으셔야 한다는 것이다.[14] 그러나 이럴 가능성은 극히 낮은데, 이후의 규례는 정확히 속죄 예물을 드리는 방식으로 숫양을 드렸다는 것을 분명히 보여주기 때문이다.[15] 다른 이들은 이 규례가 적당한 금액을 제사장에게 가져가면 제사장이 범죄자 대신에 숫양을 샀다는 뜻이라고 믿는다.[16] 또 다른 사람들은 이 규례가 죄인들에게 선택권을 제공했다고 주장한다. 즉 그들은 숫양이나 그에 상당하는 돈을 가져올 수 있었다는 것이다.[17] 어느 쪽이든지 특정 가치에 상당하는 숫양을 요구했고 그것을 잡아서 제물로 드렸다.

b. 속건제가 요구하는 보상

숫양의 운명을 더 이상 언급하지 않는 이유는 관심의 초점이 속건제의 특별한 두 번째 측면, 즉 보상에 있기 때문이다. 하나님이나 이웃이 어떤 이유로든 소유물을 빼앗긴 경우, 율법은 죄를 지은 사람이 "이 모든 것을 모자람이 없이 다 갚아야 할 뿐 아니라, 물어내는 물건값의 오분의 일에 해당하는 값을 보태어 본래의 임자에게 갚되, 속건 제물을 바치는 날로 갚아야 한다"(6:5, 새번역)고 요구했다. 달리 말하면, 빼앗은 재산은 그대로 돌려주고 소유주에게 불편을 끼친 것에 대해 추가로 그 재산 가치의 20퍼센트를 벌금으로 지불해야 한다.[18] 이

---

13 마 21:12-17; 막 11:15-19; 눅 19:45-48; 요 2:13-22.
14 Noth, p. 47, Milgrom, *Leviticus 1-16*, p. 327. 삼상 6:1-18에 언급된 속건제는 숫양이 아니라 금으로 만든 형상을 드렸다.
15 Noordtzij, p. 71.
16 Wenham, p. 107.
17 Levine, p. 31.
18 Hartley, p. 84. 그는 "오분의 일"의 추가가 다른 곳(가령, 출 22:1-9)에서 요구하는 수준보다 낮다고 언급한다. 그러나 이것은 법적 절차에 호소하기보다는 자발적인 죄의 고백과 보상을 장려하기 위한 의도일 수 있다.

것은 효과적인 억제 수단의 역할을 하고, 대면 관계가 이루어질 정도로 작은 공동체에서 적절한 형태의 정의를 보여주었을 것이다. 이 '벌금'은 오늘날처럼 국가가 정의를 관리하기 위한 비용으로 가져가지 않았다.

속건제를 드리기 전에 보상을 해야 한다고 언급한 점이 중요하다(6:5). 이웃과의 일을 바로잡는 것은 하나님과의 일을 바로잡는 것만큼 필수였다. 사실, 죄로 인해 생긴 하나님에 대한 부채는 이웃에 대한 부채를 모두 상환하기 전까지는 없어지지 않았다. 하지만 범죄자가 이웃에게 보상하는 것만으로 죄를 용서받지는 못했다. 이웃과의 일을 바로잡는 것만으로는 충분하지 않았다. 이웃에 대한 죄는 또한 하나님께 대한 죄이기에 하나님과의 문제가 깨끗하게 정리되어야 했기 때문이다. 아울러 제사를 통해 하나님으로부터 속죄를 얻는 것만으로는 죄가 결과적으로 유발하는 "무거운 고통의 잔재"[19]를 없앨 수 없었다. 영성의 신적 차원과 인간적 차원은 분리할 수 없다.

보상 행위는 피해자에 대한 보상은 물론 범죄자의 고백과 뉘우침의 진실성을 시험하는 역할을 한다. 사람의 말은 값쌀 수 있고 제물의 피도 손쉽게 흘려보낼 수 있기에, 둘 다 죄인의 진정한 마음 상태를 드러내지 못했다. 그러나 도둑질하거나 손해를 입힌 재산에 가산금 20퍼센트를 더하여 돌려주는 것은 죄인이 얼마나 진지하게 문제를 바로잡기 원하는지를 곧바로 보여준다. 밀그롬은 이것이 회개 교리의 초기 전조였으며, "이스라엘 예언자들을 통해 활짝 피어났다"[20]고 말한다.

3. 속건제의 지속적 타당성

속건제는 구약성경 나머지 책에서 이따금씩 주목을 받았을 뿐, 이스라엘에서 중요한 제사로 간주하지 않는다.[21] 나중에 보겠지만, 이 제사에 대한 가장 의미

---

19 Brueggemann, *Finally*, p. 26.
20 Milgrom, *Leviticus 1–16*, p. 345.
21 삼상 6:1-18; 스 10:19; 겔 46:20을 보라.

있는 언급은 이사야 53장에 나온다. 아울러 신약성경은 이 제사를 많이 암시하기는 하지만 직접 언급하지는 않는다. 그러나 이 제사에 관한 여러 수수께끼에도 불구하고 속건제는 중요한 영적 진리들을 계속 나타내 준다.

a. 하나님의 요구

우리 사회는 신성함에 대한 의식을 잃어버린 지 오래다. 신성한 것은 거의 없고, 신성불가침한 것도 사라져 버린 것 같다. 사실상 모든 것이 냉소적인 조사와 세속적인 남용의 대상이다. 자신이 좋아하는 방식대로 살아갈 개인의 권리, 아동 보호권, 적어도 언론 기관 편에서의 언론의 자유 외에는 신성한 것이 거의 없는 것 같다. '인권'의 원칙은 현대 정치와 법률을 움직이는 가치다. 그러나 이스라엘은 '하나님의 권리'에 관심을 가졌다. 하나님은 신성한 소유물에 대한 권리를 포함한 특정한 권리를 주장하셨으며, 그분의 백성이 무지, 태만, 비의도성을 핑계로 그분의 소유물과 뜻을 존중해야 한다는 구속력 있는 의무를 회피하는 것을 용납하지 않으셨다.[22]

말라기는 이 주제와 관련하여 이스라엘이 신실하지 못했다고 비난하면서, 특히 하나님의 십일조와 봉헌물을 도둑질한 것을 고발했다.[23] 그는 또한 이스라엘 백성이 다른 여러 방식으로 하나님의 거룩한 이름을 모욕했다고 주장했다. 가령, 불구가 된 제물을 하나님께 바치거나 배우자에 대한 헌신을 지키지 못했다고 말했다.[24] 속건제와 마찬가지로, 죄의 위계질서와는 관련이 없어서 어떤 신실하지 못한 행위가 다른 행위보다 더 가증스러운 것이 아니다. 하나님에 대한 신의를 깨는 것과 동료들에 대한 신의를 깨는 것은 동일한 죄였다!

우리 삶에 대한 하나님의 권리를 강조하는 내용은 바울의 저작에서도 동일하게 나타난다. 예를 들어, 갈라디아서는 말라기의 훈계를 그대로 언급한다. 바울은 관계 문제와 재정 문제[25]에 진실해야 한다면서 결론적으로 "스스로

---

22 Kaiser, p. 1042.
23 말 3:8-10.
24 말 1:13-14; 2:10-16.

속이지 말라. 하나님은 업신여김을 받지 아니하시나니 사람이 무엇으로 심든지 그대로 거두리라. 자기의 육체를 위하여 심는 자는 육체로부터 썩어질 것을 거두고 성령을 위하여 심는 자는 성령으로부터 영생을 거두리라"[26]라고 말한다. 고린도 성도들에게 보낸 가르침에서도 이와 관련된 내용을 계속 언급했다. 그들은 새 언약의 시대에 살았고 율법이 요구하는 십일조를 드릴 의무가 없었지만, 하나님의 사역을 위한 연보는 신중하게 정기적으로 기쁘고 관대한 마음으로 드려야 했다.[27] 그렇게 함으로써만 그들은 영원한 보상을 풍성하게 거두며, 또한 "말할 수 없는 그의 은사"에 대한 감사를 구체적으로 표시할 수 있었다.

하나님은 여전히 우리 삶에 대한 권리를 갖고 계신다. 그것은 우리의 돈과 시간을 포함하는 권리다. 하나님께 그분의 정당한 몫을 드리지 않는 것은—비록 우리가 의식적으로 그분을 배척하는 것이 아니라, 분주한 삶에서 무의식적으로 그분을 몰아내거나 재정적인 압박 때문에 그분께 인색하게 대하는 것일지라도—우리와 그분을 불화하게 만들기 때문에 화해와 보상이 필요하다.

b. 죄의 빚

속죄제가 죄를 깨끗하게 씻어야 할 더러움으로 본다면 속건제는 죄를 갚아야 할 빚으로 본다. 이것은 우리가 하나님을 공경하지 않거나 이웃과의 신의를 저버렸기 때문에 발생하는 빚이다. 죄를 빚으로 보는 것은 당연한 것처럼 보인다. 예수님도 확실히 죄를 그렇게 보셨다. 그분은 비유에서 이런 유비를 두 차례 사용하셨다. 누가복음 7장에서 점잖은 척하는 바리새인의 집에서 평판이 좋지 않은 여자가 예수님께 향유를 부었을 때 그분은 빚을 많이 진 사람이 적게 진 사람보다 그를 더 사랑하기 마련이라고 설명하셨다.[28] 마태복음 18장에서도

---

25 갈 6:1-6.
26 갈 6:7-8.
27 고전 16:1-2; 고후 8:1-9:15. 추가로 이 책 23장을 보라.
28 눅 7:36-50.

강조점은 다르지만 동일한 유비를 사용한다. 예수님은 무자비한 종의 이야기를 통해 다른 사람의 빚을 탕감해 주지 않는 사람들은 하나님께 진 빚을 탕감받지 못할 것이라고 경고하신다.[29] 이런 맥락에서 예수님은 제자들에게 기도를 가르치실 때 "우리가 우리에게 빚진 자(debtors, 개역개정 성경에서는 "죄 지은 자"로 번역한다—역주)를 사하여 준 것같이 우리 빚을 사하여 주시옵고"[30]라고 하나님께 기도하라고 가르치셨다.

바울도 죄에 대한 이런 이해를 수용한다. 그는 이런 이해를 이용하여 우리가 하나님의 율법을 지키지 못한 결과와 우리의 실패를 바로잡으시는 하나님의 놀라운 방법을 설명한다. 이스라엘 백성은 하나님의 율법을 지키기로 언약을 맺었다. 그들이 언약을 지키지 못하자 처벌 조항이 적용되어 그들은 하나님께 빚을 지게 되었다. 이방인들은 언약의 혜택을 누리지 못했지만 그들의 처지는 유대인보다 더 나을 것이 없었다. 왜냐하면 그들은 자신의 양심을 따라서 하나님의 율법을 지켜야 했고 그렇지 못할 때는 역시 하나님께 빚을 지게 되었기 때문이다.[31] 유대인이나 이방인이나 부과된 벌금을 지불할 수 없기는 마찬가지였다. 그러나 예수님이 십자가에 못 박히셔서 우리의 '채무 증서'를 받고 대신 갚으셨다.[32] 그분의 십자가를 통해 우리 죄의 빚이 모두 지불되었다.

마치 우리 죄의 분량이 그리스도가 십자가에서 흘리신 피의 양으로 상쇄된다는 듯이 우리는 이 놀라운 해결책을 비인격적인 금전 거래로 축소하지 않도록 주의해야 한다. 이것은 에드워드 어빙(Edward Irving)이 언급했듯이 십자가를 "주식거래 신학"[33](stock exchange divinity)으로 전락시킨다. 죄의 빚은 비인격적인 대차대조표에서가 아니라 살아 계신 하나님과 우리의 관계, 그리고 이웃과 우리의 관계를 방해하는 죄의 심원한 인격적 영향에서 발견된다. 관계가 회복되

---

29 마 18:21-35.
30 마 6:12; 눅 11:4.
31 롬 1:18-3:31.
32 참고. 골 2:13-14. 이 단락은 P. T. O'Brien, *Colossians, Philemon*, Word Biblical Commentary (Waco, TX: Word, 1982), p. 125를 따른다. 『골로새서, 빌레몬서 WBC 성서주석』(솔로몬).
33 C. Gunton, *The Actuality of Atonement* (Edinburgh: T.&T. Clark, 1988), pp. 129-131.

고 빚의 장벽이 제거된 것은 바로 하나님이 그 아들을 통해 자신을 내어주셨기 때문이다.

c. 대속의 축복

이사야 53장은 종의 고난을 속건제로 언급한다.[34] 동료 인간에게 멸시를 받고 하나님께 짓밟힌 종은 자신을 포함하여 다른 사람들의 죄의 결과를 실제로 담당했다. 그는 우리의 질고를 지고 우리의 슬픔을 당하였고 "그가 찔림은 우리의 허물 때문이요."[35] 그 결과 그의 생명을 우리 생명 대신 드림으로써 우리를 "속량하시며 병을 고치시고 회복시키고 용서하셨으니."[36] 고난당한 종이 다른 누구를 묘사하든, 초기 그리스도인들은 예수님을 이사야의 예언의 궁극적 성취자로 보았다. 그들은 그리스도의 십자가 사역을 설명하기 위해 반복적으로 이사야 53장을 넌지시 언급했다.[37] 예수님은 하나님께 우리 죄를 온전히 보상하시고 우리가 진 빚에서 우리를 해방시키신 최고의 속건 제물이다.

일부 사람들은 더 깊이 들어가서 속건제의 두 가지 내용, 곧 제사와 보상이 그리스도 안에서 어떻게 나타나는지를 설명하려고 노력했다. 보상 행위는 그리스도의 한결같고 적극적인 순종을 통해 일어날 수 있으며, 속죄 행위는 십자가에서 자발적으로 자신의 생명을 버리셔서 이루어질 수 있다. 우리가 '그리스도 안에' 참여할 때, 이 둘의 혜택이 우리에게 전가된다.[38] 켈로그는 그리스도가 속건제의 요구 사항을 어떻게 충족하셨는지를 훨씬 더 정확하게 이해하려고 노력했다. 그는 그리스도의 완전한 삶이 완전한 보상을 제공했을 뿐만 아니라 "형언할 수 없을 정도로 자기를 낮추시고 죽기까지 순종하시고, 심지어 십

---

34 사 53:10.
35 사 53:5.
36 Henry Francis Lyte (1793-1847)의 "Praise, my soul, the King of heaven"에서 인용.
37 Wenham은 그런 곳으로 다음과 같은 암시 구절을 인용한다. 요 12:38과 롬 10:16에 사 53:1이, 마 8:17에 사 53:4이, 벧전 2:24-25에 사 53:5-6이, 벧전 2:22에 사 53:9이, 눅 22:37에 사 53:12이 각각 암시되어 있다. D. Tidball, *The Message of the Cross*, The Bible Speaks Today (Leicester: IVP, 2001), pp. 100-116, 137-141, 285-290도 보라. 『십자가』(한국 IVP).
38 빌 2:8; 히 5:8-9.

자가에 죽으심으로"³⁹ 20퍼센트의 가산금도 지불하셨다고 설명했다. 그러나 이런 시각은 지나치게 계산적이어서, 우리 마음에 경배를 불러일으키는 대신 헛된 상상을 불러일으킬 수도 있다.

d. 보상의 필요성

예수님이 제자들에게 "그러므로 예물을 제단에 드리려다가 거기서 네 형제에게 원망들을 만한 일이 있는 것이 생각나거든 예물을 제단 앞에 두고 먼저 가서 형제와 화목하고 그 후에 와서 예물을 드리라"⁴⁰라고 말씀하실 때는 분명히 속건제를 염두에 두셨다. 예수님을 만나고 율법의 요구보다 훨씬 더 많이 보상한 삭개오는 새 언약에 따라 사는 사람들이 어떻게 행동해야 하는지를 보여주는 구체적인 예로 제시된다.⁴¹ 새 언약의 사람들은 율법이 제시하는 것보다 더 많이 해야 한다. 예배의 예물은 죄에 대한 보상을 드리기 위한 대체물이 아니다. 예물과 보상이 모두 필요하다.

혹자는 하나님이 얼마나 자주 우리 예배에 실제로 임재하실까 의문을 제기한다. 하나님이 임재하시지 않는 이유는 목사가 설교 준비를 잘못하거나 성례전에 문제가 있거나, 찬송가를 잘못 선택했기 때문이 아니다. 예배에 참석한 일부 회중이 청구서 대금을 지불하고, 친구에게 사과하고, 이웃과의 단절된 관계를 회복하고 가족에 대한 의무를 다하고, 자신의 부정행위에 대해 실제로 보상할 필요가 있는데도, 찬송과 기도로 하나님이 임재하시도록 할 수 있다고 스스로를 속이기 때문이다. 매일의 경건 훈련이나 공적 예배를 위한 시간과 예물에 인색하여 하나님께 마땅히 드릴 것을 훔치는 행위도 이에 못지않게 중대하다. 만일 우리가 이런 영역들에서 보상을 했다면 하나님이 "하늘 문을 열고 너희에게 복을 쌓을 곳이 없도록 붓지 아니하나"⁴² 볼 수 있지 않겠는가?

---

39 Kellogg, p. 172.
40 마 5:23-24.
41 눅 19:1-9.
42 말 3:10.

다시 한 번 말하지만, 속건제는 은혜로우신 하나님을 보여준다. 그분은 죄책을 짊어진 죄인들이 죄의 빚에서 해방될 수 있는 수단을 제공하신다. 그러나 이것은 값싼 은혜가 아니다. 하나님에게서 흘러나오는 은혜는 그 아들이 죽임을 당한 제단에서 흘러나온다. 하나님의 은혜는 그분의 거룩한 긍휼을 알고, 죄를 엄중하게 다루고, 진실하게 살려고 애쓰다가 실패할 때 값비싼 보상을 지불하는 사람들의 삶으로 흘러 들어간다.

6장

하나님이 명령하신 제사장의 책무
6:8-7:38

제사장의 역할은 이스라엘 백성의 삶에 대단히 중요했다. 그들은 모든 거룩한 것의 중개자였다. 그들은 영적으로 위험한 지역인, 하나님과 그 백성 사이에 서서 예배를 드리고 용서를 탄원했다. 레위기 10:10이 정의한 그들의 일은 "거룩하고 속된 것을 분별하며 부정하고 정한 것을 분별하고" "나 여호와가 모세를 통하여 준 모든 규례"를 이스라엘 자손에게 가르치는 것이었다.

이때까지 하나님은 모세를 그분의 목소리로 사용하여 모든 이스라엘 백성에게 언약 백성의 책무에 대해 말씀하셨다(1:1-2; 4:1-2). 이것은 직접 완수해야 하며, 본인을 대신하여 다른 사람이 이행하도록 미룰 수 없는 책무였기 때문에 사람들이 책무에 대해 간접적으로 배우기보다는 직접 가르침을 받는 것이 옳았다. 그러나 제사장은 이스라엘 백성이 제사를 드리는 것을 도와주는 특별한 역할을 수행해야 했기에 그들도 제사와 관련된 구체적인 문제에 대한 명령을 받아야 했다. 그래서 6:8부터는 새로운 단계로 들어간다. 여호와께서 모세에게 말씀하신다. "아론과 그의 자손에게 명령하여 이르라"(6:9). 다루는 영역은 대부분 익숙하지만 그것을 바라보는 관점은 다르며, 단순히 반복되는 내용은

하나도 없다. 새로 추가할 내용이 있는 경우에만 이전 내용을 다시 언급한다.[1]

여기 나오는 "명령"은 앞서 이스라엘 백성에게 가르쳐 준 다섯 제사를 다룬다. 각 제사에 대한 소개는 "…의 규례는 이러하니라"(6:9, 14, 25; 7:1, 11)라는 말로 시작한다. 이 말은 각 단락을 구분 짓는 역할을 할 뿐만 아니라 우리가 여기서 발견할 내용의 요지를 보여준다. 이 "규례"는 제사 의식 관리에 관한 내용으로, 일반 백성의 관심사가 아니라 제사장들의 최대 관심사라고 할 수 있다. 이 본문이 제사장들을 대상으로 했다는 사실도 제사를 다시 살펴보는 순서가 앞의 순서와 다른 이유를 설명해 준다. 앞에서는 자원제를 먼저 소개하고, 그다음에 의무적인 속죄제가 이어졌다. 여기서 처음 다루는 제사(6:8-7:10)는 제사장이 더 두드러진 역할을 수행하는 "지극히 거룩한" 제사다(2:3, 10; 6:17, 25; 7:1, 6). 일반 사람들이 그 제물을 먹을 수 있고 (지극히 거룩한 제사와는 다른) 거룩한 제사인 화목제를 가장 나중에 다룬다(7:11-21).[2]

이 규례들의 압도적인 인상은 제사장들에게 지워진 주의의 의무다. 그들이 수행하는 예배의 특징은 "하나님의 명령에 세심하고 꼼꼼하게 순종하기 위해 철저하게 주의를 기울이는 것"[3]이었다. 그렇게 하지 않으면 제사는 받아들여지지 않았다(예를 들어 7:18을 보라). 우리 생각엔 일부 규례의 내용이 하찮은 세부사항처럼 보인다. 만일 하나님이 제사장이 무슨 옷을 입고 어떤 냄비를 사용해야 하는지에 그렇게 관심을 기울이셨다면, 우리는 이스라엘이 섬겼던 하나님이 도대체 어떤 종류의 하나님이었는지 의문을 품게 된다. 그러나 문제는 규례보다는 우리 쪽에 있다. 왜냐하면 각각의 세부 명령은 그것이 갖는 특별한 의미는 차치하고, 하나님의 말씀과 뜻에 대한 순종이 이스라엘이 드릴 수 있는 가장 중요한 섬김이며, 그에 따라 예배는 최고의 정성과 정확성을 기해 드려야 한다는 신호를 보내고 있었기 때문이다. 이스라엘의 하나님은 제사장이나 백성의 생각에 따라 시간에 쫓겨 서둘러 제사를 드리는 식으로 대충 무성의하게

---

1 Balentine, p. 60.
2 Milgrom, *Leviticus 1-16*, p. 382.
3 Wenham, p. 127.

예배해서는 안 되었다. 하나님은 거룩하시기 때문에 이스라엘 백성은 반드시 주의와 공경과 겸손과 경외하는 태도로 그분께 다가가야 했다.

새 언약 아래서 예배를 인도하는 사람들의 책무는 옛 언약 아래 제사장들의 책무와 다르지 않다. 우리가 율법 시대가 아니라 은혜 시대에 산다는 이유로 하나님 말씀에 대한 순종 기준을 낮추거나, 예배 준비에 신중하지 않거나, 예배를 드릴 때 정성을 다하지 않는 것은 용납될 수 없다. "경건함과 두려움으로 하나님을 기쁘시게 섬길지니 우리 하나님은 소멸하는 불이심이라"⁴라는 권고를 받은 사람들은 구약의 이스라엘 사람이 아니라 그리스도인이다. 우리는 의사와 엔지니어, 건축가, 배관공, 자동차 정비사에게 일정 수준의 전문성과 정확성을 요구한다. 그들의 기술이 형편없을 경우에는 불편을 초래하거나, 잘못한 일을 바로잡으려면 돈은 물론 심지어 생명을 잃게 될 수도 있다. 하물며 사람들의 영원한 운명이 달린 예배를 인도하는 책임을 맡은 우리 같은 사람들은 훨씬 더 성실하게 주의를 기울여 책임을 감당해야 하지 않겠는가!

그리스도인들은 치명적인 오해 때문에 "영과 진리로" 하나님을 예배하는 것을 준비되지 않은 즉흥성과 무성의한 태도로 혼동할 때가 많다. 많은 사람들이 형편없는 방식으로 영과 형식을 대립시키기 시작했다. 고든 웬함은 전문을 인용할 가치가 있는 긴 구절을 통해 우리의 잘못된 생각을 폭로한다.

"율법 조문은 죽이는 것이요 영은 살리는 것이니라"(고후 3:6)라는 본문은 예배를 비롯한 기독교 활동을 대충 아무렇게나 인도하는 것을 정당화하는 구절로 사용될 수 있다. 즉흥성과 준비 부재는 영성과 동일하게 취급된다. 레위기 6-7장은 이것을 부정한다. 세부 사항에 대한 조심스럽고 주의 깊은 태도는 하나님에 대한 예배 행위에서 필수다. 하나님은 어떤 사람보다 더 중요하고, 더 탁월하고, 더 큰 존중을 받기에 합당하신 분이다. 따라서 우리가 그분을 존중한다면 그분의 명령을 글자 그대로 따라야 한다.

---

4 히 12:28-29.

공연 예술만 보더라도, 연습과 세부 사항에 주의하지 않고 위대하고 고무적인 공연이 이루어질 수 있다는 환상은 사라진다. 실제로, 훌륭한 연기자와 음악가들은 작품을 쓴 작가의 정신을 포착하여 전달하기 위해 공연할 작품을 오랜 시간 연구하면서 연습한다. 관객은 공연장에서 공연자들에게 완벽한 모습을 기대한다. 예배도 전능하신 하나님께 경의를 표하는 일종의 공연이다. 어떤 오케스트라도 뛰어난 지휘자와 꼼꼼한 연습 없이는 최고의 기량을 보여줄 수 없다. 따라서 하나님의 명령을 잘 배운 목회자의 주의 깊은 인도가 없다면 회중은 거룩하신 하나님이 받으실 만한 예배를 드릴 수 없을 것이다.[5]

제사장들에게 주신 명령은 예배를 어떻게 가르치는가?

1. 불이 꺼지지 않게 하라(6:8-13)

제사장의 첫째 의무는 매일 아침과 저녁에 드리는 번제에 관한 것으로, 번제단의 불이 꺼지지 않게 하는 단순한 일이었다. 불을 꺼뜨리지 말라는 최초의 명령(9절)을 강조하기 위해 이 짧은 단락의 절정 부분에서 다시 반복한다. "불은 끊임이 없이 제단 위에 피워 꺼지지 않게 할지니라"(13절).

무엇보다도, 불은 하나님이 자기 백성 가운데 임재하심을 나타낸다. 선지자들은 불붙은 떨기나무 불 가운데서 모세에게[6], 그리고 시내 산 불 가운데서 "음성으로 화염을 가르시며"[7] 이스라엘에게 자신을 계시하셨고, 광야에서 불기둥으로 자기 백성을 인도하셨던[8] 하나님을 종종 불꽃[9]에 비유했다. 불은 하나님의 역동적인 거룩하심을 나타내는 적절한 상징이었다. 성막 안에 있는 제

---

5 Wenham, p. 128.
6 출 3:2.
7 출 19:18. 시 29:7에서 인용.
8 출 13:21.
9 사 10:17; 30:27; 31:9; 33:14; 단 7:9-10.

단의 불은 하나님이 이스라엘 백성의 제사를 받으며, 그들 가운에 거하신다는 표시로 그분이 친히 점화하신 것이었다(9:24). 하나님의 불은 더 이상 멀리 떨어진 광야나 산꼭대기, 까마득한 구름 속이 아니라 공동체의 중심에 있는 제단에서 만날 수 있었고, 하나님이 그들과 가까이 계심을 상징하기 위해 영원히 계속 타야 했다. 그러나 거룩하신 하나님의 임재는 불처럼 따스함과 위안을 주고, 정제하고 정화하는 동시에 잠재적인 파괴력 때문에 매우 무서웠다. 그래서 제사장들에게는 '불장난'을 금지했고 불을 조심스럽게 다루라는 명령을 주셨다.

둘째, 불은 이스라엘의 예배에 대해 말해 준다. 바룩 레빈은 "제단 위의 영원한 불은 이스라엘 백성이 항상 성소에서 하나님께 수종 드는 것을 보여줌으로써 하나님에 대한 그들의 헌신을 표현했다"[10]라고 쓴다. 불은 그들의 영원한 예배를 상징했고, 불이 번제단 위에 있었기 때문에 매일 용서를 간구할 필요가 있는 그들의 지속적인 죄를 상기시켜 주었다.[11]

이 불이 이스라엘 사람들 가운데 하나님의 지속적인 거룩한 임재를 전형적으로 보여주는 하나님으로부터 온 불이건, 그들의 예배가 하나님께 지속적으로 올라가게 하기 위해 그들이 하나님께 드리는 불이건, 제사장들에겐 수행할 임무가 있었고 그 임무를 실행할 때는 주의를 기울여야 했다. 어느 누구도 그것을 이스라엘의 제사장들이 수행하기에는 너무 하찮은 일이라고 경멸해서는 안 되었다. 재를 치우거나 나무를 새로 올려놓는 변변치 않은 역할이 자기 수준에 맞지 않는다고 여겨서는 안 되었다. 그들은 하나님의 종이었고, 그분의 명령은 무엇이든 수행하도록 부름 받았다.

제사장들은 이 모든 일을 그들이 선택한 일이 아니라 명령을 받은 일로 수행해야 했다. 이것은 그들이 이따금씩 또는 기분이 내킬 때가 아니라 규칙적으로 의무를 수행해야 한다는 뜻이었다. 신중하게 드리는 매일의 제사 의식에

---

10 Levine, p. 36.
11 Knight, p. 42.

는 규칙성의 미덕이 있으며, 하나님과 지속적으로 만나고자 하는 영성을 전형적으로 보여준다. 새뮤얼 밸런타인의 말처럼, "어쩌다 한 번씩이 아니라 규칙적인 예배 행위는 우리 삶을 하나님 안에 굳게 뿌리내리게 해준다. 신앙 의례를 엄정하게—무계획적이거나 산발적으로가 아니라—준수하면 그렇지 않을 경우 놓치거나 간과할 수도 있는 진리 안에 계속 거할 수 있다."[12]

제사장들은 또한 수행하는 일이 바뀔 때마다 옷을 갈아입어야 했다(10-11절). 제사장의 의복—그 아래 제사장용 속옷을 입었다—은 성막 구역 안에서만 입어야 했다. 이 의복은 거룩한 장소를 위한 거룩한 옷이었다. 하지만 성막 구역을 떠나서, "정결하지만" 하나님의 임재에서 멀리 떨어져 거룩하지 않은 장소인 "진영 바깥"에 재를 버릴 때는 의복을 벗고 평상복으로 갈아입어야 했다. 그들은 제사장의 거룩한 의복이 더럽혀지지 않게 지켜야 했다. 옷을 바꿔 입는 행동은 거룩한 것의 가치가 떨어져 일상적이고 평범하게 되지 않도록 해야 한다는 간접적인 메시지였다. 하나님의 일은 특별했으며, 마땅히 그렇게 다루어야 했다.

2. 여호와 앞에 향기로운 냄새가 되게 하라(6:14-23)

다음 단락은 소제에 관련된 내용이다. 이 단락에서는 먼저 모든 이스라엘 사람이 드리는 정기적인 소제를 다루고(14-18절), 그다음 제사장들이 성직 임명 때 드리는 소제를 언급한다(19-23절). 이 본문은 두 소제가 여호와께 드리는 것이며, 그분이 명령하시는 대로 처리해야 할 그분의 소유라고 강조한다. 따라서 하나님이 제사장들에게 정기적인 소제의 일부를 먹을 수 있게 허락하신 것은 은혜로운 행위다. 그러나 제사장들이 직접 가져온 소제의 경우에는 소제물 전부를 하나님께 돌렸다. 제사장들은 자신이 드린 소제물을 취하는 것이 허락되지 않았다. 논리적으로 볼 때 이 소제물은 그들에게 이익을 제공하는 것이 아

---

12 Balentine, p. 66.

니라 그들이 치러야 할 비용이어야 하기 때문이다. 모든 제사장이 일반 사람들의 소제를 준비할 수 있었던 반면, 대제사장을 계승한 제사장만이 대제사장의 소제를 준비할 수 있었다(22절).

소제물은 "지극히 거룩한" 제물(17절)이기에 제사장들만 먹을 수 있었다(18절). 그들만이 성직 임명을 통해 자신에게 부여된 거룩한 지위가 있었기 때문이다. 우연히 다른 사람이 그것을 먹을 경우 독성죄를 범하게 되어 5:14-6:7에 기록된 대로 그에 대한 보상으로 속죄제를 드려야 했을 것이다. "이를 만지는 자마다 거룩하리라"라는 18절의 마지막 말씀이 소제물의 중요성을 강조한다. NIV의 난외주에 따르면, 이 내용은 제사장 몫으로 남겨진 제물을 언급한다.[13]

인정하다시피 이 구절에 대한 번역은 논란의 대상이다. 이 구절은 거룩한 것을 만지는 자들은 모두 거룩해야 하며, 그렇지 않으면 그들이 그것을 더럽힐 것이라는 뜻인가? 아니면, 거룩한 것을 만지는 사람은 모두 거룩해지고 그 접촉으로 신성해진다는 뜻인가? 밀그롬은 절묘한 솜씨로, 이 구절을 "그것과 접촉하는 모든 것이 거룩해질 것이다"라고 번역하는 것이 옳다고 주장했다.[14] 달리 말하면, 지극히 거룩한 제물의 일부와 접촉한 모든 것이 거룩함을 전달받게 될 것이라는 뜻이다. 이것은 사람들 입장에서는 전적으로 좋은 소식만은 아니었다. 가령 법궤가 예루살렘으로 돌아올 때 웃사가 그것을 붙들기 위해 손을 뻗었다가 죽었듯이[15] 사람에게 죽음을 초래할 수도 있었다. 고든 웬함의 말처럼 "부정한 자가 거룩한 것을 만날 때 심판이 떨어진다."[16] 그러나 반론도 만만치 않다.[17] 출애굽기 29:37과 30:29에 기초할 때 이 본문의 맥락은 거룩함이 제단을 만진 결과라기보다는 그것과 접촉하는 개인들의 선결 요건임을 강하게 시사한다. 학개 2:11-13은 부정은 전염되지만 거룩함은 전염되지 않는다고 분명히 가르친다. 거룩한 것을 만지기만 해서는 사람을 정결하게 할 수 없지만,

---

13 NIV 난외주. 27절도 보라.
14 Milgrom, *Leviticus 1-16*, pp. 443-456.
15 고전 13:1-10. 참고. 눅 4:15.
16 Wenham, p. 121.
17 예를 들어, Levine, p. 37와 Hartley, p. 97.

더러운 것을 만지면 더없이 빨리 더럽혀진다. 이런 이유들 때문에 이 구절은 소제물의 일부를 만지는 사람들이 정당한 자격을 갖추어야 할 필요성을 강조하는 경고로 받아들여야 한다.

제사장들에게 중요한 메시지는 정확하고 엄격하게 소제를 드려야 한다는 것이다. 그렇지 않으면 "여호와 앞에 향기로운 냄새"가 아니라 오히려 그분을 불쾌하게 만드는 악취가 될 것이다. 제사장들이 할 일은 늘 여호와 앞에 향기로운 냄새를 유지하는 것이었다.

3. 거룩한 것을 안전하게 지키라(6:24-30)

속죄제에 관한 규례도 동일한 교훈을 가르친다. 이 명령들에 관한 모든 내용은 거룩한 것을 주의 깊게 다루는 것이 중요하다고 강조한다. 이 단락의 첫 두 제사와 같이 속죄제는 "지극히 거룩하다"(25절). 그래서 회막 앞에서 짐승을 바친 후 그와 관련된 다른 모든 일은 성막 뜰에서 행했다. "번제물을 잡는 곳에서" 짐승을 잡고(25절), 성막의 앞뜰 구역 내에서 불살랐다.

앞서 제시한 해석을 인정한다면, 여기서도 소제와 마찬가지로, 제사를 드린 고기와 접촉한 사람들이 거룩해야 할 필요성(27절)을 똑같이 강조한다. 그러나 새로운 점이 추가된다. 제물을 잡는 격렬한 행위를 감안할 때 예상되듯이, 제사장의 의복이 제물의 피로 더럽혀졌을 경우에는 어떻게 할 것인가? 제사장은 피 묻은 옷을 집에 가져가서 세탁할 수 있는가? 그 답은 확실히 "아니요"다. 피는 생물의 생명의 근원(17:11)이기 때문에 가장 거룩한 대상이다. 더군다나 그 피는 하나님께 드린 것이었기에 훨씬 더 거룩했다. 그래서 피 묻은 앞치마는 성막 구역 안에 두고 거기서 세탁해야 했다. 거룩한 것을 성소 밖으로 가져갔다가 그것을 더럽힐 수 있는 것과 접촉하여 그 거룩함을 훼손해서는 안 된다.

28절에 나오는 그릇에 관한 모호한 명령들의 배후에도 동일한 논리가 숨어 있다. 고기를 삶을 때 유약을 칠하지 않은 토기를 사용했다면 그 토기는 다공성 재료로 만들었기 때문에 고기 일부가 토기에 스며들었을 수 있다. 그래서 그 토기는 깨뜨려야 했다. 그러나 유기그릇은 다시 쓰려면 깨끗하게 닦아야 하긴 해도, 다공성 재료로 만들지 않았기 때문에 깨뜨릴 필요가 없었다. 거룩한 제물의 찌꺼기가 다른 것과 접촉할 경우 그것을 거룩하게 만들지 않고 오히려 더럽혔다. 그래서 제사장들은 예전에 드린 거룩한 제물의 일부가 남아 있을 가능성이 있는 용기를 사용하는 것을 절대 피해야 했다.

하나님은 매우 단순한 이유에서 제사장들이 이와 같은 세부 사항에 주의를 기울이게 하신다. 바로 제사 의식의 피는 거룩하며 속죄의 목적을 위해 사용되기 때문이다. "따라서 피는 평범한 것인 양 부주의하게 다룰 수 없었다."[18]

4. 제사장을 부양하라(7:1-10, 28-36)

속건제에 관한 규례(7:1-6)는 언뜻 보기에는 새로운 통찰은 없는 것 같다. 그러나 초점이 속건제 자체에서 제사장들이 고기 일부를 자기 양식으로 갖도록 허용하는 다른 모든 제사로 갑자기 확대된다. 여기에서 비로소 새로운 내용의 규례가 드러난다. 번제를 거행한 제사장이 번제물의 "가죽을 자기가 가질 것"을 허용하는 내용이 특별히 언급된다(7:8). 그러나 핵심 이슈는 각 제사에서 태우지 않은 제물이 "모두 그 드린 제사장에게로 돌아갈 것이니"라는 내용에 있는 것 같다(7-9절). 소제만 예외로 "아론의 모든 자손이 균등하게" 배분해야 했는데(10절) 아마 그 양이 많지 않았기 때문일 것이다. 요점은 제단에서 제사를 주관하는 사람들이 남은 제물을 어떻게 처리하고 배분해야 하는지 정확히 아는 것이 중요했다는 것이다. 만일 이 문제가 모호한 일반 원칙에 맡겨져 있었다면, 불공정이나 편애에 대한 비난을 포함한 온갖 형태의 분쟁이 발생했을 것이다. 그럼에도, 이 문제는 계속해서 논란이 되었고 결국 제사장들이 여러 집단으로 나뉘었다. 모세가 8개 또는 10개 집단으로 나누어 돌아가면서 실제 봉사를 담당하게 하는 제도를 도입했다고 알려졌다. 한 집단 안에서는 각 가문

---

[18] Ross, p. 170.

이 근무 당번표에 따라 한 번에 하루씩 봉사했다.[19]

이런 제도의 배경에는 중요한 원칙이 있다. 하나님과 백성의 중재자인 제사장들의 봉사를 이용한 이스라엘 백성이 성막에서 여호와를 섬기는 그들의 생계를 부양해야 한다는 것이다. 제사장들은 부양을 받을 만했다. 7:28-36의 화목제에 관한 규례에서도 동일한 원칙을 반복하는데, 여기서 여호와는 제사장에 대한 명령들에 결론을 내린다.

이 명령들에서 새로운 내용은 제사장들이 제공받는 특정한 부분을 규정하고 그것을 배분하는 방식을 명시한다는 점이다. 제물의 가슴은 항상 "아론과 그의 자손", 다시 말해 제사장 집단 전체에게 주어졌다(31, 34절). 이것은 그들이 "이스라엘 자손에게서 받을 영원한 소득"으로(34절), 양식 공급이 들쑥날쑥할 수 있다는 불안감을 없애 주었다. 그들은 이스라엘 백성의 불규칙적인 선물에 기초하여 살 수 없었고, 하나님도 그렇게 의도하지 않으셨다. 이와 반대로 제물의 오른쪽 뒷다리는 제사를 주관한 제사장에게 특별한 몫으로 주어졌다(33절). 제단에서 불사른 부분을 제외하고 짐승의 나머지 고기는 제사에 참석한 모든 제사장은 물론 사람들이 함께 친교 잔치의 음식으로 사용하고 즐겼다.

제사장들에게 가슴을 주는 방식은 뒷다리를 주는 방식과 달랐다. 제사장들은 가슴에 대한 자동적인 권리가 없었다. 34절이 강조하듯이 그것은 원래 하나님의 소유였는데, 그분은 은혜롭게도 그것을 제사장들에게 돌려주기로 하셨다. 그래서 제사장들은 가슴에 대한 하나님의 소유권을 인정한다는 표시로, 가슴을 가져오기 전에 "그 가슴을 여호와 앞에 흔들어 요제를 삼아야" 했다(30절). 이렇게 가슴을 흔든 것은, 말하자면 그것을 하나님 앞에 자랑스럽게 보여드리는 행위이며, 동시에 제사장들에게 그것이 그들의 것이 아니라 하나님의 선물이라는 것을 상기시켜 주었다. 그러나 오른쪽 뒷다리는 그렇게 취급할 필요가 없었다. 그것은 일상적으로 제사 의식 없이 성소 밖에서 제사를 주관하는 제사장에게 제공되었다.

---

[19] Noordtzij, p. 82; Hartley, p. 99. 대상 24장과 눅 1:8-9을 보라.

만일 이 명령들이 예배에서 다른 사람들을 인도하는 사람들에게 예배에 극히 주의를 기울일 필요성을 가르친다고 한다면, 예배에서 인도를 받는 사람들도 목회자들에게 경제적 지원을 제공할 의무가 있다고 똑같이 가르친다. 최근 어느 열정적인 토론회에서 나는 사도적인 목회를 원하는 사람들은 경제적 지원을 기대하지 말고 주님께만 생계를 의지하며 목회를 해야 한다는 말을 들었다. 의도는 좋지만 이 주장은 틀렸다. 실제로, 바울은 자신의 사역을 지원하기 위해 육체노동을 했지만 이것이 개인적인 선택이지 다른 사람들은 이것을 준수할 의무가 없다고 분명히 밝혔다. 고린도전서 9장의 긴 단락에서 그는 성막과 성전의 제사장들에게 주신 경제적 지원 모델에 부분적으로 기초하여 "주께서도 복음 전하는 자들이 복음으로 말미암아 살리라 명하셨느니라"[20]라고 주장했다. 나중에 다른 서신서에서도 신명기 25:4을 다시 인용하면서 "잘 다스리는 장로들은 배나 존경할 자로 알되 말씀과 가르침에 수고하는 이들에게는 더욱 그리할 것이니라"[21]라고 언급하여 이 점을 강조했다. 이 교훈은 논란의 여지가 없는 것처럼 보인다. 우리는 모세의 초기 저작에서부터 바울의 마지막 서신서에 이르기까지 곳곳에서 하나님의 종들이 그들의 필요에 적절한 경제적 지원을 받아야 한다는 그분의 관심을 읽을 수 있다. 하나님의 백성이 늘 이런 관심에 즉시 응답한 것은 아니었다.

5. 친교를 정결하게 하라(7:11-27)

화목제 또는 친교제는 제사장들에게 주신 명령 가운데 맨 마지막에 나온다. 다른 제사와 달리 이 제사는 "지극히 거룩한" 제사가 아니었기 때문이다. 화목제물의 일부는 제사장은 물론 일반 사람들도 성막 안에서만이 아니라 성막 밖에서도 먹을 수 있었다. 그럼에도 이 명령들은 다른 제사들에 관한 규례에서

---

20 고전 9:14.
21 딤전 5:17-18.

이미 충분히 명백하게 나타난 관심사를 공유한다. 즉 제물의 정결함을 유지하려면 최선을 다해야 한다. 세 가지 세부 내용, 즉 잔치 식사의 시간, 음식, 손님이 이 메시지를 강조한다.

첫째, 친교 식사의 고기는 감사의 제물로 가져온 것이면 드린 당일에 먹어야 했고(15절), 서원제나 자원제로 가져온 것이면 다음 날까지 먹어야 했다(16절). 고기를 셋째 날까지 남겨 놓으면 부정해지고, 그 결과 그 제사는 "기쁘게 받아들여지지 않을 것이라. 드린 자에게도 예물답게 되지 못하고 도리어 가증한 것이 될 것이며"(18절). 둘째, 고기가 "부정한 물건에" 접촉하여 더럽혀진 경우에는 "불사르고", 예배자들이 먹어서는 안 되었다(19-20절). 셋째, 고기를 먹는 사람들은 제의적으로 정결해야 한다(20-21절). 참가자들은 고기가 먹기에 적합한지, 자신이 그것을 먹기에 적합한 상태인지를 확인해야 할 책임이 있었다. 그것은 그들이 거부하거나 다른 사람에게 전가하여 회피할 수 없는 책임이었다.

그들은 자신의 책임에 대해 가장 강한 어조로 두 번이나 경고를 받았다. 그 규례를 무시하고 부정한데도 고기를 먹은 사람들은 "자기 백성 중에서 끊어지리라"(20, 21, 27절). '카라트'(kārat, '끊어지다')라는 단어의 기원은 법정이 아니라 들판이었다. 나무가 넘어지거나 관목이 파괴되면 그것을 '잘랐다.'[22] 이 형벌은 자식이 없는 것에서부터 내세의 삶을 보장받지 못하는 것, 생명이 갑자기 죽음으로 끝나는 것에 이르기까지 다양한 처벌을 포함했을 것으로 간주된다.[23] 그것이 항상 즉사, 더군다나 백성들에 의한 처형을 의미하지는 않았다. 죽음이 발생하는 경우는 대개 하나님의 행위의 결과였다.

화목제는 축하 잔치를 즐기는 것이기 때문에 어떤 의미에서는 이스라엘의 제사 중 가장 행복한 제사였다. 그렇다 해도 제사장들은 주의해야 한다는 것을 알았다. 이스라엘의 일반 백성이 잔치에 더 많이 참여한다고 해서 그 기준을 약화하거나 거룩한 것에 대한 태도를 완화할 수 없었다. 오히려 다양한 사

---

22 Levine, p. 241와 Grabbe, *Oxford*, p. 99. 전체적인 논의 내용은 Milgrom, *Leviticus 1-16*, pp. 457-460를 보라.
23 이 예들은 20:21과 24:10-23에 나온다.

람들이 참가할 경우 보통 때보다 더 많은 주의가 필요했다. 모든 제사가 그렇듯이, 화목제가 받아들여지려면 정결 문제에 신중한 주의를 기울여야 했다. 지극히 거룩하신 이스라엘의 하나님이 부정의 기미가 있거나 어떤 면에서든 최고가 아닌 것에 관여하신다는 것은 상상할 수 없었다.

새 언약의 제사장[24]인 그리스도인들은 이런 명령들을 처음 받은 제사장들이 그랬던 것처럼 하나님을 성실하게 섬겨야 할 동일한 의무가 있다. 우리가 검토한 대부분의 규례들이 예배를 인도하고 하나님의 백성 가운데 책임 있는 지도자의 위치에 있는 사람들에게 주신 것이지만, 화목제에 관한 규례는 제사장은 물론 모든 사람과 관련이 있다. 이 규례들은 우리 모두가 앞장선 지도자의 역할에서뿐만 아니라 일상에서 세심한 주의를 기울여 하나님을 섬기고, 우리 삶의 세부 사항에 적절한 주의를 기울임으로써 거룩함을 추구하라고 요구한다. 신약성경 저자들은 이 규례에서 실마리를 포착하여 이스라엘 자손들이 하나님께 드려야 했던 것을 그대로 드리라고 우리에게 촉구한다. 야고보서는 이렇게 말했다. "하나님 아버지 앞에서 정결하고 더러움이 없는 경건은 곧 고아와 과부를 그 환란 중에 돌보고 또 자기를 지켜 세속에 물들지 아니하는 그것이니라."[25] 유다서는 우리가 "[타락한] 육체로 더럽힌 옷까지도 미워하되 두려움으로 긍휼히 여기라"[26]라고 촉구했다.

이 장 전체에서 나는 이 단락의 교훈을 하나님을 예배하는 방식에 적용했다. 그러나 우리가 탐구해야 할 더 큰 적용은 대제사장이신 그리스도의 사역에 적용하는 것이다. 이 장은 죄인들에게는 그들과 하나님을 중재하는 제사장이 필요함을 상기시킨다. 제사장이 없다면 그들이 거룩하신 하나님께 다가가는 것은 허사로 돌아갈 것이다. 이것은 그 당시와 마찬가지로 지금도 필수 요구 사항이다. 그러나 차이점이 있다. 우리가 의지하는 제사장은, 교회 권위자들이 제단에서 섬기게 하려고 적절한 절차에 따라 임명한 많은 인간 중의 한

---

24 벧전 2:9.
25 약 1:27.
26 유 23절.

사람이 아니라 "하나님과 사람 사이에 중보자도 한 분이시니 곧 사람이신 그리스도 예수라. 그가 모든 사람을 위하여 자기를 대속물로 주셨으니."[27] 이런 전제에서, 이 장의 가르침의 다른 측면들은 그리스도를 가리킨다고 볼 수 있다. 우리는 그분의 생애에서 효과적인 예배에 필요한 정확한 순종을 완벽하게 실현한 삶을 본다. 그분의 피는 진실로 귀한 것이었다.[28] 제사장들의 사역이 그들이 받은 음식물로 유지되었듯이, 예수님의 사역은 성령에 의해 유지되었다.[29] 제사장들이 친교의 식사를 정결하게 유지하려고 노력했듯이, 예수님은 완전히 정결한 분이시다.[30] 다시 말하지만, 레위기의 궁극적 의미는 그리스도 안에서 성취된다.

레위기의 이 단락으로 제사에 대한 숙고는 끝난다.[31] 레위기의 시작 절은 하나님이 "회막에서"(1:1) 모세에게 말씀하셨다고 말하는 반면, 이 단락의 마지막 절은 하나님이 "시내 산에서"(38절) 그분의 명령을 모세에게 계시하셨다고 말한다. 시내 산에 대한 언급은 아마도 시나이 지역을 뜻하는 것으로 보이기 때문에 두 진술이 반드시 모순은 아니다. 이런 세부 내용에 집착하느라 가장 중요한 내용을 놓쳐서는 안 된다. 여호와가 말씀하셨다. 그분의 뜻을 계시하셨다. 하나님의 백성인 우리는 "그 명령"에 기쁘게 순종으로 응답하는 것이 마땅하다.

---

27 딤전 2:5-6.
28 벧전 1:19.
29 예를 들어, 마 3:16; 4:1; 12:18, 28; 눅 4:1, 14, 18; 10:21.
30 히 7:26.
31 예외적으로, 레 16장에서 대속죄일에 드리는 제사를 언급한다.

2부

제사장직 실행 지침: 하나님께 대한 봉사를 시작하다

8:1-10:20

7장

봉사를 위한 기름부음
8:1-36

히포의 아우구스티누스(Augustine of Hippo)는 그의 주교 서품 기념일 설교에서 자신이 져야 할 막중한 책임을 언급한 적이 있다.

불화를 일으킨 사람들을 꾸짖는 일, 낙심한 사람들을 위로하는 일, 연약한 자들을 붙들어 주는 일, 반대자들을 반박하는 일, 덫에 빠지지 않도록 경계하는 일, 무지한 사람들을 가르치는 일, 나태한 사람들을 흔들어 깨우는 일, 사고팔기 원하는 사람들을 만류하는 일, 주제넘은 사람들을 제자리에 두는 일, 다투기 좋아하는 사람들을 달래는 일, 가난한 사람들을 돕는 일, 억압받는 사람들을 해방하는 일, 선한 사람들을 격려하고 악한 사람들에게서 고통을 당하는 일, 모든 사람을 사랑하는 일.
　설교하고, 반박하고, 책망하고, 교화하는 일, 누구에게나 언제라도 도움이 되어 주는 일, 이것은 큰 부담이며 나를 무겁게 누르는 짐이다.[1]

---

1 F. van der Meer, *Augustine the Bishop* (London and New York: Sheed & Ward, 1961), p. 269와 D.

아우구스티누스의 의무는 아론이 이스라엘의 대제사장으로 감당해야 할 책무와 비교하면 아무것도 아니었다. 아론과 그의 가문은 거룩함의 관리자, 이스라엘 백성의 교사, 이스라엘과 하나님의 중재자가 되어야 했다. 따라서 그들은 하나님의 백성에게서 충분한 인정을 받고 엄중한 태도로 직무를 시작하는 것이 중요했다. 레위기 8장은 아론의 인상적인 대제사장 위임식을 언급한다.[2] 출애굽기 28-29장에 이 의식의 배경이 나오는데, 거기서는 제사장의 의복을 준비하고 의식 순서를 정한다. 출애굽기가 예고한 내용이 레위기에서 이루어진다.

이 위임식은 대단히 중요해서 이레 동안 거행했다. 그러나 주목해야 할 날은 첫날이다. 이날 모세의 인도에 따라 아론과 그의 아들들은 신중하게 계획된 절차를 따라 행동했다. 이를 통해 그들은 다른 사람들과 같은 평범한 사람에서 그들에게 부여된 특별히 거룩한 지위를 갖는 하나님의 특별한 종으로 변화되었다.

전개되는 의식의 세세한 부분은 제사의 경우와 마찬가지로 의미로 가득 차 있다. 이번에도, 상징적 행동이 영적 진리를 전달한다. 이 세부 내용은 무엇보다도 이 의식에 참여한 아론과 이스라엘 백성에게 중요한 의미가 있었다. 그러나 이 내용은 이를 넘어서서 앞으로 오실 더 크신 대제사장을 가리키며, 예수님이 어떻게 비할 데 없이 탁월하게 대제사장직을 완수하셨고, 여전히 완수하고 계신지를 드러내 준다. 예수님은 아론과 구분되는 중요한 측면들이 있음에도 많은 면에서 아론의 제사장직과 연속선상에 계신다.[3] 예수님은 아론과 같이 "하나님의 부르심을 받았으며"[4] 사역을 준비하셨고[5] 성소에서 섬기면서 예

Tidball, *Skilful Shepherds: Explorations in Pastoral Theology* (Leicester: Apollos, 1997), pp. 164-165에서 인용.

2 현대 학자들의 견해는 이 이야기를 실제 사건에 대한 묘사가 아니라 '허구적인 제사장 이야기'라고 간주한다. Gerstenberger, pp. 99-107와 Grabbe, *Oxford*, p. 99를 보라. 하지만 이 위임식의 많은 부분이 매우 이른 시기와 부합하기 때문에 이것이 모세가 실제로 집행한 의식이라는 데 의문을 가질 만한 이유가 없다.

3 이에 대한 주요한 언급은 히 5:1-5; 7:23-8:6; 9:11-14이다.

4 히 5:4.

물과 희생 제물을 드리기 위해 따로 구별되셨다. 예수님의 경우는 자기 생명을 제물로 드리셨다.[6] 예수님은 피의 제사를 통해 지성소에 들어가신다.[7] 아론과 달리, 예수님은 본질상 "악이 없고", "더러움이 없고", "흠 없으신데", 희생 제물을 드려서 그렇게 되시지는 않았다.[8] 게다가, 그리스도의 대제사장직은 영원하며, 그 자신을 위해서나 반복적으로 제물을 바칠 필요가 없다.[9]

다른 차원으로는, 아론의 성직 임명은 특별한 방식으로 하나님을 섬기도록 부름 받은 사람들에게 특히 적합한 모델이다. 그러나 새 언약 아래에서는 모든 그리스도인이 하나님의 제사장이기 때문에[10] 이것이 제공하는 모델은 '성직 임명을 받고 목회'에 종사하는 사람들에게 제한되지 않으며 모든 신자에게 의미가 있다. 구약성경의 제사장직 개념을 신약성경의 목회직 개념에 부여하지 않도록 큰 주의가 필요하다. 신약성경의 목회직 개념은 많은 면에서 구약의 제사장직 개념과 다르며, 그리스도만이 하나님과 사람 사이에서 중재 역할을 수행하시기 때문에 아론의 제사장직의 중재 역할은 수행하지 않는다.[11] 그렇다고 해도 하나님을 섬기는 일에 대한 교훈은 명백히 존재한다.

1. 응답: 일반 백성인 그들은 부르심을 받아야 한다(8:1-5)

하나님을 섬기라는 부르심은 우리의 주도가 아니라 하나님의 주도로 시작된다. "이 존귀는 아무도 스스로 취하지 못하고…하나님의 부르심을 받은 자라야 할 것이니라."[12] 하나님의 음성이 모세에게 다시 말씀하신다. 하나님 말씀의

---

5 히 5:7-9. 여기에서 히브리서는 예수님의 제사장직을 아론의 제사장직이 아니라 멜기세덱의 제사장직과 비교한다.
6 히 8:2-3.
7 히 9:12-14.
8 히 7:26, 28; 9:14.
9 히 7:24, 27; 10:11-12.
10 벧전 2:9; 계 1:6.
11 이 주장에 대한 탄탄한 내용을 알고 싶으면, Alec Motyer, "The Meaning of Ministry", in Melvin Tinker (ed.), *Restoring the Vision* (Eastbourne: MARC, 1990), pp. 229-254를 보라.
12 히 5:4.

주제는 1-7장의 내용처럼 제사가 아니라 제사장직을 임명하는 것이다. 임명 방법의 각 단계—모두 11단계이며, "여호와께서 명령하셨다"(4, 5, 9, 13, 17, 21, 29, 31, 34, 35, 36절)는 표현이 나타난다—는 그것이 계시된 하나님의 뜻이며 동시에 백성들이 세심한 주의를 기울여 따라야 할 그분의 명령임을 강조한다. 아론의 제사장직 도입은 인간의 발명품이 아니라 하나님이 창조하신 것이었다. 이 부르심에는 몇 가지 특징이 나타나는데, 오늘날 그리스도인 사역자들의 부르심에도 여전히 해당한다.

a. 부르심이 반드시 필요했다

어떤 사람들이 하나님의 백성 중에서 스스로를 지도자의 위치에 세운다 할지라도, 하나님이 그들을 부르시지 않는다면 그 사역은 하나님을 영광스럽게 하기보다는 자신을 섬기며, 하나님 나라를 세우기보다는 세상 제국을 건설하게 될 것이다. 게다가, 하나님의 명확한 부르심 없이 하나님을 섬기는 직무를 시작한 많은 사람들은 그 책무에 압도당하고, 실망스러운 수많은 일에 직면하여 직무를 계속 수행할 수 없게 된다. 하나님은 우리 자신이 아니라 그분을 섬기기 원하는 사람을 선택하신다. 참된 목회직은 우리에게 말씀하시는 하나님의 음성에 대한 응답으로 시작한다.

b. 부르심은 은혜였다

아론은 파란 많은 생애를 살았다.[13] 생애의 대부분은 훌륭했지만, 대제사장직의 적절한 후보자 자격을 상실하게 하는 흠결들도 있었다. 그중에서도 특히 그는 백성들이 이집트에서 알았던 우상과 비슷한 송아지 상을 만들게 하고 그 앞에서 절하여 숭배하게 함으로써 치명적으로 무책임한 지도력을 발휘했다.[14] 이런 행동은 제2계명을 정면으로 위반했다. 미래의 대제사장이 그렇게 속히

---

13 E. H. Merrill, "Aaron", in *DOTP*, pp. 1-3를 보라.
14 출 32:1-35.

여호와를 버리고 이스라엘의 신앙을 그렇게 쉽게 타협할 준비가 되어 있었다는 것은 좋은 징조가 아니었다. 그 사건 직후 아론은 잠시 뒤로 물러나, 출애굽기 40장에 기록된 성막 세우는 일에서 아무런 역할도 하지 않았다.[15] 하지만 아론이 자숙하고 회개한 뒤 하나님은 그를 대제사장으로 부르셨다. 이것이 하나님의 은혜다. 자비로우신 그분은 사람들이 완벽해지기를 기다렸다가 봉사의 직무로 부르시지 않는다. 하나님은 평범하고 흠이 있는 인간을 사용하여 그분의 목적을 이루시고 그분의 영광을 드높이는 데 전문가이시다.

예수 그리스도만이 감추어야 할 허물이 없는 유일한 대제사장이시며, 그분의 무흠한 삶은 자신의 죄를 속죄하기 위해 제사를 드릴 필요가 없음을 뜻했다.

"거룩하고 악이 없고 더러움이 없고 죄인에게서 떠나 계시고 하늘보다 높이 되신 이기 [때문에]…먼저 자기 죄를 위하여 날마다 제사를 드릴 필요가 없[지만]" 오직 다른 사람의 죄를 위하여 자기를 희생 제물로 드리셨다.[16]

c. 부르심은 간접적이었다

아론의 부르심은 모세를 통해 이루어졌다. 제사장직이 아직 시행되지 않았기 때문에 모세가 하나님과 그 백성 사이에서 중재자 역할을 했다.[17] 이전 시기, 특히 이스라엘이 이집트를 떠나기 전에는 하나님이 아론에게 직접 말씀하셨다.[18] 그러나 여기에서는 아론이 주 대상이기 때문에 이번에는 하나님이 모세를 통해 말씀하시는 것이 적절했다.

성경은 하나님의 부르심이 대규모로 이루어지지 않고 아주 다양한 방식으로—흔히 부름 받은 사람들의 환경이나 성품으로 형성된다—개인들에게 오는 것을 보여주는 증거를 충분히 제시한다. 하지만 아론이 부르심을 받은 방식에

---

15 Kaiser, p. 1056.
16 히 7:26-27.
17 Hartley, p. 111.
18 예를 들어, 출 4:27; 7:8; 9:8; 12:1, 43.

는 가볍게 치부해서는 안 되는 핵심적인 지혜가 있다. 대제사장은 물론 제사장이 된다는 것은 높은 직책과 상당한 지위를 갖는 것이었다. 우리가 다른 사람들의 생각이나 감정을 고려하지 않고 스스로 그런 위치를 취하기보다 다른 사람들의 요청에 따라 지도자의 지위를 맡는 것이 훨씬 더 낫다. 글래디스 에일워드(Gladys Aylward)[19]나 캠벨 모건(Campbell Morgan)[20]의 이야기를 아는 사람들이 증언하듯이, 물론 이런 규칙에는 유명한 예외도 있다. 그러나 이것은 하나님이 일하시는 방식으로서는 드문 형태다. 우리가 스스로 특별한 지위를 주장할 때는 그에 합당한 겸손과 신중한 태도를 가져야 한다. 대개 그리스도인은 최소한 자신의 부르심을 그리스도의 지체가 된 다른 형제자매들을 통해서 확인한다. 부르심이 그들을 통해 직접적으로 주어지지는 않는다 해도 말이다.

d. 부르심은 공적이었다

아론의 위임식은 "회막 문에 모인" 이스라엘 "회중" 앞에서 이루어졌다는 사실을 통해 동일한 요점을 다른 방식으로 반복한다(3-4절). 대제사장은 공적인 지도자 역할이었고, 따라서 아론은 공적으로 취임하는 것이 적절했다. 이는 그의 지위를 인증하고 그에게 필요한 승인을 제공했다. 그러나 그의 부르심에 대한 이런 공식적인 승인에도 불구하고, 그의 지위에 도전하는 세력이 전혀 없지는 않았다.[21] 지도자들을 약화시키고, 자신이 더 낫지는 못해도 지도자의 직무를 감당할 동등한 자격이 있다고 주장하기 원하는 사람들은 늘 있게 마련이다. 그런 도전이 발생할 때 봉사에 대한 부르심을 확인해 준 공적인 승인이 귀한 격려가 될 수 있다.

그리스도인의 봉사는 우리가 주도권을 쥐거나, 개인의 비전이나 야망에 응

---

19 중국 선교사 Gladys Aylward(1900-1970)는 1940년 일본의 중국 침략 이후 엄청난 여정을 통해 아동 100명을 안전한 곳으로 인도했다. 앞서 그녀가 선교사로 일하겠다고 신청했을 때 일부 선교 단체에서 입회를 거절한 바 있다.
20 G. Campbell Morgan(1863-1945)은 유명한 성경 교사이자 런던 웨스트민스터 교회의 명망 있는 목사였다. 그는 구세군과 감리교회에 목사직을 신청했을 때 거절당했고, 결국 회중교회 목사가 되었다.
21 예를 들어, 고라와 그의 추종자들이 도전했다. 민 16:1-50.

답하여 하나님이 명령하시지 않은 행동을 취할 때가 아니라, 그분의 주도권에 응답하여 그분의 부르심에 순종할 때 시작된다. 모세가 아론과 그의 네 아들을 "데려다가"(6절) 정해진 의식을 거행함으로써 그들이 하나님의 부르심에 굴복한 것을 보여주었다. 이렇듯 무방비 상태로 하나님 앞에 나아가는 행위를 표현하기 위해 이런 단어를 선택한 것은 중요한 의미가 있다. 지금까지 제사용 짐승을 드릴 때도 같은 단어를 사용해 왔다.[22] 여기서 아론과 그의 아들들은 희생 제물처럼 여호와 앞에 "드려졌고", 그래서 그들은 제단에 자신들의 생명을 드리고 하나님만을 섬기기 위해 구별될 수 있었다.[23]

2. 씻음: 죄인인 그들은 씻음이 필요하다(8:6)

엄밀한 의미의 위임식은 "모세가 아론과 그의 아들들을 데려다가 물로 그들을 씻기면서" 시작되었다. 정결하신 하나님께 다가가려는 사람들은 반드시 육체가 흠이 없고(21:16-23) 완전히 깨끗해야 했다. 그래서 제사장들은 중요한 의식 때마다 성막 안뜰에 놓인 큰 물두멍에서 몸을 씻었다(16:4, 24, 26, 28). 고든 웬함이 말했듯이, 이러한 "외적인 신체 행동"은 "내면의 영적 정결에 대한 바람"[24]을 표현했다. 내면은 외면을, 외면은 내면을 자연스레 묘사했다. 내가 기억하는 한 사람은 그리스도인이 되고 마음의 큰 변화를 경험한 후에 첫 번째 행동으로 집에 가서 목욕을 했다. 그는 말하기를, 내면이 깨끗해졌으니 바깥도 깨끗해지고 싶었다고 했다!

몇 가지 측면에서 이런 행위는 아론과 그의 아들들이 나중에 자신들을 위한 속죄제를 드릴 때 받을 죄의 철저한 씻음을 예고한다. 그러나 그 때문에 지도력을 열망하는 사람들은 몸에 붙은 먼지처럼 부지중의 죄가 있는 상태에서 지도력을 가져서는 안 된다는 도전에 즉시 직면하게 된다. 앞서 보았듯이, 완전함이

---

22 Levine, p. 49와 Hartley, pp. 111, 115.
23 롬 12:1-2.
24 Wenham, p. 139.

요구 사항은 아니지만(그렇지 않다면 그리스도 외에는 아무도 부르심을 받지 못할 것이다) 우리의 죄와 결함을 진지하게 다루는 자세가 반드시 필요하다. 기독교 지도자들이 성급하게 이 단계를 건너뛰고 '성직을 임명 받은' 탓에 사역을 하다가 넘어져 다른 사람들이 큰 대가를 치른다면 얼마나 슬픈 일인가? 목회 사역을 시작하는 사람이 언젠가 치명적인 결과를 초래할 수 있는 고질적인 죄의 존재를 부인하는 것은 어리석다. 그런데 씻어야 할 부분은 대죄뿐만 아니라 지극히 작은 죄까지 포함한다. 거룩하신 하나님 앞에서 사소한 죄란 없다. 하나님께 다가가는 행위는 틀림없이 우리의 무가치함을 깨닫게 하고 죄를 없애려는 바람을 일깨울 것이다.

3. 의복: 부족한 그들은 필요한 것을 갖추어야 한다(8:7-9, 13)[25]

제사장들은 몸을 씻어야 할 죄인일 뿐 아니라 의복이 필요한 부족한 사람들이었다. 그래서 몸을 씻은 후 아론에 이어 그 아들들까지 의복을 입었다. 대제사장은 여덟 가지 의복을 입었는데 그중 넷은 대제사장에게만 특별히 제공되었다. 아들들은 더 간단하게 속바지와 속옷을 입고 띠를 두르고 관을 썼다. 레위기는 의복 이름을 나열하기만 한다. 의복의 화려한 세부 사항을 묘사한 내용을 보려면 출애굽기 28장을 살펴보아야 한다. 그 단락에 따르면 대제사장의 의복은 틀림없이 눈부시게 빛났을 텐데, 이는 이스라엘 백성에게 장엄한 인상을 주고 아울러 하나님께 드리는 예배의 장관과 위엄에 기여했을 것이다.[26] 하지만 이 모든 세부 사항에서 신발은 전혀 언급하지 않는다. 제사장들은 맨발로 직무를 수행했고, 그것이 여호와가 임재하시는 거룩한 곳에 서 있는 사람들에게 어울린다고 간주되었을 것이다.[27]

---

25 이 단락과 관련하여 Alec Motyer, *The Message of Exodus* (Leicester: IVP, 2005), pp. 268-280를 보라.
26 Hartley, p. 112.
27 출 3:5; 수 5:15. Levine, p. 50와 Kaiser, p. 1060.

a. 의복에 대한 묘사

웬함은 각 의복이 무엇을 상징했는지 지금은 확신하기 어렵다고 생각하지만[28] 많은 사람들이 그 의미를 추정하려고 시도했다. 아론은 맨몸을 가리는[29] 속바지를 입고 그 위에 속옷을 입었다. 두 옷은 고운 아마 섬유로 만들었고 "영화롭고 아름답게 [하려고]"[30] 띠로 묶었다. 그러나 특별히 언급할 가치가 있는 것은 겉옷과 에봇과 흉패와 관이다.

겉옷[31]은 청색 천으로 통으로 만들었고 옷 가장자리를 돌아가며 석류와 방울을 번갈아 매달았다. 석류 열매는 "다산과 풍요와 관련이 있었다."[32] 방울을 단 이유는 분명하지 않다. 일부 사람들이 다른 지역에서는 악마를 쫓기 위해 방울을 사용했다고 제안하지만,[33] 이것은 이스라엘이 악령을 처리하는 방법에는 부합하지 않는 것 같다. 방울은 대제사장의 접근을 미리 알리고[34] 대제사장이 이스라엘 백성을 위해 예배를 드릴 때 그들에게 특별히 주의를 요청하기 위한 것일 가능성이 높았다.

에봇[35]은 여러 색으로 된 앞치마인데, 에봇에 "정교하게 붙여 짠 허리띠"를 이용해 허리에 묶었다. 금색, 청색, 자색, 홍색 실로 짠 천은 성막 천과 동일했다. 호마노 두 개에는 각각 이스라엘 여섯 지파의 이름을 새기고, 그것을 두 어깨받이에 붙여서 아론이 제사장 의복을 입을 때마다 "여호와 앞에…기념"[36]이 되게 했다. 순금 사슬을 만들어 어깨받이에 붙인 호마노에 달았다. 이런 방식으로 하나님 백성의 관심은 끊임없이 그분의 임재를 향했고, 그분도 자기 백성을 결코 잊으실—그게 만에 하나 가능하다면—수 없었을 것이다.

---

28 Wenham, p. 137.
29 이교도들은 종종 맨몸으로 제사를 드렸다. 따라서 이것은 단순히 부차적인 언급 이상의 의미가 있으며 이스라엘의 대제사장과 제사장이 "여호와께 거룩한" 구별된 사람임을 나타낸다.
30 출 28:40.
31 출 28:31-35; 39:22-27.
32 민 13:23; Balentine, p. 74.
33 Milgrom, *Leviticus 1-16*, p. 504.
34 슥 14:20.
35 출 28:6-14.
36 출 28:12.

역시나 정교하고 아름답게 짠 **흉패**[37]는 한 변의 길이가 22센티미터인 정사각형 모양이었다. 그 위에는 네 줄—각 줄에는 보석 세 개—로 보석을 물리고, 각 보석에는 이스라엘 지파의 이름을 새겼다. 이렇게 지파 이름을 가슴에 단 아론을 통해 하나님은 이스라엘의 희망과 두려움을 항상 주목하겠다는 점을 분명히 보여주고 계셨다. 또한 흉패 주머니에는 우리의 호기심을 불러일으키는 "우림과 둠밈"을 넣었다. 이것이 무엇이며 어떻게 사용하는지는 분명하지 않지만, 아마 다양한 색깔의 납작한 돌들이나 알록달록한 돌들로 "주사위나 제비뽑기 같은 방식으로 사용했을"[38] 것으로 보인다.

'둠밈'은 '완성' 또는 '완전'이라는 뜻이다. '우림'의 의미는 지금은 알 수 없지만 아마 '저주'를 뜻했을 것이다.[39] 우리는 우림과 둠밈이 신성한 하나님의 뜻을 묻는 수단으로 사용되었다는 것을 안다. 출애굽기 28:30이 "아론은 주 앞에서 이스라엘 자손의 시비를 가릴 때에 언제나 그것을 가슴에 지녀야 한다"[40](새번역)라고 말씀하기 때문이다.

관[41] "앞쪽에 금으로 만든 판 곧 성직패를 달아 주었다"(새번역). 그 패에는 "여호와께 성결"이라는 말을 새겼는데 이것은 이스라엘이 하나님만을 섬기기 위해 따로 구별된 특별한 민족임을 상기시켜 주었다. 이 아름다운 왕관 모양 띠를 마지막으로 왕의 특징을 물씬 풍기는 의복이 마무리되었다. 이런 왕의 특징은 "대제사장이 이 땅의 하나님 왕국 백성의 제단을 보살피는 사람임을 나타냈다."[42]

이 의복들의 전체적인 효과는 이스라엘 백성에게 그들 가운데 살아 계신 하나님이 임재하고, 그분이 사랑으로 관심을 기울이며, 그분께 그들을 다스리는 위엄 있는 권위가 있다는 인상을 주었다. 또한 의복들은 하나님의 모든 은

---

37 출 28:15-30.
38 Levine, p. 50. 이것은 부분적으로 삼상 14:42에서 우림과 둠밈을 "던졌다"(개정개역 성경에는 "뽑았다"라고 표현한다―역주)라는 언급에 근거한다.
39 Levine, p. 51와 Harrison, p. 96를 보라.
40 또한 민 27:21.
41 출 28:36-38.
42 Hartley, p. 115.

혜에도 불구하고 그들이 하나님께 다가갈 때는 주의를 기울여야 하며, 그분 뜻에 매일 순종하는 가운데 그분의 거룩한 백성으로 살아야 함을 상기시켰다.

b. 의복의 적용

의복의 아름다움과 영광은 우리의 필요를 채워 주는 제사장 직분을 주신다는 점에서 하나님의 은혜를 나타내며, 또 장차 오실 그리스도의 완전한 제사장 직분을 미리 가리킨다. 공식 의복을 입은 대제사장의 이미지는 사도 요한이 요한계시록 1장에서 기록한, 승천하신 주님의 모습을 떠올리게 한다.[43] 그곳에는 "살아 있는 자"이며 "처음이요 마지막이며" 전에 죽었으나 이제 세세토록 살아 있는 자가 그의 백성들이 고난과 박해를 받는 혼란스러운 세상 위 보좌에 앉아 계신다. 위엄으로 옷 입으시고, 권위의 상징들을 손에 드시고, 눈과 음성과 발이 있는 심판자 되신 그분의 모습은 하나님이 자기 백성의 필요에 지속적으로 주의를 기울이고, 그들의 염려를 마음 깊이 담고 계심을 보여준다. 이 땅에서 벌어지는 여러 사건의 결과는 거짓 위엄을 뽐내며 인간의 권세라는 회랑을 걷는 사람들이 아니라 그분에 의해 결정될 것이다. 위엄과 권세는 오직 그분 것이다.

성경에서 의복의 이미지는 종종 하나님의 백성이 나타내야 할 미덕을 상징하기도 한다. 성경의 진정한 관심사는 옷감의 디자인이나 구성이 아니라 사람이 덧입는 성품의 특징들이다. 우리가 스스로 가치 있다고 여기며 입은 의복들은 "더러운 옷"[44]과 마찬가지로 여기고 제쳐놓아야 한다. 그 대신 제사장들은 의로 옷 입고,[45] 하나님의 백성은 구원의 옷을 입어야 한다.[46] 그리스도의 제자들은 "긍휼과 자비와 겸손과 온유와 오래 참음"으로 옷 입어야 한다.[47] 그리스도의 군사들은 "빛의 갑옷",[48] 곧 "믿음과 사랑의 호심경을 붙이고 구원의 소

---

43 계 1:12-16.
44 사 64:6.
45 시 132:9.
46 사 61:10. 사 52:1도 보라.
47 골 3:12.

망의 투구"⁴⁹를 써야 한다. 무엇보다도, 하나님을 섬기려는 사람들은 주 예수 그리스도로 옷 입고, "정욕을 위하여 육신의 일을 도모하지 말아야 한다."⁵⁰

4. 기름부음 : 자격 없는 그들은 권세를 부여받아야 한다(8:10-12)

위임식의 핵심은 기름을 붓는 행위다. 네 향료를 혼합하여 특별한 기름을 만들었는데, 특히 향기로운 이 기름은 성별(聖別) 의식에만 사용했다.⁵¹ 첫째, 성막과 그 집기와 기구들에 기름을 뿌려서 하나님을 위한 것으로 따로 구별했다. 그런 다음 모세는 "관유를 아론의 머리에 붓고 그에게 발라 그를 거룩하게 했다"(12절). 아론에게만 기름을 부은 이유는 그에게만 대제사장 역할이 주어졌기 때문이다.

기름부음은 하나님을 섬기는 일에 사람들을 봉헌할 때 거행한 관습이었다. 사울⁵²과 다윗⁵³이 왕으로 기름부음 받을 때 여호와의 영이 능력으로 그들에게 임했고, 다윗의 경우에는 통치 기간 내내 그에게 머물러 있었다. 이사야는 오실 메시아를 고대하면서 가난한 자들에게 아름다운 소식을 가져오는 사람이 "주 여호와의 영"⁵⁴으로 기름부음을 받으리라고 예고했다. 이사야가 예언한 사람, 곧 예수님보다 더 완전한 기름부음을 받은 사람은 없었다.⁵⁵ 이 나사렛 출신 목수는 서른 살에 공적 사역을 시작하셨다. "그는 사람이 되어 사람으로 이 세상에 사셨기 때문에 여전히 영원한 하나님의 아들임에도 성령을 충분하게 받을 필요가 있었고, 하나님은 그에게 성령을 주셨다."⁵⁶ 만일 예수님이 그

---

48 롬 13:12.
49 살전 5:8.
50 롬 13:14.
51 출 30:22-33.
52 삼상 10:1-13.
53 삼상 16:13.
54 사 61:1.
55 마 3:16-17; 막 1:9-11; 눅 3:21-22.
56 D. M. Lloyd-Jones, *Joy Unspeakable* (Eastbourne: Kingsway, 1984, 『성령세례』, CLC), p. 48. Tony Sargent, *The Sacred Anointing: The Preaching of Dr Martyn Lloyd-Jones* (London: Hodder &

러했다면 그 이름으로 사역하는 사람들은 얼마나 더 많이 필요하겠는가! 하나님이 주시는 이런 기름부음 없이는 어느 누구도 감히 주님을 섬길 수 없다.

5. 봉헌: 일반인인 그들은 성별할 필요가 있었다(8:14-30)

기름부음 후 모세는 속죄제와 번제와 화목제(또는 이와 유사한 제사)를 드렸다. 아론과 그의 아들들은 아직 직무를 시작하지 못했다. 이 단계에서 그들은 자신의 제물을 가져와서 안수함으로써 제물과 자신을 동일시하는 여느 예배자들과 별 차이가 없다. 그래서 모세는 또 다른 기름부음 행위로 위임식이 절정에 이를 때까지 계속 제사장 역할을 수행한다(30절).

a. 속죄제(8:14-17)

대제사장의 속죄제는 앞서 제사장들에게 제시한 지침을 따르지만(4:1-12), 한 가지 중요한 차이가 있다. 대제사장이 아직 취임하지 않았기 때문에 제물의 피는 성소의 휘장 앞에서 뿌리지 않고 "제단의 네 귀퉁이 뿔에 발라 제단을 깨끗하게" 했다(15절). 아직까지는 자신의 죄로 성소를 더럽힐 기회가 없었기 때문에 제사장들은 성소를 정결하게 할 필요가 없었다. 그들은 이스라엘의 다른 사람들처럼 자신의 죄를 위해 제사를 드리게 된다.[57]

위임식을 시작하면서 자신의 정결을 상징하기 위해 몸을 씻은 제사장들이 또 속죄제를 드려야 한다는 점이 의아하게 여겨질 수 있다. 그러나 몸을 씻는 것만으로는 제대로 죄를 속하고 죄책을 제거할 수 없다. 이를 위해서는 피의 제사가 필요하다. 몸을 씻는 것은 황소를 제물로 바쳐서만 얻을 수 있는 사죄의 필수적인 예비 행위이자 맛보기였다.[58]

Stoughton, 1994, 『위대한 설교자 로이드 존스』, 한국 IVP), p. 61에서 인용.
[57] Wenham, p. 141.
[58] Kaiser는 p. 1061에서 이렇게 쓴다. "몸을 씻는 행위는 하나님의 말씀과 성령을 통한 갱신과 중생으로 말미암아 인간 본성의 더러움을 처리할 수 있을 뿐이다. 객관적인 죄책을 없애고 죄책을 유발한 죄를 용서받아야 할 필요성은 여전히 남아 있다."

b. 번제(8:18-21)

제사를 드리는 통상적인 순서를 따라 일단 속죄제로 죄를 용서받은 다음 아론과 그의 아들들은 번제를 드릴 수 있는 위치에 서게 되었다. 번제는 앞서 제시한 규례(1:10-13)에 따라 정확히 드렸고, 이것은 여호와를 섬기는 일에만 온전히 삶을 바치겠다는 그들의 의지를 보여주었다. 이런 행위를 통해 그들은 현대에 많은 사람들이 노래한 내용을 하나님께 말씀 드렸던 것이다.

> 나의 삶을 받으셔서
> 주님께 거룩하게 드려지게 하소서.
> 나의 순간들과 날들을 받으셔서
> 끝없는 찬송이 흐르게 하소서.
>
> 나의 의지를 받으셔서 당신의 것으로 삼으소서.
> 더 이상 나의 것이 되게 하지 마소서.
> 내 마음을 받으소서. 주의 것이 되게 하소서.
> 나의 마음이 주의 왕좌가 되게 하소서.
>
> 나의 주님, 나의 사랑을 받으소서.
> 주님 발아래 보물을 쏟네.
> 나를 받으소서.
> 영원히 주만을 위해 살리.[59]

c. 위임식 제사(8:22-30)

세 번째 제사는 화목제와 유사점이 많지만(3:1-17) 화목제라고 부르지는 않는다. 제물로 드릴 숫양은 "위임식의 숫양"(22절)이라고 부른다. 이것은 이 제사의

---

[59] Frances Ridley Havergal (1836-1879). 새찬송가 213장 "나의 생명 드리니"(역자 사역).

독특한 특징들과 함께 이 제사를 특별한 위임식 제사로 보게 만든다.[60] 성직 임명을 받는 것은 본래 사람 손을 가득 채우는 것을 뜻했다. 어떤 이는 이것을 아론의 손이 앞으로 사람들이 하나님께 드리는 제물로 가득 찰 것을 암시하는 것으로 본다.[61] 그러나 해리슨은 이것의 기원을 메소포타미아인들에게서 찾는데, 마리 문서(Mari texts)에서는 "정복자들이 전리품을 나누었던 것을 암시하는 듯하다."[62] 이것은 '성직 임명'의 의미에 대해 상당히 그럴 듯한 이해를 제공한다. 제사장의 두 손은 그들이 드린 것이 아니라 하나님이 주신 것으로 가득 했다. 그들이 스스로는 부적당하고 준비를 제대로 갖추지 못했음에도 하나님은 친히 그분을 섬기는 사람들에게 은혜와 복을 베푸신다.

이 제사와 화목제의 주요 차이점은 제물로 드린 짐승의 피를 제단 사방에 뿌리기 전에 먼저 "아론의 오른쪽 귓부리와 그의 오른쪽 엄지손가락과 그의 오른쪽 엄지발가락"에 바른 것이다(23절).[63] 위임식의 이 부분이 뜻하는 바는 명백하다. 제사장과 제단은 떼려야 뗄 수 없이 밀접하게 결합되어 있다.[64] 아론의 몸 오른편에 피를 바른 이유는 오른쪽이 선호하는 쪽이기 때문이고, 귓부리와 엄지손가락과 엄지발가락은 몸 전체의 대표로 선택되었다.[65] 피를 바른 귀는 제사장이 하나님의 음성을 들을 수 있도록 항상 귀 기울여야 함을 말해 준다. 피를 바른 엄지손가락은 하나님의 일을 기꺼이 지속적으로 수행할 필요성을 보여준다. 피를 바른 발은 하나님의 길을 영원히 걸어가야 할 의무를 말해 준다. 아론이 피를 바른 후에야 나머지 제사 의식을 거행한다.

앞서 기름부음을 받고, 이제 피를 바른 아론은 그의 아들들과 함께 기름과 피를 섞어 세 번째 도유식을 거행한다(30절). 사람과 옷에 그것을 뿌린다. 이 마지막 도유식으로 위임식 행위는 절정에 달한다. 이것이 상징하는 내용은 명확

---

60 Demarest, p. 87.
61 예를 들어, Gorman, p. 58.
62 Harrison, p. 100. 마리문서는 주전 1750년에 기록되었다.
63 나병이 나은 사람들은 일단 이스라엘 예배 공동체에 들어온 후 속건 제물의 피를 이와 비슷한 방식으로 발랐다(레 14:14).
64 Levine, p. 53.
65 Wenham, p. 143.

하다. 드디어 아론과 그의 아들들이 완전히 여호와께 성별된다.⁶⁶ 이어지는 말씀이 핵심을 말해 준다. 모세가 "아론과 그의 옷과 그의 아들들과 그의 아들들의 옷을 거룩하게 하고"(30절). 그들은 이제 하나님이 사용하시기 위해 완전히 구별되었고, 감리교 언약 갱신 예배 때 사용하는 말씀이 표현하듯이, 실제로는 다음과 같이 말하는 셈이었다.

저는 더 이상 제 자신의 것이 아니라 주님의 것입니다. 나를 주님이 원하시는 도구로 삼아 주소서. 나로 하여금 주님을 위해 일하고 고난을 받게 하소서. 주님을 위해 사용하여 주소서. 주님을 위해 내려놓게 하소서. 주님을 위해 높아지거나 낮아지게 하소서. 제가 모든 것을 갖든 아무것도 없든, 모든 것을 주님의 기쁨과 처분에 기꺼이 진심으로 맡깁니다. 오, 영광스럽고 복되신 성부 하나님, 성자 하나님, 성령 하나님이시여, 주님은 나의 언약의 친구이시며, 저는 주님의 한없는 은혜로 주님의 언약의 종입니다. 아멘. 그렇게 될지어다.⁶⁷

언약 체결은 자연스럽게 언약 식사를 나누는 것으로 발전했다. 아론과 그의 아들들은 남은 고기를 요리하여 "위임식" 때 드린 "떡과 아울러" 먹었다(31절). 우리의 크신 대제사장은 속죄제가 필요 없으셨다.⁶⁸ 오히려 예수님은 우리를 위해 속죄 제물이 되셨고, 그 피로 우리가 용서를 받았다. 그러나 그분은 여기서 언급하는 다른 두 제사를 그분만의 독특한 방식으로 드렸다. 예수님은 스스로를 하나님께 남김없이 드림으로써 온전한 번제의 의미를 성취하셨다. 화목제가 말하는 하나님과의 친밀함을 예수님만큼 누린 사람은 아무도 없었다.

하나님을 섬기는 모든 사람은 과거에 아론이 서 있었던 곳에 서야 한다. 교계에서 어떤 공적을 쌓았든 우리는 항상 용서가 필요한 죄인이며, 그리스도의

---

66 Kaiser, p. 1062.
67 감리교 언약 갱신 예배의 침례교 버전에서 인용.
68 히 7:27.

속죄 사역에서 풍성한 공급을 받는다. 번제가 상징적으로 보여주듯이 우리는 주님께 대한 헌신을 매일 새롭게 하고, 그분이 우리를 온전히 사용하실 수 있게 해야 한다. 우리 머리는 그분의 영으로 기름부음을 받고 우리 빈손은 그분의 은혜로 가득 차야 한다. 하나님 없이는 우리가 그분께 드릴 것이 아무것도 없기 때문이다. 주님만이 우리 소명에 합당한 자격을 우리에게 부여하신다. 우리 귀는 그분 음성에 맞춰져 있고, 우리 손은 그분 뜻을 행할 준비가 되어 있으며, 우리 발은 그분의 길을 벗어나지 않고 걸어가야 한다. 그렇게 성별될 때에만 우리는 그분께 쓸모 있고, 그래야만 하나님의 임재와 그분에 대한 진정한 섬김 가운데 복된 친밀함을 누릴 것이다. 우리는 아론만큼이나 하나님을 섬길 준비가 되어 있지 않다.

목회는 하나님의 자비의 선물이며,[69] 그분만이 우리에게 자격을 부여하여 새 언약의 사역자로 그 선물을 사용할 수 있게 하신다.[70]

6. 기다림 : 훈련받지 않은 그들은 다듬어질 필요가 있다(8:31-36)

하루 동안의 위임식이 지난 후 아론과 그의 아들들은 제사장 직무를 곧장 시작하고 싶어 했을 수도 있다. 그러나 그들은 이레를 더 기다렸다가 직무를 시작하라는 말씀을 듣는다. 그 기간은 사람이 어떤 중요한 상태에서 다른 상태로 옮겨 갈 때 통상적으로 두는 과도기라고 할 수 있다.[71] 그러나 제사장들의 지연 기간은 단순히 통과 의식에서 나타나는 일반적 형태를 반영하기보다는 영적으로 중요한 의미가 있는 것처럼 보인다.

기다리는 기간은 하나님을 섬기는 직무를 준비할 때 성급하고 불충분하게 해서는 안 된다는 점을 강조한다. 자신의 정결을 유지하기 위해 제사를 드리고,

---

[69] 고후 4:1.
[70] 고후 3:6.
[71] Hartley, p. 115. 이 시간은 흔히 "경계선 시기"라고 부른다. 구체적인 예를 들면, 결혼한 남녀가 결혼 직후 자신의 가족과 친구를 떠나 신혼여행을 가는 것과 같다. 그들은 그날까지 두 개인으로 살다가 떠나지만 부부가 되어 공동체로 다시 돌아온다.

하나님과의 친교를 더 깊게 하며, 스스로를 준비하면서 일주일을 보내야 했다. 이런 지연은 깊이 뿌리 내린 죄의 본성과, 은혜를 통해 일어나는 변화의 점진적 특징을 입증한다. 고든 웬함이 말하듯이, "사람은 한순간에 자신을 더럽힐 수 있지만 성화와 부정함을 제거하는 데는 일반적으로 더 오랜 과정이 필요하다."[72] 하나님을 섬기기에 합당한 상태는 하루아침에 만들어지지 않는다. 나이트는 하나님이 세상을 창조하신 이레와 제사장직을 창조하고 임명하신 이레 사이의 놀라운 유사성을 지적했다.[73] 하나가 다른 하나만큼이나 어렵거나, 적어도 그만큼 중요한 것처럼 보인다.

슬프게도, 이런 기다림의 시간조차도 나답과 아비후가 자신의 제사장직을 망치는 것을 막지 못했고, 그들이 직무를 수행한 지 얼마 되지 않아 비극적인 결과가 발생했다(10:1-3). 이런 반성과 예배와 준비 기간이 전혀 없었다면 얼마나 더 나쁜 상황이 발생했을까!

예수님의 공생애는 그가 세례 받으신 직후―성령이 그분에게 내려온 순간―에 시작되지 않았다. 마가는 성령이 예수님의 삶에 처음으로 하신 일은 그를 (7일이 아니라) 40일 동안 사막으로 보내어 그곳에서 자신을 연단하고 기도하고 유혹을 견디고, 사탄과 싸우게 하신 일이었다고 말한다.[74] 그런 후에야 그분은 상한 자들을 치유하고 타락한 자들을 용서하는 제사장 직무를 시작하셨다.

제자들의 경험도 비슷했다. 그들의 첫 번째 소명은 예수님을 위해 무언가를 하는 것이 아니라 그저 그분과 함께 있는 것이었다.[75] 심지어 부활 후에도 제자들은 즉시 활발한 사역을 펼치는 대신에 하나님이 약속하신 성령의 선물을 받을 때까지 예루살렘에 머물라는 명령을 받았다.[76] 하나님이 무엇보다도 제자들을 "그의 아들 예수 그리스도…와 더불어 교제하게"[77] 불러 주셨다는 것을 깨

---

[72] Wenham, p. 144.
[73] Knight, p. 51.
[74] 막 1:12-13.
[75] 막 3:14.
[76] 행 1:4-5.

달을 때에야 비로소 그들은 다른 사람들을 섬길 준비를 갖추게 된다. 예수님과의 관계에서 그 섬김의 기초가 넘쳐 흘러나오기 때문이다.

급변하는 우리 사회에서 좋은 의도와 열정이 넘치는 일부 사람들은 너무 성급히 하나님의 일에 뛰어든 나머지 자신을 거룩하게 성장시킬 시간도, 삶의 시련을 통해 다져지는 시간도, 위로부터 오는 능력을 구할 시간도 허락하지 않는다. 하나님의 놀라운 은혜가 없다면, 그런 성급한 주제넘음은 낙심, 유혹, 시험이나 도전과 같은 초기 장애물에 걸려 넘어지는 결과를 낳기 쉽고, 그들이 경주에 준비되지 않았음을 보여줄 뿐이다. 더 심각한 것은, 그들을 하나님의 종으로 바라보았던 다른 사람들이 결국 그들이 신뢰할 수 없는 사람이라는 사실을 깨닫고 받게 되는 피해다. 기다림은 성별 과정에서 추가 선택 항목이 아니라 필수 요소다.

레위기 8장 전체는 여호와가 명령하신 내용에 특히 주목한다. 마지막 말씀에서는 모세에서 아론으로 순종의 바통이 전해진다. "아론과 그의 아들들이 여호와께서 모세를 통하여 명령하신 모든 일을 준행하니라"(36절). 하나님이 명령하신 모든 것을 조심스럽게 순종하는 것보다 자신의 사역을 준비하는 더 좋은 방법은 없을 것이다. 제사장직은 인간의 발명품이나 사회적 편의를 도모하기 위한 조직이 아니라, 하나님과 그분의 백성 사이에 사람들을 세우신, 하나님이 제정하신 질서였다. 오늘날 그 사이에 서 있는 사람들은 모세와 아론이 오래전 광야 성막에서 그랬듯이 주의하여 여호와께 복종해야 한다.

---

77 고전 1:9.

8장

여호와의 영광이 나타남
9:1-24

"여덟째 날"(9:1)은 새로운 한 주의 첫 날로, 새로운 시작을 뜻한다. 지난 일주일에 걸친 아론과 그 아들들의 성별은 이제 완료되었고, 아론은 사역을 시작할 준비가 되었다. 그러나 그의 제사장직 취임은 그 자신뿐 아니라 온 이스라엘 회중에게 변화를 예고한다. 하나님이 그들 가운에 계신 영원한 거처인 성막 내부에서 "여호와의 영광"(6, 23절)이 그들에게 나타났다. 하나님은 자기 백성 한 가운데 자신의 거처를 만드셔서 그분이 에덴동산에서 한때 인간과 누리셨던 친교를 어느 정도 회복하셨다. 물론 한때 인간이 소유했던 무죄한 상태까지는 아니었다.

1. 하나님이 나타나신다는 약속(9:1-6)

a. 지도자들에게 준 약속(9:1-4)
모세는 아론과 그의 아들들을 한쪽으로 데려다가, 이스라엘 지도자들 앞에서 (1절) 그들에게 그날 아론이 드릴 여러 제사에 사용할 제물들을 가져오라고 명령했다. 아론은 자신을 위해 속죄제와 번제를(2절), 이스라엘 공동체를 위해 네 가지 주요 제사, 곧 속죄제, 번제, 소제, 화목제를 드려야 했다(3-4절). 이러한 통상적인 명령에서 한 가지 세부 내용에 주목할 필요가 있다. 아론은 자신의 속죄제를 위해 "송아지"를 드리라는 명령을 받는데(2절), 이 동물을 명시한 곳은 여기뿐이다. 후대의 유대인 주석가들이 송아지를 제물로 선택한 이유가 아론이 중요한 역할을 했던 부끄러운 금송아지 사건 때문이었다고 설명한 것은 매우 옳다.[1] 이 제사를 통해 "그 중대한 죄의 마지막 오점"을 제거하고 있었던 셈이다.[2]

그러나 이 모두는 그후 모세가 발표한 놀라운 내용의 서막에 불과하다. 그는 "오늘 여호와께서 너희에게 나타나실 것임이니라"라고 말했다. 이스라엘 지도자들은 시내 산에서 하나님이 모세에게 나타나신 것을 멀리서 목격했고,[3] 예전에 한 번 그분이 보좌에 장엄하게 앉으신 모습을 보았다.[4] 그러나 이전에는 그렇게 가까이에서 직접 하나님을 대면하지는 못했다. 그들이 제대로 들은 걸까? 여호와가 정말로 진영 가운데 그들에게 나타나실까? 그들은 모세의 발표에 즐거운 기대와 불안한 염려가 뒤섞인 반응을 보였을 것이다.

b. 백성에게 준 약속(9:5-6)

제사장들이 제물들을 모아서 회막 앞으로 가져가자 "온 회중이 나아와 여호와 앞에 섰다"(5절). 그러자 모세가 모든 사람에게 기쁜 소식을 다시 발표했다. "이는 여호와께서 너희에게 하라고 명령하신 것이니 여호와의 영광이 너희에게 나타나리라"(6절). 이스라엘 백성은 이전에도 여호와의 영광을 목격했지만 그때는 우레와 번개와 빽빽한 구름과 연기 가운데 계셨고 주위에서 나팔 소리가 크게 들렸다.[5] 그때 하나님은 장엄하게 자신을 계시하셨고, 그분이 성별되지 않은 상태인 이스라엘 백성을 치지 않도록 그들에게 거리를 유지하라고 경

---

1 출 32:1-35.
2 Hartley, p. 122.
3 출 19:1-25.
4 출 24:9-10.
5 출 19:16-19.

고하셨다.[6] 당연한 일이겠지만, 그 당시 진영 중에 있는 모든 사람은 두려워 떨었다. 그러나 이제는 멀리 산꼭대기가 아니라 그들 한가운데에 하나님이 나타나실 것이었다. 지도자들처럼 백성들도 이 새로운 소식에 기쁨으로 반응해야 할지, 두려움으로 반응해야 할지 확신이 서지 않았을 것이다.

성경 다른 곳에서는 자주 언급하지만[7] 레위기에서는 이 장에서만 언급하는 "여호와의 영광"이란 무엇인가? '카보드'(kābôd, '영광'을 뜻하는 히브리어)는 '무게' 또는 '무거운'을 뜻하는 단어에서 파생한 것으로, 가치 있고 가장 소중한 것을 의미한다.[8] 그런 것에 대한 적절한 반응은 그것을 소중하게 여기거나 존중하는 것이다. 여호와의 영광은 "여호와의 무게"를 가리킨다. 그분은 귀하신 분이기에 가볍게 생각하거나 쉽게 무시하거나 평범하게 다루어서는 안 된다. 하나님의 영광은 이스라엘에서 "하나님의 명백한 임재를 가리키는 전문 용어"나 마찬가지다.[9] 이 용어 자체가 "천상의 빛나는 광휘"와 장엄한 영광을 강렬하게 나타낸다.[10] 이스라엘 백성은 이 영광의 하나님께 조심스럽게 다가가서 그 말씀을 주의 깊게 듣고 순종하는 마음과 성실한 복종으로 응답하는 것이 옳다.

현대 교회의 병폐들은 부분적으로는 우리가 하나님의 영광을 제대로 이해하지 못한 탓이다. 데이비드 웰스(David Wells)는 타당한 이유를 들어 오늘날 많은 그리스도인들이 견지하는 하나님 이해에 대해 예언자적 비판을 제기했다. 그는 그것이 "가벼움"이라고 말한다. 초월적인 하나님은 우리가 복종하고 "그 앞에서 우리 권리를 포기해야 하는"[11] 하나님이 아니라, 이제 우리를 섬기고 우리의 모든 필요를 채워 주고 모든 변덕을 맞춰 주는 하나님으로 전락하고 말았다. 하나님에게서 영광이 없어지고, 위엄이 박탈되고, 권위도 사라졌다. 웰스

---

6 출 19:20-23.
7 예를 들면, 출 24:9-10; 33:12-23; 40:34-35; 왕상 8:10-11; 시 24:10; 104:1-2; 사 2:10, 19, 21; 60:1-2.
8 C. John Collins, "kbd", in *NIDOTTE* 2, pp. 577-587를 보라.
9 같은 책, p. 581.
10 Mays, p. 43.
11 David Wells, *God in the Wasteland* (Grand Rapids, MI: Eerdmans; Leicester: IVP, 1994), p. 114. pp. 87-93도 보라. 『거룩하신 하나님』(부흥과개혁사).

는 복음주의 교회의 근본 문제가 부족한 기술이나 빈약한 조직, 적절하지 못한 음악이 아니라 "하나님이 너무나 보잘것없는 모습으로 그분의 교회에 존재하시기 때문이다"라고 주장한다. 우리가 하나님의 무게를 회복할 때까지는 무슨 일을 한다 해도 "[교회의] 상처에서 흐르는 피를 멈추지" 못할 것이다.[12]

이스라엘이 그 "여덟째 날"에 여호와 앞에 서 있을 때는 그런 위험이 없었다. 그러나 이스라엘은 하나님의 영광을 조심스럽게 바라보아야 할 뿐만 아니라 기쁨으로 맞이해야 한다는 것을 깨달았다. 이스라엘은 하나님의 영광 앞에서 엎드려 예배할 뿐만 아니라 기쁨으로 응답했다(24절). 하나님의 영광의 계시에 적절한 응답은 역설적인 이 두 반응뿐이었다. 여호와의 영광은 그분의 엄청난 초월성은 물론 그들 가운데 함께하시는 은혜로우신 임재를 나타냈기에 기쁨이나 경외 어느 하나만으로는 부족했을 것이다. 그분은 멀리 있거나 부재한 하나님이 아니라 자기 백성 가운데 사시는 하나님이셨다. 원격 통제나 멀리 떠 있는 위성에서가 아니라 진영 한가운데 있는 지성소에서 백성을 보호하고 지도하고 위로하고 인도하고 용서하셨다. 그분은 자기 백성의 관심사에서 멀어지거나 그들의 일상에서 동떨어져 그분만의 거룩함 가운데 고립되어 계시지 않고, 그들 가운데 사셨다. 그들은 언제든지 하나님을 의지할 수 있었고 그분이 그들과 함께 계신 것을 알았다. 앨런 로스(Allen Ross)가 말했듯이, "이 진리가 없다면, 레위기는 그 의미를 잃는다."[13]

2. 하나님의 오심을 준비함(9:7-23)

중요한 손님이 올 때는 늘 그렇듯이, 하나님이 오실 길도 준비해야 한다. 하나님의 영광이 나타나려면 백성은 그것을 받아들일 준비가 되어 있어야 한다. 그래서 그분의 계획에 따라 준비가 이루어졌다(6절).

---

12 같은 책, p. 30.
13 Ross, p. 227.

a. 제사를 드리다(9:7-21)

그 준비는 먼저 아론이 제단에서 직무를 시작하는 것과 함께 제사를 드리는 것으로 주로 이루어졌다. 그러나 아론은 백성의 대표자 역할을 수행하기 전에 먼저 자신을 위해 제사를 드려야 했다(8-14절). 그는 한 번 더 자신의 죄와 불충분함을 하나님과 백성 앞에 고백해야 한다.

혹자는 그를 위해 일주일 동안 제사를 드렸기 때문에 더 이상 제사는 필요 없으리라고 생각할 수도 있다. 어떤 사람들은 이런 끝없는 반복 때문에 아론이 제사 제도가 죄를 효과적으로 해결하지 못한다는 생각을 갖게 되었을 것이라고 말하기도 한다.[14] 그럴지도 모른다. 그러나 그런 관점은 이날이 아론이 처음 직무를 수행한 날—그는 얼마 전부터 이날을 준비해 왔다—이라는 사실을 충분히 설명해 주지 못한다. 그가 제사 드리는 일에 그렇게 빨리 싫증나지는 않았을 것이다! 이 관점은 또한 다소 시대착오적이긴 하지만, 짐승 제사가 속죄 수단으로 충분하지 않다는 기독교적 이해를 예고해 준다. 상황을 좀더 있는 그대로 이해한다면, 속죄제가 보여주듯이 죄를 위한 매일의 속죄와, 번제가 상징하듯이 하나님께 대한 매일의 성별이 하나님의 종들에게 그 당시에도 필요했고 오늘날에도 여전히 필요하다는 것이다.

"여덟째 날"에 사용한 절차는 일반적으로 따랐던 절차와 사소한 부분에서 차이가 있다. 예를 들어, 속죄제의 피는 4:6-7과 17절에서 명시한 대로 휘장 앞에서 뿌리거나 향단 뿔에 바르지 않고 바깥 제단의 뿔에 바르고 그 밑에 쏟는다(9, 15절). 이렇게 한 이유는 아마도 제사용 기구들을 아직 제대로 사용하지 않았기 때문에 죄가 성소를 더럽히고 성소와 지성소를 구분하는 휘장을 오염시키지 않았던 까닭일 것이다.[15] 그러나 통상적인 절차를 벗어난 이런 제사 방식은 이날이 예사롭지 않은 특별한 날이었음을 입증하는 것으로 인식되었을 가능성이 훨씬 더 많다.[16]

---

14 Kaiser, p. 1065와 Kellogg, p. 219.
15 Wenham, p. 149.
16 Hartley, p. 123.

아론은 자신을 위한 제사를 드린 후에 모든 사람을 위한 속죄제와 번제와 소제와 화목제를 드린다. 여기서 속건제가 빠진 이유는, 구체적인 죄를 다룰 때 드리는 이 제사가 위임식을 거행하는 이 특별한 날과는 상관이 없었기 때문이다. 그렇지 않고서야 이스라엘 예배의 모든 요소를 다 드려서 여호와의 오심을 준비했을 것이다. 제사 순서는 되는 대로가 아니라 조심스럽게 계획했다. 이는 우리가 하나님께 나아갈 때 진정으로 받아들여질 수 있는 유일한 순서를 보여준다. 먼저 죄를 고백하고, 그 다음으로 새롭게 성별되며, 그 후에야 비로소 선물을 드린다.[17] 마지막으로 그 결과로 친교를 누린다. 우리는 제사 자체가 목적이 아니라는 점을 유의해야 한다. 이스라엘이 드리는 예배의 목적은 종교적 연극에 참여하는 것이 아니라 하나님을 만나는 것이었다. 그러나 속죄 제사와 예배를 통하지 않고 죄인이 거룩하신 하나님을 만날 수 있는 다른 방법은 없었다.

b. 복이 선포되다(9:22)

모든 제사를 마친 후 "아론이" 제단에서 내려와[18] "백성을 향하여 손을 들어"—전형적인 기도 자세—"축복했다." 이때 아론이 무슨 말을 했는지는 전해지지 않지만, 그 내용이 하나님이 아론에게 사용하라고 주신 축복문과 다르다고 추정할 이유는 없다.

"여호와는 네게 복을 주시고
  너를 지키시기를 원하며
여호와는 그의 얼굴을 네게 비추사
  은혜 베푸시기를 원하며
여호와는 그의 얼굴을 네게로 향하여 드사
  평강 주시기를 원하노라."[19]

---

[17] 예루살렘 교회에 부조금을 보낸 마케도니아 교회의 관대함을 칭찬한 바울의 말에 유의하라. 그는 "그들이 먼저 자신을 주께 드렸다"(고후 8:5)고 언급한다.
[18] Levine, p. 57. 아론은 22절의 순서에도 불구하고 축복하기 전에 제단에서 내려왔을 것이다.

오늘날 많은 교회 예배의 축도와 달리, 이 축복문의 발표는 예배가 끝났다는 신호가 아니라 자기 백성에 대한 하나님의 언약의 약속을 선언하는 의미 있고 역동적인 방법이었다. 레이먼드 브라운(Raymond Brown)이 썼듯이 "축복은 다채로웠다. 염두에 둔 축복 내용은 명백하고, 정확하며, 눈에 보일 정도로 구체적이었다."[20] 이것은 레위기 후반부(와 다른 곳)에 나타나는 언약의 축복들―풍성한 수확, 평화로운 날들, 커져 가는 힘―을 활성화했다.[21] 예배는 쌍방향 계약이다. 하나님은 예배에서 받으시기를 기뻐하실 뿐만 아니라 주기를 기뻐하신다. 그분은 그분께 가까이 나아오는 사람들에게 그분의 풍성한 유익을 기쁘게 부어 주신다. 그래서 인간 참여자들은 하나님께 드릴 뿐만 아니라 그분에게서 받는다. 정확히 말하자면, 이스라엘 백성이 성막에서 하나님께 예배를 드린 것은 부분적으로는 그분이 내리시는 복을 받기 위해서였다.[22]

c. 기도를 드리다(9:23)

제사를 드리고 축복을 선포한 후 "모세와 아론이 회막에 들어갔다가" 하나님과 대화를 나눈다. 그들의 대화 주제는 조심스러운 베일에 가려져 있다. 아마도 모세와 아론은 모세의 약속을 이행하기 위해 하나님이 영광 가운데 나타나 주시기를 간청했을 것이다. 모세의 기대에도 불구하고 하나님이 그렇게 하시리라는 보장은 없었기 때문이다.[23] 그러나 더욱 중요한 점은 지금까지는 모세만이 하나님의 친밀한 임재에 접근할 수 있었다는 사실이다. 두 사람이 함께 하나님 앞에 선 것은 위임식이 완료되고 이스라엘을 위한 온전한 중재 책임이 모세에게서 아론으로 넘어갔음을 보여준다. 이제부터는 아론도 하나님을 대면할 수 있게 되었다.

---

19 민 6:24-26.
20 Raymond Brown, *The Message of Numbers: Journey to the Promised Land*, The Bible Speaks Today (Leicester: IVP, 2002), p. 55. 『신명기 강해』(한국 IVP).
21 레 26:3-13; 신 28:1-14.
22 Hartley, p. 124.
23 Milgrom, *Leviticus 1-16*, p. 588.

지금은 모든 신자가 그리스도를 통하여 누리는,[24] 하나님 앞에 즉시 나아갈 수 있는 특권이 한때는 모세와 아론에게만 한정되었다는 것이 믿기 어렵다. 모든 믿는 사람이 담대히 하나님의 은혜의 보좌로 나아가 긍휼하심을 받고 때를 따라 돕는 은혜를 얻을 수 있다는 사실은 옛 언약과 대조되는 새 언약의 영광의 특징이다.[25]

3. 하나님의 영광이 나타나심(9:23-24)

모세와 아론이 여호와 앞에서 나와서 다시 한 번 백성을 축복하자 "여호와의 영광이 온 백성에게 나타났다." 그날 일찍이 제시된 약속이 이제 이루어졌다. 시내 산에서 위엄 가운데 자신을 계시하셨던 하나님이 이제 회막에서 빛 가운데 자신을 나타내셨다.

a. 하나님의 영광에 대한 증거(9:24)

날씨와 관련된 다양한 징조로 자신의 영광을 계시하셨던 하나님이 이번에는 불로 자신을 나타내시기로 선택하셨다. "불이 여호와 앞에서 나와 제단 위의 번제물과 기름을 사른지라." 제단 위에서 천천히 타고 있던 짐승 제물과 소제물은 이제 완전히 초자연적으로 불살라졌다. 이것은 하나님이 그 제물들과 제물을 드린 사람들을 받아들이시며, 그들과의 관계에서 불확실함이나 소심함의 여지가 전혀 남아 있지 않다는 확실한 표시였다. 마찬가지로, 하나님에게서 나온 놀라운 불은 이스라엘 역사의 다른 시기—삼손의 탄생을 알려 주었을 때,[26] 다윗이 하나님의 진노를 달래기 위해 제사를 드렸을 때,[27] 솔로몬이 성전을 봉헌했을 때,[28] 엘리야가 갈멜 산에서 바알 선지자들을 제압했을 때[29]—에도 볼

---

24 롬 5:1; 히 10:19-22.
25 히 4:16.
26 삿 13:9-23.
27 대상 21:26.
28 대하 7:1-3.

수 있다. 때마다 하나님은 하늘에서 불을 보내 가시적이고 장엄한 방식으로 그분의 임재를 확인해 주시고, 초자연적 능력으로 개입하셔서 평범한, 때로는 절망적인 상황을 바꾸어 놓으셨다.

밀그롬이 주목하듯이, "불이 여호와 앞에서 나왔다"는 것은 이스라엘의 이런 경험을 이웃 국가에서 볼 수 있는 경험과 차별화한다.[30] 다른 지역에서 이런 사건들은 부족 신이 와서 그가 임한 곳을 장악했다는 것을 상징했지만, 이스라엘의 하나님은 이미 그들 가운데 계신다. 그분의 상징적인 자리인 법궤는 이미 안치되어 있다. 하나님은 밖에서 자기 집으로 들어가시지 않고, 오히려 그들에게 복을 주시기 위해 그 집에서 나오신다.

불은 하나님의 임재를 보여주는 적절한 이중 표지다. 불은 하나님을 노엽게 해서 그분을 두려워해야 할 이유가 있었던 사람들에게는 그분의 역동적인 거룩함을 보여주고 위험을 경고하고 심판을 예고했다. 하나님의 두려운 임재를 가볍게 취급할 경우에는 죽음을 초래할 수도 있었다. 그분의 장엄한 거룩함은 경외하는 마음으로 그분께 다가가야 한다는 것을 의미했다. 그러나 삶으로 하나님을 기쁘시게 하고 그분의 은혜를 알 만한 이유가 있는 사람들에게 불은 따뜻함, 용납, 정결, 축복을 암시했다.[31] 불은 이 두 측면에서 하나님의 영광의 계시를 전형적으로 보여주었다.

b. 하나님의 영광에 대한 응답(9:24)

불을 본 백성은 이 장 앞부분에서 예고한 이중 방식으로 응답했다. 여호와의 불이 떨어지는 장면을 묘사한 네 이야기 중 세 이야기에서 이런 반응을 언급하고 있다.[32] "온 백성이 이를 보고 소리 지르며 엎드렸더라." 자연스럽게 한껏 고양되었던 분위기는 두려움을 불러일으키는 하나님의 임재 앞에서 백성들이 갑

---

29 왕상 18:16-40.
30 Milgrom, *Leviticus 1-16*, p. 375.
31 Levine, p. 57.
32 대상 21:26만 이런 반응을 기록하지 않는다.

작스럽게 부복하면서 누그러졌다. 하나님은 정말로 그들 가운데 살고 계셨다. 예배의 목적이 성취되어 그들은 하나님과 만났고 그분의 모든 초월적인 은혜 가운데서 그분과 접촉했다. 지금도 하나님은 소멸하는 불이시며,[33] 진정한 예배자들은 그분의 임재 앞에 경외감에 사로잡혀 순종으로 응답한다. 그러나 그와 동시에 그들은 축하 행사에 모인 수많은 천사들과,[34] 하나님의 보좌들과 어린 양을 둘러서서 다음과 같이 찬송하는 수많은 무리와 함께하는 것이 무엇인지 안다.

> "보좌에 앉으신 이와 어린 양에게
> 찬송과 존귀와 영광과 권능을
> 세세토록 돌릴지어다."[35]

4. 하나님의 방식의 전개

"여덟째 날"에 일어난 사건들에 대한 이 설명은 영적 지도력의 책임, 참된 예배의 본질, 대제사장의 사역, 옛 언약 아래 제사의 한계에 관한 영속적인 진리를 전달한다. 그러나 무엇보다도 이것은 하나님이 자기 백성 가운데 살고 계신다는 놀라운 사실을 아주 잘 보여주며, 그분의 영광을 온전히 이해하는 길을 열어 준다.

아론 시대의 이스라엘은 이 땅에 하나님의 영광이 완전히 나타나는 것을 보지 못했다. 그런 경험은 예수님 시대와 그 이후에 사는 사람들 몫으로 남겨졌다. 요한은 예수 그리스도의 삶을 설명하면서 레위기 9장의 언어와 사고를 기본 틀로 이용했다. 레위기에서 하나님은 성막에서 자기 백성과 함께 거주하시며 그 영광이 그 안에서 나타나셨다. 요한복음은 "말씀이 육신이 되어 우리

---

[33] 히 12:29.
[34] 히 12:22, 새번역.
[35] 계 5:13.

가운데 거하시매[장막을 치시매] 우리가 그의 영광을 보니 아버지의 독생자의 영광이요 은혜와 진리가 충만하더라"[36]라고 말한다.

하나님의 진정한 영광은 예수님의 삶뿐만 아니라, 역설적이게도 그분의 죽음에 더 분명하게 나타났다.[37] 하나님의 영광은 예수님이 행하신 표적과 그분이 가르치신 진리와 그분이 보이신 긍휼과 그분이 외치신 주장에 명백하게 드러났다. 그러나 하나님의 영광이 가장 크게 나타나신 것은 예수님이 능력과 위엄과 존귀와 힘을 박탈당하고 십자가에 달리신 때였다. 우리는 예수님이 당하신 연약함과 굴욕과 불명예와 학대에서 하나님의 진정한 능력과 지혜가 드러난 것을 본다. 죄를 이기고 그분께 대적하는 원수들을 완전히 패배시킨 능력과 지혜가 드러났다. 갈보리의 십자가 희생은 세상 문제를 해결하는 방법 치고는 확실히 희한했다. 우리는 대개 '충격과 공포'를 이용하여 힘을 과시하고 적을 물리치고 포로로 잡힌 사람들을 해방시킨다. 그러나 하나님은 관습에 얽매이지 않는 색다른 방식으로 일하시고, 극단적인 연약함과 어리석음 가운데 그분의 영광을 드러내신다. 그러나 그 연약함과 어리석음은 인간의 힘보다 훨씬 더 강하고, 인간의 지혜보다 훨씬 더 현명하다.[38]

우리가 하나님의 영광을 보기 위해 오래전 "여덟째 날" 광야 이스라엘 총회에 함께 참여할 필요는 없다. 예수님과 그분의 경이로운 십자가에서 이스라엘 백성이 목격한 것보다 더 빛나는 영광을 볼 수 있기 때문이다. 그분의 영광은 우리가 붙드는 소망이 "우리를 대신하여 자신을 주셔서 모든 연약함에서 구속하시고 자기 백성을 깨끗하게 하신 우리의 크신 하나님 구주 예수 그리스도의 영광이 나타나실"[39] 날에 완전히 실현될 때까지 점점 더 강렬하게 빛날 것이다.[40] 그 위대한 날이 동터 올 때, 우리 목소리는 하늘 합창으로 울려 퍼지며 "영광!"이라고 외칠 것이다.

---

36 요 1:14.
37 요 12:23과 17:1은 영광을 그리스도의 십자가와 연결한다.
38 고전 1:18-25.
39 딛 2:13.
40 골 1:27.

그날이 밝아 올 때까지 우리는 그분을 예배 중심으로 삼고, 우리를 절대 버리지 않으실 구원자의 임재를 기쁘게 신뢰하면서,[41] 그분의 말씀을 존중하며 기꺼이 순종한다.

---

41 히 13:5.

9장

여호와에게서 나온 불
10:1-20

황홀한 경험 뒤에 극심한 고통이 찾아왔다. 아론의 위임식이 완료된 여덟째 날의 승리는 새로 제사장으로 임명된 나답과 아비후가 "여호와께서 명령하시지 아니하신 다른 불을 담아 여호와 앞에 분향하였더니"(10:1) 금세 비극으로 바뀌었다. 여호와의 자비로운 임재를 나타내기 위해 그분 앞에서 나왔던 불이 이제 그분의 엄격한 심판을 나타내기 위해 "여호와 앞에서 나왔다"(2절). 이것은 성공의 순간에 휩쓸려 흥분해서는 안 되며, 열정이 순종보다 앞서서는 안 된다는 것을 생생하게 상기시켜 준다.

레위기 10장은 레위기 전체에 나오는 두 내러티브 중 하나다.[1] 그러나 이 이야기는 레위기의 목적에서 벗어나지 않으며, 이 경우에는 즉시 알아차릴 수 있는 법률적 접근법보다는 역사적 사례를 이용하여 계속해서 하나님의 율법을 가르친다. 이 이야기는 아론의 아들들이 위법한 불을 여호와께 드렸을 때(1절)

---

1 다른 하나는 24:10-24에 나온다. Noth, p. 13. 그는 레위기 8-10장의 내러티브 특징이 이 장들이 레위기의 핵심임을 의미하며, 레위기의 나머지 장들은 이 장에서 확장되었다고 믿는다.

일어난 두려운 사건과 그 결과를 말해 준다.

1. 여호와를 분노하게 함(10:1-7)

a. 그들의 정체성(10:1)

하나님을 분노하게 한 중심인물은 아론의 첫째 아들과 둘째 아들인 "나답과 아비후"였다. 둘은 특별한 교육을 받았고 하나님이 이스라엘 백성에게 자신을 나타내시는 것을 가까이에서 지켜보았다. 그들은 모세가 하나님과 대화하고 십계명을 담은 돌판을 받기 위해 시내 산에 올라갔을 때 그 산에 접근했던 선택받은 무리에 속했다.[2] 제사장으로 새로 임명된 그들은 지난 일주일 동안 성막에 머물면서 하나님과 소통하고 위임식을 준비했다. 그들은 지성소에서 불이 나와서 제단의 제물을 불사르는 장면을 직접 목격했다(9:24). 이 모든 과정을 통해 그들은 중요성이나 경험 면에서 아론 다음가는 위치를 갖게 되었다.

b. 그들이 한 일(10:1)

가정교육과 경험과 훈련에도 불구하고 그들은 "각기 향로를 가져다가 여호와께서 명령하시지 아니하신 다른 불을 담아 여호와 앞에 분양하였다." 그 불이 "다른 불"[3]이 된 정확한 이유는 확실하지 않다. 다른 곳에 흩어져 있는 가능한 단서들을 기초로 추측해 볼 수 있을 뿐이다. 술을 언급하는 9절에서 암시하듯이 아마 나답과 아비후가 제단에서 직무를 수행할 때 술에 취한 것이 문제였는지도 모른다. 정당하게 허락된 거룩한 향로가 아니라 잘못된 기구, 즉 "제각기 자기의 향로"(1절, 새번역)를 사용했을 수도 있다. 레위기 16:1이 암시하듯이, 너무 성소 깊숙이 들어가 그들에게 금지된 구역인 지성소에 들어갔는지도 모른다. 출애굽기 30:9에서 규정한 대로 적절한 종류의 향을 사용하지 않았는지

---

2 출 24:1.
3 JPS 번역. Levine, p. 58를 보라.

도 모른다. 그러나 본문은 그들이 여호와께 드린 불을 강조하기 때문에 그들이 제단에 가져온 불이 하나님이 점화하신 불이 아니라 다른 부적절한 곳에서 얻은 불일 가능성이 가장 높다.[4]

그러나 이 모든 내용은 추정이며, 새뮤얼 밸런타인은 이에 대해 다음과 같은 의견을 제시한다. "이 이야기에 관한 이러저러한 의문점은 많은 추측을 불러일으키며, 그중 일부는 아주 기발하지만, 대부분은 여전히 미진하다."[5] 우리는 앤드류 보나르(Andrew Bonar)와 함께 "여호와는 이 제사의 시간과 장소뿐만 아니라 방식에 대해서도 명령하신 적이 없었다"고 결론 내려야 할 것이다.[6]

모든 사람이 동의하는 한 가지는 나답과 아비후가 노골적으로 하나님께 불순종했다는 점이다. 그들의 죄는 우연도, 부주의한 행위도 아니었다. 그들은 "거룩하지 않은 불"(NRSV)을 드려서 자신들의 불이 하나님의 불만큼이나 좋다고 주장하는 한편, 그들의 아버지, 즉 대제사장의 직무를 떠맡으려고 하여 하나님의 명령을 무시하고 있었다. 그들의 동기는 "교만이나 야심, 질투나 성급함"이었거나, 또는 단순히 과도한 열정 때문에 부주의해졌을지도 모른다. 그러나 동기가 무엇이든, 그것은 그들이 최근에 봉헌된 거룩한 삶과는 아주 거리가 멀었다.[7]

c. 사건의 결말(10:2-7)

이 사건은 비극으로 끝났다. "불이 여호와 앞에서 나와 그들을 삼키매 그들이 여호와 앞에서 죽은지라"(2절). 하나님이 나답과 아비후의 위험한 행동을 갑자기 중지시키고 심판하셨다. 그들은 가장 극적인 방식으로 "끊어졌다." 하나님이 그들을 가혹하게 처벌하신 이유가 없진 않지만(곧 살펴볼 것이다) 일단은 이야기의 흐름을 따라가기로 한다.

---

4 Milgrom, *Leviticus 1-16*, p. 597.
5 Balentine, p. 83.
6 Bonar, p. 195.
7 Harrison, p. 109.

아론은 망연자실하여 아무 말도 하지 못했고(3절) 모세가 성막에서 시신을 치우는 문제를 담당했다. 제사장들은 시신에 접촉하여 자신을 더럽혀서는 안 되었기 때문에 "아론의 삼촌 웃시엘의 아들"이자 나답과 아비후의 사촌인 "미사엘과 엘사반"(4절)—레위 지파 중에 가장 가까운 친척—이 어쩔 수 없이 그 일을 맡아 시신을 "진영 밖으로" 옮겼다.[8] 나답과 아비후가 입은 제사장 옷은 불타지 않았는데, 이는 몸 전체가 불에 타서가 아니라 여호와의 진노가 얼굴을 강타해서 죽었다는 것을 암시한다.[9]

아론과 그의 아들들이 어떤 식으로든 애도를 표시하는 것은 허락하지 않았다(6절). 어떤 상황에서도 대제사장이 친척의 죽음을 애도하는 것을 허락하지 않는 것이 관례였다(21:10-12). 그러나 이런 금지를 아들처럼 가까운 친족에 적용하는 것은 예외적이었기 때문에(21:1-4), 이런 조치는 나답과 아비후가 저지른 범죄의 심각성을 입증해 주었다. 다른 가족 구성원들은 애도할 수 있었으며, 이런 사실은 하나님이 그분의 신속한 행동이 초래한 고통에 무감각하지 않으셨음을 보여주었다(6절). 제사장들에게는 애도를 금지했을 뿐 아니라 성막 구역 안에 머물라고 명령했다. 그들은 "여호와의 관유"(7절)로 기름부음을 받았고, 하나님과의 관계가 위태로운 지금 시점에 감히 바깥세상과 접촉하여 부정해질 위험을 감수할 수 없었기 때문이다. 우리 사회의 기준으로는, 아론이 슬픔을 표현하지 못하게 한 것은 너무 가혹해 보인다. 그러나 이것은 무정한 하나님이 아니라 올바른 우선순위에 대한 인식을 입증한다. 아론은 심지어 가족 문제보다도 하나님에 대한 섬김을 우선으로 간주해야 했다. 이스라엘의 대표자인 그는 자신의 책무에 계속 집중해야 했다. 이렇게 볼 때, 아론에게 주신 이런 명령들은 제자의 길을 걷기 전에 자기 아버지를 장사 지내기 원했던 사람에게 예수님이 주신 대답과 다르지 않다. 예수님은 이렇게 말씀하셨다. "죽은

---

8 그들의 이름을 언급한 것은 North, p. 84와 Gerstenberger, p. 120가 제안하듯이 이 사건 배후에 숨겨진 제사장들 간의 파벌과 관련된 "실제 이야기"가 있음을 암시한다는 생각을 결코 뒷받침하지 않는다. Milgrom은 이런 공상을 "순전히 짐작"일 뿐이라고 치부한다. *Leviticus 1-16*, p. 604.

9 Levine, p. 60.

자들로 자기의 죽은 자들을 장사하게 하고 너는 가서 하나님의 나라를 전파하라."¹⁰ 하나님의 일은 다른 모든 것에 우선하며, 하나님의 종들은 덜 중요한 일에 에너지를 분산해서는 안 된다.

d. 이 사건이 중요한 이유(10:3)

하나님은 왜 그렇게 신속하게 나답과 아비후를 처벌하셨을까? 우선 그 이름의 영광이 관련되어 있었다. 하나님은 이미 이스라엘 백성에게 스스로를 자기 영광에 대해 질투하는 분으로 알리셨고, 그분의 거룩하심에 따라 행동하셨을 뿐이다.¹¹ 그와 달리 행동하셨다면 하나님이 이스라엘이 믿었던 것처럼 정말로 정결하고 기민하며 강력하신 분인지에 의문이 제기되었을 것이다. 하나님은 모세에게 다음과 같이 말씀하신다.

"나는 나를 가까이하는 자 중에서
　내 거룩함을 나타내겠고
온 백성 앞에서
　내 영광을 나타내리라."¹²

하나님은 바로 왕에 맞서 그분의 영광을 지키셨고 고라가 이끈 반역자들에 맞서 정확히 이런 방식으로 행동하셨다.¹³ 잘못을 범한 제사장들은 왜 하나님의 거룩하심을 볼 수 없도록 제외되어야 하는가? 제사장들에게는 다른 사람들보다 덜 까다로운 순종을 허용해야 하는가? 사실은 정반대였다. 하나님은 자기 백성 가운데 사시는 데 열의가 있으셨고 어떤 사람도, 심지어 제사장이라고 해도 그분의 거룩한 처소를 더럽히도록 허락하시지 않을 것이다.

---

10 눅 9:59-62을 보라(60절에서 인용).
11 신 4:24.
12 Kaiser가 p. 1072에서 제안하듯이, 이 말씀을 어디에서 인용했는지 정확히 알 수 없지만 출 19:22나 29:43을 암시하는 것 같다.
13 민 16:35.

하나님이 나답과 아비후를 처벌하신 이유는 제사장인 그들이 하나님 바로 앞에서 일했기 때문이었다. 3절의 "나를 가까이하는 자들"이란 번역 배후에 있는 특별한 단어들이 이 점을 강조한다. 이 용어는 대개 중간 매개자 또는 자기 상급자와 친밀한 사람을 통하지 않고 통치자와 직접 접촉할 수 있는 관리를 지칭했다.[14] 성경은 하나님과 가까운 사람일수록 그분의 거룩함과 영광에 더 주의하고, 큰 특권을 부여받은 사람일수록 자신의 책임을 완수하기 위해 더 주의해야 한다고 한목소리로 말한다. 예수님은 "무릇 많이 받은 자에게는 많이 요구할 것이요 많이 맡은 자에게는 많이 달라 할 것이니라"[15]라고 경고하셨다. 제사장들도 깨달았듯이, 하나님과 가까우면 많은 유익이 있지만, 동시에 위험하기도 하다. 그분이 베푸신 모든 은혜에도 불구하고 그분은 종들에게 즉각적이고 정확한 순종을 요구하신다.

제사장이라는 위치는 이스라엘에서 큰 영향력이 있었다. 그들이 하나님과 성막의 여러 의식을 대하는 태도는 곧장 이스라엘 백성 전체가 취하는 태도가 될 것이다. 따라서 하나님이 특히 이제 막 제사장 임무를 시작하는 나답과 아비후의 안이한 봉사나 무성의한 순종을 용납하셨다면, 머지 않아 이스라엘 전체가 부주의하거나 무례한 태도로 하나님께 다가왔을 것이다. 목회자들에게 영향을 미치는 것들이 회중에게도 영향을 발휘하는 것을 보면서 놀라움을 금하지 않을 수 없다. 하나님과 그분의 일에 대한 목회자들의 열정은 전염성이 있다. 안타깝게도, 그들의 냉소와 미온적인 태도, 거룩함의 부재도 마찬가지다. "교회 회중의 태도는 목회의 성격에 달려 있다"[16]는 메이스(J. L. Mays)의 주장을 부정하기는 힘들다. 목회자들을 구약성경 제사장의 직접 계승자로 보지 않는다 해도,[17] 그들은 여전히 교회 회중이 그리스도 안에서 얼마나 성숙하느냐에 엄청난 책임을 진다. 물론 이런 책임이 오롯이 그들 어깨에만 달려 있지는 않

---

14 Milgrom, pp. 600-601.
15 눅 12:48.
16 Mays, p. 43.
17 p. 127를 보라.

다고 해도 말이다.

　나답과 아비후의 운명은 또 다른 교훈을 가르쳐 준다. 그들이 "여호와께서 명령하시지 아니하신 다른 불"을 드렸을 때 어떤 마음 상태였는지 확실히 알 수는 없지만, 그들이 이 직무를 처음 시작하는 초보자였다는 점은 확실하다. 아마 이런 미숙함도 그들의 잘못에 일조했을 것이다. 그들은 좋은 의도에서, 심지어 여호와께 호의를 베푼다고 생각하면서 불을 드렸을 것이다. 당시에는 그 행동이 그들에게 옳게 여겨졌을 수도 있다. 가능한 많은 제물을 드리려는 열정이 실수로 이어졌는지도 모르지만, 어쨌든 잘못은 잘못이다. 좋은 의도가 정확한 순종을 대신하지 못하고, 선의의 열정이 "예배의 규율과 신중함"[18]을 대신하지 못한다. 이것은 기독교 교회 초기에 아나니아와 삽비라가 비싼 대가를 치르고 배운 교훈이었다.[19] 그들도 하나님께 예물을 드렸다. 틀림없는 선의였고, 과도한 열정이 동기가 되었을 것이다. 그들은 예물을 드리면서 사도들을 속이려고 했고, 그 결과 나답과 아비후처럼 하나님께 죽임을 당했다. 성경은 "온 교회와 이 일을 듣는 사람들이 다 크게 두려워하니라"[20]라고 기록한다. 구약과 신약의 한 분 하나님을 예배할 때 우리는 경외하는 태도로 다가가야 마땅하다.

2. 여호와를 경청함(10:8-11)

나답과 아비후의 비극적인 죽음 직후 여호와께서 아론에게 말씀하셨다(8절). 이 부분은 하나님이 아론에게만 말씀하신 유일한 성경 기록이다. 아론은 보통 모세와 함께 하나님의 말씀을 들었기 때문이다. 하나님은 이 상황을 이용하여 아론에게 그가 대제사장으로 감당해야 할 핵심 책무를 일깨워 주셨다. 이보다 더 가르치기에 적합한 순간은 없었을 것이다.

---

18 Hartley, p. 138. Kellogg, p. 239도 보라.
19 행 5:1-11.
20 행 5:11.

a. 여호와가 금지하신 것(10:9)

하나님의 첫 번째 명령은 우리에게는 좀 이상해 보일 수도 있다. "너와 네 자손들이 회막에 들어갈 때에는 포도주나 독주를 마시지 말라. 그리하여 너희 죽음을 면하라." 이 명령이 너무나 직접적이기 때문에 일부 사람들은 나답과 아비후의 어리석은 행동 배후에 술이 있었을 것이라고 생각하게 되었다.[21] 그랬을 수도 있지만, 그렇지 않다고 해도 금주 명령이 가장 먼저 등장하는 것은 그다지 이상하지 않다. 나실인의 서원에서 보듯이[22] 금주는 하나님께 대한 완전한 헌신의 표시였고, 제사장들이 성소에서 섬길 때는 완전한 헌신을 요구했다.

술을 금지한 둘째 이유는 제사장들에게 훨씬 더 적절하다. 하나님은 아론에게 제사장의 핵심 역할은 판단과 분별이라고 상기해 주신다. 제사장이 술에 취해 있을 경우 판단력과 분별력은 심각한 영향을 받게 될 것이다. 판단이 왜곡되고 신뢰하기 힘들어질 것이다.[23] 제사장들이 "포도주에 취하거나" 독한 술에 취하여 휘청거리며 성막에 나타난다면[24] 이스라엘 백성이 지혜를 구하러 찾는 사람들이 실제로는 매우 어리석은 사람임을 보여주었을 것이다.[25] 오늘날 모든 형태의 대중교통을 담당하는 사람들은 승객의 안전이 위태롭지 않도록 술을 엄격히 삼가야 한다. 자신이 돌보는 하나님 백성의 영원한 안전을 책임 진 사람들은 얼마나 더 큰 주의를 기울여야 하겠는가? 그들은 모든 종류의 중독성 물질 남용을 피하고 명료한 정신과 자기 절제를 유지해야 하며, 무엇보다도 교회를 참된 분별력으로 바르게 가르치고 인도하기 위해 성령으로 충만해야 한다.[26]

---

21 그러나 특히 Noth는 p. 89에서 이 명령이 본문의 맥락과 관련이 없다고 생각한다.
22 민 6:1-12.
23 Levine, p. 61.
24 사 28:7, 새번역.
25 잠 20:1. 잠 31:4-7도 보라.
26 엡 5:18; 살전 5:7-8; 딤전 3:2-3, 8.

b. 여호와가 요구하신 것(10:10-11)

여호와는 효과적인 사역의 방해물을 제거하신 후 아론에게 그의 핵심 책무를 상기해 주신다. "너희는 거룩한 것과 속된 것을 구별하여야 하고, 부정한 것과 정한 것을 구별하여야 한다. 또 너희는 나 주가 모세를 시켜 말한 모든 규례를 이스라엘 자손에게 가르쳐야 할 사람들이다"(새번역).

여호와께 성별된 대상과 사람과 장소는 거룩했다. 여기에는 성막에서 사용하는 기구와 도구, 제단에 드리는 예물과 제물, 제사 짐승의 생명의 피, 성막에서 일하는 제사장이 포함되었다. 그러나 레위기는 어떤 것이 거룩한지 아닌지를 판단해야 하는 수많은 예를 보여주고, "구별하여 확인하는 것이 제사장의 핵심 역할"[27]이라는 생각으로 이어진다. 속건제에 대한 논의에서 관련된 예를 몇 가지 제공한 바 있고, 레위기 마지막 장에서처럼 정결 규례도 많은 예를 제공할 것이다. 어떤 것이 거룩하지 않다면 보통의 일상적인 방식으로 사용할 수 있다. 그러나 그것이 거룩하다면 하나님만을 위해 따로 구별되었다. 나답과 아비후의 경험은 하나님께 속한 것을 남용하는 위험성을 가르쳐 주었다.

거룩한 것은 대부분 정결한 것과 중복되지만, 거룩하다고 해서 반드시 정결하지는 않았다.[28] 레위기 다음 부분(11-15장)의 중심 주제는 제의적으로 정한 것과 부정한 것이 무엇을 의미하는지 살펴볼 것이다. 거룩하지 않지만 정결한 것은 있을 수 있지만, 부정한 것이 거룩하게 간주되는 것은 불가능했을 것이다. 이스라엘 자손은 정한 음식만 먹을 수 있었고 정하다고 판정받은 사람들만이 예배 때 하나님께 나아갈 수 있었다. 따라서 어떤 대상이 어느 쪽인지 아는 것이 매우 중요했고, 그것을 그들에게 가르쳐 주는 것이 제사장들의 책무였다. 이런 사안은 이스라엘 자손에게는 일상적으로 긴요한 영적 문제였다.

제사장들의 가르치는 역할은 훨씬 더 쉽게 이해할 수 있다. 때로 성결 법전으로 불리는 17-26장은 하나님이 그분의 언약 백성이 가정과 경제생활에서, 공

---

27 Milgrom, *Leviticus 1-16*, p. 615. 겔 44:23을 보고, 겔 22:26과 대조해 보라.
28 이 책의 서론 pp. 26-27를 보라.

동체 내에서와 범죄 행위에 대하여 말과 행위로 보여주기 원하시는 수많은 윤리적 가르침을 담고 있다. 이스라엘 자손은 이 모든 명령에 대해 차분하게 설명을 듣고 신중하게 해석할 필요가 있었을 것이다. 불량한 사람들을 바로잡는 것뿐만 아니라 무지한 사람들을 가르치는 일도 제사장들의 일이었다. 수 세기 후에 말라기가 확인해 주었듯이, 제사장들의 소관 업무는 결코 바뀌지 않았다. 말라기는 "제사장의 입술은 지식을 지켜야 하겠고 사람들은 그의 입에서 율법을 구하게 되어야 할 것이니"[29]라고 썼다.

나중에 바울은 교회의 목회 사역을 돌아보면서 장로들의 가르치는 일[30]과 "또 다른 사람들을 가르칠 수 있는 충성된 사람들에게"[31] 복음을 부탁할 필요성을 계속해서 중요하게 여겼다. 그들이 가르치는 내용은 고대 이스라엘 제사장들이 전달했던 내용과는 다를 수 있지만 그 임무는 다르지 않았다. 목회자들은 진리를 자세히 설명하고 오류를 꾸짖어야 했다. 존 스토트(John Stott)는 목회 서신들의 증거를 조사한 후 이렇게 결론을 내린다. "기독교의 목회 사역은 기본적으로 가르치는 사역이며, 이것은 목회자 후보자들이 정통 신앙과 가르치는 소질을 모두 갖추어야 하는 이유를 설명해 준다."[32]

3. 여호와를 기쁘시게 함(10:12-20)

이 장의 결론은 여전히 나답과 아비후의 불순종의 결과에 관심을 둔다. 모세는 아론과 그의 남은 아들 엘르아살과 이다말에게 나답과 아비후가 드리려다가 중단된 제물 중 남은 일부를 모두 먹으라고 명령했다. 모세는 이런 명령을 내리면서 제사장들이 제사 절차를 끝까지 완료하되, 정확히 그대로 따라야 한다고 경고하고 있었다(12-15절). 그들이 제물을 먹는 것이 중요했던 이유는 배

---

29 말 2:7.
30 예를 들어, 딤전 3:2; 4:13; 6:2; 딤후 4:2; 딛 1:9.
31 딤후 2:2.
32 John Stott, *The Message of 2 Timothy: Guard the Gospel*, The Bible Speaks Today (Leicester: IVP, 1973), p. 108. 『디모데후서 강해』(한국 IVP).

가 고팠기 때문만이 아니라 중단된 제사가 하나님 보시기에 불충분했기 때문이다.[33] 모세는 그렇게 말한 뒤 한동안 성막을 떠났던 것 같다.[34] 다시 돌아온 그는 아론과 그의 가족이 명령대로 자신들에게 속한 제물의 일부를 먹지 않고, 제단에서 완전히 불살라 버린 것을 발견했다(16-18절). 모세는 화를 내면서 자신의 명령을 무시한 이유를 캐물었다.

감정을 절제하기는 쉽지 않았겠지만, 모세는 슬픔에 빠진 여든의 아론에게 직접 말하지 않고 먼저 엘르아살과 이다말에게 문제를 제기할 정도의 세심함은 갖추고 있었다. 그러나 그의 질문에 대답한 사람은 아론이었다. 그는 "오늘 그들이(나답과 아비후) 그 속죄제와 번제를 여호와께 드렸어도 이런 일(짐작건대 그들의 죽음)이 내게 임하였거늘 오늘 내가 속죄 제물을 먹었더라면 여호와께서 어찌 좋게 여기셨으리요"(19절)라고 설명했다.

모세와 아론은 상황을 다른 각도에서 보았고 이 때문에 하나님의 법을 해석하는 방법을 두고 상반된 결론을 내렸다. 모세는 제물의 피를 이미 제단에 드린 속죄 제물을 불사른 것을 우려한 반면, 아론은 그 제물이 아들들의 죽음으로 더럽혀졌기 때문에 부정해진 것을 염려했다.[35] 율법에 능하고 온전히 진실하게 율법을 다루는 경건한 두 사람이 율법을 다르게 볼 수 있는 여지는 분명히 있었다. 관련 조항이 아무리 자세하다 해도 그것을 서로 다르게 해석할 자유가 있는 영역이 항상 있었을 것이다.

모세는 아론의 해석을 듣고 "좋게 여겼다"(20절). 아론은 여호와를 기쁘시게 하기만을 원했기에, 지나치게 조심하는 태도를 취하면서 하나님의 영광을 다시 위태롭게 할 가능성을 확실히 없애는 쪽을 선택했다. 그런 선택은 그 특정한 날뿐 아니라 여느 날에도 현명한 결정이었다. 아론은 분명하게 계시된 내용을 건성으로 다루지 않았고, 분명하게 계시되지 않은 내용에 신중했다. 월터 카이저의 말처럼 "아론과 그의 다른 두 아들이 직접 죄를 짓지는 않았지만 그

---

33 Levine, p. 62.
34 Milgrom, *Leviticus 1-16*, p. 622.
35 Budd, pp. 156-157. Milgrom, *Leviticus 1-16*, pp. 635-640를 요약.

들의 양심이 하나님의 거룩하심과 그들의 죄악된 성향에 깨어 있어서 분명한 방향을 알지 못하는 영역으로 함부로 나서기를 주저한다."[36] 아론과 그의 남은 아들들이 하나님의 일에 대해 자유를 취하기보다 삼간 것은 그날의 혹독한 교훈이 그들에게 깊이 새겨졌음을 입증한다.

모세와 아론의 논쟁은 오늘날의 교회에 두 배로 중요한 교훈을 가르쳐 준다. 한편으로, 모세와 같이 성경 해석에 엄격하고 자신의 성경 해석만이 타당하다고 믿는 사람들이 있다. 그들은 하나님께 영광을 돌리려는 열망이 있다. 그들은 성경을 자신들만큼이나 진실하게 다루는 사람들이 정당하게 그들과 다르게 해석할 수 있는 문제들이 있다는 사실을 직시해야 한다. 성경은 일부 집단에서 하듯이 협상 불가한(게다가 대개는 사소한!) 해석을 강요하는 것을 분명히 정당화하지 않는다. 성경은 논쟁의 영역을 인정하며, 이런 강요는 일부 신자들의 영적 발전에 해를 끼칠 수 있다. 다른 사람들이 그들을 위해 모든 것을 해결해 주기보다는 그들이 직접 주님 앞에서 문제를 놓고 씨름하면서 성숙해 나갈 필요가 있다.[37] 다른 한편으로, 일부 교회 지도자들 중에는 하나님의 말씀을 함부로 다루는 사람들이 있다. 그들은 나답과 아비후의 비극과 아론의 예를 통해 하나님과 관련된 일은 더 조심스럽고 정중하게 접근해야 한다는 권고를 받을 필요가 있다. 분명히 말하지만, "하나님은 업신여김을 받지 아니하신다."[38] 그분의 영광이 드러나고, 그분의 거룩하심이 그 백성을 인도하는 사람들에게 알려질 것이다.

아론의 큰아들들은 갑자기 하나님의 은혜에서 떨어졌다. "여호와 앞에서 나온 불"이 하나님의 은혜로운 임재의 표시에서 하나님의 두려운 심판의 도구로 바뀐 것은 많은 사람들에게 놀랍고 비극적인 사건이었다. 아론의 제사장 위임식 이후에 벌어진 사건들은 하나님을 섬기는 일을 하려는 모든 사람에게 영원한 경고가 된다. 그러나 그 사건들이 하나님은 악의적이고 무자비하며 보복

---

[36] Kaiser, p. 1072.
[37] 고전적인 예로 롬 14장과 고전 7-8장.
[38] 갈 6:7.

하시는 분임을 나타낸다고 생각해서는 안 된다. 우리가 성경 다른 곳은 물론 레위기에서 가장 많이 만나는 하나님은 긍휼과 자비의 하나님이시며, 노하기를 더디하고 인자와 진실이 많은 하나님이시다.[39] 그분은 자기 백성이 가까이 다가오기를 바라며, 자녀들과 함께 살면서 그들의 잘못을 용서하고 상처를 치유하는 아버지처럼 되기만을 간절히 원하신다.

바울은 이 슬픈 이야기가 모든 신자에게 주는 교훈을 적절하게 포착한 말씀을 통해 고린도 교인들에게 하나님을 전심으로 섬기라고 권면했다. "사랑하는 자들아…우리는 **하나님을 두려워하는 가운데서 거룩함을 온전히 이루어** 육과 영의 온갖 더러운 것에서 자신을 깨끗하게 하자."[40]

---

39 출 34:6.
40 고후 7:1.

3부

정결 실행 지침: 하나님의 설계를 만나다

11:1-15:33

10장

정결과 음식물
11:1-47

레위기는 외국을 안내해 주는 가이드북 같아서, 정결 문제를 다루는 단락인 11:1-15:33은 그 경계선 내에 있는 가장 낯선 지역으로 우리를 안내한다. 레위기는 다섯 장에 걸쳐서 무엇을 먹을 수 있고 먹을 수 없는지, 여자가 출산할 때 무엇을 해야 하는지, 사람이 각종 피부병에 걸렸을 때나 집에 곰팡이가 생겼을 때 어떻게 해야 하는지, 사람 몸에서 나오는 각종 유출물을 어떻게 해야 하는지에 대해 자세한 명령을 제시한다. 이 장들의 강박적인 문체 때문에 한 성경 주석가는 많은 사람이 암묵적으로 믿고 있는 바를 이렇게 언급했다. 이 장들은 "성경 전체에서 가장 덜 매력적인 부분일 것이다. 현대 독자들에게는 이 장들의 많은 부분이 무의미하거나 혐오스럽다."[1]

그러나 모든 성경이 영감으로 기록되고 유익하다면,[2] 우리는 이 장들을 그렇게 쉽게 일축해서는 안 되고, 그럴 필요도 없다. 정결법은 최근 들어 상당한

---

1 N. Micklem, Douglas가 *Purity*, p. 46에서 인용.
2 딤후 3:16-17; 롬 15:4.

주목을 받고 있으며, 그 결과 이 고대 문헌에 많은 조명이 이루어져 그 메시지가 새롭게 밝혀지고 있다. 본래 이 본문은 고대 이스라엘 사람들에게 한 가지 주요 메시지를 전달했을 것이며 그 전달 과정도 매우 명료했을 것이다. 즉 그들의 하나님이 거룩하시며 그분은 그들의 생활 방식에 그분의 거룩하심을 반영하기를 요구하셨다는 것이다. 거룩함은 그들에게 결코 추상적인 관념으로 주어지지 않았다. 그것은 항상 "이룰 수 있는 현실"[3]로서 매일의 일상 일과를 다루었다. 거룩함은 삶 전체를 포함했다. 성소는 물론 부엌과 산모실, 병실, 침실에서 일어나는 일에 영향을 미쳤다. 우리가 부엌에서 임재를 느끼는 하나님은 우리가 가장자리로 몰아내어 '영적'이라는 삶의 한 영역으로 제한하거나, 예배를 위해 마련한 특별한 시간에만 섬길 수 있는 하나님이 아니셨다. 그분은 삶의 모든 것을 다스리시며 모든 시간과 장소에서 섬김을 받으셔야 하는 하나님이셨다.

1. 방향 안내 : 이 문제들은 어디에 적합한가?

음식물 규례의 세부 내용을 알아보기 전에 일반적인 질문을 두 가지 살펴보는 것이 도움이 될 것이다.

a. 정결법은 우리와 어떤 관련이 있는가?

정결법을 처음 보면 우리를 완전히 낯선 세계로 안내하는 것 같지만, 잠시 숙고해 보면 그 영역이 보기만큼 낯선 곳이 아니라는 것을 어렴풋이 알게 된다. 우리의 세계는 지금까지의 모든 문화가 그랬듯이 비슷한 방식으로 작동한다. 우리는 어떤 음식은 먹고, 어떤 음식은 먹기에 부적합하다고 간주한다. 굳이 멀리 여행을 떠나 사람들이 정글에서 벌레를 먹거나 동아시아에서 개를 먹는 방식을 생각해 볼 필요도 없이, 말고기나 달팽이에 대한 영국인과 프랑스인의

---

[3] Harrison, p. 120.

태도 차이만 생각해 봐도 이 부분이 이해가 될 것이다. 게다가 우리 사회에는 음식물 저장과 보존에 대한 규정들이 많다. 유통기한, 냉장 온도 규정, 정육점에서 요리한 고기와 요리하지 않은 고기를 분리할 필요성 등을 생각해 보라. 우리는 이 모두를 위생의 관점에서 설명한다.

음식물 외에도, 레위기는 오늘날 대기오염이나 병원에서 발생하는 체액을 처리하는 것처럼 우리가 불결하다고 간주하는 것을 올바르게 처리하는 것에 대해 비슷한 관심을 분명히 나타낸다. 고대 이스라엘인들과 다른 지점에서 선을 그을 수는 있지만, 어쨌든 우리도 선을 긋는다. 그런 태도를 과학이나 위생학의 관점에서 설명할 수도 있지만, 이스라엘 사람들처럼 우리도 '정한 것'과 '부정한 것'에 대한 개념을 강하게 고수하고 있다.

이 모두의 배후에 있는 문제는 아주 단순하다. 이것은 세상에서 무엇이 안전하고 질서정연한지에 대한 우리 시각에 관한 것이다. 이 분야의 많은 저작을 통해 이 문제를 조명하는 데 도움을 준 메리 더글러스는 '부정'의 개념이 비록 똑같지는 않다 해도 흙이라는 개념과 비슷하다고 말했다.[4] 우리는 거실에 흙이 한 움큼 있는 것을 용납하지 않는다. 흙이 '악해서'가 아니라ㅡ흙은 악하지 않고, 오히려 정원에 있으면 아주 유용하다!ㅡ거실에 있는 흙은 적절하지 않기 때문이다. 데이비드 드실바(David deSilva)가 설명했듯이 정결법은 "특정 장소와 특정 시간에 무엇이 적절한지에 대해 말하는 방법이다(사회마다 그 내용은 다를지라도). 부정은 질서정연하고 안전한 세계에 대한 사회의 관점에서 부적절하다고 판단하는 모든 것에 붙이는 꼬리표다."[5]

따라서 세부 내용은 다를 수 있고 우리의 추론도 다른 방식으로 정당화될 수 있지만, 정한 것과 부정한 것을 구별하는 사고는 그다지 낯설지 않은 듯하다.

---

4 Douglas, *Purity*, p. 35.
5 David deSilva, *Honor, Patronage, Kinship and Purity: Unlocking New Testament Culture* (Downers Grove, IL: IVP, 2000), p. 242.

b. 정결법은 레위기의 나머지 내용과 어떤 관련이 있는가?

11-15장은 레위기의 폭넓은 전후 맥락에서 볼 때 적절한 위치에 등장한다. 정결 규례는 그 중요성에서 다음 차례라도 되는 것처럼 제사 제도가 시작된 직후에 배치된다.[6] 앞 장에서(10:10)에서 하나님은 아론에게 대제사장의 책무에는 부정한 것과 정한 것을 구별하는 일이 포함된다고 지시하셨다. 이 장들은 이런 책무를 의식하면서 살펴본 내용이며,[7] 이 특별한 책임이 작용하는 다섯 영역이 레위기의 다음 단락에 포함된 것은 아주 적절하다.

이 단락의 마지막 부분에서 대속죄일 의식을 소개한다. 일부 사람들은 이를 두고 우스꽝스러운 내용에서 숭고한 내용으로 이동한 것처럼 생각할지도 모른다. 그러나 사실 대속죄일은 앞서 언급한 내용과 본질적으로 연결되어 있다. 그날 대제사장은 특별한 의식을 거행했는데, 이것은 부분적으로는 이전 12개월 동안 성막에 쌓인 "이스라엘 자손의 부정에서"(16:19) 성막을 깨끗하게 하기 위해서였다. 문제가 되는 부정한 것들에는 11-15장에 살펴본 사람들이 포함된다.

11-15장에 접근할 때는 한 가지 다른 문제를 반드시 기억할 필요가 있다. 이를테면 정함과 부정함이라는 개념은 거룩한 것과 거룩하지 않은 것이라는 개념과 관련이 있지만 동일하지는 않다. 깨끗함은 기본적으로 도덕적인 정결이 아니라 제의적인 정결과 관련이 있으며, 사람이 예배 때 하나님께 가까이 가기에 적합하게 만들고 공동체에 해를 끼치지 않고 그 안에서 살 수 있게 한다. 깨끗한 것은 하나님을 위해 따로 구별될 수 있고, 신성화하는 의식을 통해 거룩해진다. 따라서 하나님께 바쳐진 깨끗한 제물은 **거룩한** 또는 **지극히 거룩한 것**으로 불린다. 마찬가지로, 아론 가문의 일반 사람들은 위임식을 통해 하나님을 섬기도록 따로 구별되어 제사장이 되었다. 그러나 그들이 먼저 **깨끗해지는** 것이 필수였다. 그들이 어떤 이유에서든 일시적으로 제의적으로 부정하게 되거나 영구적으로 신체 결함이 발생하여 부정하게 되면, 그들의 제단 봉사는

---

6 Houston, p. 256.
7 레 11장은 47절에서 이 명령을 다시 언급하면서 끝난다.

받아들여지지 않았다.

부정함은 일시적일 수도 있고 영구적일 수도 있다. 한편으로, 일시적인 부정은 적절한 정결 의식—12, 14, 15장의 주제—으로 극복할 수 있었다. 다른 한편으로, 11장에 나열된 일부 동물들처럼 어떤 것들은 회복이 불가능할 정도로 부정해서, 어떠한 제의적 정결로도 하나님 앞에서 그 상태를 바꿀 수 없었다.

이런 점을 감안할 때, 우리는 부정한 것과 죄를 지은 죄인을 동일하게 여기지 않도록 조심해야 한다. 죄가 부정함과 관련될 수 있다는 점은 맞다. 그러나 여자가 출산 과정에서 피를 흘리는 것이나 피부병이나 몸의 유출은 하나님의 율법을 위반했다는 표시가 아니라, (타락한) 자연 세계에서 사는 결과다. 따라서 이 장들은 성적인 문제들을 악하다고 보는 관점을 정당화하지 않는다. 또한 이 장들이 출산, 질병이나 월경주기를 죄와 동일하게 본다고 생각하는 것은 잘못이다. 사실, 이런 규례들은 제의적인 정결 상태에서 하나님께 나아가야 한다고 강조하지만, 세상 더러움에 오염된 사람들이 깨끗하게 회복되어 다시 하나님을 예배하는 사람들의 공동체에 적극적으로 참여할 수 있게 해주시는 하나님의 놀라운 준비를 더 크게 강조한다.

2. 탐색: 성경 본문은 무엇이라고 말하는가?(11:1-47)

정한 짐승과 부정한 짐승에 관한 규례를 살펴보자. 11장은 육지의 짐승(2-8절), 수중 생물(9-12절), 새(13-19절), 곤충(20-23절)에 대해 체계적으로 설명한 뒤, 제시된 목록이 아무리 명확하다 해도 불가피하게 발생할 수 있는 다양한 질문에 계속해서 대답한다. 신명기 14:1-21은 원칙에 대한 질문들에 좀더 초점을 맞추어 비슷한 이야기를 제시하는 반면, 레위기는 더 온전한 목록을 제시하면서도 그런 원칙들을 구체적으로 적용한다.[8] 레위기는 계통적으로는 포괄적이면서도 균형 있게 정리된 방식으로 주제를 검토한다.[9]

---

8 Hartley, pp. 155-156.

a. 육지의 짐승(11:2-8)

정한 짐승과 부정한 짐승을 구분하는 일차적인 표지는 짐승이 "굽이 갈라져 쪽발이 되고 새김질을 하는지" 여부였다(3절). 그런 짐승은 정하기 때문에 먹을 수 있고, 그렇지 않은 짐승은 부정하기 때문에 먹을 수 없다. 한 가지 조건만 충족하고 나머지 조건은 충족하지 못하는 짐승들—낙타, 사반, 토끼, 돼지를 언급한다[10]—은 "부정하다". 어떤 짐승이 어느 범주에 해당하는지 결정할 때 분명히 주의가 필요했다. 예를 들어, 낙타는 "새김질을 하고" 굽이 갈라져 있기 때문에 정한 짐승처럼 보이지만 "발바닥이 두껍고 푹신하여 굽이 완전히 갈라져 있지 않다."[11] 따라서 낙타는 실제로는 부정한 동물이다. 제물을 드릴 때 부주의한 행동이 받아들여지지 않은 것처럼 제의적인 정결 문제에 접근할 때도 피상적인 해석은 용납되지 않았다.

부정하다는 것은 그런 짐승들을 먹어서는 안 될 뿐만 아니라 그 시체와 접촉해서도 안 되며, 시체와 접촉한 사람을 더럽힐 수 있다는 뜻이다(8절). 이러한 흥미로운 금지는 부정한 짐승들을 보존하고 계속 살려두는 결과를 낳았다. 메리 더글러스는 과장된 말투로 부정한 짐승들은 살아 있는 동안 "동력원으로 이용하고 짐을 실어 나르고 타고 다닐 수 있었고, 개는 두드려 패고, 고양이는 발로 차고, 쥐는 덫을 놓아 잡아도 부정해지지 않았지만 일단 그것들이 죽으면 부정함을 옮긴다"[12]고 설명한다. 부정한 짐승이 죽으면 가죽을 벗기거나 자를 수 없었다. 그래서 부정한 짐승의 가죽으로는 모피 코트나 가죽조끼, 포도주를 담는 가죽 부대를 만들 수 없었다. 부정한 짐승의 뼈로는 단추나 빗을 만들 수 없었고, 그 내장으로 악기의 현을 만들 수 없었다. 죽은 짐승을 부정하다고 분류한 것은 그 사체를 경제적 이익을 위해 이용할 수 없으며, 결과

---

9 Houston, p. 231.
10 언급된 짐승 중 일부의 정확한 정체를 확인하는 문제가 이 장 내내 제기된다. 이를 위해 권위 있는 학문적 주석을 참고해야 할 것이다.
11 Hartley, p. 157.
12 Douglas, *Literature*, p. 141. 이것을 동물 학대를 정당화하는 근거로 받아들여서는 안 된다. 일부 사람들은 인간에게 "모든 생물을 다스리라"고 한 하나님의 명령을 동물 학대를 허용한 것으로 잘못 이해했다. 이 금지들의 전체적인 취지는 그와는 정반대로 생물을 **보호하기** 위한 것이다.

적으로 살아 있는 부정한 짐승은 죽일 가치가 없다는 뜻이었다. 그 결과 부정한 짐승들은 번식이 보장되어 "종의 생존"이 가능했다.[13] 이런 금지는 생물들이 "생육하고 번성하라"[14]라는 하나님의 명령을 성취하는 결과를 낳았다. '가증한 것'이라는 꼬리표는 부정한 짐승들에 대한 하나님의 저주의 표시가 아니라 그분이 베푸시는 복이자 보호의 표시였다.

고고학적 증거로 알 수 있듯이, 고대 세계의 다른 사람들은 낙타와 돼지를 아무런 부담 없이 먹었다. 따라서 이런 규례들은 이런 짐승들에 대한 일반적인 혐오를 반영하지 않았다. 이런 짐승들이 날 때부터 혐오스러운 것은 아니었다. 이스라엘 민족에게만 해당하는 이 규례들은 이웃 민족들과는 다른 생활 방식을 요구했다. 돼지는 이집트와 가나안에서 죽은 자를 위한 의식에 사용되었기 때문에 돼지고기를 먹지 말라는 규례는 이스라엘 민족이 이웃 주민들의 생활 방식을 모방하지 말라는 특별한 요구였다. 구별된 삶을 요구하는 이런 방법은 그리스도인들에게 더 이상 타당하지 않지만, 이런 요구 자체는 여전히 유효하며[15] 레위기의 후반부는 우리가 어떻게 현대 세계에서 '구별된' 생활 방식으로 살 수 있는지에 대해 점점 더 많은 이해를 제공할 것이다.

정한 짐승이 야생동물이 아니라 소, 양, 염소 같은 당시의 일반 가축이었다는 사실이 흥미롭다. 정한 짐승은 또한 하나님께 제물로 바친 짐승들이었다. 이 규례는 정한 짐승이 다른 짐승들보다 더 우월하다는 생각과는 아무런 관련이 없다. 하나님이 창조하신 모든 피조물은 선하기 때문이다. 이 규례는 예배자들이 무엇이 세상의 질서와 안정에 기여한다고 생각하는지를 반영한다. 그들은 길들여지지 않은 짐승들이 세상을 파괴하거나 다시 혼란 상태를 야기할 수 있는 위협을 제공한다고 보았다. 정한 짐승들은 인간이 통제할 수 있는 것들이었다.[16]

---

13 Douglas, *Literature*, p. 142. 다양한 이유에서 Milgrom은 이 율법의 목적이 이런 짐승들을 부정한 것으로 만듦으로써 음식물을 제한하고 고기 소비를 줄이기 위해서라고 주장한다. *Leviticus 1-16*, p. 733.
14 창 1:28. Douglas, *Literature*, pp. 157-163.
15 고후 6:14-7:1.

b. 수중 생물(11:9-12)

물고기를 구별하는 근거는 "지느러미나 비늘"의 유무다(9절). 지느러미나 비늘이 있으면 정하고 그렇지 않으면 부정하다. 휴스턴(Houston)은 대부분의 이스라엘 사람들이 물고기를 많이 본 적이 없기 때문에 이 기준을 적용할 지식이 충분하지 않았을 것이라고 지적한다.[17] 그렇다 해도 이 기준은 이스라엘이 먹을 수 있는 물고기를 허용하고 먹을 수 없는 물고기를 피할 수 있도록 적절한 위치에 정확히 제시된다. 부정한 물고기를 먹지 못하게 하려고 사용한 언어가 부정한 짐승의 고기를 금지하기 위해 사용한 언어보다 더 강력하다. 이스라엘 민족은 부정한 물고기는 "너희가 혐오할 것"(12절)이며, 그 주검은 가증히 여겨야 한다(11절)는 말씀을 듣는다.

메리 더글러스는 이 기준의 근거가 범주상 자연적인 것과 이례적인 것을 구별한 데 있다고 제안했다. 분류상 자연적인 것과 부합하는 짐승, 물고기, 새를 비롯한 다른 생물은 정하고, 반면 어떤 식으로든 이례적인 생물은 부정했다. 혹자는 물고기에는 지느러미와 비늘이 있다고 예상하고, 그런 물고기는 정하며 먹을 수 있다고 간주한다.[18] 본래 그녀가 "정상적인" 것이라고 판단하는 근거는 창세기의 창조 이야기에서 비롯되었다.[19] 보다 최근에는 이 규례들이 창조세계에 대한 하나님의 돌보심을 강조하는 방법을 강조했다. 더글러스는 이렇게 쓴다. "율법은 새우나 장어나 문어가 본래 혐오스럽다거나 그것들이 보편적으로 혐오해야 할 것이라고 말하지 않는다."[20] 오히려 율법은 그것들이 이스라엘 사람들에게 혐오스러웠다고 말한다. 그녀는 "비늘"이란 단어가 사무엘상 17:5에서 골리앗의 비늘 갑옷을 묘사할 때 사용한 단어와 같다는 점을 지적하면서 핵심 문제는 부정한 물고기가 보호받지 못하고 정한 물고기보다 더 취

---

16 Houston, pp. 114-120, 176-177, 233; Budd, p. 159.
17 Houston, p. 235.
18 Douglas, *Purity*, pp. 41-57.
19 그녀는 창조 이야기의 삼중 분류를 지적한다. 곧 "하늘에는 날개와 두 발 달린 새가 날고, 물에는 비늘과 지느러미가 있는 물고기가 헤엄치고, 땅에는 네 발 달린 짐승들이 깡충거리고 뛰고 걷는다." Douglas, *Purity*, p. 55.
20 같은 책, p. 168.

약했다는 점이라고 주장한다. 그렇다면 이 규례들은 약한 것들을 보호하시려는 하나님의 바람을 나타내는 또 다른 표시였다.[21]

c. 공중의 생물(11:13-19)

새에 관한 단락은 다르다. 여기서는 제사장이 부정한 새와 정한 새를 구별하는 기준을 언급하지 않는다. 휴스턴은 그런 기준이 없으며, 만약 있었다면 언급했을 것이라고 주장한다.[22] 실제로도, 정한 새들의 목록이 나오지 않는 대신 "가증히 여길" 새 스무 종의 이름을 길게 나열한다. 이 새들은 주로 사막 지역에 살며 다른 짐승들의 피를 먹는 맹금류이다. 이 새들은 다른 짐승을 죽이고 피를 먹기 때문에 율법을 어기며, 따라서 금지한다.[23] 최근에 메리 더글러스는 부정한 육지 짐승과 부정한 새들의 핵심 특징이 피를 먹고 사는 포식자이기 때문에 레위기 17장에 언급된 피를 먹지 말라는 율법을 위반한다는 점이라고 강조했다.[24] 이 생물들이 악령과 관련된 짐승의 일종이라는 생각은 그보다는 덜 확실하지만 아마도 관련성이 있을 것이다.[25]

d. 날개가 있는 곤충(11:20-23)

마지막 그룹인 날개가 있는 곤충은 구체적으로는 "기어 다니는 것들"을 다룬다. 이것들은 하나님의 아름다운 창조세계의 풍성함을 나타내기 때문에 사람이 공격할 수 없다. "가증히 여길" 것으로 선언하여 이것들을 보호한다.

다른 생물 범주와 달리, "기어 다니는 것들"은 특별한 이동 수단이 없기 때문에 대부분 부정하다. 육지 짐승은 걷고, 물고기는 헤엄치고, 새는 날지만, 날개가 있는 곤충은 별도의 이동 수단 범주로 설명하기 어려워서 공중에서 날기도 하고 땅에서 기어 다니기도 한다. 이와 동일한 내용을 41-42절과 45절에서

---

21 같은 책, p. 169.
22 Houston, p. 235. Levine, p. 67도 보라.
23 Wenham, p. 175. 피를 먹지 말라는 내용은 레 17장에 나온다.
24 Douglas, "Forbidden Animals", pp. 15-18.
25 Hartley, p. 159.

추가로 언급한다. 땅에서 기어 다니는 생물들은 "가증한" 것으로 언급하며 꼬리표를 붙인다. 메리 더글러스는 다음과 같이 흥미진진한 단락에서 곤충에 관련된 문제를 설명한다.

> 바글거리다, 길게 늘어서서 다니다, 슬금슬금 움직이다, 느릿느릿 기어가다 등 이것[곤충]들의 움직임을 어떻게 표현한다 해도, 그것은 뚜렷하게 규정할 수 있는 이동 형태가 아니다. 주요 동물 범주는 각 동물의 전형적인 이동 방식으로 정의하기 때문에, 어느 특정 생물에게만 고유한 이동 방식이 아닌 "기어 다니는 것"은 기본 분류 방식을 초월한다. 기어 다니는 것들은 물고기도, 육상 동물이나 새도 아니다. 장어나 거머리는 물에 살지만 물고기로 분류하지 않는다. 파충류는 건조한 지면에서 살지만 네발짐승으로 분류하지 않는다. 일부 곤충은 날지만 새로 분류하지 않는다. 곤충들에는 어떤 일정한 체계가 없다.[26]

그러나 메뚜기를 비롯한 몇몇 곤충들은 특별한 이동 수단이 있다. "그 발에 뛰는 다리가 있어서"(21절) 땅에서 뛴다. 따라서 이 곤충들은 정하며 먹을 수 있다.[27]

e. 추가적인 문제(11:24-40)

주요 입장을 제시한 후 이 장의 나머지 부분에서는 추가적인 분류, 특히 제사장들이 염두에 두었음 직한 문제와 관련된 내용을 언급한다.

첫째, 주검에 접촉한 사람들 문제다(24-30절). 사람이 부정한 짐승의 주검을 만지면 어떻게 되는가? 대답은 이렇다. "그 주검을 옮기는 모든 자는 그 옷을 빨지니 저녁까지 부정하리라"(25절). 먼저 전체적으로 동일한 처벌이 주어진 다

---

26 Douglas, *Purity*, p. 56.
27 Douglas, *Purity*, pp. 55-56. Milgrom, *Leviticus 1-16*, p. 666는 이런 시각을 거부하고, 고대 유목 사회 사람들이 메뚜기를 즐겨 먹었기 때문에 예외가 되었다고 말한다.

음, 강조하기 위해 첫째, "네 발로 다니는 짐승"(26-28절)에 대한 처벌과, 둘째, "땅에 기는"(29-31절) 것들에 대한 처벌을 반복한다. 죽은 짐승을 만진 사람은 모두 부정해지지만 그 부정함이 일시적이기 때문에 대체로 저녁때까지만 지속된다. 옷을 빨면 부정함은 사라지므로 제물을 드릴 필요는 없다.

둘째, 주검에 접촉한 물건들 문제다(32-38절). 이에 대한 대답은 예리한 논리를 보여준다. 죽은 짐승이 옷에 닿으면 옷이 부정해지기 때문에 빨아야 했다(32절). 그러나 주검이 질그릇이나 화덕에 떨어지면 그 안에 들어 있던 음식물까지 함께 깨뜨려야 했다(33-35절). 화덕이나 그릇은 부정함을 퍼뜨리는 도구가 될 수 있기에 요리용으로 다시 사용할 수 없었다. 이를테면, 부엌이 아니라 밭에서 그런 상황이 벌어질 경우에는 흐르는 물이 관련되었는지 여부에 따라 부정한 주검의 영향이 결정된다(36-37절). 샘물처럼 흐르는 물이면 모든 부정한 것이 자동으로 씻어진다. 그러나 38절에서처럼 물이 이미 종자에 묻어 그대로 있으면 그 종자는 부정해졌다.

셋째, 정한 짐승의 주검과 접촉한 경우다(39-40절). 제사장은 이런 의문이 들 수 있다. 부정한 짐승의 주검과 동일한 규례를 적용하는가? 아니면 정한 짐승의 주검과 접촉한 경우에는 그와 다르게 처리해야 하는가? 대답은 분명하다. 핵심은 그 짐승이 이스라엘 사람이 먹을 수 있도록 허용된 것이냐가 아니라 어떤 사람이 주검과 접촉했느냐이다. "그 주검을 만지는 자는 저녁까지 부정할 것이며"(39절), 따라서 "그의 옷을 빨아야 한다"(40절).

f. 비슷한 두 동기(11:41-45)

학자들은 이 정결법의 기원에 대해 논쟁하고 다른 문화의 정결법과 계속해서 비교하지만, 레위기는 정결법의 기원을 하나님께 돌리고, 그것들이 그분의 언약 백성인 이스라엘에게만 특별한 것으로 제시한다. 또다시 우리는 다른 규례와 마찬가지로 정결 규례가 개인이 고안하거나 사회적으로 구성한 것이 아니라 하나님이 계시하신 것임을 알게 된다. 이 규례들은 하나님의 거룩하심과 하나님의 은혜라는 비슷한 두 동기에 기초한다. "나는 여호와 너희의 하나님이라.

내가 거룩하니 너희도 몸을 구별하여 거룩하게 하고"(44절). 여기에 엄청나게 놀라운 요청이 있다. 이 요청은 두 번 언급되며(44, 45절), 이후의 장들에서 세 번 더 반복된다(19:2; 20:7, 26). 이스라엘은 그들의 창조자이자 언약의 구속자이신 하나님을 이 세상에서 사는 매일의 일상에서 닮아 가야 한다. 이것은 그들이 이웃 사람들과 구별되는 특별한 생활 방식을 소유할 것을 요구한다. 그들은 다른 사람들과 구별되되, 그 구분이 모호해서는 안 되었다. 여호와를 그들의 하나님으로 모시는 것은 그들에게 특별한 의무들을 부여했고, 그것은 그들이 먹는 음식물에까지 영향을 미쳤다.

그러나 그들의 동기는 의무 못지않게 감사였으며, 하나님의 거룩한 율법에 대한 응답 못지않게 그분의 은혜로우신 구원에 대한 응답이었다. 하나님은 그들에게 말씀하신다. "나는 너희의 하나님이 되려고 너희를 애굽 땅에서 인도하여 낸 여호와라. 내가 거룩하니 너희도 거룩할지어다"(45절). 하나님은 율법을 주시기 전에 구원의 은혜를 베푸셨다. 율법은 이 백성이 이미 받은 구원의 사랑에 응답하여 어떻게 감사하며 살아야 할지를 제시한 것일 뿐이다. 그들은 거룩해지려고 해방되었다. 율법은 그들에게 무자비하게 지워진 달갑지 않은 짐이 아니라 그들 가운데서 그분의 은혜가 계속 역사하고 계심을 보여주는 표시였다. 오늘날 놀라운 은혜를 경험하고 이해하는 사람들은 거룩하라는 요청을, 율법의 제약 아래 있는 시시한 명령이 아니라 그리스도께서 이미 이루신 일에 대한 감사의 기쁜 응답으로 인식한다.

3. 설명: 왜 율법을 주셨는가?

레위기는 음식물 규례를 자세히 제시하면서도, 그런 형태를 취하는 이유에 대해서는 아무런 설명도 하지 않는다. 하나님이 말씀하셨다는 사실만으로 충분하다고 말하는 사람들이 있다. 하나님은 이스라엘 백성에게 자기 행위를 변명할 필요가 없으셨고, 우리에게 자신을 설명할 필요도 없으셨다. 그분이 명령하시면 이스라엘은 의문을 제기하지 말고 복종해야 하며, 우리도 마찬가지다. 그런 사람들은 정한 것과 부정한 것의 선택이 순전히 임의적인지도 모른다고 주장한다. 다른 이유를 이해하려는 방식이기보다 순종을 시험하는 방식에 가깝다고 본다. 이 주장이 맞을 수도 있지만, 율법의 지혜를 자기 백성에게 설명하시는 분으로 종종 묘사되는 언약의 하나님의 특징은 아니다.

이런 율법을 주신 이유를 숙고한 사람들이 제시한 모든 설명은 구체적인 설명을 제공하지 않는 성경의 침묵을 해소하지 못했다. 이제까지 제안한 이론들 중 일부는 다른 이론들보다 장점이 더 많다. 여기서 우리는 주요 접근법들을 간략히 검토하려 한다.[28]

a. 위생학적 접근법

전통적인 설명 중에는 정한 음식물이 부정한 음식물보다 더 위생적이었으며, 고대 이스라엘 사람들은 이런 문제에 대한 지식이 없었겠지만—적어도 현대의 과학 지식은 없었을 것이다—전지하신 하나님이 그들에게 유해한 음식을 멀리하도록 경고하셨을 것이라고 보는 견해가 있다. 예를 들어, 12세기 유대인 현자인 마이모니데스는 이런 관점을 부분적으로 지지하면서 돼지고기를 금지한 이유는 그것이 "건강에 해롭고 필요 이상으로 많은 수분과…불필요한 물질을 지나치게 많이"[29] 포함하고 있기 때문이라고 설명했다. 금지 목록에 들어 있는 일부 음식물이 특히 해로운 기생충에 감염되기 쉬운 것은 사실이지만, 더운 기후에서는 어떤 음식물도 기생충 감염에서 자유롭지 않다. 다른 민족들도 신중한 조리로 잠재적인 문제를 극복하는 방법을 분명히 알고 있었다. 이스라엘 민족도 그런 방법을 사용할 줄 알았을 것이다. 따라서 레어드 해리스(Laird Harris)가 "위생학 이론이 음식물에 관한 율법, 질병에 관한 율법, 주택과 위생에 관한 율법을 적절하게 설명한다"고 쓰고, 아울러 "그것은 옹호할 만한 가치가 있는 오래된 견해"[30]라고 덧붙였지만, 이 관점은 오늘날 폭넓은 지지를 받지

---

28 상세한 논의는 Houston을 보라.
29 Houston, p. 69에서 인용.

못한다. 휴스턴은 "이런 사고는 설명력이 없으며 폐기되어야 한다"[31]고 결론을 내린다.

b. 금욕적 접근법

알렉산드리아 출신 유대인이며 신중한 성경 해석자로서 그리스도가 활동할 무렵에 살았던 필론(Philo)은 이스라엘 민족이 금욕적으로 살도록 가르치기 위해 금지 규례가 주어졌다고 주장했다. 금지 규례의 목적은 자기부정을 가르치고 방종을 억제하며 폭식을 예방하기 위해서였다. 마이모니데스는 이런 규례가 자기 수양을 장려하기 위해 고안되었다고 주장함으로써 부분적으로 이런 관점을 지지했다. 이런 견해는 제이콥 밀그롬의 글에도 나타난다. 그는 이 규례들이 "식욕을 절제하고, 인간이 짐승을 죽일 때 사용하는 폭력에 의해 비인간화되는 것을 막기 위한 것"[32]이라고 주장한다. 그러나 휴스턴이 논평하듯이, 이런 견해는 레위기 11장에 포함된 특별한 금지 규정을 이해할 수 있는 방법이라고 보기 어렵다.

c. 알레고리적 접근법

메리 더글러스는 "기독교의 가르침은 알레고리화하는 전통을 쉽사리 따랐다"[33]라고 말한다. 예로 들 수 있는 창의적인 알레고리가 많다. 한 가지 예를 들자면, 노바티아누스(Novatian)는 3세기에 이렇게 썼다. "비늘이 거친 물고기는 정하다고 간주한다. 이는 금욕적이고 소박하고 꾸밈없고 굳세고 진지한 성격을 가진 사람을 칭찬하는 것과 같다. 비늘이 없는 물고기는 부정하다고 간주한다. 이는 산만하고 변덕스럽고 신실하지 못하고 나약한 성격을 가진 사람이 비난받는 것과 같다."[34] 한 가지만 더 예를 들면, 매튜 헨리(Matthew Henry)는 18세

---

30 Harris, p. 528. Harris는 이것을 출 15:26에 기록된 하나님의 약속, 즉 하나님이 이집트인들에게 내린 온갖 질병을 그들에게 내리지 아니하고 "너희를 치료하는 여호와"가 되리라는 약속의 성취로 본다.
31 Houston, p. 70.
32 Houston, p. 76. Milgrom, *Leviticus 1-16*, pp. 718-736를 보라.
33 Douglas, *Purity*, p. 47.

기에 이렇게 썼다. "묵상을 비롯하여 마음에 숨은 사람이 행하는 다른 경건한 행위들은 되새김질하면서 영적 음식을 소화하는 것을 의미하며, 사람에 대한 정의와 자비, 선한 대화 행위는 **발굽이 갈라진 것**을 뜻할 수 있다."[35] 그는 이 알레고리를 전적으로 확신하지 못했을지는 몰라도, 자신의 알레고리에 대해 말을 아끼지 않았다. "우리는 백조처럼 진창에서 몸을 더럽히거나 뒹굴 필요가 없다. 또한 산토끼처럼 소심하거나 겁쟁이가 되거나 집토끼처럼 땅 속에서 살 필요도 없다. 영예로운 인간은 멸망하는 이런 짐승들과 같이 되어서는 안 된다."[36]

이 접근법이 짐승들을 영적 지혜(나 영적 지혜의 부재)의 상징으로 취급한다는 점에서 처음에는 몇 가지 장점이 있을 수도 있지만, 더글러스는 이런 견해들을 "해석이라기보다는" 일관성도 포괄성도 없는 "경건한 체하는 해설"이라고 일축한다. 만일 이 접근법을 채택한다면 "가능한 해석의 수가 무한할 것이다"[37]라는 그녀의 주장은 옳다. 이 방법은 타당한 해석과 그렇지 않은 해석을 구별할 방법이 없으며, 해석 범위는 오로지 주석가의 창의성으로만 제한된다.

d. 제의적 접근법

제의적 접근법이란 제목 아래 포함되는 다양한 생각을 한데 묶는 공통점은 부정한 음식물을 부정하게 간주한 이유는 그것들이 예배 때 받아들여지지 않았기 때문이라는 것이다.[38] 그런 음식물들을 거부한 이유는 이교도 예배나 죽음과 관련이 있었기 때문이다. 전자를 뒷받침하는 증거가 몇 가지 있긴 하지만 그것을 레위기 11장 목록에 적용하기는 어렵다. 후자는 죽음과의 관련성을 최대한 폭넓게 해석하여 가령 지하 생활을 죽음과 유사한 것으로 포함할 경우

---

34 "Jewish Foods" 3.13, Lienhard (ed.), p. 177에서 인용.
35 Matthew Henry, *Commentary on the Whole Bible* (London: Marshall Morgan & Scott, 1953 edn), p. 485.
36 같은 책, p. 486.
37 Douglas, *Purity*, p. 48.
38 Noth, p. 92. Houston, pp. 72-74를 보라.

에만 유효하다. 부정한 짐승과 이교도 예배의 관련성은 완전히 배제할 수 없으며, 그에 따르면 이 장의 내용을 이스라엘 민족이 특별한 생활 방식에 따라 살라는 요구로 이해할 수 있다.

e. 상징적 접근법

현재 가장 대중적인 접근법은 이 방법의 형성에 기여한 메리 더글러스의 저작에서 유래한 상징적 방법이다. 더글러스는 에밀 뒤르켐(Emile Durkheim)과 다른 인류학자들의 연구에 기초하여 이스라엘의 예배가 그들의 사회생활을 지배하는 패턴을 반영했을 것이라고 주장한다. 그들의 사회구조와 가치를 종교의식을 통해 상징적으로 표현함으로써 그런 구조와 가치가 강화되고, 공동체 생활도 다시금 활력을 얻었을 것이다. 또한 사람들은 예배에 올 때 공동체가 표방하는 것에 대한 그들의 헌신을 새롭게 했을 것이다. 특히 정한 음식물과 부정한 음식물 문제는 그녀의 정상과 비정상 개념과 관련된다. 짐승의 유형에서 볼 때 정상적인 것에 부합하는 짐승은 정한 반면, 같은 유형의 짐승 중에서 불완전한 짐승들은 부정하다. 그녀는 이것을 거룩함의 개념과 연결한다. "거룩하다는 것은 온전하며, 하나가 되는 것이다. 거룩함은 개인과 종(種)의 단일함, 온전함, 완전함이다. 음식물 규례는 거룩함의 은유를 동일한 맥락에서 발전시킨 것 뿐이다."[39] 그녀는 이런 해석에 따르면 "음식물 규례가 하나님의 유일성, 정결함, 완전함에 대한 묵상에 영감을 준 표지와 같았을 것"[40]이라고 제안한다.

이 관점은 추천할 만한 점이 많은데, 특히 고든 웬함이 이 관점을 열렬히 받아들였다. 그는 이 규례들이 이스라엘 자손에게 그들이 하나님께 다가갈 때 필요했던 의로움의 기준을 어떻게 가르치고 있는지 이해할 수 있도록 도와준다는 점에서 이 관점의 가치를 강조한다.[41] 그러나 모든 사람이 더글러스의 관점을 무비판적으로 수용하지는 않았다.[42] 일부 사람들은 세부 내용이 그녀의

---

39 Douglas, *Purity*, p. 54.
40 같은 책, p. 54.
41 Wenham, p. 171.

이론들을 뒷받침하지 않으며, 정한 것과 부정한 것의 차이를 인간이 편안하게 여기거나 불편해 하는 짐승 간의 차이로 보거나, 경제나 먹이사슬의 문제와 관련된 것으로 보는 것이 더 간단하다고 주장한다.[43] 에드윈 퍼미지(Edwin Firmage)는 이 규례들이 상징적이고 이스라엘의 가치관을 반영한다는 것을 받아들이면서도, 그녀의 이론이 이례적이라고 비판하고, 이런 구별이 거룩함의 개념보다는 제사 제도를 반영한다고 주장한다.[44]

어떤 해석 방법이 다른 해석 방법보다 분명히 더 설득력이 있음에도 이런 다양한 해석 방법을 판단하기는 어렵다. 레위기가 상징적 행위로 영적 진리를 가르친다는 점을 고려할 때, 정결법의 이런 측면을 강조하는 이 해석 방법들이 가장 적절한 것은 틀림없다.

4. 해석: 어떻게 진리를 적용할 것인가?

정결법은 이후 유대인들에게 매우 중요한 문제가 되었고, 자신들과 다른 민족들을 명확하게 구분하는 경계선으로 이용되었다. 그리스도인들은 재빨리 이런 규례를 치워 버렸고, 오늘날에는 엄격한 정통파 유대인들만 이 규례를 지키고 있다. 그렇다면 정결법의 지속적인 가치는 무엇일까?

a. 정결법이 창조세계에 대해 가르치는 내용

첫째, 정결법은 우리에게 창조세계에 대한 하나님의 의도를 가르쳐 준다. 메리 더글러스의 연구 덕분에 이제 우리는 짐승, 물고기, 새, 곤충에게 "부정한", "가증스러운", "혐오스러운"이라는 이름을 붙이는 것이 일반적으로 가정하듯이 그

---

42 이에 대해 살펴보려면, Houston, pp. 101-120를 보라.
43 Budd, pp. 159, 193.
44 E. Firmage, "The Biblical Dietary Laws and the Concept of Holiness", in *Studies in the Pentateuch*, ed. J. A. Emerton (Leiden: Brill, 1990), pp. 177-208.

것들을 경멸하거나, "정한 것"이라 이름 붙인 것들보다 가치 없다는 뜻이 아니라는 것을 알고 있다. 하나님은 그분의 창조세계를 보시고 "심히 좋았더라"[45]라고 선언하셨다. 하나님은 시편[46]과 욥기,[47] 잠언[48]에서 그분의 아름답고 다양한 창조세계의 모든 생물에 대한 소유권을 주장하시고, 그것들의 놀라울 정도로 활발하고 긍정적인 특징들을 보여주시면서, 특히 레위기에서 "부정한" 것으로 지정된 생물 중의 일부를 언급하신다. 따라서 정결법은 하나님이 다른 것들보다 이류로 간주하는 일부 짐승을 그분의 세계에서 제거하기 원하신다는 뜻이 아니다. 부정한 짐승들은 나쁘거나 날 때부터 혐오스러운 존재가 아니다. 오히려 사실은 그 반대다. 하나님은 그 짐승들을 "부정한 것"으로 선언하고 그 주검을 만지거나 이용하지 못하게 금지하셔서 주변에 보호 울타리를 치시고 그 짐승들이 번성하여 늘어날 수 있는 환경을 보장하신 것이다.

창조세계의 청지기인 우리의 역할은 이기적인 이득을 위해 이 땅을 착취하지 않고 우리와 함께 지구를 공유하는 다른 종들이 번성할 수 있도록 이 땅을 관리하는 것이다. 하나님은 성소의 안녕만큼이나 창조세계의 안녕에도 관심이 있으시다. 그분은 모든 생명을 다스리시고 그분의 충만하고 다양한 생물들의 미래에 주의를 기울이신다.

b. 정결법이 거룩함에 대해 가르치는 내용

둘째, 정결법은 거룩함에 대해 많은 것을 가르쳐 준다. 거룩함은 일상적인 일과 거리가 먼 추상적인 천상의 속성이 아니다. 거룩함은 우리가 얼마나 오래 기도하느냐 하는 문제 못지않게 우리가 음식을 어떻게 획득하고 무엇을 먹느냐 하는 구체적 현실과 관련이 있다. 성경의 영성은 이 땅에 매인 영성까지는 아니더라도 이 땅에 초점을 맞춘 영성이다. 성경의 영성은 저 세상 못지않게

---

45 창 1:31.
46 예를 들어, 시 50:10-11.
47 욥 39:1-30.
48 예를 들어, 잠 30:24-28.

이 세상에 관심을 둔다. 월터 카이저는 "거룩함은 단순히 종교 영역에서만 실천할 수 있는 것이 아니다…하나님은 생활 방식의 모든 측면에서 온전함과 완전함과 구별됨을 기대하셨다"[49]라고 말한다.

음식물은 항상 논쟁적인 이슈였다. 고린도 교인들은 우상에 바친 고기를 먹는 문제에 직면했다.[50] 어떤 사람들은 고기를 먹는 것이 양심의 자유에 관한 문제이며, 우상은 허상이기 때문에 우상에게 먼저 경의를 표하기 위해 고기를 바친 것은 중요하지 않다고 주장했다. 좀더 양심이 민감한 다른 사람들은 그리스도인들은 우상과 관련된 고기를 전적으로 피해야 한다고 주장했다. 바울은 그들이 이런 영역에서 행동할 자유와 더 연약한 성도들의 민감한 양심 사이에서 균형을 잡아야 하며, 어느 쪽을 선택하든지 감사함으로 행해야 한다고 말한다. 그는 "그런즉 너희가 먹든지 마시든지 무엇을 하든지 다 하나님의 영광을 위하여 하라"[51]라고 결론을 내렸다.

오늘날에도 음식은 여러 이유 때문에 논쟁적인 이슈다. '부자'와 '가난한 자' 사이에는 뚜렷하고 용납할 수 없는 격차가 존재할 뿐만 아니라, 현대의 식량 생산 방법은 유전공학 문제, 많은 선진국이 겪는 비만 문제를 포함하는 다양하고 새로운 윤리적 도전을 제기하고 있다. 일부 사람들은 새로운 율법주의를 내세우며 먹어야 할 것과 먹지 말아야 할 것에 관한 법을 제시했다. 이 복잡한 문제에 대한 입장이 무엇이든, 그것은 거룩함에 대한 그리스도인의 헌신과 분리될 수 없다. 거룩함은 우리에게 "하나님의 영광을 위하여" 먹고 마시라고 요청한다.

거룩함은 하나님의 사람들이 하나님을 따르지 않는 사람들과 구별된 방식으로 항상 살아야 한다는 뜻이다. 이스라엘 사람들에게 이 구별됨은 다른 분야는 물론 음식물 규례에서도 나타났다. 다른 문화들은 이스라엘에서 "부정하다"고 선언한 짐승을 먹는 것을 금지하지 않았다. 어떤 경우에는 부정한 짐

---

49 Kaiser, p. 1082.
50 고전 8:1-13; 10:14-33을 보라.
51 고전 10:31.

승이 예배 때 중요한 역할을 담당하기까지 했다. 그러나 하나님은 선을 그으셨고, 그 경계선을 벗어나지 않는 것은 이스라엘이 하나님의 특별한 백성이며 그분만을 섬기도록 부름 받았다는 것을 보여주었다. 레위기의 음식물 규례는 그리스도인들에게 더 이상 구속력이 없으며 하나님에 대한 그들의 충성을 보여주는 수단도 아니다. 그러나 그리스도인들은 여전히 구별된 삶을 살아야 한다. 성 윤리 같은 일부 영역에서 이런 도전은 여전히 변함이 없지만, 그리스도인과 주변 사회를 구별하는 다른 문제들은 세대마다, 문화마다 달라질 수 있다. 특정 상황에서 비롯된 보다 일시적인 이슈들이 이런 경계선을 상징하는 경우가 드물지 않다. 이런 경계선을 양보하는 것은 당시에 살고 있는 그리스도인들에게는 그들의 구별됨이 약화된다는 뜻이었다. 바벨론의 다니엘에게는 왕의 식탁에서 먹고 마시는 문제가 관건이었다.[52] 영국 빅토리아 시대의 많은 그리스도인들에 그 경계선은 술이나 빚, 도박과 관련되었다. 히틀러 치하의 독일에서는 나치의 거수경례가 문제였다. 오늘날에도 차이는 있지만 경계선은 존재할 것이다. 그리스도인들은 살아 계신 하나님을 소외시키는 세상의 관행을 한결같이 거부하는, 구별된 사람이 될 것이다.

정결법은 거룩함이 놀라우신 하나님께 다가갈 때 적절하고 핵심적인 요소라고 가르쳐 준다. 이 규례를 위반한 사람들은 당일 저녁까지 부정했고 자기 옷을 빤 후에야 정하게 되었다. 이것은 그들이 이스라엘 공동체의 예배에 참여할 수 없으며 하나님께 가까이 다가갈 수 없었다는 뜻이다. 하나님 앞으로 나아가기 원하는 사람들은 반드시 그렇게 할 수 있는 자격을 갖추어야 한다. 그 자격은 자신의 타고난 선이 아니라 그리스도가 그들에게 주시는 정결을 통해 주어진다.

c. 정결법이 구원에 대해 가르치는 내용

예수님이 오셨을 때 그분은 "모든 음식물을 '깨끗하다' 하셨다."[53] 예수님 시대

---

52 단 1:8.

에는 (할례와 안식일 법과 함께) 음식물 법이 참된 유대교 신앙과 생활 방식을 가늠하는 핵심 잣대가 되었다. 율법을 옹호하려는 사람들은 정결 문제에 대한 예수님의 태도가 느슨하다는 것을 알았다.[54] 특히 그들은 예수님이 '씻지 않은' 손으로 음식을 먹는 제자들을 내버려 두신 것을 보고 그렇게 생각했다. 손 씻는 의식은 레위기의 음식물 규례를 사람들이 확대한 것에 지나지 않았지만, 전통으로 자리를 잡았다. 언젠가 또 그런 일이 발생했을 때 예수님은 "무엇이든지 밖에서 사람에게로 들어가는 것은 능히 사람을 '더럽게' 하지 못하되 사람 안에서 나오는 것이 사람을 '더럽게' 하는 것이니라"[55]라는 원리를 밝히셨다. 그분은 사람 안으로 들어가는 것은 무엇이든지 위에 잠시 들어갔다가 몸 밖으로 나간다고 설명하셨다. 이와 반대로, 사람의 마음에서 나오는 것이 진정한 자아의 표현이었다. 이 말씀의 의미를 파악하고는 사람이 먹는 것이 더 이상 중요하지 않다고 결론을 내린 사람은 마가였다. 음식물을 "정하다" 또는 "부정하다"라고 구분하는 것은 더 이상 중요하지 않았다. 다른 것, 즉 내적 실재가 더 중요했다.

"정함"과 "부정함"을 구별하는 것은 훌륭한 유대인이라면 누구에게나 내재되어 있었다. 그래서 초기 그리스도인들이 그들 생각에 뿌리박힌 이런 족쇄를 깨뜨리고 하나님이 일하시는 방식에 대한 그들의 시각을 재구성하는 데는 얼마간의 시간이 필요했다. 베드로는 로마군 백부장 고넬료에게 예수님의 복음을 전하러 떠나려 할 때 욥바 근처에서 이 문제에 직면했다.[56] 환상 중에 주님이 베드로에게 "부정한" 짐승들을 죽여서 먹으라고 하셨다. 베드로가 그런 것들을 결코 먹을 수 없다고 대답하자 주님은 "하나님께서 깨끗하게 하신 것을 네가 속되다 하지 말라"[57]라고 대답하셨다. 베드로가 인간의 전통을 잊어버리

---

53 막 7:19.
54 마 15:1-20; 막 7:1-23을 보라. 예수님이 사마리아 여인이 주는 물을 마셨더라면 정결법을 위반하게 되었을 것이다. 요 4:7-10.
55 막 7:15.
56 행 10:1-48.
57 행 10:15.

고 복음을 다시 배워야 했던 때는 이번만이 아니었지만,[58] 그는 그것을 확실히 배웠다. 베드로의 환상 이후 교회 지도자들이 예루살렘에 모여 이방인 개종자들에게 무엇을 요구할지에 대해 논의할 때, 그들은 실용주의가 아니라 신학적 이유에서 특별한 음식물 규례를 폐기했다. 이 규례들은 이방인들이 하나님에게서 배제된 것을 상징했는데, 그리스도의 오심으로 이 배제는 끝났다.[59]

예수 그리스도의 사역은 이 오래된 구별을 무효로 만드셨다. 독특한 음식물 규례가 상징했던, 유대인과 이방인의 뚜렷한 분리는 더 이상 효력을 갖지 못했다. 율법이 나눈 것을 그리스도가 하나로 합치신다. 예수님의 피는 가장 부정한 사람들을 깨끗하게 하고 하나님에게서 가장 멀리 떨어졌던 사람들이 그분께 용납받을 수 있게 한다.[60]

레위기의 율법은 사진 현상 과정과 비슷하다. 레위기의 율법은 한편으로는 창조세계와 거룩함에 대한 포지티브(positive) 이미지를 우리 앞에 제시하고, 다른 한편으로는 색이 반대로 바뀌고 추가 현상이 필요한 흑백 이미지를 보여주는 네거티브(negative) 역할을 한다. 구원의 문제에서 레위기 11장은 네거티브 필름이다. 예수님이 오셨을 때 그 사진이 완전하게 인화되었다. 우리는 "이스라엘 나라 밖의 사람이라 약속의 언약들에 대하여는 외인이요 세상에서 소망이 없고 하나님도 없는"[61] 사람들이 이제 예수님의 환영을 받고, 믿음을 통해 이스라엘 백성과 함께 하나님 나라의 동일한 시민이 되었음을 보게 된다.

옛 언약에서 "정결의 의미가 창조세계에 분명히 드러난 하나님의 어마어마한 위엄에 대한 의식에 의존"[62]한다면, 새 언약에서 정결의 의미는 십자가에서 흘리신 그리스도의 피에서 명백하게 드러난 그분의 놀라운 은혜에 대한 믿음에 의존한다.

---

58 갈 2:1-10을 보라.
59 G. Wenham, "The Theology of Unclean Food", *EQ* 53 (1981), p. 14.
60 엡 2:11-13.
61 엡 2:12
62 Douglas, *Literature*, p. 148.

11장

정결과 몸
12:1-8; 15:1-33

음식물 문제를 다루는, 레위기에서 가장 이상한 장을 뒤로하고 이제 가장 논쟁적인 내용을 살펴보자. 이 장들은 우리 몸에 발생하는 부정함을 다룬다. 이 내용을 이해하려 할 때는 현대의 진보된 문화의 눈으로 무시하듯이 읽는 대신 그 세계로 들어가는 것이 중요하다. 그래야만 우리는 그 의미를 이해하고, 이 규례들이 여자가 남자보다 열등하고, 성은 더럽고 죄악된 것이라고 가르친다는 잘못된 생각을 피할 수 있다. "정결하다"는 것은 예배 때 하나님께 가까이 다가가기에 적절한 상태라는 뜻이었다. "부정하다"는 것은 자신의 상황 때문에 그렇게 하기에 부적절하다는 뜻이었다.[1] 이 범주들은 현대의 깨끗함이나 불결함이라는 개념과는 다르며,[2] 죄가 없거나 죄가 많다는 개념과도 다르다. 이 규례는 좋은 소식으로 의도된 것이며, 부정한 상태에 있는 사람들이 상황을 바

---

[1] NIV가 이것을 "부정한"이 아니라 "제의적으로 부정한"이라고 번역한 것은 정확한 이해에 도움이 된다. 이것은 이 표현이 도덕성이 아니라 종교의식과 관련이 있음을 강조한다.
[2] 정결 규례가 물리적인 더러움이나 오물에 관심이 있었다면 그런 것들에 관심을 가졌을 테지만, 의미심장하게도 정결 규례는 소변이나 대변은 다루지 않는다.

로잡고 다른 사람들과 함께 하나님을 예배하는 데 참여할 수 있는 방법을 자세히 설명한다.

12장과 15장은 인간 몸의 정상적인 기능과 관련된 정결 문제를 다룬다. 그 사이의 두 장은 인간의 질병과 소유물의 오염에 관한 내용을 다룬다. 편의상 질병과 곰팡이에 관한 장은 나중에 살펴볼 것이다.[3]

1. 출산으로 인한 부정(12:1-8)

아론의 위임식 이후로 하나님이 모세와 아론에게 말씀하신 것과 대조적으로, 정결법의 이 부분에서는 모세에게만 말씀하신다. 이것은 인간 경험 중 가장 자연스럽고 강력하며 놀라운 경험인 출산을 다루는 규례들에 대해 예상할 수 있듯이, 이 규례들이 여기에 포함되기 오래전에 이미 존재했음을 암시한다.[4]

a. 대기일 규정(12:1-5)

출산한 이스라엘 여자는 한동안 "부정하게" 되었다. 그는 추가로 더 기다린 후 정결 의식을 행하고 나서야 성막 예배에 다시 적극적으로 참여할 수 있었다. 그 기간에 산모는 "성물을 만지지도 말며 성소에 들어가지도 말아야" 했다. 부정은 전염될 수 있기 때문에 성물이나 거룩한 장소를 더럽히지 않도록 삼가야 했다. 그럴 경우, 다른 사람들이 그것들을 이용하여 유익을 얻는 것을 금지했다. 산모가 부정한 기간과 대기 기간은 아이의 성별에 따라 달랐는데, 이 점이 일부 사람들 눈에는 못마땅해 보일 수 있다.

아들을 낳은 산모는 "이레 동안" 부정했고, "여덟째 날에" 아이에게 할례를 주었다. 그런 다음에도 "삼십삼 일을 지내야 산혈이 깨끗하여졌다"(2, 4절). 할례

---

[3] 이 장들을 특별히 이렇게 배열한 이유를 밝히기는 어렵다. 레 15장은 논리적으로 레 12장에서 이어지는 것처럼 보인다. Kaiser, p. 1104를 보라.

[4] Hartley, p. 167. 그는 아론의 이름이 나타나지 않은 이유를 그가 정결 제사에서 매우 중요한 역할을 하기 때문이라고 설명한다. 그는 이것과 14:1을 비교한다.

는 성기의 포피를 제거하는 것인데 남자아이는 이 의식을 통해 이스라엘의 언약에 포함되었다.[5] 할례는 새로 태어난 아이의 생명이 하나님께 속했음을 인정하고, 언약의 약속과 의무를 영구적이고 물리적으로 상기시키는 역할을 했다.[6] 할례는 "여덟째 날"에 행했는데, 이날은 새로운 한 주의 첫 날이기 때문에 새로운 시작을 나타내며 늘 새 창조의 표시였다.[7] 아이가 여자이면 부정한 기간과 대기 기간이 두 배가 되어 각각 14일과 66일이지만(5절) 할례는 행하지 않았다.

산모를 격리해야 하는 이유에 대한 설명은 없다. 그러나 이 규례가 산모를 부정하게 보는 이유는 출산 사실이 아니라(출산은 기뻐해야 할 이유였기 때문에), "월경"(2절)과 비교되는 "산혈"(4, 5절) 때문임이 분명하다.

b. 이용할 수 있는 정결 방법(12:6-8)

출산한 여자가 겪는 부정한 상태는 부정한 고기에 관한 규례를 위반한 사람들보다 더 심각하다. 따라서 규례를 어긴 당일 저녁까지 옷을 빨면 되는 그런 부정처럼 신속하거나 쉽게 제거할 수 없었다. 출산의 경우처럼 어떤 사람의 부정이 이레 이상 지속될 때는 그 사람을 다시 정결하게 하기 위해서 제물을 드려야 했다.[8] 출산한 여자의 부정 기간은 제사 한 번만으로 끝나지 않아서, 번제와 속죄제라는 두 제사가 필요했다. 번제는 새로운 헌신을 나타내고 속죄제는 죄에 대한 새로운 용서를 보여준다. 이 제사들은 의무였기 때문에 더 값비싼 "일 년 된 어린 양"(6절)을 드려야 했는데, 경제적으로 여의치 않은 사람은 "산비둘기 두 마리나 집비둘기 새끼 두 마리"(8절)로 대신할 수 있었다.

출산이 죄라서 속죄제를 요구한 것은 아니었다. 하나님이 자기 백성에게 명령하셨고,[9] 다른 곳에서는 그분의 축복의 표지로 높이 평가하는 일이 어떻게

---

5 창 17:9-14.
6 P. R. Williamson, "Circumcision", in *DOTP*, pp. 122-125를 보라.
7 여덟째 날이란 표현은 9:1; 14:10, 23; 15:14, 29; 22:27; 23:36, 39에 나오며 항상 새로운 출발을 나타낸다.
8 Wenhem, p. 187.

죄가 될 수 있겠는가?[10] 이 제사는 어떤 구체적인 죄와 연관된 것이 아니라, 출산한 여자가 예배에 참석하지 않은 기간에 죄를 범했을 수도 있기에 그가 다시 하나님께 가까이 나아가기 전에 그런 죄를 없앨 필요가 있다는 인식을 보여준다.

누가복음 2:22-24에 따르면, 마리아는 예수님을 출산한 후 정결 예식을 행하면서 값싼 제물인 "산비둘기 한 쌍이나 혹은 어린 집비둘기 둘"을 드렸다.

c. 제시된 이유들

이 규례는 두 가지 질문을 제기한다. 왜 정결 기간이 필요했는가? 왜 여자아이의 경우 정결 의식 이전의 대기 기간이 더 길었을까?

왜 정결 기간이 필요했을까? 앞서 언급했듯이, 이 규례는 이 질문에 명확한 대답을 제시한다. 즉 피를 흘렸기 때문이다(2, 4, 5절). 15장에서 강조하겠지만, 모든 신체 유출물은 불결한 것으로 간주했다. 그러나 피를 흘리는 것은 피가 상징하는 내용 때문에 그중에서도 가장 심각한 결과를 초래했다. 피는 생명의 상징이며(17:11) 따라서 피의 상실은 생명을 상실하는 징후다. 이것은 오염과 죽음과 관련이 있다. 그래서 고든 웬함이 설명하듯이, 피의 상징적인 중요성 때문에 "피는 제의에서 가장 효과적인 청결제인 동시에 잘못된 장소에 있는 경우 가장 심각한 오염을 유발하는 물질이 된다."[11] 피 흘림은 잠재적으로 생명을 위태롭게 할 뿐만 아니라 신체를 온전하지 못하게 한다.[12] 출산한 사람들은 예배에 다시 참여하기 전에 결함을 극복하고 온전함을 회복해야 했다.

사실, 출산은 몇 가지 영적·신체적 이유로 위험했다. 출산은 하나님이 인류 타락[13] 후 여자에게 내린 처벌을 상기시키고 이 세상에 대한 사탄의 영향력에 도전했기 때문에[14] 영적으로 위험했다. 출산이 영적으로 위험한 또 다른 이유

---

9 창 1:28.
10 예를 들어, 창 15:1-5; 삼상 1:1-28; 시 127:3.
11 Wenham, p. 188.
12 Hartley, p. 168, Mary Douglas, *Purity*, p. 51의 주장을 인용.
13 창 3:16.

는, 일부 시각에 따르면 여자의 피는 마술적이고 신비한 속성이 있다고 생각되었고 출산이 악마적이고 파괴적이며 반생명적인 힘이 세상에 들어오는 문을 열어 준다고 간주되었기 때문이었다. 그러나 다른 민족들은 이런 것을 믿었지만 이스라엘 사람들이 믿었다는 증거는 없으며, 이스라엘이 주문과 마법을 이용해 악령에 맞서라고 권고를 받은 증거는 확실히 존재하지 않는다. 실제로 이런 규례에는 악령을 암시하는 내용이 전혀 없다.[15]

매우 최근까지도 출산은 신체적으로 극히 위험해서 아기는 물론 산모의 생명까지 위협했다. 아기를 출산한 여자의 몸은 좋지 않은 상태였을 것이다. 바룩 레빈은 "출산한 여자를 부정하고 취약한 상태라고 선언함으로써 공동체는 산모를 보호하고 안전하게 쉴 곳을 마련해 주려 했다"[16]고 설명한다. 그렇다면 이런 규례들은 공동체 생활에 적극적으로 다시 참여하기 전에 산모가 몸을 충분히 회복할 수 있게 해주는 보호 조치다. 산모는 이 기간이 끝날 때까지 세심한 돌봄을 기대할 수 있었다.

여자아이를 낳을 경우 왜 대기 기간이 길어졌을까? 평범한 현대인들은 이런 규례가 극히 편파적이며 이스라엘 사회에서 여성의 열등한 지위를 반영한다고 추정한다. 이런 추정은 여자아이를 낳은 산모가 정결해지려면 남자아이를 낳은 경우보다 시간이 두 배로 필요하기 때문에 여자아이가 남자아이보다 두 배 더 부정한 것이 틀림없다고 주장한다. 그러나 이런 시각은 시대착오적이며 이 규례가 말하는 내용이나 레위기의 나머지 내용이 가르치는 내용을 공정하게 평가하지 못한다. 산모를 부정하게 만드는 것은 출산이 아니고, 자녀의 성별은 더더구나 아니다. 산모가 부정하게 되는 이유는 산모가 피를 흘렸기 때문이다. 앞에서 설명했듯이, 그 결과로 야기되는 불결함은 죄나 악이 아니라 제의적인 부정과 관련이 있다. 만약 부정함이 여아의 가치와 관련이 있었다면, 날 때부터 장애가 있거나 병약한 아이들도 이 규례에 포함되었을 것이고, 그런

---

14 창 3:15.
15 Noordtzij, p. 131.
16 Levine, p. 249.

아이들의 가치는 그렇지 않은 아이들의 가치보다 열등하다고 간주되었을 것이다. 그러나 그런 규례는 없다. 오히려 레위기는 남녀를 다룰 때 놀라울 정도로 공평함을 보여준다. 이스라엘 여자들은 다른 주변 국가의 여자들보다 더 많은 권리를 갖고 있었다.[17] 물론 오늘날 많은 사람들이 당연하게 여기는 완전한 성 평등 같은 것은 존재하지 않지만,[18] 여자들은 남자들과 함께 나란히 제물을 드릴 수 있었고, 15장에서처럼 부정함에 대해 남자들과 똑같은 처벌을 받았다. 이것은 특히 당시의 가부장적 분위기를 감안할 때 놀라운 일이다.[19]

그렇다면 이런 차이는 무슨 의미일까? 이 차이에 대한 흡족한 설명은 없지만 어느 정도 신뢰할 만한 설명이 다수 제시되었다. 전통적인 관점은 이 차이가 디모데전서 2:13-15에 언급되어 있듯이 타락 사건에서 하와가 저지른 역할을 반영한다고 주장한다. 더 오래된 관점에 따르면, 격리 기간이 늘어난 것은 의학적인 이유에서였다. 흔히 여아 출산이 남아 출산보다 더 어려움이 많이 수반된다고 믿었다.[20] 또한 여아를 낳을 때 나오는 질 분비물이 남아의 경우보다 더 오래 지속된다고도 했다.[21] 이런 관점들은 여자아이를 낳은 산모에게 더 오랜 회복 기간이 필요하다는 것을 확실히 암시한다. 그러나 대기 기간이 다른 이유는 아마도 다른 데 있을 것이다.

레빈은 그 차이가 "여자아이의 잠재적 출산에 관한 염려와 기대, 곧 여자아이가 언젠가 어머니가 되리라는 기대를 반영했을지도 모른다"[22]고 생각한다. 딸의 탄생은 출산 능력이 있는 또 다른 여자의 창조를 의미했으며, 따라서 당

---

17 Hartley, p. 168.
18 예를 들어, 제사장은 반드시 남자라야 했고, 레 27장 내용은 비록 남자와 여자의 고유한 지위가 아니라 노동력 가치와 관련이 있긴 하지만 그들이 경제적 가치 면에서 뚜렷한 차이가 있음을 보여준다.
19 이와 반대로, Noth는 이것이 "여성의 제의적 열등함"을 입증한다고 주장한다(p. 97). 그리고 Wegner, p. 38. Milgrom은 이에 대해 더 큰 부정이 사회적 가치가 더 적다는 것을 나타내지 않는다고 반박한다. 가령 랍비의 율법에 명확하게 나타나듯이 인간의 주검은 죽은 돼지보다 더 많은 부정을 유발하지만 전자가 후자보다 더 가치 있다. 또한 죽은 돼지는 죽은 개구리보다 더 많은 부정을 유발한다. *Leviticus 1-16*, p. 751.
20 Milgrom, *Leviticus 1-16*, p. 750; Noordtzij, p. 131
21 Levine, p. 250; J. Magonet, "But If It Is a Girl…" in Sawyer, p. 144; Pigott, p. 60를 보라.
22 Levine, p. 250.

연히 더 큰 의미를 지닌 사건으로 취급했을 것이다. 태어난 딸은 때가 되면 월경주기를 경험할 것이다. 따라서 딸의 탄생은 부정함의 창출자인 여자가 둘이나 연루된 것이나 마찬가지여서, 결과적으로 정결 기간을 두 배로 요구했다.[23]

수전 피고트(Susan Pigott)는 다른 관점을 선호한다. 이를테면, 남아 출산으로 인한 부정 기간은 하나님의 은혜와 공동체로의 결합의 상징인 할례 때문에 할례를 시행하지 않는 여아의 경우보다 단축되었다.[24]

그러나 월터 카이저는 더 설득력이 있는 다른 설명을 선호한다.[25] 그는 이 차이를 나중에 나온 저작물인 『희년서』(Jubilees)와 미쉬나(Mishnah)에 나오는 구절들과 관련시킨다. 이 글들에 따르면, 아담은 첫 주의 마지막에 창조되어 41일째 날에 에덴으로 들어갔고, 하와는 둘째 주 마지막에 창조되어 81일째 날에 에덴에 들어갔다. 따라서 격리 기간은 아담과 하와의 탄생에 관한 이런 믿음의 초기 표현일지도 모른다. 그러나 이 관점은 후대의 자료를 이용하여 초기 자료를 해석한다는 문제점이 있고, 명확하지도 않다.

정결 실행 지침의 다른 부분과 마찬가지로, 출산 후 정결 규례는 억압적인 권력을 사용하여 동료 인간의 가치를 폄하하는 구실이 아니라 연약한 자를 보호하시려는 하나님의 은혜다. 이 규례는 남자들이 남성 우월주의를 맹목적으로 과시할 수 있는 근거를 제공하지 않았다. 그보다는 남자들로 하여금 모든 창조된 생명의 보호자이자 현명하고 온화한 청지기로서 소명을 감당할 것을 요구했다.

2. 신체 유출물로 인한 부정(15:1-33)

15장에서 다루는 제의적 부정들은 생식기관의 유출물 때문에 발생한다. 12장에서는 인생의 주요 사건인 출산을 언급한 반면, 이런 부정들은 일상에서 중

---

23 Magonet, in Sawyer, p. 152.
24 Pigott, pp. 60-61.
25 Kaiser, p. 1085; Milgrom, *Leviticus 1-16*, p. 750.

요한 일부이거나 만성질환의 증상이다. 이것들은 남녀 모두와 관련이 있다. 이 규례들은 놀라운 대칭 형식으로 구성되었으며, 부정을 극복하는 수단에는 남녀의 동등함이 뚜렷이 나타난다. 이 장의 흐름은 다음과 같이 정리할 수 있다.

A^1 도입(1-2절)
   B^1 남자의 만성 유출물(3-15절)
      C^1 남자의 단기 유출물(16-18절)
      C^2 여자의 단기 유출물(19-24절)
   B^2 여자의 만성 유출물(25-30)
A^2 결론(31-33절)

a. 무엇이 문제인가?

3절은 첫 번째 부류의 문제들을 제시한다. 누구든지(any man)[26] 생식기에서 유출이 있는 경우 "그의 몸에서 흘러나오든지 그의 몸에서 흘러나오는 것이 막혔든지 부정하다." 일반적인 합의에 따르면 전자는 임질, 후자는 성기가 막혀서 소변을 볼 때 통증이 유발되는 것을 말한다.[27] 이 구절에 사용한 언어는 드물게 나타나며, 정결법에서 사용하는 통상적인 용어가 아니라 의학 전문용어에 더 가깝다. 유출은 스스로 통제할 수 없는 "끈적끈적한 액체"가 흘러나오는 반면, 막힘은 성기가 막혀서 소변의 흐름을 방해하는 것을 의미한다.

그러나 이 정결 규례는 이런 신체 질환을 상세히 진단하는 대신, 이 질환의 사회적·종교적 영향을 자세히 설명하는 데 더 관심이 많다. 이런 질환을 가진 사람들은 부정하고 그들이 접촉하는 대상에 쉽게 부정을 옮길 수 있다. 그래서 그들이 침대에 눕거나 의자에 앉아 있거나(4절), 다른 사람에게 접촉하거나

---

26 NIV inclusive-language edition은 2절에서 "*anyone*"을 사용한다. 그러나 각주에서 대체 가능한 번역어로 "*any man*"을 제시하고, "2-15절에서 몸의 유출이 있는 사람이 구체적으로 남자를 가리키는 것일 수 있다"고 언급한다.
27 Harris, p. 586. 그는 특이하게도 여기서 고려하는 질병이 더 일반적인 것이며 설사를 포함한다고 생각한다.

(7절), 다른 사람에게 침을 뱉거나(8절), 무언가를 탔거나(9절), 심지어 질그릇을 사용한 경우에도(12절) 그들의 부정함이 그 대상에게 전달된다. 전염 과정은 거기서 그치지 않는다. 부정하게 된 것과 접촉한 사람도 모두 부정해지기 때문이다. 이 이차적인 부정과 접촉한 사람들은 저녁때까지만 부정하고, 저녁이 되어 자기 몸을 씻고 옷을 빨면 다시 정결해진다. 앞서 보았듯이 질그릇은 다공성 재료로 만들었기 때문에 이런 방식으로는 정결해질 수 없고, 반드시 깨뜨려야 했다(12절). 그렇지 않으면 계속 부정을 전염시키게 된다.

정결법은 절대로 치료책을 제공하지 않는다. 치료가 되면 회복이 되었다고 표시해 줄 뿐이다. 그래서 부정한 사람은 자기 병이 언제 사라졌는지 확인하고, 치유된 후 다시 이레를 기다렸다가 제의적인 씻음을 시행하고, 예배 공동체에 다시 참여하기 위해 두 가지 제사를 드려야 한다(13-15절). 출산 때와 마찬가지로 제사는 번제와 속죄제를 드리는데, 이는 새로운 헌신과 정결함을 표현했다. 제물로 바치는 짐승은 비싼 것이 아니라 가난한 자가 드리는 제물이었다.

남자가 부정해지는 두 번째 원인은 몽정이나 동침에 의한 "설정"(泄精)이다(16-18절). 이런 부정은 심각한 것이 아니다. 남자는 저녁까지만 제의적으로 부정할 뿐이며, 저녁이 되면 몸을 씻고 옷을 빨아서 부정을 제거할 수 있었다. 정액으로 더럽혀진 것들도 모두 씻어야 했다. 설정이 사람을 더럽히는 이유는 성행위가 더럽기 때문이 아니다. 그보다는 체액 유출과 성행위가 거룩함보다는 일상 영역에 속한다는 사실과 관련이 있다.[28]

여자의 부정과 관련하여 고려하는 첫 번째 내용은 월경이다(19-24절). 여자가 매달 "피를 유출"하는 것은 이 장 서두에 언급한 남자의 유출과 똑같은 방식으로 취급한다. 남자들의 경우와 마찬가지로, 월경중인 여자와 접촉한 사물이나 사람들에게는 불결함이 전달되기 때문에 당일 저녁에 몸을 씻고 옷을 빨아야 한다(19-23절). 남자가 월경중인 여자와 동침하면 그는 더 심각하게 불결해져서 "이레 동안 부정할 것이다"(24절).[29] 여자는 월경 기간이 끝날 때까지 기

---

28 Hartley, pp. 210-211의 논의 내용을 보라.

다렸다가, 그로부터 이레 후에 몸을 씻어 부정함을 제거해야 한다. 고든 웬함은 월경도 임질처럼 전염성이 있다고 간주하지만(2-15절), 부정을 속하기 위해 제사를 드릴 필요는 없다고 지적했다. 그는 "이런 측면에서 월경은 16-17절에서 다루는 남자들의 통상적인 설정과 유사하다"[30]라고 쓴다. 여자들의 월경 기간은 자연적인 신체 상태로 보고 죄와 결부하지 않는다.

이 규례들은 때로, 여자들의 성과 관련된 독특한 두 가지가 여자를 부정하게 만든다는 점을 강조함으로써 여자를 억압하는 것으로 간주되었다. 이는 이 규례의 취지를 완전히 오해한 것이다. 설령 이 규례가 억압적이라 해도, 남자보다 여자에게 더 억압적이지는 않다. 실제로 치즘-스미스(Chisholm-Smith)가 월경에 관한 글에서 말했듯이, "레위기 15장에서 눈에 띄는 점은 몸의 유출에 관한 율법이 양성에 대단히 일관되게 적용된다는 것이다."[31] 그렇기는 해도, 19-23절이 암시하듯이 정말로 여자는 월경 때문에 매달 한 주 동안 사회 활동을 중단했을까? 일부 학자들이 믿듯이, 이스라엘 여자들이 오늘날 서구 여성들보다 월경을 자주 하지 않았다면 가혹하게 보이는 이 규례가 완화될 수도 있을 것이다.[32] 그게 아니더라도, 매월의 휴식 시간은 가혹한 제약이 아니라 축복으로 환영을 받았을 수도 있다. 이 율법이 가부장적 사회에 공포되었다는 점을 감안할 때—남자들은 여자를 단순한 재산으로 취급할 때가 많았다—이런 규례는 여성을 지배하는 남자들의 권세에 한계를 그었다. 이 규례 때문에 남자들은 부적절한 때에는 아내에게 성행위를 강요하지 못했다. 따라서 이것은 여성을 보호하고 존중하며 그들이 연약한 시기에 품위를 손상당하거나 침해당하지 않게 하려고 마련된 것이었다.

부정하게 되는 몸의 유출 중 마지막 범주의 경우에는 제사가 필요했다.

---

29 레 18:19는 여자의 월경 기간에 남자가 여자에게 접근하는 것을 분명하게 금지한다.
30 Wenham, p. 220.
31 Lisa Chisholm-Smith, "Menstruation", in C. Clark Kreuger and M. J. Evans (eds.), *The IVP Women's Bible Commentary* (Downers Grove, IL: IVP, 2002), p. 62.
32 같은 책, p. 62와 Kaiser, p. 1105. NIV가 12:2; 15:19, 24, 25, 26, 33; 18:19; 20:18에서 '매달'(monthly)이란 단어를 사용한 것은 원문에 대한 해석이 포함된 번역이다. 원문은 구체적이지 않으며, '매달'을 명시하기보다는 여자가 불결한 기간을 가리킨다.

25-30절은 여자의 피의 유출이 "불결기가 아닌데도 여러 날이 간다든지 그 유출이 그의 불결기를 지나도 계속되는" 경우를 다룬다. 이 여자는 피를 흘리는 날 동안 계속 부정하며 그 질병이 지속할 동안 잠재적 오염원이 된다(26-27절). 모든 이차적인 오염은 당일 저녁에 몸을 씻고 옷을 빨면 해결되지만, 다른 경우와 마찬가지로 여자 자신은 조치를 취하기 전에 유출이 나을 때까지 기다려야 한다. 그런 다음 다시 이레를 더 기다렸다가 "여덟째 날"—새 출발의 날—에 "회막 문 앞 제사장에게" 번제와 속죄제의 값싼 제물을 가져가야 했다(28-30절). 14-15장에 기록된 남자가 가져가는 제물과 여기에 언급된 여자가 가져가는 제물을 다르게 보려는 웨그너(Wegner)의 시도—그 결과 그녀는 이 제사 절차가 여자들을 차별한다고 결론 내린다—에도 불구하고, 필요한 제물과 이용 절차는 남녀를 대등하게 본다.[33]

b. 요점은 무엇인가?

이 규례들이 성 문제가 더럽다는 것을 강조하여 가르치는 것이 아니라면 도대체 무엇을 가르치려는 것일까? 근본적으로 이 규례는 생명에 대한 존중을 강조한다. 정한 고기와 부정한 고기의 차이점을 설명하려고 제시된 일부 해석 방법이 여기에서는 그다지 들어맞지 않는다. 짐승의 경우에 본질적인 차이는 통상적인 것과 이례적인 것의 차이였다. 이런 부정함의 일부를 그런 틀에 억지로 끼워 맞출 수는 있지만, 15장에서 부정하다고 선언한 몇몇 경험들은 완전히 정상적인 신체 기능이기 때문에 이런 설명 방식은 잘 들어맞지 않는다. 이런 유출들이 몸의 경계를 위반한 것이며, 따라서 올바른 것(피와 정액)을 잘못된 장소에 두는 것일 수 있다고 말하는 것도 설득력이 없다.[34] 더글러스는 이런 접근법을 채택하고 물리적인 몸이 더 큰 사회적 몸을 비유적으로 표현한다고 제

---

[33] Wegner, p. 42. 그녀의 추론은 29절은 14절과 달리 "여호와 앞으로 가서"라는 구절을 포함하지 않는다는 것이다. 따라서 남자는 직접 제물을 드릴 수 있지만 여자는 간접적으로만 드릴 수 있다고 주장한다. 그러나 그녀는 문체상의 차이에 불과할 수 있는 부분을 대단히 중요하게 취급한다.
[34] Bellinger, p. 93와 Budd, p. 214.

안한다. 이 규례들은 몸의 위반을 부정하다고 선언함으로써 사람들이 공동체의 보이지 않는 사회적 벽의 온전한 상태를 침해하는 것—예를 들어, 이스라엘 사람이 다른 민족과 결혼할 경우 이런 일이 발생할 수 있다—을 막으려고 한다.[35]

그러나 이 규례에 대한 더 명확하고 설득력 있는 설명이 있다. 정한 것은 생명과 관련되고 부정한 것은 죽음과 관련된다.[36] 레위기 12장과 15장에서 부정하다고 묘사한 상황은 모두 생명을 가져오는 몸의 유출물, 즉 피와 정액을 상실하는 것과 관련이 있다. "육체의 생명은 피에 있다"는 레위기 17:11의 핵심 원리에 따르면, 피 흘림은 생명이 쇠락하는 징후다. 피를 너무 많이 흘리면 죽는다. 마찬가지로, 남자의 요도가 정상적으로 기능하지 못하거나, 어떤 이유에서건 정액을 쏟아버릴 경우 새 생명의 가능성은 사라지고, 경우에 따라서는 잠재적 생명을 의도적으로 허비할 수도 있다. 막 출산한 산모, 생식기 유출이 있는 남자, 월경이나 만성 출혈이 있는 여자 주변에 둘러 친 보호용 울타리는 이런 사람들에게 특별한 주의와 돌봄이 필요함을 나타낸다. 생사의 문제가 걸려 있으므로 무심하게 다루어서는 안 된다. 생명을 주시는 하나님은 자기 백성이 생명을 소중히 다루기 원하신다.

그런데 왜 유출이 있는 사람들은 예배에 참석하기에 부적절한 상태가 되었을까? 제사장으로 섬길 수 있는 자격에 대한 규례가 보여주듯이(21:16-23) 하나님께 가까이 가는 사람들은 온전해야 하는데 이런 질병이 있는 사람들은 온전하지 않다는 생각이 한 가지 이유일 것이다.[37] 그러나 다른 미묘한 차이점들도 그에 못지않게 중요하다. 부정하다는 선언을 받은 사람들은 성소를 더럽혀 하나님이 거주하시기에 부적합한 곳으로 만들지 않기 위해 정결하신 하나님께 다가갈 수 없다(31절). 이 때문에 그들이 복귀할 때는 속죄제가 필요했다.[38] 죽

---

35 Wenham, pp. 222-223. Mary Douglas, *Natural Symbols* (Harmondsworth: Penguin, 1973), pp. 93-112는 이 접근법의 배경을 제공한다.
36 G. Wenham, "Why Does Sexual Intercourse Defile?(Lev 15:18)", *ZAW* 95 (1983), pp. 432-434.
37 Douglas, *Purity*, p. 51. Levine, p. 92는 레 15장에서 질병 상태와 부정은 사실상 상호 교환이 가능하다고 주장한다.

음의 각인이 찍힌 사람들도 영원히 사시며 모든 생명과 창조세계의 근원이신 여호와 하나님께 다가갈 수 없었다. 이 각인이 사라질 때까지, 심각한 경우에는 당사자들이 "여덟째 날에"(14, 29절) '다시 태어날' 때까지 그들은 예배 때 하나님께 다가가는 것이 허용되지 않는다.

3. 부정과 새 언약

이 장의 결론 부분에서 인상적인 점은 이 규례들이, 레빈의 표현을 빌리자면, "중요한 정책 선언문"[39]으로 바뀐다는 것이다. "너희는 이와 같이 이스라엘 자손이 그들의 부정에서 떠나게 하여 그들 가운데에 있는 내 성막을 그들이 더럽히고 그들이 부정한 중에서 죽지 않도록 할지니라"(31절). 유대인 랍비들은 이 명령을 진지하게 받아들여 거대한 율법 틀을 세워 사람들이 부정함의 덫에 빠지지 않게 했다. 그들의 전통은 예수 그리스도 시대에 이르러서는 큰 부담이 되어, 부정한 자들이 하나님께로 돌아가는 길을 찾도록 격려하기보다 계속해서 그분에게서 멀어지게 만들었다. 예수님은 종교적으로 정결한 관료들이 무거운 짐을 묶어 사람들 어깨에 지우고 그 짐을 덜어 주려고 손가락 하나 움직이려 하지 않는다고 비난하셨다.[40] 그 결과 그들은 "천국 문을 사람들 앞에서 닫고", 자신들뿐 아니라 "들어가려 하는" 다른 사람들도 들어가지 못하게 한다.[41]

그러나 예수님은 그런 제도를 비난하시기만 하지 않고, 성취하셨다. 그분의 행동은 사람들이 하나님께 가까이 갈 때 정결해야 한다는 점을 확인해 주셨다. 그분은 그 장벽을 낮추거나 거룩함의 필요조건을 지나치게 단순화하시지 않았다. 거룩하신 하나님께 다가가는 사람들은 반드시 정결해야 한다. 하지만 어떻게 그럴 수 있을까? 예수님은 레위기의 정결 규례가 할 수 있는 모든 것을

---

38 Levine, p. 95.
39 같은 책, p. 98.
40 마 23:4.
41 마 23:13.

넘어서셨다. 정결 규례로는 부정함을 고칠 수 없었다. 사람들이 치유를 경험하고 일정 시간이 경과한 다음 예배 공동체에 다시 들어가기 위해 해야 할 일들을 규정했을 뿐이다. 그러나 결코 나아지지 않는 만성질환이 있는 일부 사람들에게 이것은 절망스러운 방책이었다. 반면에 예수님은 사람들을 치료해 주셨다. 그분은 은혜의 새 시대에 부정한 사람들을 깨끗하게 하셔서 하나님께 다가갈 수 있게 하셨다. 온전함을 상실한 환자들이 완전한 건강을 되찾게 하셔서 하나님께 가까이 다가갈 수 있게 하셨다. 그런 다음 그들을 제사장에게 보내 고침 받은 것을 입증하여 정결 의식법을 이행하게 하셨다.[42] 하나님은 바뀌시지 않았다. 고든 웬함이 썼듯이, "레위기는 하나님이 거룩하시며 생명과 건강의 창조자라고 선언한다. 복음은 병든 자와 죄인을 구원하시며 죽은 자들에게 생명을 주시는 동일한 하나님을 보여준다."[43] 옛 언약은 부정한 자들에게 "다가오지 마라! 너희는 부적합하다"라고 말했던 반면, 새 언약은 그리스도의 변화시키는 사역을 통해 부정한 자들에게 "가까이 오라! 내가 너희를 깨끗하게 하겠다"라고 말한다.

손을 뻗어 예수님의 옷자락을 만질 정도로 믿음이 컸던 어느 무명의 여자는 12년 만에 고통에서 해방되었다. "그의 혈루 근원이 곧 마르매 병이 나은 줄을 몸에 깨달으니라."[44] 그녀는 그리스도의 구원하시는 능력을 구체적으로 보여주는 대표적 사례다. 그도 그럴 것이 예수님이 군중에게 누가 자신에게 손을 댔는지 물으셨을 때 그녀는 자신을 드러내기 꺼렸다. 잠시 후 그녀가 두려워 떨며 그분 발 앞에 엎드린 것은 당연한 일이었다. 이 여자는 오랫동안 성전에 올라가는 무리에게서 배척을 받았다. 그녀는 부정하기 때문에 그런 모임에 참석할 자격이 없었다. 그러나 그리스도의 능력은 이 여자의 혈루를 멈추고 부정함을 깨끗이 씻었으며 그녀가 이스라엘의 딸로서 지위를 회복하여 하나님

---

42 예를 들어, 마 8:4; 막 1:44; 눅 5:14; 17:14.
43 G. Wenham, "Christ's Healing Ministry and his Attitude to the Law", in Harold H. Rowdon (ed.), *Christ the Lord: Essays in Christology presented to Donald Guthrie* (Leicester: IVP, 1982), pp. 125-126.
44 막 5:24-34. 29절에서 인용.

께 가까이 다가갈 수 있게 했다.

예수님은 이 여자를 치유하셔서 율법을 옹호하는 동시에 무용지물로 만드셨다. 그분은 무슨 권리로 그렇게 하셨는가? 그분은 율법이 무력하여 할 수 없었던 일을 어떻게 성취하실 수 있었단 말인가? 그 해답은 십자가에 있다. 정결하신 예수님은 갈보리에서 부정한 자가 되셨다. 거기에서 "하나님이 죄를 알지도 못하신 이를 우리를 대신하여 죄로 삼으셨다."[45] 십자가에서 입은 그분의 상처로 우리가 나음을 얻었다.[46] 생명을 주시고 회복하시는 그분의 사역이 가능한 이유는 그분이 우리의 모든 부정을 제거하여 우리를 깨끗하게 하는 제물이 되셨기 때문이다.

레위기 12장과 15장은 중요한 교훈을 많이 담고 있다. 이 장들은 우리에게 생명을 존중하고, 하나님의 선물인 성을 절제하여 사용하고, 신체적으로나 정서적으로 약한 사람들을 보호하며, 육적인 것과 영적인 것이 동일하기 때문에 우리가 하나님께 접근할 때 통합적으로 생각하라고 가르친다. 그러나 무엇보다도 이 장들은 우리에게 예수님이 필요하다고 가르친다. 그분만이 우리를 깨끗하게 하실 수 있고 그분만이 우리를 거룩하신 하나님께 다가갈 수 있을 만큼 가치 있게 만드실 수 있기 때문이다. 찰스 웨슬리(Charles Wesley)는 만 입으로 예수님의 깨끗하게 하시는 능력의 복음을 찬양하기 원했다.

내 죄의 권세 깨뜨려 그 결박 푸시고
이 추한 맘을 피로써 곧 정케 하셨네.[47]

---

45 고후 5:21.
46 사 53:5.
47 Charles Wesley (1707-1788)의 "O for a thousand tongues"에서 인용. 새찬송가 23장 "만 입이 내게 있으면".

12장

정결과 질병
13:1-14:57

정한 것과 부정한 것을 구별하는 제사장의 의무에는 피부병 증상을 보이는 사람과 오염된 옷이나 건물이 부정한지 아닌지에 대한 판단도 포함되었다. 이런 측면에서 제사장들은 공동체의 초기 의료보건 담당자 역할을 했기 때문에 판단을 내릴 수 있는 근거가 필요했다. 이런 판단은 사람들의 가족과 재산에 심각한 영향을 미쳤을 것이다. 이 장들은 제사장들에게 필요한 지침을 제공했는데, 이 지침은 과학적 연구나 사람들의 지혜가 아니라 하나님에게서 비롯되었다(13:1).

제사장들이 하는 일에서 현대 의학의 특징은 거의 찾아볼 수 없었다. 그들은 병의 진단에는 관심이 있었지만, 치료 방법을 제공하는 데는 관심이 없었고, 그럴 능력도 없었다. 그저 어떤 사람(이나 사물)이 부정한지를 증명했고, 증상이 사라지면 그 사람(이나 사물)이 다시 정결하다고 증명했다. 질병의 묘사는 일반적이고 부정확해서 오늘날 기대하는 과학적인 엄격함은 찾아보기 힘들다. 게다가 이 장들의 목적은 이스라엘인들의 건강을 잘 유지하기 위한 것이라기보다 누가 하나님께 다가가기에 적합한지를 판단하는 것이었다. 현대 세계의 오류라고 할 만한 신체와 영성의 엄격한 분리는 이스라엘에서는 이해하기 힘들었다. 사람은 통합적인 연합체로, 삶의 모든 영역—몸과 정신과 영혼—이 하나님과의 관계에 영향을 미쳤다. 하나님이 모세와 아론에게(13:1) 백성들의 건강에 대해 말씀하신다는 것은 그분의 지식과 능력과 긍휼이 포괄적이며, 삶 전체를 포함한다는 것을 다시 한 번 보여준다.

13장은 제사장들의 진단하는 역할을 묘사하며, 사람들이 "부정하다"는 끔찍한 선언을 기다리는 동안의 긴장과 침울함이 내내 지속된다. 이런 선고가 내려질 경우, 그들은 잠시 동안 진영을 떠나 모든 정상적인 일과와 관계들을 끊어야 한다. 13장과 날카롭게 대조되는 14장은 부정한 사람과 물건을 깨끗하게 하는 역할을 제사장들에게 제시한다. 이 장은 사람이 다시 "정하게" 되어 진영에서 정상적인 생활을 재개할 수 있다는 즐거운 선포 후에 뒤따르는 큰 안도와 복잡한 의식들을 주로 묘사한다.

1. 전염성 피부병을 처리하는 법(13:1-46)

피부병에 대처할 책임은 병에 걸린 사람이나 그 가족들에게 있다. 이 규례들은 사람을 진영에서 내쫓을 수 있는 권한을 제사장들에게 주기 때문에 그들에게 상당한 힘을 부여한다. 그러나 이 규례들은 제사장들이 마녀사냥을 하지 않도록 막아 준다. 어떤 사람이 부정하다는 선언을 받으려면 제사장이 아니라 이 문제에 책임이 있다고 예상되는 다른 사람들이 먼저 나서야 한다. 전염성 피부병에 걸렸다고 의심되는 사람이 있을 때는 (가족과 친구들이) "제사장 아론에게나 그의 아들 중 한 제사장에게로 데리고 가야 한다"(2절). 다른 질병과 달리, 피부병은 상당히 눈에 잘 띄기 때문에 오랫동안 질병을 못 본 척하면서 필요한 조치를 미루기가 쉽지 않았을 것이다.

a. 제사장은 무슨 일을 했는가?
제사장이 처음 한 일은 "그 피부의 병을 진찰"하는 것으로, "환부의 털이 희어졌고 환부가 피부보다 우묵하여졌는지" 주의 깊게 살폈다(3절). 다음으로는, 제사장이 다음에 할 일을 알려 주기 위해 몇 가지 사례연구를 제시한다.

경계선에 있는 환자의 경우, 감염된 사람을 이레 동안 격리한 후(4절) 다시 진찰했다. 병색이 퍼지지 않았으면 다시 이레 동안 '병가'를 주었다. 그 후에야 환자는 정하다는 선언을 받았으며, 자기 옷을 빨기만 하면 다시 정상적인 생활을 재개할 수 있었다(5-6절). 만일 병색이 피부에 퍼진 경우에는 제사장에게 다시 보여야 하며 제사장은 "그를 부정하다 했다"(7-8절).

두 번째 사례(9-11절)는 "피부에 흰 점이 돋고 털이 희어지고 거기 생살이 생겨서" 처음부터 오래된 피부병이 분명한 경우다. 이런 증상일 때는 별도의 관찰 기간이 필요 없다. 이런 사람은 명백하게 부정하기에 부정한 사람을 다루는 절차를 시행한다.

세 번째 사례(12-17절)는 피부병이 머리부터 발끝까지 온몸에 퍼진 경우다. 그러나 환자가 부정한지 여부를 결정하는 것은 병의 크기나 추한 정도가 아니라 병의 유형이다. 따라서 환부가 아무리 광범위하다 해도 살이 뭉크러지고 생살이 돋을 경우에만 부정하다고 간주했다. 일단 환부가 희게 변하면 새 피부가 자라고 치료가 되고 있다는 표시였다. 따라서 그 사람은 다시 정한 사람으로 선포할 수 있다.

가장 긴 네 번째 단락(18-46절)은 다음과 같은 사례들을 검토하는데, 피부병이 염증성 종기(18-23절), 화상(24-28절), 머리카락이나 수염 아래에 생긴 피부 가려움증(29-37절),[1] 백반(38-39절), 탈모(40-46절)처럼 다른 질병의 합병증으로 발생한 경우다.[2] 의심환자들은 병의 경중에 따라 정하다는 선언을 받고 옷을 빨거나, 부정하다는 선언을 받고 진영에서 격리되었다.

---

1 이 증상들은 건선, 습진, 피부염, 황선을 포함한 다양한 진단을 내릴 수 있다. Hartley, p. 192를 보라.
2 Levine, p. 79.

b. 이 질병은 어떤 질병을 말하는가?

신약성경의 오래된 버전들이 예수님이 나병환자들을 고치셨다고 말하기 때문에 여기에 언급된 피부병이 나병을 가리킨다고 보는 것이 관례가 되었다. 그러나 문제의 히브리어 '차라아트'(ṣāra'at)가 오늘날 우리가 말하는 나병을 가리킨다고 보는 사람은 거의 없다.[3] 이런 증상들은 오늘날의 나병과 일치하지 않으며, 나병은 이제 전염성이 없다고 간주된다. 레위기 13장이 나병을 언급한다는 시각을 지니고 그와 관련된 모든 난점을 설명할 수 있다고 믿는 사람들이 소수 있지만, 그 입장은 다수의 의견과 상반된다.[4]

일평생 나병을 치료한 스탠리 브라운(Stanley Browne) 박사는 구약성경에서 나병을 언급했다는 확실한 증거가 없으며, 여기서도 나병을 언급하지 않는다고 말했다. 그가 보기에 묘사된 증상들은 나병이라고 간주할 수 없고, 어떤 경우든 과학적인 정확성이 없으며 "일반적이고 비과학적이며 포괄적이고 부정확한" 특성을 보인다. 그는 '차라아트'에는 광범위한 의미가 있기 때문에 "사실상 번역이 불가능하다"[5]고 생각했다. 브라운은 이 피부 질환과 관련해서는 '차라아트'라는 단어의 어근이 '치다'(strike)라는 뜻이라는 점이 의미심장하다고 지적했다. 이런 질병 중 하나에 걸린 사람은 '하나님이 치신' 사람이며, 동시에 하나님만이 그를 '고치실' 수 있었다.

네 가지 주요 증상(부기, 발진, 반점, 가려움)과 다섯 가지 이차 증상(피부나 털의 변색, 피부의 침윤, 병의 확산, 궤양)을 자세히 살펴본 후 존 윌킨슨(John Wilkinson)도 어느 정도 비슷한 결론에 도달했다. 그는 제사장들은 질병이 무엇인지 굳이 확인할 필요가 없었으며, "우리도 마찬가지"라고 지적한다. 질병을 설명한 목적은 제사장들이 정확한 의학적 진단을 제공하기 위한 것이 아니라 제의적인 부정

---

3 전문용어로는 한센병이다. 한센병이라는 명칭은 1871년에 이 병을 유발하는 박테리아를 발견한 Gerhard Hansen의 이름을 따서 붙였다.
4 예를 들어, Kaiser, pp. 1094-1095. 그는 이것이 일반 용어이며, 여기에서는 질병이 완전히 발전한 형태가 아니라 시작 상태만 묘사한다고 주장한다. 또한 증상들이 일부 다른 해석들이 단언하는 수준보다 더 심하다고 주장한다.
5 Dr Stanley Browne, "Leprosy in the Bible", in Bernard Palmer (ed.), *Medicine and the Bible* (Exeter: Paternoster, 1986), pp. 101-125.

으로 선언할 수 있는 다양한 피부병의 공통적인 여러 특징을 주목하게 하려는 것이다.[6]

c. 부정함의 결과는 무엇인가?

어떤 사람에게 "부정하다"는 선언이 내려진 것은 무엇을 의미했을까? 45-46절은 부정의 끔찍한 결과를 자세히 설명한다. 부정한 개인은 특정한 형태의 옷을 입고 특정한 형식의 호칭을 사용하고 특정한 장소에서 살아야 했다. 그들은 "옷을 찢고 머리를 풀며 윗입술을 가리고 외치기를 부정하다 부정하다 할 것이요." 찢어진 옷, 풀어 헤친 머리, 손으로 가린 입술은 모두 슬픔을 표시하거나 곤혹스러운 태도를 나타내거나, 때에 따라서는 수치를 나타내기까지 했다.[7] 죽음과 마찬가지로 이런 질병들은 질서를 어지럽히고 평화를 위협하며 사람들에게 생명이 위태롭다는 것을 일깨워 준다. 또한 창조세계가 늘 파괴 일로에 있으며 언제라도 혼돈으로 돌아갈 수 있음을 일깨워 준다. 이런 질병들은 정상적인 것을 방해하며 바람직한 상황이 아니다. 따라서 소용돌이의 중심에 있는 사람들은 슬픔이나 질병의 상징적 표시를 드러내는 것이 적절했다. 그들이 자신의 접근을 알리려고 "부정하다, 부정하다"라고 외치는 것은 다른 사람들과 거리를 두어서 병을 옮기지 않으려는 의도였다. 그 목적은 당사자에게 수치심을 안겨 주기 위해서라기보다 질병이 확산되는 것을 예방하기 위해서였다.

그러나 이런 질병이 초래한 가장 좋지 않은 결과는 부정한 사람들이 "진영 밖에서"(46절) 홀로 살아야 한다는 것이었다. 고든 웬함이 말하듯이, 이것은 "모든 것을 벗어날 수 있는" 멋진 기회가 아니라 엄청난 고통을 유발하는 요구 조건이었을 것이다.[8] 이것은 아픈 사람들이 가족과 친구는 물론, 예배 때 하나님

---

6 John Wilkinson, "Leprosy and Leviticus: The Problem of Description and Identification", *SJT* 30 (1977), pp. 153-169. 그는 자신의 논리 체계에 근거하여 부정하다고 선고받는 데 필요한 여러 증상이 나병에는 나타나지 않기 때문에 레 13장에 나병이 포함되었다고 해도 깨끗한 피부병으로 분류되었을 것이라고 믿는다.
7 창 37:34; 민 14:6; 삼상 1:11; 왕하 22:11; 스 9:5; 겔 24:17, 22; 미 3:7.
8 Wenham, p. 200.

께 다가가는 것을 포함한 평범한 일상에서 단절된다는 의미였다. "진영 밖" 삶은 하나님의 임재로부터 가장 멀리 떨어진 삶이며, 따라서 언약의 축복을 누릴 수 없다는 의미였다. (미리암이 그랬듯이)[9] 이런 삶을 선고받은 사람과 그 가족들은 차단으로 인한 두려움을 느끼고 최대한 빨리 추방 생활을 끝내려고 했을 것이다. 그러나 병이 나아 피부가 재생될 때까지 그들은 꼼짝할 수 없었고, 다른 사람들과의 접촉을 단절하거나 적어도 심각하게 제한했다. 제사장들은 희망도 치료도 제공할 수 없었다. 그들은 질서정연한 삶의 관리인이자 창조세계의 수호자였기 때문에 그들의 유일한 선택은 창조세계의 질서를 위협하는 모든 것의 접근을 막는 것뿐이었다.

이 모두를 감안할 때 새뮤얼 켈로그가 이런 피부병의 특징을 "죄의 본질과 작용에 관한 가시적이고 빈번하며 매우 두려운 비유"로 본 것은 확실히 옳다. 이것은 이 병에 걸린 사람들이 다른 사람들보다 더 큰 죄인이라는 말이 아니다. 부정은 도덕적인 부정이 아니라 제의적인 부정이며, 이 병에 걸린 모든 사람이 유죄임을 암시하지 않는다는 사실을 반드시 강조할 필요가 있다. 그럼에도 이 병은 죄와 그 작용과 유사하다. 처음에는 거의 인지하지 못하는 피부병처럼 죄도 처음에는 대수롭지 않게 보일 수 있지만, 진행되면서 점차 존재 전체에 영향을 미치고 사람의 양심을 무감각하게 만든다.[10] 인간에게 죄는 치유 불가능한 것이며 하나님의 임재와 동료 인간과의 교제를 차단한다. 켈로그는 "이것이 자연 상태 인간의 어두운 모습으로, 매우 많은 사람이 죄가 매우 심각한 문제가 될 수 있다는 점을 엄청나게 믿기 싫어한다."[11]

---

9 민 12:1-16.
10 엡 4:10.
11 Kellogg, pp. 335-343. Kellogg는 레위기가 나병을 언급하고 있다고 믿으며, 질병은 죄와 마찬가지로 유전된다고 덧붙인다.

2. 오염된 천을 처리하는 법(13:47-59)

사람 피부에 영향을 미치는 질병과 외관상 매우 비슷한 것들이 천과 가죽, 즉 옷이나 가방, 병에 나타날 수 있었다. 이런 것들이 곰팡이에 오염되면 어떻게 해야 했을까? 오염된 물건을 처리하는 절차는 감염된 인간을 다루는 과정과 비슷했다. 흠이 있는 부분의 색을 먼저 조사하여 오염이 심각한지 아닌지를 살펴보았다. 만일 색이 "푸르거나 붉고" 선명하게 보이면 그 물건을 이레 동안 따로 간직해야 했다. 그 기간이 끝나도 곰팡이가 여전히 퍼져 있으면 그 물건은 부정했다. 그런 물건은 진영 밖으로 내보내도 소용이 없기 때문에 불로 태워 없애야 했다(51-52절).

따로 두는 기간에 오염이 퍼지지 않은 물건은 천을 빨고 다시 이레 동안 따로 두었다(53-54절). 천을 빨면 이레 뒤에 문제가 해결되어야 하지만, 그렇지 않은 경우에는 감염된 물건의 색점이 한쪽 면에만 선명하다 해도 태워야 했다(55절). 오염이 옅어져 희미하게 보이는 경우에도 제사장들은 극히 주의해야 했다. 오염된 부분은 찢어 내고(56절), 나머지 부분은 다시 빨아야 했다(58절). 레빈이 언급하듯이 "이 과정 내내, 오염이 더 이상 확산되지 않기를 바라면서 오염된 부분만 잘라내 천을 최대한 많이 남기려고 모든 노력을 기울였다."[12] 이렇게 한 후에야 그 물건을 최종적으로 정하다고 간주했다. 조금이라도 오염이 재발하는 기미가 보이면 그 물건은 부정하게 여기고 불살라야 했다(57절).

여기에 죄에 관한 또 다른 비유가 있다. 인간에게 생긴 피부병이 인간이 저지른 죄의 결과를 비유한다면, 창세기 3:17-19의 저주가 예언했듯이, 옷과 가죽에 생긴 곰팡이는 인류가 사는 물질적인 창조세계에서 죄의 작용을 비유한다.[13] 그런 죄는 선한 것을 오염시키고 건강한 것을 파괴하기 때문에 무심하게 다룰 수 없다. 그렇지 않으면 창조세계는 급속히 폐허로 전락할 것이다. 그런 죄

---

12 Levine, p. 83.
13 Kellogg, P. 364.

를 궁극적으로 제거하는 일이 인간 손에 달려 있지는 않지만, 옛날 제사장들이 그것을 치료할 수 있는 것 이상으로 우리도 그들처럼 우리 세계의 오염 확산을 억제하기 위해 곧장 행동에 나설 수 있다. 그러나 궁극적인 해결책, 곧 세계의 재창조는 회복자 하나님의 손에 달려 있다.[14]

3. 병이 나은 사람들을 처리하는 법(14:1-32)

상하게 하시는 여호와는 또한 낫게 하시는 여호와이시다.[15] 성경 본문은 병든 사람을 치유하는 방법은 전혀 언급하지 않는다. 약품이나 다른 치료법을 처방하지도 않는다. 그러나 시간이 흐르면서 하나님의 손아래에서 피부병이 낫고, 진영에서 쫓겨난 사람들이 다시 공동체에서 자신의 자리를 회복하고 이스라엘의 언약적 축복 안으로 새롭게 들어오는 날이 찾아왔다. 그들의 회복을 어떤 방식으로 기념했을까? 강력하고 파괴적인 힘들이 작용했기 때문에 그 힘들이 전혀 없었던 것처럼 간단히 무시할 수는 없었다. 그러므로 정상 상태로 회복하는 과정은 "자비로운 의향이나 단순한 법적 결정의 문제가 아니라 신중하게 준행하는 성례전적 절차의 문제"[16]였다. 병자들의 회복을 표시하는 이 의식들은 복잡하고 "제사장 율법 중에서 가장 정교한 부분에 속했다."[17] 이 의식들은 신중하게 집행하는 세 단계로 이루어지며 아론의 위임식처럼 여드레 동안 계속되었다. 깨끗해진 개인은 각 단계를 통해 하나님과 회막에 더 가까이 다가갔다.

a. 1단계: 진영 밖에서-예고(14:1-7)

어떤 사람이 자기 병이 나았다고 믿으면, 제사장을 진영 밖으로 불러서 진찰

---

14 롬 8:18-22.
15 신 32:39.
16 Brueggemann, *Theology*, p. 193.
17 Levine, p. 84.

하고 진영에서 쫓겨났던 그 사람이 정말로 집으로 돌아가기 적절한 상태가 되었는지 판결한다. 병이 깨끗해졌으면 제사장은 영문 모를 소소한 의식을 거행했다. 그는 나은 사람을 위하여 "살아 있는 정결한 새 두 마리와 백향목과 홍색 실과 우슬초"를 가져오게 했다(4절). 새 한 마리는 죽여서 그 피를 질그릇에 담아 흐르는 물로 희석했다. 다른 새 한 마리는 이 핏물로 씻어 백향목과 홍색 실과 우슬초를 함께 핏물에 담갔다가 병이 나은 사람에게 "일곱 번"—완전한 수를 나타낸다—뿌린 후 "정하다"고 선언했다. 그런 후 제사장은 살아 있는 새는 들에 놓아 주었다.

이 의식의 몇몇 측면에 내포된 의미는 정확히 이해하기 어렵지만, 대략적으로 이해할 수 있는 암시는 충분하다. 정결한 생물인 새들은 진영에서 배제된 사람들의 부정을 감당할 수 있으며, 다른 짐승보다 새들을 선택한 이유는 이리저리 날아다니고 부정의 무게를 "멀리 옮겨서 부정이 다시 돌아올 수 없게"[18] 하기 때문이다. "백향목" 가지와 "홍색 실"을 선택한 이유는 둘 다 붉은 색을 띠기 때문에 정결하게 하는 피의 힘을 상징하고 또한 새가 실제로 피를 흘렸음을 강조하기 때문이다.[19] "우슬초"는 아주 작은 식물이지만 그 뿌리가 바위 속을 뚫고 들어갈 수 있다고 알려져 있었다. 그래서 시편 51:7에서 언급하듯이[20] 우슬초는 죄가 내면에 남긴 흔적이 철저하게 깨끗해졌음을 상징하게 되었다. 더러움을 철저하게 씻어 제거하려면 "흐르는 물"이 매우 중요했다. 고여 있는 물이나 오래된 물은 더러움을 치유하기보다는 악화시킬 것이다.

새 두 마리는 대속죄일(16:7-10, 15-22)의 중심인 염소 두 마리를 필연적으로 예시한다. 새와 마찬가지로 염소도 한 마리는 죽이고 다른 한 마리는 놓아 주었다. 죽은 염소의 피도, 이 경우에는 일곱 번 제단 뿔에 뿌려서 정결하게 했다. 의식도 비슷해서 죽은 새는 정결함을 위해 하나님께 바친 피를 나타내고, 놓아 준 새는 죄를 지고 떠나가는 것을 나타내는 아사셀을 위한 염소와 비슷

---

18 Milgrom, *Leviticus 1-16*, p. 834.
19 같은 책, p. 835.
20 Cassiodorus, in "Exposition of the Psalms" 50:9, in Lienhard (ed.), p. 181.

했다.[21] 고든 웬함은 더 오래전 성경 주석가인 카일(Keil)를 따라서, 죽은 새는 병을 치유 받은 사람들에게 만일 하나님이 그들을 치유하지 않으셨다면 일어났을 일을 상기시켜 주는 역할을 했으며, 반면 살아 있는 새는 그들 앞에 놓인 해방된 새로운 삶을 상징한다고 덧붙인다.[22]

최초의 정결 예식은 "진영에서 나가"(3절) 이루어지며, 이것은 치유 받은 사람이 진영 안으로 들어온 후 성막에서 더 깊은 정결 제사를 드릴 것을 예고한다. 이를테면, 이 정결 예식은 치유 받은 사람이 다른 사람들과 함께 하나님께 가까이 다가갈 때 경험하게 될 완전한 속죄를 위한 착수금 역할을 한다. 그때까지는 치유 받은 사람을 정한 사람이 아니라 "정결함을 받을 자"[23]로 계속 언급한다. 그들은 자신을 위해 마지막 제사를 드려 언약의 하나님의 예배자로 다시 참여할 수 있을 정도로 적합한 상태가 될 때까지는 계속해서 중간 상태에 머문다.

b. 2단계: 진영 경계에서 – 확인(14:8-9)

초기 의식이 끝나면 "정결함을 받을 자"는 진영으로 들어갈 수 있지만 아직 거기서 정상적인 지위를 되찾을 준비가 된 상태는 아니다. 우선, 관계를 부분적으로 재개하는 것을 허용한다. 이 상태에 있는 사람들은 이레 동안 "자기 장막 밖에 머물러야 한다." 일주일이 지난 뒤 그들은 얼굴의 모든 털을 밀고 몸을 씻고 옷을 빨아야 했다. 털을 미는 행위는 남아 있을지도 모르는 상처나 피부 염증을 다른 사람들에게 숨기지 못하게 하려는 것이었다. 즉 투명성의 행위였다. 목욕은 피부병의 흔적과 회한의 과거를 씻어 버리고, 진영 밖에서 안으로 들여올 수 있는 모든 더러움을 씻는 것을 나타냈다. 가족을 오염시키고 병을 퍼뜨릴 위험은 반드시 피해야 했다.[24] 이 이레 – 세상을 창조하고 아론의 제

---

21 Hartley는 풀어 준 새와 아사셀을 위한 염소 사이에는 몇 가지 차이점이 있다고 지적한다. 가령, 새에게는 죄의 고백이 이루어지지 않고, 제사장과 제물을 바치는 자는 새에게 안수하지 않는다.
22 Wenham, pp. 208-209.
23 이 드라마의 중심에 있는 사람은 이 장의 여러 절에서 "정결함을 받을 자"로 언급된다(4, 7, 8, 11, 14, 17, 18, 19, 25, 28, 29, 31절).

사장 위임식을 거행하는 데 걸린 시간—는 실제로 또 다른 창조 행위가 일어나고 있음을 나타냈다. 치유 받은 사람은 다시 태어나고 있었던 셈이다.

c. 3단계: 진영 한가운데서—정화(14:10-31)
정상적인 환경으로 돌아온 뒤 "여덟째 날"(10절), 곧 새 출발의 날에 치유 받은 사람을 성막으로 데려간다. 그 목적은 제물과 함께 그 사람을 여호와께 드리기 위해서다. "정결하게 하는 제사장은 정결함을 받을 자와 그 물건들을 회막 문 여호와 앞에 두고"(11절). 네 가지 제사, 곧 속죄제, 번제, 소제, 속건제를 드린다. "어린 숫양 두 마리와 일 년 된 어린 암양 한 마리"(10절)를 드릴 여유가 없는 사람들은 번제와 속죄제에 필요한 어린 양들을 "산비둘기 둘이나 집비둘기 새끼 둘"(22절)로 대신할 수 있었다. 제사는 대체로 통상적인 의식 절차를 따르지만 두 가지 중요한 차이점이 있다. 첫째는 제물을 드리는 순서이며 둘째는 피와 기름을 바르는 행위다.

"정결함을 받을 자"들에게 속죄제와 번제와 소제를 드리라고 명령한 것은 쉽게 이해할 수 있다. 진영 밖에 있는 동안 그들은 필시 의도하지 않은 죄를 범했을 것이고 그에 대해 속죄가 필요했다. 번제와 소제는 그들과 그들의 노동을 다시 하나님께 헌신하겠다는 소망을 표현했을 것이다.

그런데 속건제는 왜 명시했을까? 왜 속건제에 그런 중요성을 부여했을까? 통상적인 관례와 달리, 속건제는 정결 예식의 날에 첫 번째로 드려야 할 제사였고(23-24, 30-31절), 이후의 복잡한 제사 절차에서 중요한 위치를 차지한다. 왜 그럴까? 속건제는 하나님이나 이웃과의 신뢰를 깨는 구체적인 죄를 범했을 때 필요한 제사였다. 치유 받은 사람들은 어떤 면에서 그런 죄를 범했던 것일까? 속건죄를 드리는 것은 죄 때문에 질병이 생겼고, 따라서 결국 질병이 단순히 제의적인 이유뿐만 아니라 도덕적인 이유에서 비롯된다는 것을 암시하는가? 죄 때문에 질병이 생겼다는 두려움이 실제로 있을 수도 있고, 그래서 "만약을

---
24 Hartley, p. 195.

대비하여"²⁵ 속건제를 드렸을지도 모른다. 우리가 보았듯이, 미리 경계하는 조치로 속건제를 드리기도 했다.²⁶

그러나 속건제를 요구한 이유는 질병이 **죄 때문에** 발생했기 때문이 아니라 질병이 죄를 **초래했기** 때문이었을 가능성이 더 크다. 진영에서 배제된 환자들은 하나님이 받으실 만한 봉헌을 드릴 수 없었을 것이다. 그래서 그들은 "거룩한 제물을 소홀히 다루게" 되었고(5:16, 새번역), 속건제만이 이런 잘못을 보상할 수 있었다. 이 속건제의 목적은 병자가 부정한 기간에 드리지 못한 십일조와 제사, 기타 예물들에 대해 하나님께 보상하는 것이었다.²⁷

하틀리는 거룩한 재산을 침범했기 때문에 속건제를 처방했다는 더 흥미로운 연구 결과를 제시한다. 아마도 이 경우, 문제의 '거룩한 재산'은 치유 받은 사람 자신일 것이다. 질병 때문에 그 사람이 소유하고 있던 하나님의 형상이 손상되었다. 그래서 보상과 회복을 위해 속건제가 필요했을 것이다. 이러한 다양한 설명 가운데 하나를 선택할 필요는 없는 것 같다. 속건제에는 다양한 목적이 있었고, 상상할 수 있는 모든 각도에서 볼 때 과거의 모든 죄를 씻고 사람이 정결하게 되었음을 보장하는 놀라울 정도로 풍성한 수단이었다.²⁸

이 의식에서 두 번째로 특이한 측면은 속건 제물의 피(14절)와 이때를 위해서 제공된 "한 록의 기름"²⁹(15-18절)을 "정결함을 받을 자"에게 발랐다는 점이다. 피와 기름은 "정결함을 받을 자의 오른쪽 귓부리와 오른손 엄지손가락과 오른쪽 엄지발가락에 발랐다"(14, 17, 25, 28절). 아울러, "여호와 앞에 일곱 번 뿌리고"(16, 27절) 손에 남은 기름은 정결함을 받는 자의 머리에 부었다(18, 29절). 이런 방식으로 정결함을 받을 자를 위한 **속죄**─하나님 앞에 바르게 서는 것─가

---

25 J. Milgrom, *Cult and Conscience: The Asham and the Priestly Doctrine of Repentance* (Leiden: Brill, 1976), pp. 80-81.
26 이 책 pp. 101-104를 보라.
27 Wenham, p. 210.
28 Hartley, p. 198. 그는 19-20절에서 '속죄하다'라는 반복적 표현이 정결함을 받을 사람이 "철저하게 용서받았고 완전히 정결해진 것"을 강조한다고 지적한다.
29 10절을 보라. "한 록의 기름"은 "성경에서 가장 작은 용량 단위"이며, 한 컵 정도 분량이었을 것으로 추정한다. Milgrom, *Leviticus 1-16*, pp. 846, 890-901.

이루어졌다(18, 29절).

　이 도유식(塗油式)은 필연적으로 아론을 이스라엘 대제사장으로 성별하여 여호와의 봉사자로 위임할 때 거행한 도유식을 떠올리게 한다.[30] 여기서도 비슷한 목적을 나타내는 것이 분명하다. 귀와 손과 발을 여호와께 새롭게 봉헌한다. 정결해진 사람들은 하나님 앞에서 다시 올바른 자리에 서고, 모든 죄와 죄책에서 정하게 되며, 하나님이 그들의 자원제를 통해 그들을 받아들이셨다는 확신을 드러낼 뿐 아니라, 여호와의 종으로 다시 위임을 받아 하나님의 언약 백성 가운데서 순종이라는 적극적인 역할을 수행하게 된다. 그렇다면, 그리스도 안에서의 구원이 본질적으로 주관적 경험이 아니듯이 정결 예식은 본질적으로 개인에게 죄를 용서받았다는 의식이나 정서적인 안심, 또는 하나님을 개인적으로 알현하는 경험을 제공하지 않았다. 정결 예식은 병든 사람들을 하나님을 부지런히 섬기는 사람들로 다시 회복했다. 이 의식들은 과거에 부상을 입었지만 이제는 나은 병사들을 데려다가 다시 전선으로 내보내 전투에 적극적으로 참여하게 했다.

　이 얼마나 경사스러운 날이었겠는가. 여기서 친교제는 언급하지 않지만, 추가로 제물을 드릴 여유가 있는 사람들은 가족과 친구들을 잔치 자리에 초청하여 그들의 회복을 축하했을 것이다.

4. 오염된 건물을 처리하는 법(14:33-53)

이 복잡한 장들의 마지막 단락은 이스라엘 자손이 가나안에 들어가 집에서 살 때를 내다본다(34-35절). 집에 곰팡이가 생기면 어떻게 해야 할까? 필요에 따라 약간 수정된 부분이 있지만 따라야 할 절차는 앞서 오염된 물건에 대해 제시한 내용과 사실상 같다. 집 주인은 집 안에 있는 다른 것들이 오염되지 않도록 집을 비운 다음 제사장을 불러서 조사하게 해야 했다(35-37절). 처음 조사

---

30 레 8:10-14, 22-30을 보라.

를 한 후에는 일주일을 기다려 두 번째 조사를 실시했다(38-39절). 그 다음에 할 일은 제사장이 무엇을 보았느냐에 따라 달라졌다.

만일 "그 색점이 퍼졌으면"(39-42절), 오염된 부분의 돌을 빼내어 성 밖으로 내가고, 집은 수리하고 전체를 회반죽으로 다시 발랐다. 앞서와 같이, 오염된 물건을 필요 이상으로 제거하지 않도록 주의했다. 문제를 최소화하고 가능하면 가족이 계속 집에 머물 수 있도록 최선을 다했다. 이렇게 한 뒤 문제가 바로 잡혀 그것으로 마무리되기를 바랐다.

그러나 곰팡이가 다시 나타나면(43-45절), 더 심각한 조치를 취했다. 그 집을 부정하다고 선언하고 완전히 허물어 건축 자재를 성 밖 "부정한 곳으로" 내가야 했다.

폐쇄 기간에 집에 들어간 경우(46-47절), 그곳에 들어간 사람들은 부정해지며 그날 하루 동안 부정했다. 그들과 가깝게 접촉한 사람들도 부정에 오염되지 않았다는 것을 확실히 하기 위해서 옷을 빨아야 했다.

곰팡이가 사라지면 어떻게 해야 할까?(46-53절) 모든 절차를 따랐고 집에 더 이상 문제가 없는 것이 분명하다면, 제사장은 그 집을 정하다고 선언할 수 있었다. 그러나 사람들은 이 기쁜 선언을 가볍게 여겨서는 안 되었다. 그들은 적절한 의식으로 제사장의 선언을 기념해야 했다. 건강을 누리는 것처럼 좋은 재산을 소유한 것도 가벼운 문제가 아니라 현명한 청지기 정신을 요구하는 일이었다. 그래서 앞서와 같이(3-7절), 새를 이용한 의식을 거행하여, 한편으로 사람들에게 그 집을 부정하다고 선언했을 경우 그들이 감내했어야 할 운명을 알려주고, 다른 한편으로 하나님이 그들의 거주지를 깨끗한 건강 증서와 함께 복구하셔서 그들에게 베푸신 은혜를 알려 주어야 했다. 그러나 집은 의지를 가진 인간이 아니라 생명이 없는 대상이고, 따라서 곰팡이 오염 여부를 선택할 수 없었기 때문에 더 이상의 제사는 적절하지 않았을 것이며, 요구하지도 않았다.

5. 우리에게 의미하는 바

이 길고 자세한 규례는 우리와 무슨 관계가 있는가? 이것들은 죄의 본질, 예수님의 사역, 제자도의 의미에 대해 말해 준다.

a. 죄의 본질

부정한 것은 죄가 있는 것과는 다르다. 미리암의 예처럼[31] 사람의 죄가 병을 초래하는 경우도 있지만 이 둘은 필연적인 관계가 아니었다. 생명이 없는 물건과 적극적인 도덕적 주체이자 의도적으로 죄를 범할 수 있는 인간을 비교할 수는 없다. 하지만 물건도 이런 규례에 포함되었고 제사장들이 부정하다고 선언할 수 있었다. 게다가 부정은 도덕적인 평가가 아니라 제의적인 상태였다. 그럼에도 다양한 형태의 부정함은 죄를 비유하는 것으로 사용된다. 앞서 언급했듯이 켈로그는 질병과 죄의 유사점을 보여주었다. 둘 다 처음에는 대수롭지 않게 생각할 때도 있지만, 사실은 심각하게 오염된 상태다. 질병과 죄 모두 점점 커지면서 파괴적이다. 둘 다 사람들을 하나님에게서 멀어지게 한다. 또한 켈로그는 천이나 가죽에 생긴 곰팡이가 우리의 물질적 창조세계의 모든 부분에 영향을 미치는 죄를 나타낸다고 지적했다. 곰팡이에 오염된 집에 대해서도 같은 말을 할 수 있다. 우리가 사는 환경은 죄로 더럽혀져 있다. 인간만 죄가 있는 것이 아니라 창조세계도 타락한 상태여서 구속이 필요하다.

이런 접근법은 한 단계 더 나아가야 한다. 약속의 땅에 정착한 사람들의 집에 생긴 곰팡이는 우리 사회 제도에 자리 잡은 죄를 나타낸다. '구조적인 죄'라는 용어는 특히 사람들에게 죄에 대한 개인적 책임을 거부하는 구실을 제공한다는 점에서 문제의 여지가 있을 수 있다.[32] 따라서 '제도화된 죄'라는 용어를 사용하는 것이 더 유용할 것이다. 현대적인 용어로 하자면, 영국의 일부 국가

---

31 민 12:1-5.
32 Greg Forster, *Sin, Structure and Responsibility*, Grove Booklet on Ethics 24 (Bramcote: Grove Books, 1978)을 보라.

기관이 '제도화된 인종주의' 또는 '제도화된 성차별주의', 또는 '제도화된 연령 차별주의'에 시달린다고 한다. 제도는 그 자체에 생명이 있으며, 그 안에 사는 사람들의 총합 이상이다. 제도는 일하는 방식과 집단적 태도에 형태를 부여하고, 경직된 규칙과 절차를 채택한다. 달리 말하면, 제도는 문화를 창출하며, 그 가운데서 죄가 발전하고 증가하기가 아주 쉽다. 따라서 개인의 죄를 지적하는 일이 중요하다 해도, 그것만 언급해서는 죄에 대한 완전한 해답을 얻을 수 없을 것이다.[33]

이런 방향에서 하틀리는 이 장에서 말하는 옷과 집을 처리하는 방법은 그것을 사용하는 사람들에게 위협이 되지 않도록 우리가 소유물을 잘 관리해야 함을 제안한다고 주장하면서 이렇게 설명한다. "오늘날의 과학기술 세상에서, 이것은 개인이나 기업이 자신이 생산한 제품이 바람직한 과제를 수행할 뿐만 아니라 사용자에게 해를 끼치지 않는지 확인할 책임이 있다는 뜻이다. 제품이나 공정이 사람에게 해를 끼치고 환경을 오염시키지 못하게 하는 것은 윤리적인 책임이다. 우리 모두는 소유물을 그렇게 관리할 책임이 있다."[34] 그러나 우리의 책임은 '관리의 의무'보다 더 크다. 우리는 싸구려 제품을 만들거나 불공정한 저임금을 지불하거나 속임수를 사용하거나 직원이나 고객이나 소비자를 어떤 식으로든 부당하게 대함으로써 우리가 속한 제도가 죄의 온상이 되지 않게 할 책임이 있다. 이 본문은 하나님의 백성이 사회 정의와 환경 보호 문제를 진지하게 받아들일 것을 암묵적으로 요구한다.

죄에 대한 우리의 이해는 너무 피상적일 때가 많다. 죄는 개인이 범하며 우리 모두가 책임져야 할 것이다. 죄는 또한 개인에게 피해를 주며 우리 각자는 본질적으로 처음부터 죄로 더럽혀져 있다. 그러나 죄는 세상 제도 안에 존재

---

33 Christian Smith는 복음주의자들이 개인을 회심시키는 데는 좋은 위치에 있지만, 사회 구조의 중요성을 과소평가하는 개인주의의 오류 때문에 더 넓은 문화에는 결코 영향력을 미치지 못할 것이라고 주장한다. *American Evangelicalism: Embattled and Thriving* (Chicago, IL: University of Chicago Press, 1998), pp. 187-203. 개인을 그리스도에게로 인도하라는 명령은 결코 철회된 적이 없지만 그것이 우리 소명의 전부는 아니다. John Stott, *Christian Mission in the Modern World* (Eastbourne: Kingsway, 1986)를 보라. 『현대 기독교 선교』(성광문화사).
34 Hartley, p. 200.

하며 종종 개인의 죄보다 더 미묘하고 파악하기 어려운 방식으로 우리에게 영향을 미친다. 마지막으로 죄는 우리가 사는 환경을 손상시킨다. 지구 행성은 아름다우면서도 저주 상태에 놓여 있다. 이 모든 것에 치유가 필요하다.

b. 예수님의 사역

정결함을 받아야 할 사람들을 깨끗하게 하는 사역을 위해 일부 제사장들이 특별히 훈련을 받았다는 내용이 암시되어 있다.[35] 하지만 그렇다 해도, 그 사역의 성격은 매우 제한적이었다. 그들은 사람을 치유하거나 옷과 집에 발생한 곰팡이를 제거할 능력이 없었다. 그들이 한 일은 병이 퍼지는 것을 막기 위해 그것을 억제하고, 하나님이 병자의 건강을 회복해 주셨거나 물건을 온전하게 해주신 뒤 치유를 확인해 주는 조치를 취하는 것뿐이었다. 이런 사역도 소중하지만, 질병을 치유할 능력을 가진 사람을 찾으려는 우리의 필요를 채워 주진 못한다. 이런 필요를 해결해 주는 뛰어난 제사장이 바로 예수님이시다.

예수님은 사역 기간 내내 우리가 생각할 수 없는 일들을 하셨고 상상할 수 없는 일들을 이루셨다. 부정한 사람들을 만지고 그들을 깨끗하게 하셨다. 그분은 갈릴리에서 길을 가시다가 깨끗하게 해달라는 나병환자를 치료해 주셨고, "곧 나병이 그 사람에게서 떠나[갔다.]"[36] 사마리아 외곽 지역에 있는 나병환자촌 병자들이 그분 말씀으로 치유 받았다.[37] 예수님이 세례 요한의 질문에 대답하신 내용에서 보듯이 이 사건들은 빙산의 일각에 지나지 않았다. "맹인이 보며 못 걷는 사람이 걸으며 나병환자가 깨끗함을 받으며 귀먹은 사람이 들으며 죽은 자가 살아나며 가난한 자에게 복음이 전파된다."[38]

예수님은 율법이 부정하다고 선언한 사람들을 만지셔서 그들의 더러움을 완전히 제거하고 깨끗하게 만들어 다시 하나님께로 가까이 가게 하셨다. 하나

---

35 11절의 용어가 이것을 암시한다. Levine, p. 87.
36 막 1:40-45; 마 8:1-4; 눅 5:12-16.
37 눅 17:11-19.
38 눅 7:22.

님 나라는 예수님이 치유하신 나병환자와 온갖 더러움에서 깨끗해진 사람들로 가득하다.[39]

그러나 정결법이 그리스도의 사역을 예시함을 보여주는 또 다른 중요한 측면이 있다. 치유 받은 사람은 제사로 하나님과의 친교를 회복했다. 질병이 사라진 것만으로는 배제된 사람이 언약 공동체에서 다시 자기 자리를 회복할 자격을 갖추기에 충분하지 않았다. 그러려면 제사가 필요했다. 심지어 오염된 옷과 건물의 경우에도 통상적인 제사는 적절하지 않았고 가장 기초적인 제사 의식이 필요했다. 이를테면 다른 새를 놓아 주기 위해 속죄 행위로 새 한 마리를 대신 죽여서 그 피를 흘렸다. 예수님도 마찬가지다. 병을 고치고 부정한 자를 깨끗하게 하고 죽은 자를 다시 살리신 그분의 사역은 갈보리에서 치르신 그분의 더 큰 희생 때문에 가능하다. 사람들은 기적적이고 강력한 치유 행위를 보면서 흔히 오순절 성령 강림을 연상한다. 그러나 오순절이 가능한 것은 유월절에 성자가 자기를 내어 주셨기 때문이다.[40] 치유를 가능하게 하는 것은 갈보리의 사랑이다. 예수님은 하나님과 분리된 사람들의 부정을 감당하기 위해 십자가에서 자신을 내어 주셨다. 수많은 불의한 사람들을 하나님께로 인도하기 위해 의인 한 사람이 그들을 대신하신 것이다.[41]

그러나 예수님의 이런 놀라운 사역은 개인의 부서진 삶을 회복하는 데만 국한되지 않는다. 예수님의 갈보리 죽음은 하나님이 죄의 다른 차원들을 정복하고 손상되고 파괴된 그분의 창조세계를 새롭게 하시려고 선택한 방법이기도 했다. 유진 피터슨(Eugene Peterson)은 탁월한 풀어 쓰기로 골로새서 1:20을 멋지게 표현한다. "사람과 사물, 동물과 원자 할 것 없이 깨지고 조각난 우주의 모든 파편이, 그분의 죽으심과 그분이 십자가에서 쏟으신 피로 말미암아 제자리를 얻고, 서로 어우러져 힘찬 조화를 이룹니다."[42]

---

39 마 26:6; 막 14:3, 더 포괄적으로는 눅 14:12-24.
40 그리스도는 유월절에 십자가에 못 박히셨다.
41 벧전 3:18.
42 *The Message* (Colorado Springs: NavPress, 2002). 『메시지』(복있는사람).

c. 제자도의 의미

레위기 14장은 건강 문제로 일시적으로 하나님 앞에 설 수 없었던 사람을 다시 복귀시키기 위한 하나님의 은혜로운 준비를 일차적으로 강조하지만, 하나님의 언약 백성의 구성원이 된다는 것, 우리 시대의 용어로 말하자면 예수 그리스도의 제자가 된다는 것의 의미에 대해서도 몇 가지 흥미로운 통찰을 제시한다.

제자들은 여덟째 날에 깨끗해진 이스라엘 사람들처럼 예수님이 그 죄를 제거해서 다시 태어난 사람들이다.

제자들은 하나님께로 나아갈 때 계속해서 정결한 상태여야 한다. 죄를 숨기거나 회개를 도외시하면 우리는 하나님에게서 멀어질 것이다.

제자들은 영적 성숙이 영혼은 물론 몸의 신중한 관리도 포함하는 것을 알아야 한다. 하나님은 삶의 영적 차원뿐만 아니라 우리 삶 전체와 통합적 인간인 우리에게 관심을 두신다.

제자들은 중생의 목적이 그들에게 개인적인 위안과 안심, 개인적인 영적 특권을 제공하는 것뿐만 아니라 하나님을 섬기는 제사장 공동체의 구성원으로 만들어 그분의 명령을 실천하게 하기 위해서임을 이해해야 한다.

제자들은 매일 귀를 드려 하나님의 말씀을 듣고, 손을 드려 하나님의 뜻을 행하고, 발을 드려 하나님의 길을 걸어야 한다.

제자들은 하나님이 만드신 세상에 관심을 기울이고 환경을 보호하고, 인간을 포함한 세상의 자원들을 진실하고 정의롭게 관리해야 한다.

그리스도는 레위기의 정결 규례를 폐지하지 않으셨다. 오히려 그것을 성취하셨다. 그분은 하나님이 지으신 모든 짐승이 깨끗하다고 선언하셔서 음식물 규례를 성취하셨다. 부정한 우리를 깨끗하게 하셔서 레위기 규례를 성취하셨다. 우리가 우리 몸을 "하나님이 기뻐하시는 거룩한 산 제물"[43]로 드리게 하기 위해서 그렇게 하셨다.

---

43 롬 12:1.

4부

속죄 실행 지침: 하나님의 용서를 보장하다

16:1-34

13장

이스라엘의 모든 죄를 위하여[1]
16:1-34

이스라엘에서 일 년 중 가장 즐거운 날은 대속죄일이었다. 평소에 집 청소를 하면서 놓쳤던 지난 일 년간의 묵은 때를 깨끗하게 쓸어내는 봄철 대청소처럼, 대속죄일은 이스라엘에서 가장 양심적인 예배자의 시선에도 걸리지 않은 이스라엘의 누적된 죄를 모두 완전히 없앴다.

이날의 모든 것이 그 중요성을 강조한다. 대속죄일은 모든 달 중에 가장 거룩한 달인 일곱째 달의 십 일(29절)에 거행했다. 대제사장은 소박한 옷을 입고 매우 세심한 준비로 엄숙한 분위기를 고조했다. 이날 거행한 의식들은 특별했고 그 결과는 다른 의식들과 비교할 수 없을 정도로 대단했다. 대속죄일은 일 년에 단 한 번 지켰다. 공동체 전체가 이날에 금식하라는 명령을 받았다. 이날에 대한 내용은 레위기의 중심에 배치되어 있어서, 그 중요한 의미를 한층 더 강조한다. 이 모든 것을 고려할 때 랍비들이 이날을 "그날"[2](the Day)이라고만

---

[1] 이 장 내용과 부분적으로 겹치기는 하지만, 레 16장에 대한 또 다른 주해를 원한다면 저자가 쓴 *The Message of the Cross*, The Bible Speaks Today (Leicester: IVP, 2001), pp. 68-84를 보라.
[2] Mays, p. 52. 그는 랍비들이 미쉬나 전체를 이날을 설명하는 데 할애했다고 지적한다.

언급한 이유를 쉽게 이해할 수 있다.

이날에 대한 가장 자세한 설명은 레위기 16장[3]에 나오는데, 꽤 상세한 명령이 제시되어 있다. 여호와는 모세를 통해 아론에게 말씀하시지만, 아론만큼이나 이스라엘 백성을 청중으로 염두에 두신다. 이 장 말미에 가면 29-34절에서 언급하는 "너희"가 공동체 전체라는 점이 확실하기에 이 점이 명확해진다.[4]

이 장의 구조는 복잡하지만 다음과 같이 이해할 수 있다.

A^1 도입부: 하나님의 엄숙한 경고(1-2절)

B^1 가까이 다가감: 하나님의 명령(3-14절)

    대제사장의 준비(3-4절)

    제사 준비(5-10절)

    지성소로 들어가는 길 준비(11-14절)

  C 속죄: 하나님의 정화(15-22절)

    염소를 제물로 바침(15-19절)

    염소를 놓아 줌(20-22절)

B^2 물러나기: 하나님에게서 물러나옴(23-28절)

    옷을 갈아입음(23-24a절)

    헌신을 새롭게 함(24b-25절)

    진영으로 돌아옴(26절)

    잔여물 처리(27-28절)

A^2 맺는말: 하나님의 영원한 규례(29-34절)

---

3 출 30:10; 레 23:26-32; 25:9; 민 29:7-11에도 언급되어 있다.

4 Hartley, p. 225. Hartley는 특히 18-19절에 언급된 제단의 정체와 같은 세부 내용이 대제사장에게 필요한 정보를 모두 제공하기에는 다소 모호한 것이 이 장이 백성을 상대로 선포한 내용이라고 믿게 되는 여러 이유 중 하나라고 지적한다.

1. 도입부 : 하나님의 엄숙한 경고(16:1-2)

하나님은 본격적으로 명령을 시작하시기 전에, 명령대로 제사를 드리지 않아 여호와의 손에 죽은 나답과 아비후의 죄(10:1-4)를 이날과 연결하여 엄중하게 경고하신다.[5] 이것은 그들의 범죄 원인이 정당한 한계를 벗어나 회막 가장 깊숙한 곳인 지성소[6]에 들어가려고 시도했기 때문임을 암시하는지도 모른다. 그러나 이 경고가 그들의 치명적 실수를 이해하도록 도와주는지 여부와 상관없이, 요점은 명확하다. 대제사장인 아론조차도 "아무 때나" 하나님의 놀라운 보좌가 있는 장소에 들어갈 권리가 없다는 것이다. 아론조차도 일 년에 하루, 하나님이 들어오라고 초청하실 때에만 감히 들어갈 수 있다. 주제넘음의 죄는 죽음으로 이어질 것이다.

우리는 하나님이 좌정하신 장소를 말할 때 어리석고 보잘것없는 인간의 용어로 말할 수밖에 없다. 이스라엘의 하나님은 하늘이 그의 보좌이며 땅이 그의 발판일 정도로 크시다.[7] 인간은 그분을 위한 거처를 마련해 드릴 수도 없고, 그분은 인간이 세운 건물에 제한당하시지도 않는다. 하나님은 이런 장소에 제한되지 않으시는데도 자기 백성과 함께 진영 한가운데 있는 지성소에 거하시고 그곳에서 그들을 다스리셨다.[8] 회막의 가장 깊숙한 곳은 휘장을 쳐서 성소에서 볼 수 없게 가렸다. 그곳에는 언약궤라고 알려진 직사각형 함이 놓여 있었고 그 안에는 모세가 시내 산에서 가져온 돌판이 들어 있었다. 금으로 만든 그룹 둘이 언약궤를 덮었다.[9] 언약궤의 덮개는 자비의 자리(NRSV) 또는 "속죄소"(NIV)였다. 여기에서 하나님은 위엄과 은혜로 이스라엘을 다스리셨다. 아론은

---

[5] 이 책 p. 148를 보라.
[6] 지성소(The Most Holy Place)는 전통적으로 "the Holy of Holies"라고 부른 것을 지칭하기 위해 NIV가 사용한 용어다. NRSV는 지성소를 "휘장 안쪽에 있는 성소"(the sanctuary inside the curtain)라고 표현한다.
[7] 사 66:1, 삼하 7:1-29; 행 7:48-50도 보라.
[8] 솔로몬이 "하나님이 참으로 땅에 거하시리이까?"(왕상 8:27)라고 물었을 때 그는 "그렇다"라는 대답을 예상했다. 이 기대는 예수님이 이 땅에 오심으로 놀랍게 실현되었다. 요 1:14.
[9] 출 25:10-22.

매년 이스라엘을 속죄하기 위해 바로 이곳으로 들어갔다.

2. 가까이 다가감: 하나님의 명령(16:3-14)

지성소에 들어가는 것은 하나님의 거룩하신 힘이 나타나 사람을 쳐서 죽일 수도 있는 위험에 자신을 노출하는 것이었다. 그러므로 아론은 매우 조심스럽게 하나님의 장엄하신 임재 앞으로 다가가야 했다. 히브리어의 강조 어법이 이런 점을 강조하지만 번역에서 그 의미가 누락되었다. 즉 여호와는 "아론이 성소에 들어오려면…"(3절)이라고 약하게 말씀하시지 않고 "아론은 이 방법으로만 들어와야 한다…"[10]라고 강하게 말씀하신다. 미리 정해진 준비와 절차를 엄격히 준수해야 했다.

a. 대제사장의 준비(16:3-4)

아론은 개인적으로 세 가지를 준비해야 했다. 첫째, 자신의 죄를 위해 수송아지와 숫양을 준비하여 번제를 드려야 했다(3절). 둘째, 옷을 갈아입어야 했다. 이때 그는 화려한 대제사장 의복을 벗고 "거룩한 세마포 속옷을 입으며 세마포 속바지를 몸에 입고 세마포 띠를 띠며 세마포 관을 쓰고"(4절) 하나님 앞에 나아가야 했다. 어떤 사람들은 이것을 하나님 앞에 들어가는 모든 사람에게 기대하는 정결의 상징으로 보지만[11] 대부분의 사람들은 겸손의 표시, 즉 "모든 가식과 지위를 벗은 사람의 표시"라고 본다.[12] 이 차림은 노예 복장으로, "대제사장이 하나님 앞에 들어갈 때 그가 단순한 종에 지나지 않는다는 것을 의미심장하게 상기시켜 준다."[13] 셋째, 의복을 입기 전에 "물로 그의 몸을 씻어야" 했다. 사실, 대제사장은 그날 내내 자주 몸을 씻어야 했다. 그가 하나님의 성소

---

10 Levine, p. 101.
11 이 관점은 계 19:8 같은 구절에 부합한다. Jenson, p. 200를 보라. Milgrom, *Leviticus 1-16*, pp. 1016-1017. 그는 이 옷이 천사의 옷일 가능성을 포함하여 다섯 가지 설명을 제시한다.
12 Milgrom, *Leviticus 1-16*, p. 1016.
13 Demarest, p. 174.

의 가장 깊은 곳에 들어가기 전에 완전한 몸의 정결이 꼭 필요했는데, 이것은 하나님의 종에게 요구하는 완전한 내적 정결을 상징했다.

후대에는 대제사장의 준비를 매우 중대하게 간주하여 예정된 대속죄일 이레 전부터 준비하기 시작했다.[14]

b. 제사 준비(16:5-10)

아론은 자신뿐만 아니라 의식에 필요한 제물도 준비해야 했다. 그는 제사에 사용할 흠 없는 짐승을 총 다섯 마리 준비했다. 숫양 두 마리(한 마리는 대제사장 자신의 번제에, 다른 한 마리는 백성을 위한 번제에 드릴 제물이다)와 자신의 속죄제를 위한 수송아지 한 마리, 염소 두 마리(한 마리는 백성의 속죄 제물로, 한 마리는 광야의 외딴 장소에 풀어 놓는다)가 필요했다.

대속죄일에는 짐승을 잡기 전에 해야 할 일이 한 가지 더 있었다. 아론은 "두 염소를 위하여 제비 뽑되 한 제비는 여호와를 위하고 한 제비는 아사셀을 위하여 할지며"(8절). 처음에는 두 염소를 구별하지 않았다. 두 마리 모두 이스라엘의 정결을 위해 사용하도록 여호와께 성별되었지만, 어느 쪽이 죽임을 당하고 어느 쪽이 생명을 부지한 채 놓임을 받을지는 전적으로 여호와가 제비뽑기로 선택하시도록 맡겨진다.

희생양으로 선택된 염소는 "아사셀(NRSV, 참고. NIV 난외주)을 위해서"라고 하여, 많은 논란을 불러일으켰다. 이 모호한 용어를 두고 몇 가지 해석이 제시되어 있다.[15] 아사셀은 22절에서 예상되듯이 광야의 접근하기 힘든 곳을 말하는지도 모른다. 또는 NIV 난외주가 제안하듯이 단순히 "멀리 떠나보내는 염소"를 뜻하는 표현일 수도 있다. 이 단어는 히브리어로는 '에즈'('ēz, '염소')와 '아잘'(āzal, '가다' 또는 '멀리 데려가다')의 합성어일 가능성이 더 높다.[16] 아니면 광야의 악령 통치자나 타락한 천사들의 지도자를 가리키는 말일 수 있다.[17] "여호와를

---

14 *Mishnah*, p. 265.
15 요약 내용을 원한다면 Levine, p. 102; D. P. Wright, *Disposal*, pp. 21-22를 보라.
16 Kaiser, p. 1112. 그는 이를 지지한다.

위한 염소"와 "아사셀을 위한 염소"라는 표현에 나타나는 대칭성은 이 해석을 지지하며 나중에 유대인 해석자들은 이 용어를 이런 방식으로 이해했다. 그러나 이 해석에 대해서는 몇 가지 의구심이 있으며, 이런 해석이 무엇을 암시하는지와 관련하여 심각한 오해가 발생한다는 점에서 이런 해석을 수용하지 않는 편이 옳다. 광야로 보내는 염소는 악마에게 바치는 제물이나 대속물은 확실히 아니다.[18] 하나님은 악령들에게 아무것도 빚진 것이 없으시며 구약성경은 그들을 달래야 한다고 암시하지 않는다. 하나님은 대적하는 세력의 동의가 아니라 그분의 명령으로 자기 백성을 죄에서 해방할 권리를 갖고 계신다. 그러나 하나님이 악을 자기 근원으로 돌려보내 이스라엘에서 완전히 제거하고 계신다고 이해한다면, 이런 해석을 긍정적으로 볼 수도 있다.[19] 많은 사람들이 여러 해석 중 두 번째 해석을 추천한다. 왜냐하면 이것이 20-22절에서 개략적으로 언급하듯이 대속죄일의 절정인 "내쫓는 의식"(the rite of riddance)과 가장 깔끔하게 부합하기 때문이다.

c. 지성소로 들어가는 길 준비(16:11-14)

신중한 준비는 아직 끝나지 않았다. 이날, 오직 이날에만 대제사장은 지성소로 들어가서 하나님 앞에서 직무를 수행한다. 언약궤 덮개 위 하나님의 보좌에서 나오는 그분의 거룩하심은 구체적인 힘이다. 지성소의 언약궤는 보통 때는 성소에서 섬기는 제사장들에게 휘장으로 가려져 있었다. 이날 대제사장이 휘장을 지나 지성소로 들어가는 것은 위험한 영역으로 들어가는 것이었다. 따라서 보호 없이는 감히 들어갈 수 없기 때문에 하나님은 대제사장이 스스로를 보호할 수 있는 방법을 제공하신다. 그는 "향로를 가져다가 여호와 앞 제단

---

17 Gerstenberger, p. 219; Grabbe, *Oxford*, p. 101; Noth, p. 125; D. P. Wright, *Disposal*, pp. 21-22.
18 레 17:7은 악령에게 제사하는 것을 금한다.
19 Kellogg, p. 270. 그는 아사셀이 악한 영이라면 그에게 희생양을 보내는 것은 그에게 제사나 대속물을 바치는 것과 아무 상관이 없다고 말한다. 그보다는 아사셀이 고발자인 사탄의 한 형태이며, 이 행동을 통해 하나님은 백성의 죄가 용서되었고 사탄의 고발이 더 이상 그들을 구속하지 못한다고 선언하신다.

위에서 피운 불을 그것에 채우고 또 곱게 간(즉 고급) 향기로운 향을 두 손에 채워 가지고 휘장 안에 들어갔다"(12절).[20] 피운 불과 향은 보호벽을 만드는 연막 역할을 하여 아론에게서 하나님을 가려 주었다. 하나님을 바로 마주보는 것은 죽음을 자초하는 일이었다.[21] 연기는 하나님의 존재를 신비 속에 가려서 죄인인 인간이 하나님의 거룩하심을 감당할 수 있게 하고, 하나님의 종을 보호해 주었다.

아론이 백성을 위하여 정결 제사를 드리기 전에 반드시 해야 할 일은 또 있다. "자기를 위한 그 속죄제 수송아지를 잡는" 것이다(11절). 그는 제사장의 대표자 역할을 하기 전에 자기 죄와 자기 집안의 죄를 속해야 한다. 그는 레위기 4:3-12에 기록된 대로 대제사장을 위한 속죄제 절차에 따르되, 예외적으로 이 특별한 날에는 수송아지의 피를 휘장 바깥이 아니라 "속죄소 앞에"(14절) 뿌린다.

아론이 하나님 앞에 들어가는 이 엄청난 엄숙함은 토머스 비니[22](Thomas Binney)의 찬송가 "영원한 빛! 영원한 빛! 영혼이 얼마나 정결해야 하는지…"에 잘 나타나 있다.

> 내가 태어난 곳은 어둡고
>   내 마음도 어둑하네,
> 형언할 수 없는 분이 나타나시기 전까지는.
> 오, 벌거벗은 내 영혼은
>   어떻게 이 창조되지 않은 빛을 감당할 것인가?

비니는 이 질문에 이렇게 대답했다.

---

20 유향에 관한 자세한 내용은 출 30:34-38에 나온다.
21 Noordtzij, p. 165. 참고. 출 20:19; 33:20; 삿 6:22-23; 13:22.
22 Thomas Binney (1798-1874).

> 인간이 이 숭고한 집에
> 　올라가는 길이 있네.
> 그것은 제물과 제사
> 성령의 능력들
> 　하나님 앞에 계신 우리의 대변자.

　이 모든 초반의 명령은 사람들에게 장엄하고 거룩하신 하나님에 대한 강력한 인상을 남긴다. 이 명령들은 대속죄일이 다루려고 의도한 문제를 드러내기 시작한다. 하나님의 백성은 다양한 방식으로 거룩하신 하나님께 범죄했고, 그로 인한 부정이 점점 쌓여서 없애지 않으면 안 되었다. 부정은 그냥 사라시지 않기에, 반드시 깨끗이 씻어야 한다. 이것이 대속죄일의 목적이다.

3. 속죄: 하나님의 정화(16:15-22)

아론은 정성을 다해 신중하게 준비했다. 이제 대속죄일의 핵심 의식들을 수행할 준비를 갖추었다. 다른 사람들은 회막에서 떠나고(17절) 백성의 대표자 아론은 돕는 사람 없이 홀로 서서 하나님 앞에서 "자기와 그의 집안과 이스라엘 온 회중을 위하여" 속죄한다(17절). 이제 선택된 두 마리 염소에게 스포트라이트가 향한다. 오로지 제비뽑기 방식으로 그 두 마리를 구별했는데, 제비를 뽑은 후 염소들이 수행하는 역할과 맞이할 운명이 완전히 달라졌다. 한 마리는 회막 가운데서 죽고, 다른 한 마리는 진영 밖 멀리 떨어진 곳에 놓아 줄 것이다.[23] 이런 차이에도, 염소들은 둘이 아니라 한 속죄 행위에 함께 참여하게 된다. 두 염소의 역할은 이 특별한 날에 반드시 필요했다. 두 염소는 이스라엘 백성을 대신하는 역할을 감당하여, 이스라엘의 죄를 담당하고 완전한 속죄를 이룬다.

---

23 Jenson, p. 202.

a. 염소를 제물로 바침(16:15-19)

아론이 지목하는 첫 번째 염소는 "백성을 위한 속죄제"로 희생된다(15절). 그런데 이 속죄제는 일반 속죄제와 차이가 있어서, 이때는 수송아지의 피를 성소의 관례적인 장소뿐만 아니라(17절) 특이하게도 지성소의 "속죄소 위와 속죄소 앞에" 뿌린다(15절). 하나님의 영광을 상징하는, 법궤를 덮은 매우 아름다운 금이 속죄의 필요성 때문에 피로 얼룩지게 된다. 성소에서 피를 뿌리기 전에 먼저 휘장 안에 들어가서 피를 뿌려야 한다. 그러고 난 뒤에야 아론은 제단으로 나가서 통상적인 속죄제 의식을 계속 거행할 수 있다.

겉으로 보기에 이 행위의 목적은 아주 분명해 보인다. 속죄제의 목적은 백성이 "사함을 받을 수"(4:20) 있도록 그들을 위해 속죄하는 것이다. 그러나 대속죄일에 거행하는 속죄제를 언급한 내용은 약간 다르다. 성경은 아론이 이 속죄제를 드림으로써 "이스라엘 자손의 부정과 그들이 범한 모든 죄로 말미암아 지성소를 위하여 속죄할" 것이라고 말한다(16절). 이와 유사하게, 19절은 아론이 수송아지의 피를 제단에 뿌림으로써 "이스라엘 자손의 부정에서 ('이스라엘 자손'이 아니라) 제단을 성결하게 할 것이요"라고 말한다. 20절은 아론이 "지성소를 위하여 속죄한다"고 언급한다. 그렇다면 속죄제의 이 부분의 본질적 성격은 백성의 잘못을 용서하는 것이 아니라 성소를 더러움에서 정화하는 것이었나?

이 관점은 특별히 밀그롬이 강하게 주장했다.[24] 그는 "이스라엘의 하나님이 더럽혀진 성소에 거하시지 않을 것"[25]이라고 주장한다. 이스라엘의 부정을 없애기 위해 충분히 제사를 (종종 의도치 않게) 드리지 못했기 때문에[26] 시간이 흐르면서 하나님이 더 이상 거하시지 못할 정도로 부정이 성막에 쌓였다. 누적된 부정의 안개가 너무 짙어져 하나님이 그분 거처에서 거하실 수 없었고 자기 백성과 멀어지시게 되었다. 이 부정을 제거하지 않는다면, 백성은 자신들이 언

---

24 Milgrom, *Leviticus 1-16*, p. 1033. pp. 258-261에 더 자세한 내용이 뒷받침되어 있다.
25 같은 책, p. 258.
26 사람들은 여기서 언급하는 부정들은 도덕적 잘못이라기보다는 11-15장에서 제시된 제의적인 부정이며, 도덕적인 잘못은 이후 장들에서 다룬다고 주장한다.

약을 지키지 못해서 레위기 26장의 저주가 내릴 것이라고 예상했을 것이다.[27]

이런 주장의 옹호자들에 따르면, '속죄'(kipper)의 의미와 이 단어와 '속죄소'(kappōret)의 관계에서 이런 해석에 대한 또 다른 근거를 발견할 수 있다. 속죄라는 단어의 어근(kpr)은 아스팔트로 도로를 덮거나 빚을 상환할 때와 같이 '덮다', 또는 호의를 구하기 위해 대가를 지불하는 것과 같이 '대속물을 지불하다', 또는 어떤 것을 깨끗하게 할 때와 같이 '제거하다', '문질러 없애다', '닦아서 없애다'라는 뜻을 의미할 수 있다.[28] 전통적으로 속죄는 두 번째를 의미하며, 대속적 희생을 통해 죄의 빚을 갚는 방식으로 생각했다. 그러나 밀그롬을 비롯한 여러 사람들은 레위기의 제사 의식 본문에서 제사가 의도한 의미는 '문질러 없애다' 또는 '닦아서 없애다'라고 확신한다.[29] 깨끗하게 닦는 대상은 죄인이 아니라 제의적 부정으로 더럽혀진 성소다.

게다가 이 관점은 제사장들이 세상을 바라보는 방식과 부합한다고들 한다. 성소는 세상의 축소판이었고, 성소의 부정은 세상이 부정하며 세상의 안정이 위협받고 있다는 뜻이었다. 따라서 성소의 정결은 백성의 영적 건강은 물론 하나님이 창조하신 세상을 다시 안정된 정상 상태로 회복하는 것이었다.[30]

밀그롬은 이 모든 것을 고려하여 대속죄일에는 두 가지 다른 제사 의식이 포함된다고 말한다. 하나는 정결 제사로 성소에서 제의적 부정을 없애는 것이고, 또 하나는 아사셀을 위한 염소를 놓아 주어서 백성의 도덕적인 죄를 속죄하는 것이다.

그러나 키우치[31]는 '킵페르'에 대한 폭넓은 언어학 연구에서, 이 단어를 '성소를 깨끗하게 닦는다'는 뜻으로 해석하는 것이 부적절하며, 모든 증거를 감안할 때 이 단어는 성소를 위해 속죄하는 것으로 해석해야 한다고 주장한다. 두 형태의 속죄제—사람들을 위한 속죄제와 성소를 위한 속죄제—가 있다는 점

---

27 Douglas, *Literature*, p. 192.
28 R. E. Averbeck, "*kpr*", in *NIDOTTE* 3, pp. 689-710.
29 Milgrom, *Leviticus 1-16*, p. 1081. 자세한 논의는 pp. 1079-1084를 보라.
30 Balentine, pp. 128-129는 이 관점을 명확하게 설명한다. Bellinger, p. 103도 보라.
31 Kiuchi, *Purification*, pp. 87-109.

을 인정한다 해도, 모두 제의적인 부정뿐만 아니라 도덕적인 죄를 처리하는 속죄제였다. 두 속죄제의 피는 모두 도덕적인 죄를 제거했으며, 불운하게 더럽혀진 것을 씻어 주는 영적 세척제 역할만 하지는 않았다. 대속죄일의 특별한 의식으로 성소가 정결해지는 것은 사실이지만, 이런 결과는 아론이 일시적으로 이스라엘의 죄를 짊어진 다음, 곧이어 살아 있는 염소의 머리에 안수하고 이스라엘의 죄를 그것에게 전가하여 광야로 내보내기 때문에 이루어진다.[32]

이런 해석이 제사 제도의 전체적인 취지를 더 바르게 보여주는 것 같다. 제사 제도에서는 제의적 부정뿐만 아니라 도덕적인 죄도 주요한 관심사이며, 속죄는 단순한 씻음이 아니라 대속의 피로 이루어진다. 성소는 한 해의 이날에 정결해진다. 그러나 성소는 제의적 부정은 물론 이스라엘의 "범죄"(16, 21절)와 "불의"(21절)와 "모든 죄"와 잘못(21절)의 도덕적 부정에서 깨끗해진다. 우리는 이 장에 나오는 죄에 관한 풍부하고 다양한 어휘를 회피할 수 없다. 이날의 중심적인 제의들 가운데는 다양한 형태의 죄에 대한 인식이 깊이 스며 있다. 이런 의식들을 통해 잘 짜인 옷에서 죄의 실, 즉 도덕적인 죄의 실을 뽑아내는 것은 단순히 옷의 일부만 망가뜨리는 것이 아니라 옷 전체를 흐트러뜨린다. 죽임을 당하는 염소는 광야에 놓아 준 염소와 마찬가지로 성소를 정결하게 할 뿐만 아니라 백성을 위하여 속죄한다.

b. 염소를 놓아 줌(16:20-22)

속죄제로 지성소에서부터 바깥뜰까지 회막을 정결하게 한 뒤, 아론은 "살아 있는 염소를 드리되"(20절) 상징적인 전가의 행위로 염소 머리에 안수하며 "이스라엘 자손의 모든 불의와 그 범한 모든 죄를 아뢴다"(21절). 그런 다음 "미리 정한 사람"에게 그 염소를 맡긴다(21절). 그는 염소를 회막에서 데리고 나가 진영 밖 접근하기 어려운 땅에 이르러 광야에 놓아 준다. 하나님과 아론 사이에만 이루어졌던 일이 이제 모든 사람이 볼 수 있도록 공개되었다.[33] 고든 웬함이

---

32 같은 책, pp. 148, 156. 출 28:38은 아론이 백성의 죄를 짊어지는 것에 대해 언급한다.

논평하듯이, "이 의식의 상징은 분명하다."³⁴ "염소가 그들의 모든 불의를 지고 접근하기 어려운 땅에 이를 것이다"(22절). 그리하여 모든 죄를 백성에게서 물리적으로 옮겨서 진영에서 최대한 먼 곳, 곧 그 죄가 더 이상 백성을 괴롭히지 못하는 곳에 둘 것이다. 시편 기자는 이것을 이렇게 노래했다. "동이 서에서 먼 것같이 우리의 죄과를 우리에게서 멀리 옮기셨으며."³⁵

이 의식은 무언가를 상기시킨다. 죄는 진영에서 옮겨져 광야, 곧 기본적으로 사람이 거주하지 않는 곳으로 추방된다. 죄는 본래 속한 곳으로 보내지는 셈인데, 죄는 비옥한 목초지를 불모지로 바꾸는 결과를 초래하기 때문이다. 광야는 마귀들과 악한 세력이 거주하는 곳으로 간주되었다. 아마도 그중 하나를 아사셀이라고 불렀을 것이다.³⁶ 죄는 하나님의 언약 백성 가운데가 아니라, 불모지의 거칠고 악한 영들 가운데 속했다. 하나님은 죄를 그곳으로 보내면서 이렇게 말씀하고 계신다. "너희가 꾸민 죄들이 여기 있다. 이제 다시 가져가거라. 그것들은 더 이상 우리를 지배할 힘이 없다."³⁷

랍비의 글들에 따르면, 처음에는 살아 있는 염소를 광야에서 놓아 주어 이리저리 돌아다니게 했지만, 나중에는 염소에 바위를 매달아 높은 절벽 아래로 밀어 떨어뜨려 염소가 땅에 닿기 전에 갈가리 찢어지게 했다. 이것은 아사셀을 위한 염소가 완전히 죽어서 진영으로 절대 돌아오지 못하게 하기 위해서였다.³⁸ 염소는 절대로 돌아올 수 없었다. 죄는 추방되어 돌아올 수 없고, 죄 사함은 취소할 수 없었다.

이 의식에 수반된 지리적 이동은 다른 제사 행위에 수반된 이동보다 더 넓었는데, 이는 대속죄일에 받는 용서의 포괄적인 범위를 강조하는 역할을 한다. 제사는 보통 회막 뜰과 성소에서 거행했다. 이 특별한 날의 행사는 회막 가장

---

33 Alec Motyer, *Look to the Rock* (Leicester: IVP, 1996), p. 54.
34 Wenham, p. 233.
35 시 103:12.
36 8절에서 아사셀을 언급한다. 그곳의 논의 내용을 보라.
37 Demarest, p. 50.
38 후대의 유대 전통에 따르면, 아사셀을 위한 염소를 맡은 자는 예루살렘으로 돌아오는 길 내내 그 염소가 광야에 도착한 사실을 기뻐하며 수건을 흔들어 알렸다. *Mishnah*, p. 276.

깊은 중심부인 지성소에까지 미치고, 아사셀을 위한 염소를 진영 밖 접근하기 어려운 지역에 놓아 주면서 끝이 난다. 필립 젠슨은 이스라엘 진영의 도면을, 진영 중앙인 지성소를 1구역으로 하고 진영 밖 주변 광야 지역을 5구역으로 하는 다섯 동심원 모양으로 그렸다. 그중에서 대속죄일 의식들만이 이스라엘 거룩함의 온전한 지형, 곧 가장 신성한 지점에서부터 세상에서 가장 부정한 곳까지 포함했다. 속죄는 하나님의 중심 장소에 바로 미치고, 죄는 세상 가장 먼 곳으로 추방한다. 정결은 하나님의 거주지에서 이루어진 그분의 행위에서 비롯되며, 문제는 생각할 수 있는 한 최대로 멀리 옮겨진다.

대속죄일의 두 중심 행위는 서로 다른 의식이 아니라 뗄 수 없이 결합된 의식인 것 같다. 성소가 먼저 정결해지고 그다음에 백성이 정결해지는 것이 아니다. 성소의 정결은 백성의 정결을 포함하며, 백성의 정결은 성소의 정결을 포함한다. 성소의 정결은 제의적 부정과 관련이 있고 후자는 도덕적 부정과 관련이 있는 것이 아니다. 부정과 죄라는 용어는 마치 이 의식들이 하나인 것처럼 섞여 있다. 전자는 피의 속죄와 관련이 있고, 후자는 그보다 덜 중요한 수단에 의한 속죄와 관련이 있는 것이 아니다. 아사셀을 위한 염소는 속죄 제물로 바쳐진 염소가 없었다면 부적절했을 것이다. 이 두 의식은 동전의 양면처럼 상호 보완적이다. 만일 차이가 있다면 카이저의 다음 말이 가장 적절할 것이다. "한 염소는 그것에 전가된 죄들의 속죄를 가능하게 한다. 따라서 그 염소는 이스라엘의 죄를 속죄하고 죄로 인한 하나님의 진노를 가라앉히는 **수단**이다. 반면, 다른 염소는 그런 속죄의 **결과**를 보여준다."[39] 하나님은 죄를 용서하실 뿐 아니라 잊으신다.

"피를 가까이 가져오고, 숫양을 멀리 보내는"[40] 두 의식의 결합은 제의적인 죄든 도덕적인 죄든, 의식적으로 행했든 부지중에 행했든, 이전에 자백했든 무심코 놓쳤든 상관없이 일 년에 한 번 백성이 자신의 모든 죄를 용서 받았다는

---

39 Kaiser, p. 1111.
40 Jenson, p. 202.

안도감을 제공했다. 이날에 이스라엘의 모든 죄가 정결하게 되었다(30, 34절). 이 날에 "모든 죄가 빠짐없이 해결되었다."⁴¹

4. 물러나기: 하나님에게서 물러나옴(16:23-28)

아사셀을 위한 염소를 떠나보낸 후에도 아론에게는 이 놀라운 날을 마무리하고 회막의 일상으로 복귀하기 위해 해야 할 일이 남아 있다.

a. 옷을 갈아입음(16:23-24a)

아론은 이날에 적절한 옷—겸손하게 참회하는 옷—을 벗고 이스라엘 대제사장이 평상시 입는 화려한 옷으로 갈아입었다. 그렇지만 이 아름다운 옷을 다시 입기 전에 몸을 물에 완전히 담가야 했다. 지나친 계산처럼 보일 수도 있지만, 대체로 랍비들은 이날 하루 대제사장이 자기 몸은 다섯 번, 손과 발은 열 번 씻어야 했다고 계산했다.⁴² 아론이 지성소에 들어가기 전에 몸을 씻는 것은 자기 몸을 깨끗하게 하기 위해서였지만, 하나님 앞에서 물러나올 때 씻는 것은 아마 다른 기능이 있을 것이다. 아론이 지성소에서 나올 때 주변에 거룩함의 후광이 나타났을 것이다. 이 후광이 어느 정도 옅어지지 않으면, 그가 이제 곧 참여할 정기적인 희생 제사에 함께할 사람들이 위험했을지도 모른다.⁴³

b. 헌신을 새롭게 함(16:24b-25)

평상시 의복으로 갈아입는 것은 대제사장의 일상 책무를 재개한다는 신호였다. 그래서 그는 그다음에 "자기의 번제와 백성의 번제를" 드렸다. 아론 자신을 위해, 그다음에는 백성을 위해 아침 일찍 선택한 숫양들을 죽여 제단에서 모두 불살랐다. 아론과 백성들은 죄를 속죄한 후에 하나님께 새로운 헌신을 표

---

41 A. D. Hayes, "Atonement in the Book of Leviticus", *Int* 52.1 (1998), p. 13.
42 *Mishnah*, p. 268. 자세한 내용은 Milgrom, *Leviticus 1-16*, p. 1047를 보라.
43 Hartley, p. 242.

현하고 순종의 섬김에 자신을 다시 드릴 수 있게 되었다. 이와 같이 한층 더 나은 헌신을 표명하지 않는다면 이스라엘은 이날 의식을 통해 새롭게 베푸신 하나님의 은혜를 당연하게 여겼을지도 모른다. 그들은 풍자가 하인리히 하이네(Heinrich Heine)가 마지막으로 했다고 알려진 말에 표현된, 위험한 가정을 했을지도 모른다. "하나님은 당연히 나를 용서하실 거야. 그게 그분 일이니까." 이런 뻔뻔함은 배은망덕의 정신이 자라고 또 다른 죄를 재생산하는 비옥한 토양이 되었을 것이다. 아론이 드린 번제는 이스라엘 백성에게 용서에는 마음의 변화와 삶의 변화가 반드시 뒤따라야 함을 상기시켜 주었을 것이다.

c. 진영으로 돌아옴(16:26)

이런 일이 진행되는 동안 아사셀을 위한 염소를 광야로 데려갔던 사람이 다시 진영으로 돌아왔다. 그는 부정한 지역에 들어갔기 때문에 자기 몸을 씻고 옷을 빤 후에야 돌아올 수 있었다.

d. 잔여물 처리(16:27-28)

이날에 마지막으로 하는 일은 속죄제를 드리고 남은 사체를 처리하는 것이다. 사체는 진영 밖에 재 버리는 곳으로 가져가서 태운다. "진영 바깥"으로 가져간다 해도 그것은 거룩한 제사를 드리고 남은 것이기 때문에 깨끗한 곳으로 가져가서 적절한 예를 갖추어 취급해야 한다(4:12, 21). 이것은 이스라엘의 죄를 짊어져서 부정하게 되어 부정한 곳으로 보내는 살아 있는 염소와 대조된다.

잔여물을 처리한 사람이 "그의 옷을 빨고 물로 그의 몸을 씻은 후에" 진영으로 다시 들어올 수 있다는 익숙한 요구 사항이 마지막으로 반복된다. 그는 더러운 것을 이스라엘 공동체로 들여오는 위험을 감수해서는 안 된다.

이 마지막 행위로 중요한 대속죄일은 끝나지만 16장은 계속 이어진다. 이 장은 모든 이스라엘 백성에게 주는 마지막 말로 마무리된다.

5. 맺는말: 하나님의 영원한 규례(16:29-34)

이 장은 엄숙하게 단언하는 말로 끝을 맺는데, 이 장을 시작하는 도입부에서 엄숙하게 경고한 내용과 균형을 이룬다. 다른 점이 있다면 여기서는 이스라엘 백성에게 말씀하신다. 지금까지 그들은 단순한 관객이었다(벌어지는 상황을 매우 제한적으로만 볼 수 있었다). 대속죄일은 일시적인 방책이 아니라 이스라엘이 "영원히 지킬 규례"였다(29, 31, 34절). 아론이 죽은 후에도 그의 후계자가 그날을 주관하고(32절), 매년 모든 죄를 없애는 일을 계속 수행해야 했다.

이 마지막 말은 이 의식의 때—"일곱째 달 곧 그 달 십 일"(29절)—와 방법—"이는 너희에게 안식일 중의 안식일인즉" "너희는 스스로 괴롭게 하고 아무 일도 하지 말되"(29, 31절)—과 참여자—"본토인이든지 너희 중에 거류하는 거류민이든지"(29절)—를 규정한다. 이 날짜를 선택한 이유는 "일곱째 달"이 일 년 중 가장 거룩한 달이기 때문이다.[44] "십 일"을 선택한 이유에 대해서는 일부 사람들이 10이 거룩한 숫자인 3과 7을 더한 숫자이기 때문이라고 제안했다.[45] 스스로 괴롭게 하라는 요구는 이 의식의 엄숙함을 강조한다. 이것은 적어도 일과 잔치를 포함하는 모든 일상 활동을 삼가는 것이다.[46] 번제를 드릴 때처럼, 이러한 자기부인의 목적은 이 특별한 속죄제를 드릴 때 이 제사에서 혜택을 받는 모든 사람이 진정한 회개 의식을 갖게 하기 위해서였을 것이다. 이날은 이스라엘 사람들뿐만 아니라 이스라엘 공동체에 사는 모든 이를 포함했다. 이스라엘 사람과 외국인 할 것 없이 모든 개인이 죄를 쌓는 데 일조했으며, 이날 하나님의 은혜로 이스라엘 사람과 외국인 모두 그분의 자비를 받고 자기 죄가 용서받은 것을 알았다.

이 장의 마지막 문장(34절)은 하틀리가 대속죄일의 '규정 준수 보고'라고 명

---

44 추가로 레 23장을 보라.
45 Hartley, p. 242.
46 *Mishnah*, p. 277. 그는 자기부인에는 성관계, 목욕, 기름 바르는 것, 심지어 신발 신는 것을 금하는 것도 포함된다고 말한다. 행 27:9은 대속죄일을 "금식하는 절기"라고 부른다.

명한 내용을 언급한다. 하나님이 명령하셨고, 모세가 전달했으며, 아론이 행했다. 이스라엘은 희생 제사와 순종을 통해 하나님의 은혜로 말미암아 거룩한 상태로 회복되었다. 베드로는 매우 비슷한 용어로 하나님의 새로운 왕 같은 제사장직과 거룩한 백성을 언급한다. 그들은 "하나님 아버지의 미리 아심을 따라 성령이 거룩하게 하심으로 **순종함과 예수 그리스도의 피 뿌림을 얻기 위하여** 택하심을 받[았다.]"[47]

6. 영원한 규례?

대속죄일의 의식들은 이스라엘을 위해 속죄했지만, 그것은 희생 제사가 충분했기 때문이 아니었다. 희생 제사는 충분하지 않았다. 그 의식들은 장차 올 실재의 그림자에 불과했다. 하지만 그 의식들이 이스라엘에게 유효했던 이유는 그것을 거행함으로써 그들이 하나님의 말씀에 순종하는 믿음을 보여주었고, (그들은 몰랐지만) 그리스도의 사역을 예고했기 때문이었다. 칼뱅의 표현을 빌리자면, "어떤 사람이 조상의 죄가 율법 아래에서 면제받았는지 묻는다면, 우리는…그들의 죄가 면제받았지만 그리스도의 자비로 그렇게 되었다고 주장해야 한다."[48] 그 의식들은 완벽한 대제사장 역할을 하실 분을 가리켰다. 이 대제사장은 자신의 죽음으로 완전한 속죄제를 드리고, 자기 생명으로 완전한 번제를 드리며, 세상 죄를 지고 가는 완전한 아사셀을 위한 염소가 되신다. 이스라엘이 매년 지키라고 명령받은 영원한 규례는 대속죄일이 갈보리의 날로 바뀌었기 때문에 더 이상 필요하지 않다.

신약성경이 그리스도의 사역을 명시적으로나 분명하게 아사셀을 위한 염소의 역할과 동일시하지 않는 점은 흥미롭다.[49] 그런 내용은 주후 130년경에 집

---

47 벧전 1:2.
48 J. Calvin, *Calvin's Commentaries*, ed. D. W. Torrance and T. F. Torrance (Edinburgh: St Andrew Press, 1963), vol. 12, p. 122.
49 요 1:28과 벧전 2:24은 아사셀을 위한 염소를 암시할 수도 있지만, 동일하게 유월절의 어린 양이나 이사야 53장의 고난당하는 어린 양을 나타낼 수도 있다.

필된 『바나바 서신』(Epistle of Barnabas)에 남아 있었고, 그 후 이 유사성은 초기 교회에 매우 대중화되었다. 그러나 신약성경은 아사셀을 위한 염소를 구체적으로 언급하지 않는데도, 대속죄일 전체를 여러 곳에서, 특히 히브리서에서 암시한다.[50] 이 암시들은 모두 대속죄일을 궁극적으로 성취한 예수 그리스도의 희생의 무한한 우월성을 입증한다.

예수님의 사역의 우월성은 유사점과 대조점의 측면에서 모두 살펴볼 수 있다.

a. 유사성에서 드러나는 우월성

예수 그리스도의 피는 마치 속죄제처럼 "속죄 제물"[51]로 쏟아부어졌고, 하나님에게서 멀어졌던 사람들을 다시 그분과 올바른 관계에 설 수 있게 했다. 예수님은 아사셀을 위한 염소처럼 우리 죄의 짐을 짊어지셨다. 바울은 "하나님이 죄를 알지도 못하신 이를 우리를 대신하여 죄로 삼으[셨다]"[52]라고 말한다. 베드로는 "[그가] 친히 나무에 달려 그 몸으로 우리 죄를 담당하셨[다]"[53]라고 말한다. 그리스도는 우리 죄의 짐을 짊어지셔서 그것을 담당하셨다. "그리스도도 많은 사람의 죄를 담당하시려고 단번에 드리신 바 되[셨다.]"[54] 예수님은 최종적인 "내쫓는 의식"이며, 사람들의 죄를 그들에게서 멀리 옮기신다.

히브리서 13:14에는 아사셀을 위한 염소를 암시하는 또 다른 내용이 나온다. 아사셀을 위한 염소를 진영 밖으로 내보냈듯이 예수님도 도성 밖에서 죽으셨다.

마지막 유사점은 대제사장의 중재자 사역에 있다. 우리의 위대하신 대제사장 예수님은 계속해서 "아버지 앞에서 우리에게 대언자"[55]이시다. 그러나 심지

---

50 히 9:7-14은 명시적으로 연결한다.
51 롬 3:25, 새번역.
52 고후 5:21.
53 벧전 2:24.
54 히 9:28.
55 요일 2:1(NRSV).

어 여기서도 그 사역에서 차이점들이 나타나기 시작한다. 아론은 사람이 만든 성소에서 이스라엘을 위한 중재자 역할을 수행했지만 그리스도는 하늘에서 우리를 위하여 아버지에게 말씀하신다.[56]

b. 대조성에서 드러나는 우월성

그리스도의 사역과 대속죄일의 수많은 연관성에도 불구하고, 신약성경은 그 대조점을 가장 많이 제시하며, 이는 우리를 위한 그리스도의 속죄 제사가 더 탁월함을 알도록 도와준다.

과거의 대제사장들은 다른 사람을 위해 제사를 드리기 전에 자기 죄를 위해 제사를 드려야 하는 죄인이었다. 그러나 예수님은 완전히 무흠하시기에 그럴 필요가 없으시다. 우리의 필요를 진정으로 충족하실 수 있는 대제사장은 우리와 동일한 인간이시면서도 "거룩하고 악이 없고 더러움이 없고" 죄인에게서 떠나 계신 분이다.[57]

과거의 대제사장들은 수송아지와 염소의 피를 드렸다. 그러나 그 피가 아무리 좋다 해도 의지가 있는 인간을 대체하기에는 충분하지 못했다. 그러나 예수님은 자신의 피, 곧 지각 있는 인간의 피를 드리셨다. 그분의 피는 충분한 대체물로서, 사람의 육체뿐 아니라 양심까지도 깨끗하게 하였다.[58]

과거의 대제사장들은 매년 대속죄일 제사를 드려야 했다. 그날의 규칙적인 반복은 그 의식이 궁극적으로 불충분하다는 것을 강조할 뿐이었다. 토머스 롱(Thomas Long)이 지적하듯이, 반복되는 의식은 "죄라는 주제를 매년 끊임없이 쳐서 없애는 큰 망치와 같다. 달리 말하면, 이 의식은 치유하는 효력이 없고 다만 우리가 죄인—죄를 지어 하나님께 용납될 수 없는 인간—이라는 생각을 계속 주입할 뿐이다."[59] 이날의 의식들은 거기 참여하는 사람들을 결코 완전하게

---

56 히 9:24.
57 히 7:26-28.
58 히 9:9, 12-14.
59 Thomas Long, *Hebrews*, Interpretation (Louisville, KT: John Knox, 1997), p. 101. 『히브리서』 (한국장로교출판사).

만들 수 없었다.⁶⁰ 그러나 예수님은 우리를 그 우울하고 다람쥐 쳇바퀴 같은 상황에서 해방하시고, 이를 위해 단 한 번 자신을 제물로 드리셔서 모든 사람과 모든 시대에 충분하심을 입증하신다.⁶¹

그리스도의 속죄의 죽음이 가져온 놀라운 결과는 "우리가 예수의 피를 힘입어 성소에 들어갈 담력을 얻었[다]"⁶²는 것이다. 그리스도께서 죽으셨기 때문에 모든 신자는 거룩하신 하나님이자 자애로우신 아버지 앞에 아무런 방해 없이 직접 나아간다. 히브리서의 이런 주장은 복음서에서 가시적으로 입증한 내용을 명제적으로 언급하고 있을 뿐이다. 그리스도가 십자가에 못 박혔을 때 성소와 지성소를 구분하는 성전 휘장이 둘로 찢어졌고,⁶³ 그를 믿는 모든 사람은 아무런 방해 없이 하나님 앞으로 나아갈 수 있게 되었다. 이런 특권은 더 이상 연기가 자욱한 방에서 매년 하나님을 만나는 대제사장만의 것이 아니었다. 그리스도인의 위대한 대속죄일인 성금요일 이후로 하나님의 모든 자녀는 매일 직접 그분을 만날 수 있다.

대속죄일이 아무리 대단하다 해도 갈보리의 날은 그날을 단연코 뛰어넘는다. 이스라엘이 정결함을 얻는 연례행사는 용서를 구하는 모든 이에게 용서를 보장하는 유일회적인 역사적 사건으로 대체되었다. 위대한 설교자 스펄전(C. H. Spurgeon)은 이렇게 선포한 적이 있다. "그리스도의 피는 **완전히 충분하다**. 그리스도의 피가 감당하지 못할 사람은 없다. 그리스도의 피가 씻지 못할 죄는 없다. 그리스도의 피는 아무리 많은 죄도 깨끗하게 할 수 있으며, 아무리 많이 쌓인 죄책도 없앨 수 있다."⁶⁴

예수님은 제사장인 동시에 제물이며, 속죄하기 위해 죽은 염소인 동시에 죄를 지고 떠나는 아사셀을 위한 염소이며, 속죄 제물인 동시에 번제물이시다.

---

60 히 10:1.
61 히 7:27; 9:12, 26, 28.
62 히 10:19.
63 마 27:51; 막 15:38; 눅 23:45.
64 C. H. Spurgeon, *Sermons on the Blood and Cross of Christ*, ed. C. T. Cook (London: Marshall, Morgan and Scott, 1961), pp. 112-113.

그분은 하나님에 대한 완전한 순종과 헌신 가운데 살다가 죽으셨다. 우리 죄의 더러움을 제거하시고 우리 죄의 대가를 지불하셨다. 휘장을 찢어 열어서 우리가 하나님 앞으로 항상 나아갈 수 있는 특권을 주셨다. 죄 때문에 하나님과 멀어진 우리, 거룩하심 때문에 우리와 거리를 두셨던 하나님이 예수님 안에서 가까워진다. 우리는 모든 죄를 용서받고 거룩하신 하나님과 화해한다. 훌륭하지만 복잡한 대속죄일의 모든 사역 내용이 그리스도 안에서 성취된다. 그분은 진실로 죄에 대한 완전한 제물이시다.

5부

거룩함 실행 지침: 하나님 말씀을 법률로 제정하다

17:1-26:46

14장

생명의 피에 관한 하나님 말씀
17:1-16

일종의 가교 역할을 하는 17장은 주로 제사 문제에 관심을 두는 레위기의 첫 부분과 주로 윤리 문제를 다루는 두 번째 부분을 연결한다. 전자는 성소 내의 거룩함을, 후자는 성소 밖의 거룩함을 다룬다. 이 장은 이전의 주제를 공유하면서 계속해서 제사와 피와 관련된 문제에 관심을 나타내고, 동시에 이후의 장들이 점차 주목하게 될 주제에 문을 열기 시작한다. 예를 들면, 이 장은 이스라엘 사람들이 "들에서"(5절) 하는 일에 초점을 맞춘다.

17-26장은 종종 '성결 법전'[1]이라고 부르는데, 그 중심 주제는 19:2에 나타난다. "너희는 거룩하라. 이는 나 여호와 너희 하나님이 거룩함이니라."[2] 17장에 거룩함에 대한 구체적인 단어가 나오지 않기 때문에 어떤 사람들은 이 장을 성결 법전이 아니라 제사와 정결 문제를 다룬 단락의 결론 부분으로 보아야 한다고 추론한다. 그러나 이 장은 분명히 거룩한 삶을 암시하기 때문에 명

---
1 자세한 내용은 이 책의 서론 pp. 18-23를 보라.
2 이 명령은 11:44, 45; 20:7, 26에도 나온다.

시적인 단어가 나오지 않는다는 점은 중요하지 않다.

우리는 성경 본문을 여러 단락으로 적절히 구분하면 메시지를 더 명확하게 드러낼 수 있으리라는 잘못된 신념으로 그렇게 하려는 집착을 경계해야 한다. 학자들은 이런 분석적 접근법을 구실로 까다로운 말씀을 이차적인 중요성을 가진 것으로 분류하거나, 아니면 완전히 쓰레기로 치부할 때가 너무 많다. 레위기가 본래 독립된 단락으로 구성되었다 해도, 우리에게는 통합된 문서 형태의 정경이며, 마땅히 문서 전체에 주의를 기울여야 한다. 어쨌든 17장은 레위기 17장 전후 장들의 관심사를 훌륭하게 아우르며, 논의 주제를 매끄럽게 다음 항목으로 이어 주는 뛰어난 도구 역할을 한다.

모세는 여전히 하나님의 대변자이지만, 하나님의 말씀은 이제 그의 형 대제사장 아론에서부터 이스라엘의 가장 낮은 구성원에 이르기까지 공동체 전체에 차별 없이 주어진다(2절). 심지어 하나님의 명령은 이스라엘 가운데 살기로 한 타국인에게도 주어진다(8, 10, 13, 15절). 거룩함은 단지 성막에서 일하는 직업 종교인들의 관심사가 아니라, 그들 모두에게 요구되는 문제였다. 이스라엘 공동체의 모든 구성원은 이웃 백성과 **구별되어** 그들의 하나님을 **따르게** 하는 특별한 윤리법에 따라 살도록 요구받았다. 거룩함의 요구는 차별 없이 모두에게 동등하다.

1. 성결 법전이 금지하는 행동(17:1-16)

이후에 나오는 성결 법전의 많은 부분과 마찬가지로 이 장은 부정적인 내용에 무게를 두는 것 같다. 그러나 "너희는…하지 말라"라는 레위기의 명령에는 은혜로운 긍정적 목적이 있으며, 삶을 억압하기 위해서가 아니라 온전히 해방하기 위해 마련되었다. 이 내용은 이상적인 생활 방식에 대한 비전을 이스라엘 백성 앞에 제시하며, 그들이 이 비전을 채택하도록 권고한다.

이 장은 다섯 단락으로 나뉘는데 모두 피의 사용에 관한 내용을 언급한다. 첫 네 단락은 "이스라엘 집의 모든 사람"(3, 8, 10, 13절)이란 문구로 시작하지만, 더 포괄적인 문구로 시작하는 다섯 번째 단락은 "모든 자"(15절)를 대상으로 주어진다. 사실, 둘째, 셋째, 넷째 율법은 다섯째 율법만큼이나 포괄적이며, 각 율법의 첫 부분에 이스라엘 사람들과 함께 거주하는 거류민을 언급한다(8, 10, 13절). 명령 대상에 타국인을 포함하여 이스라엘의 독특한 생활 방식이 희석되지 않도록 했다. 어떤 이유에서든 이 생활 방식에 예외 조항을 둘 경우, 이스라엘의 거룩한 생활 방식이 약화되어 머지않아 하나님의 언약 백성으로서 그들의 특별한 소명이 완전히 무너지게 될 것이다. 거류민을 부당하게 대하지 못하게 하는 안전장치들을 명시하는 한편, 이스라엘 영토 내에서 살기로 한 거류민들에게 대부분 이스라엘의 생활 방식을 지키도록 요구했다.

이 율법들은 피와 관련된 다섯 가지 구체적인 행동을 금지한다. 이중 두 가지는 희생 제물과 관련이 있고, 나머지 세 가지는 죽은 짐승의 피에 관한 것이다. 우리는 이 두 주요 분류 방식을 틀로 사용하여 구체적인 행동들을 살펴볼 것이다.

a. 임의적인 제사 금지(17:1-9)

첫 번째로 금하는 행동은 "여호와의 성막 앞"을 제외한 어디에서든지 "소나 어린 양이나 염소"—제사 때 드리는 주요 짐승인 가축들—를 잡는 것이다(4절). 이 명령은 다른 형태로 두 번 반복되는데, 처음에는 1-7절에 나오고 다시 8-9절에서 언급한다. 이 금지 명령을 위반하는 사람들에게는 가장 무거운 형벌이 내려진다. 그런 사람들은 "피 흘린 자로 여길 것이라. 그가 피를 흘렸은즉 자기 백성 중에서 끊어지리라"(4절).[3]

이 율법은 우리에게 큰 부담일 뿐만 아니라 모호하다. 이 명령은 하나님께 제물로 드리지 않는 경우에는 어떤 가축도 도살을 금지하는 것일까? 아니면, 제물로 사용할 짐승을 성막 이외의 장소에서 잡는 것만 금지하여 다른 신들에게 제사하는 것을 막으려는 것이었을까?

전자의 경우라면, 사람들은 자신이 선택한 장소에서 먹기 위해 짐승을 죽일

---

[3] 이에 대한 처벌은 살인 행위만큼 무거웠다. "끊어지다"의 의미는 이 책 pp. 324-327를 보라.

수 없다는 뜻이어서, 고기를 잡는 것은 화목제를 드리는 경우로 제한될 것이다. 일부 사람들은[4] 이 명령을 이런 의미로 받아들이고, 이 명령이 음식으로서의 가치보다는 젖의 공급원이자 번식력에서 가치가 더 크다고 간주되는 짐승의 도살을 통제하는 것과 관련이 있다고 주장한다.

그러나 대부분은 이 명령이 우상숭배용 짐승의 도살과 예배자가 원하는 아무 곳에서나 제사를 드리는 것을 금지한다고 보는데, 이 관점이 타당하다. 본문의 맥락과, 단어 '샤하트'(šāḥaṭ, '목구멍을 뚫다')의 사용은 일반적인 도살이 아니라 제의적 도살을 염두에 두고 있음을 암시한다. 이 명령은 사람들이 원할 때 식용으로 가축을 잡는 것은 얼마든지 허용하는데, 신명기 12:15도 성막이 아닌 다른 장소에서 그렇게 하는 것을 허락한다. 하틀리가 지적하듯이, 만일 이 법이 제사용을 제외하고 먹을 수 있는 가축의 도살을 전부 금지한 것이라면 완전히 부적절했을 것이다. 왜냐하면 이 법들은 가령 제사에서 용납되지 않았을 흠 있는 짐승을 어떻게 해야 하는지에 대한 의문들에 대답하지 못하기 때문이다.[5]

그렇다면 이 율법은 이교 제사를 드리는 사람들을 "피 흘린 자로 여길 것이라"라고 가르치는 셈이다(4절). 이 선고는 현재 논의 중인 주제와 명백하게 관련이 있다기보다는 확고한 원리를 전제하는 것 같다. 이것을 이해하려면 이 율법의 배경을 추적할 필요가 있다. 하나님은 피 흘리는 것을 혐오하시며 피를 흘리는 자는 누구든지 죄가 있으며 중한 벌을 받을 것이라고 말씀하신다(4절). 하나님이 피 흘리는 것을 미워하시는 것은 창세기 9:4에서 노아와 맺은 언약에서 알려졌다.[6] 하나님은 그 언약에서 노아와 그 가족에게 "모든 산 동물"은 잡아먹을 수 있지만, 먹기 전에 죽인 짐승의 피를 흘려야 한다고 말씀하셨다. 하나님은 고기를 피째 먹는 것에 '책임'을 물으실 것이며 피를 먹는 것이 인간의 피를 흘리는 것과 같다고 말씀하셨다. 피가 이처럼 중요한 위치를 차지하는 이

---

4 Grabbe, *Oxford*, p. 102; Milgrom, *Leviticus 17–22*, pp. 1452-1454.
5 Hartley, pp. 270-271.
6 틀림없이 더 멀리 창 4:8-16까지 거슬러 올라갈 것이다.

유는 11절에서 언급하듯이 피가 생명을 상징하기 때문이다. 레위기 17장의 논거는 간략하지만, 결국 제사용 짐승의 불법 도살이 인간의 피를 흘리는 것과 같고, 따라서 동일한 벌을 받아야 한다는 뜻이다. 레빈은 "흔히 그렇듯이, 성경의 진술은 앞의 다른 구절을 이용하여 전통적인 언어에 다른 미묘한 의미를 부여한다"[7]고 설명한다.

피를 존중해야 할 필요성에 더하여, 이 금령의 또 다른 이유는 5-7절에서 이 율법을 다시 언급할 때 명확해진다. 이 율법은 이스라엘 백성이 임의로 제사를 드리는 것을 금지한다. "들에서" 제사를 드리거나 "염소 우상"(현대인의 성경)이나 악령들에게 드려서는 안 된다.[8] '자기가 직접 제사를 드리는 영성'은 이스라엘에서 있을 수 없었다. 사람들이 스스로 제사 형태를 정하고 자신이 좋아하는 때와 장소와 방법대로 행하기 시작하면, 이스라엘의 전례를 '개선'하기 위해 주변 문화의 이교적 예배 요소들을 곧 도입했을 것이다. 틀림없이, 사람들은 '개선 내용'이 무해하거나 더 나아가 예배자의 감정(실제로는 아마 그들의 보다 저급한 본능)을 만족시키는 데 필요하다고 주장했을 것이다. 그러나 하나님은 그분의 말씀을 완곡하게 표현하시지 않는다. 금송아지 사건 이후로[9] 어리석은 우상숭배는 이스라엘 백성의 의식에서 사라졌어야 마땅했다. 우상숭배는, 안타깝지만 용서할 수 있는 사회 예절을 범하는 것과는 비할 바가 아니었다. 성적 문란에 비교되는 우상숭배는 영적 "음란"(7절), 곧 신실하고 강하신 하나님에게서 등을 돌리고 도움이 되지 못하는 신들에게 자신을 파는 행위였다.[10]

---

7 Levine, p. 113.
8 이 책 pp. 243-244에 나오는 아사셀에 관한 논의를 보라. Kaiser, p. 1118. 그는 이런 "털 있는 동물"에 대한 숭배가 반인반수 같은 신비로운 생물에 대한 신앙으로 발전했으며, 이런 형태의 예배가 하(下)이집트에서 번성했다고 제안한다. 수 24:14을 보라.
9 출 32:1-35.
10 일부 사람들은 이 규례들이 예배를 중앙에 집중하기 위한 것이라고 주장한다. 그러나 근본적 차이는 중앙 성소와 분산된 성소들 사이가 아니라 성소 예배와 이교도 예배 사이에 존재한다. Demarest, p. 202, 그리고 Wenham, p. 243. Wenham도 이 규례들이 공동체가 작고 회막 주변에 모여 있으며, 고기가 사치품임을 가정한다고 지적한다. 이 규례들이 훨씬 더 후기에서 비롯된 것이라고 추정하는 학자들은 이스라엘 백성이 가나안 땅 도처에 흩어져 살고 더 사치스러운 음식을 즐길 수 있게 된 시대에 이런 규례가 적합하다는 점을 뒷받침하기 위해서는 다양한 문제를 해명해야 한다.

이 금지 규정을 처음 소개할 때는 화목제(5절)와 연결하지만, 두 번째 경우 (8-9절)에는 다른 제사들과도 연결한다. 피의 제사는 "성막 앞"이 아닌 다른 곳에서 드려서는 안 되었다. 성막 앞에서 "여호와께" 적절하게 드려야지, 다른 신에게 부적절하게 드려서는 안 되었다. 제사에 관한 규례들은 하나님께 신중하게 접근하는 것의 중요성을 몇 번이고 반복하여 강화했다. 그러나 거룩하신 하나님을 예배하는 것과 관련된 내용은 어느 하나라도 사람의 임의적인 뜻에 맡기지 않는다. 이전 규례들에서는 암묵적이었던 내용─규정된 제사 형태만을 규정된 장소에서 드려야 한다는 내용─이 이제는 분명해진다. 의구심을 가질 만한 부분은 없다. 이스라엘은 그들이 관여할 수 있는 모든 불순종에 변명의 여지가 없다.

b. 피를 먹는 것을 금함(17:10-15)

다음 금지 내용은 피를 먹는 관행에 초점을 맞추는데, 고대 세계 다른 민족들 사이에는 일반적인 관행이었다.[11] 이스라엘 경계 내에 사는 모든 사람은 죽은 짐승의 피를 먹거나 마시는 것이 허락되지 않았고, 어길 경우 가장 중한 처벌을 각오해야 했다. 10-12절에는 일반적인 금지 내용을 제시하고, 그다음에는 좀더 구체적인 두 가지 추가 내용을 자세히 언급한다.

이 금지 규정은 사냥 중에 잡은 짐승들에게 첫 번째로 적용된다(13-14절). 이런 짐승의 피는 제사 때 목구멍을 뚫은 짐승이나 가족 식사를 위해 도살한 짐승의 피만큼 귀중했다. 따라서 그 피를 먹지 말아야 했다.

15-16절에 나오는 두 번째 구체적인 적용은 이전과 달리 처벌을 약간 면제해 준다. 이 예에서는 자연적 원인이나 야생 동물에게 찢겨서 죽은 채 발견된 짐승을 먹는 것을 절대적으로 금지한다. 그러나 이 법을 위반하는 것은 사소한 위반에 불과해서, 죄를 지은 사람들은 그날 저녁까지만 부정했고 몸을 씻고 옷을 빨면 다시 정결한 상태가 되었다.

---

11 Hartley, p. 273.

피를 먹는 것을 금지한 이유는 피가 상징하는 것 때문이다. "육체의 생명은 피에 있음이라"라는 언급이 반복된다(11절, 참고. 14절). 생명과 피의 관련성은 명확한 것 같다. 피를 잃으면 생명을 잃기 때문에—피를 흘리면 생명이 끝난다—피 속에 생명의 정수가 있다고 추정하는 것은 자연스럽다. 하나님은 피 흘림의 방법으로만 속죄가 이루어지도록 결정하셨다. 그러므로 인간이 다른 목적으로 피를 사용하려 하거나 자신을 위해 피를 전용하려 해서는 안 된다. 피는 여호와께만 속한다.[12]

2. 성결 법전이 선포하는 원리

불가사의해 보이는 이런 규례들에서 중요하고도 영원한 네 원리가 나타난다.

a. 하나님의 유일무이함

성결 법전은 십계명을 다양한 방식으로 지지한다. 이 장 첫 부분에서 시작되는 이 규례들은 이스라엘이 하나님 외에 다른 신들을 두어서는 안 된다고 상기시켜 준다.[13] 하나님만이 그들을 이집트에서 구원하여 자기 백성으로 만드셨고, 그분만이 언약으로 그들과 결속된 하나님이 되셔야 했다.

따라서 그들은 하나님의 성소에서만 제사를 드리고, 다른 곳에 제단을 세우거나 다른 신들에게 예배나 제사를 드려서는 안 되었다. 사람들은 흔히 우상을 살아 있는 존재로 가정했다. (그러나 이스라엘의 신앙과 경험은 그조차도 의문시했다. 그들에게는 유일하신 하나님만 존재했고, 그분에게서 만물이 나오고 모든 사람은 그분의 영광을 위해 살아야 했다.)[14] 설령 우상이 실제로 존재한다 해도, 아무 능력도 없었고 은혜라고는 조금도 찾아볼 수 없었다. 따라서 우상에게 제사를 드리는 것은 예배자로서는 완전히 어리석은 행위인 동시에 여호와께는 중대한 모욕이었다. 그것은

---

12 Alec Motyer, *Look to the Rock* (Leicester: IVP, 1996), pp. 52-53.
13 출 20:3.
14 고전 8:6. 4-13절에 나타난 바울의 더 폭넓은 주장을 보라.

마치 자극적이지만 만족을 주지는 못하는 하룻밤 섹스 때문에 선하고 신실한 결혼의 축복을 포기하는 것과 같다. 우상숭배가 그들에게 무슨 유익을 주겠는가? 이후의 장들에서 몰렉에 대한 언급이 자세히 보여주듯이(18:21, 20:2-5), 우상숭배는 그들을 새로운 형태의 속박과 슬픔으로 인도할 뿐이다. 하나님은 일편단심의 한결같은 충성을 받아 마땅하셨다. 그분은 단순히 이스라엘 백성의 가장 우선적 사랑의 대상이 아니라 유일한 대상이셨다.

b. 생명의 신성함

앞서 보았듯이, 피 흘림을 금지하는 법의 기원은 노아와 맺은 언약에서 나타난다. 이 언약에서는 짐승의 피와 사람의 피를 취급하는 방식이 밀접하게 연결된다. 거기서 피를 먹는 것을 제한한 의도는 부분적으로는 대홍수로 세상이 거의 완전히 파괴된 후 생명, 특히 인간의 생명이 이 땅에서 번성하게 하기 위해서였다.

레위기 17장의 규례들이 이스라엘 백성이 친교제의 잔치를 제외하고 어떤 짐승도 죽이는 것을 금지한다고 보는 사람들은, 이 규례들이 생명의 신성함에 관한 메시지를 강조하며 짐승의 생명이 번성해야 한다는 하나님의 바람을 나타낸다고 본다. 그러나 이 규례들의 전체적인 취지를 하나님께는 생명이 신성하다는 진리를 강화하는 것으로 해석하기 위해 이런 편협한 관점을 채택할 필요는 없다. 하나님이 인간에게 먹기 위해 짐승을 죽이는 것을 허락하셨을지라도 그 허락은 피에 대한 탐욕을 제한하고 피에 대한 욕구가 자라는 것을 막기 위해 엄격하게 부여된다.

예루살렘 공의회에서 레위기 17장이 언급하는 우상숭배와 피 흘림의 관련성을 반영하는 판단을 할 때 초기 그리스도인들은 생명의 존엄성에 대해 동일한 태도를 유지했다. 초대교회 지도자들은 정결 의식법의 많은 부분을 완화하는 내용을 알리기 위해 서신을 쓰면서, 이방인 그리스도인들에게 피를 먹는 것은 금하라고 가르쳤다.[15]

레위기 17장의 규례들은 짐승을 도살하는 것과 관련이 있지만, 이 금지의 기원을 고려할 때 이것은 살인과 분리할 수 없다. 하나님이 사람들에게 사법적인 이유나 전쟁 등의 정당한 이유로 다른 사람을 죽이라고 명령하시는 경우를 제외하고는, 오직 하나님께만 인간의 피를 흘리고 생명을 취할 권리가 있으시다. 모든 생명은 신성함의 특징을 지니고 있다.

생명이 신성한 이유는 모든 인간이 하나님의 형상을 지니며, 유니버시티 칼리지 런던(University College London) 신생아 소아과 교수 존 와이어트(John Wyatt)가 썼듯이, "하나님의 형상으로 지어진 모든 존재는 경이, 존경, 공감, 무엇보다도 **보호** 등의 다양한 대우를 받아 마땅하다. 남용과 위해와 조작으로부터 보호를 받아야 한다."[16] 하나님의 형상을 지녔다는 것은 모든 인간에게 존엄성이 있다는 것 이상의 의미다. 그것은 모든 인간이 하나님께 속해 있으며 그분의 소유라는 뜻이기도 하다. 따라서 생명을 죽이는 사람은 하나님의 형상을 더럽힐 뿐만 아니라 그분의 재산을 치명적으로 손상시켰다는 두 가지 면에서 하나님께 책임을 져야 한다.

오늘날 생명의 신성함은 놀랄 만큼 수많은 방식으로 의문시되고 있다. 생명공학의 발전으로 야기된 윤리적 논의에서부터 선택의 자유에 대한 광범위한 요구, 전 세계적인 테러 행위에 이르기까지 다양하다. 생명의 신성함에 대한 공격은 다양한 모습으로 나타나는데, 그중 일부는 훌륭한 의학 철학(medical philosophy)이라는 모습을 띤다. 예를 들어, 로널드 드워킨(Ronald Dworkin)은 개인이 자신의 생명이나 자신의 자궁에 있는 태아의 생명을 어떻게 할지 스스로 결정할 권리가 가장 우선한다고 주장한다.[17] 인간만이 중요하고, 창조자이신 하나님은 무관하다. 두 번째 예를 인용하자면, 피터 싱어(Peter Singer)는 이런 전통적인 종교적 관점은 현대 의학의 딜레마에 대처할 수 없기 때문에 모든 생명이 동등한 가치를 지닌다는 주장을 내려놓고, 어떤 생명이 다른 생명보다 더

---

15 행 15:29. Kaiser, p. 1121는 이 제한이 그리스도인들을 여전히 구속하고 있다고 생각한다.
16 John Wyatt, *Matters of Life and Death* (Leicester: IVP, 1998), p. 192.
17 이 관점은 Ronald Dworkin, *Life's Dominion* (London: Harper & Row, 1995), p. 239에 자세히 설명되어 있다. 다양한 입장에 대한 논의는 Wyatt, 앞의 책, pp. 36-47를 보라.

가치가 있음을 인정해야 한다고 주장한다. 의학은 관계성과 물리적·사회적·정신적으로 상호 교류할 수 있는 상당한 능력으로 정의할 수 있는, 가치 있는 생명을 입증하는 사람들만을 치료해야 한다.[18] 이런 주장에 근거하면 낙태와 안락사를 수용할 수 있을 뿐 아니라, 다수의 정신 질환자나 중증 장애인들이 조기 사망할 수도 있다.

인간에 대한 환원주의적이고 다원주의적 관점에 기초한 이런 도전들에 직면할 때, 모든 인간의 생명이 신성하다는 하나님의 기준을 분명히 할 뿐만 아니라 더 풍성하고 의미 있는 기독교적 응답을 제시하는 것이 중요하다. 존 와이어트는 생명이 신성하다는 기독교적 관점을 자신 있게 주장한다. 그것이 진실이며 현실에 적합하고, 유효하고 개인과 공동체에 유익하고, 인간의 직관에 부합하고 옳다고 느끼기 때문이다. 이런 근거에 기초하여 그는 피터 싱어와 같이 주장하는 사람들에게 답변을 제시한다. 그는 기독교적 관점이 "인간의 정체성에 대한 총체적 관점을 소중하게 생각하며", 안정성을 제공하며, 생명의 전 과정에서 가치를 보장하며, 사회적 응집력과 상호 존중을 촉진하며, 일관성 있는 법체계의 기초를 제공하며, 보편적인 인간의 직관에 부합하며, 희생적 돌봄의 동기를 제공하며, 남용과 조작을 막는 안전장치를 제공한다고 강조한다.[19] 이런 관점들을 제시하는 그는 탁상공론을 제시하는 철학자가 아니라 매일 생명을 치료하면서 생사의 결정을 내리고 희소한 자원으로 인한 고통스러운 비극과 싸우는 사람이다. 그럼에도 그는 하나님이 생명의 수여자이시기 때문에 모든 생명이 신성하다고 단언하는 것이 가능하며, 신뢰할 만하고, 꼭 필요하다고 믿는다.

c. 피의 의미

17:11은 레위기 전체에서 가장 중요한 원리 중 하나를 소중히 간직하고 있다. 이 구절은 "육체의 생명은 피에 있을" 뿐만 아니라 하나님이 "너희의 생명을 속

---

[18] Peter Singer, *Rethinking Life and Death* (Oxford: Oxford University Press, 1995). Wyatt, 앞의 책, pp. 43-45에 요약되어 있다.
[19] Wyatt, 앞의 책, pp. 228-230.

죄하기 위해" 그 피를 자기 백성에게 주셨다고 말한다. 이 선물 때문에 죄 용서가 가능하다. 이 구절에 담긴 원리는 대속의 원리다. 즉 속죄는 죄인을 대신하는 희생자가 그를 대신하여 자기 피를 흘림으로써 이루어진다. "죄의 삯은 사망이요."[20] 따라서 죄를 지은 사람들은 반드시 죽어야 하고 우리 모두는 죄인이기 때문에 죽음은 피할 수 없는 우리의 운명이다. 유일한 희망은 우리를 대신하는 대속물을 제공하는 것이다. 생명을 대신 내놓고 생명을 살리는 것이다.

최근 하나님에 대한 더 부드러운 관점을 원하는 사람들이 이 전통적인 해석에 도전하고 있다. 그들은 하나님이 죄에 대해 그런 대가를 요구하신다는 것을 받아들이지 않는다. 밀그롬은 "이 구절에 기초하여 수많은 학자들이 옹호하는 희생 대속 이론은 최종적으로 거부해야 한다"[21]고 믿는다. 오히려 그는 이 구절이, 피를 흘리고 "회막 문 여호와의 제단에" 피를 뿌리면(6절) 희생 제물의 생명이 그 창조자에게로 돌아가고 속죄가 이루어진다는 것을 의미한다고 제안한다. 다른 사람들은 제물을 예배 때 하나님께 드리는 선물로 보며, 이를 통해 짐승의 생명이 해방되는 것이지 "한 생명을 다른 생명과 교환함으로써"[22] 속죄함을 받거나 죽음에서 구원받는 것과는 관련이 없다고 본다. 예를 들어, 폴 피데스(Paul Fiddes)는 이렇게 쓴다. "이 개념은 범죄한 공동체의 더럽혀지고 부정한 생명이 짐승의 피에 있는 새로운 생명을 쏟음으로써 새롭게 된다는 의미인 것 같다."[23]

그러나 이런 주장들은 한쪽으로 치우친 경향이 있다. 특히 제사를 위한 희생 제물에 대해 그렇다. 아무리 그렇게 주장하려고 해도, 희생 제물의 피를 쏟는 것은 그 제물이 죽었다는 의미였다. 우리는 앨런 스팁스(Alan Stibbs)와 함께, 피 흘림은 "육체라는 짐에서 생명을 해방하는 것이 아니라 육체 안에 있는 생명을 끝낸다는 뜻이다. 그것은 영적 생존이 아니라 육체적 죽음의 증거다"[24]라

---

20 롬 6:23.
21 Milgrom, *Leviticus 17-22*, p. 1477. 전체 논의를 알고 싶으면 pp. 1472-1478를 보라.
22 Kaiser, p. 1120.
23 Paul Fiddes, *Past Event and Present Salvation: The Christian Idea of Atonement* (London: Darton, Longman & Todd, 1989), p. 69.

는 결론을 내릴 수밖에 없다. 왜 육체적인 죽음인가? 특히 나답과 아비후가 너무나 비극적으로 보여주었듯이, 거룩하신 하나님은 대속물이 없다면 죄인에게 죽음이라는 공정한 형벌을 요구하시기 때문이다.

옛 언약처럼 새 언약도 피의 언약이며,[25] 생명을 내놓고 피 흘림이 없이는 죄 용서가 없다는 원리를 계속 유지한다.[26] 그러나 새 언약은 피의 제사를 끝없이 드리라고 요구하지 않는다. 단 한 번의 피의 제사, 곧 완전한 인간이신 그리스도의 희생이 우리의 모든 죄를 감당하기에 충분하기 때문이다. 그분의 피, 곧 "흠 없고 점 없는 어린 양" 같은 피의 가치는 이스라엘의 제단에서 흘린 모든 피의 가치를 훨씬 능가한다.[27] 그분의 피는 죄의 결과에서 우리를 해방시킨 구속의 대가이며 우리를 모든 더러움에서 깨끗하게 하는 청결제다.[28]

그런데 신기한 반전은, 이스라엘 백성에게는 피를 먹지 말라고 했지만 역설적으로 그리스도의 사람들은 그렇게 하라는 명령을 받는다는 것이다. 교환이 완전히 이루어지려면 예수님이 죄인을 대신하여 자기 생명을 대속물로 내놓을 뿐만 아니라, 죄인들이 예수님의 생명을 받아들여 하나님을 위해 살기 시작해야 한다. 이런 이유로 예수님은 이렇게 말씀하셨다. "내가 진실로 진실로 너희에게 이르노니 인자의 살을 먹지 아니하고 **인자의 피를 마시지** 아니하면 너희 속에 생명이 없느니라."[29] 인자의 피를 마시면 그분의 죽음으로 인한 유익을 흡수하고 그분의 생명이 우리 존재의 모든 부분에 스며든다. 성만찬은 이를 정기적으로 정확히 상기해 주는 역할을 한다. 그러나 단순히 겉으로 성만찬을 지키기만 해서는 아무것도 성취되지 않는다. 우리가 성만찬의 의미를 깊이 이해하고 먹고 마심으로 그리스도에 참여할[30] 때만이 비로소 이 의식은 우리 삶에

---

24 Alan Stibbs, *The Meaning of the Word 'Blood' in Scripture* (London: Theological Students Fellowship, 1954), p. 11.
25 고전 11:25.
26 히 9:22.
27 벧전 1:19.
28 요일 1:7.
29 요 6:53.
30 "참여"는 성만찬에 대한 바울의 이해에서 핵심적인 단어다. 고전 10:16을 보라.

실재가 되어 거룩한 삶을 가져올 것이다.

d. 용서의 은혜

"육체의 생명은 피에 있음이라"(11절)라는 말씀의 의미를 놓고 논쟁할 때 우리는 그다음에 이어지는 말씀에 담긴 강조점을 놓칠 때가 너무 많다. "내가 이 피를 너희에게 주어 제단에 뿌려 너희의 생명을 위하여 속죄하게 하였나니"라는 말씀에는 놀라운 하나님의 은혜가 있다. 우리가 죄에서 해방되기 위해 필요한 피는 우리의 피가 아니라 하나님이 우리를 위해 제공하시는 피다. 성경의 시작부터 끝까지, 이 메시지는 동일하다. 하나님은 우리가 드릴 수 없는 것을 우리에게 요구하시지 않고, 은혜롭게도 우리를 대신하는 다른 제물을 주셔서 우리의 가난을 극복하시고 우리의 생명을 구원하신다. 그분은 모리아 산에서 아브라함을 위해 그렇게 하셨다. 아브라함이 확신에 차서 기대한 대로 하나님은 이삭을 대신할 숫양을 준비해 놓으셨다.[31] 그 결과 아브라함은 그 땅의 이름을 "여호와 이레"[32]라고 했다. 수십 세기가 지난 후 하나님은 같은 장소에서 우리를 위하여 자기 아들을 최종적인 속죄 제물로 준비하셨다.

루이스(C. S. Lewis)는 지옥 교리를 반대한 사람들에게 이렇게 말했다. "결론적으로 저는 지옥의 교리에 반대하는 모든 사람들에게 주는 대답으로 다음과 같은 질문을 던지겠습니다. '당신이 정말 하나님께 요구하는 바가 무엇입니까?' 그들이 과거에 지은 죄를 씻어 주고 모든 장애를 제거하며 모든 기적적인 도움을 제공함으로써 어떻게 해서든지 그들이 새롭게 출발할 수 있게 해주는 것입니까? 하나님은 갈보리에서 이미 그 일을 하셨습니다."[33] 하나님의 준비는 인간의 책임과 멋지게 균형을 이룬다. 하나님은 그분의 자녀들에게 말씀하신다. 생명을 "**너희에게 주어 제단에 뿌려 너희의 생명을 위하여** 속죄하게 하였나니"(11절). 속죄는 죄인들의 참여 없이 자동으로 일어나지 않는다. 그들은 예

---

31 창 22:1-19, 특히 8, 13-14절.
32 창 22:14.
33 C. S. Lewis, *The Problem of Pain* (London: Fontana, 1957) p. 116. 『고통의 문제』(홍성사).

물을 가져다가 그것과 하나가 되고, 그것을 죽여서 참회하는 태도와 순종하는 믿음의 표시로 하나님께 드려야 했다. 대리인이 이 일을 대신하거나 어느 정도 거리를 두고 희생 제물을 드릴 수 없었다. 직접 참여함으로써만 속죄하는 피의 유익이 그들의 삶으로 흘러들어와 죄를 용서받았다. 하나님은 풍성하게 주셨지만, 우리가 믿음으로 그 아들의 선물을 받아들이지 않는다면 아무 쓸모가 없다.

이 장에 나오는 다섯 가지 금령은 무시무시해 보인다. 이것들은 "너희는… 하지 말라"라고 외치는 것 같다. 그러나 실제로는 각 금지 내용은 하나님의 선하심의 표현이며 무가치한 우상을 예배하는 어리석음에서 우리를 구해 주며, 우리가 생명, 심지어 죽은 짐승의 생명까지도 소중히 여기게 하고, 속죄하는 피를 제공하시는 그분의 은혜를 암시한다. 그분의 금령들은 우리를 제한된 죄수의 삶으로 인도하는 것이 아니라 우리 발을 넓은 곳으로 해방시킨다.[34] 금령은 생명을 손상시키는 것이 아니라 향상시킨다.[35] 기쁨을 죽이는 것이 아니라 기쁨을 해방시킨다.[36] 하나님의 법은 자유와 생명의 법이기 때문이다.[37]

---

34 시 18:19; 31:8.
35 시 119:32, 37.
36 시 119:35.
37 시 119:45; 약 2:12.

15장

건강한 가족에 관한 하나님 말씀
18:1-30

레위기는 대속죄일의 절정을 다룬 16장 이후 두 번째 장인 18장에서 저급한 언론들이 주로 다루는 근친상간, 간음, 동성애, 수간을 다룬다. 이런 문제들을 다루는 18장을 대충 훑어보더라도 "하지 마라"는 명령이 눈길을 끈다.[1] 이 외에도 "범하다", "악행", "더럽히다", "문란", "가증한" 같은 단어가 많이 나오는 것 같다. 현대 자유주의 사회에서 이 장을 과거의 유물로 간주하는 것은 별로 놀랄 일이 아니다. 이 장은 차라리 사람들에게서 잊히는 편이 나으며, 오늘날 매우 소중하게 여기는 개인의 자유와 선택이라는 가치에 유익하지 않다. 이 장은 특히 동성애자들의 권리라는 대의를 옹호하는 사람들의 분노를 불러일으켰다.

그러나 이 율법을 그렇게 부정적인 방식으로 해석하는 것은 잘못이다. 그것은 하나님이 말씀하신 의도를 완전히 오해하는 것이며, 우리가 이것을 해석하려고 할 때 우리에게 방향을 제공하는 방향 탐지기들을 무시하게 만드는 왜곡

---

1 이 장의 NIV 번역에는 "하지 마라"는 표현이 19회 나온다.

되고 피상적인 읽기를 제공한다. 하나님은 사람들이 즐기는 것을 막고 남의 흥을 깨는 금욕주의자가 아니라 오히려 그 반대다. 인간을 성적 존재로 창조하신 하나님은 성적 충동의 힘과 그에 따른 행복이나 심각한 고통을 아신다. 그분은 자기 백성을 고통에서 구하셔서, 건강한 가족과 건강한 공동체가 생겨날 수 있는 토대를 세우기 원하신다. "하지 마라"를 "하라"로 바꾸어 보면, 하나님의 말씀을 무시할 경우에 얼마나 추하고 파괴적이며 유해한 사회가 등장할지 곧 분명해질 것이다.

1. 이스라엘의 소명(18:1-15)

하나님은 가족생활에 해를 끼치는 다양한 성적 행위를 나열하시기 전에, 먼저 모세를 통해 그분이 언급할 내용을 이스라엘 백성에게 말하려는 근거를 설명하신다. 첫 단락에는 삼중 소명이 나와 있으며, 이 장의 이후 내용은 이런 소명의 맥락을 따라간다.

a. 충성하라는 부르심(18:2, 4)

이 소명은 하나님이 "나는 여호와 너희의 하나님이니라"[2]라고 말씀하시며 자기 백성에게 그분이 누구인지 상기시키는 것으로 시작한다. 이 구절 또는 그보다 더 짧은 버전인 "나는 여호와이니라"[3]라는 표현은, 이 구절이 이 장에서 다섯 번 더 반복된다(4, 5, 6, 21, 30절)는 점을 고려하면 마치 하나님이 처음부터 그분의 권위를 냉정한 태도로 주장하시는 것처럼 보인다. 이 구절은 마치 "내가 상관이다. 내 말대로 해. 그렇지 않으면…"이라고 말하는 것 같다. 그러나 이 구

---

[2] Milgrom은 하나님의 이 칭호를 성결법의 "서명 날인"으로 부른다. Milgrom, *Leviticus 17-22*, p. 1517.
[3] "나는 주이니라"(I am the LORD)라는 구절은 "나는 야웨이니라"의 영어 번역문이다. 여호와는 하나님의 이름이며, 지극히 거룩한 것으로 여겨 발음하지 않았다. 그래서 이 이름은 통상 '주'를 뜻하는 '아도나이'('ădōnāy)라는 단어로 대체되었고, 이에 근거하여 영어 성경은 야웨를 '주'로 번역한다. "너희의 하나님"이란 문구가 추가된 것은 여호와가 이스라엘의 신적 통치자임을 강조한다. 이 구절은 레위기의 성결 법전, 사 40-55장, 에스겔서에서 가장 자주 나타난다. 추가로 Hartley, pp. 291-293를 보라.

절의 의도는 다르다. 하나님은 자기 백성에게 이렇게 말을 거시면서 그분의 이름을 사용하시고, 헌신적이고 친밀한 관계 속에서 그들에게 말씀하신다. 그분은 이스라엘을 이집트에서 구원하시겠다는 그분의 약속과 주로 관련된 이름을 사용하신다.[4] 이 구절은 그분의 권위와 명령할 권리가 아니라 "헤아릴 수 없는 은혜"를 전달한다. 그분은 자기 약속에 신실한 하나님이시다.[5] 이 칭호는 출애굽으로 자기 백성을 구원하신 그분의 행동과 긴밀하게 결부되어 있다. 뿐만 아니라 웬함이 언급하듯이, 이 이름을 사용하는 경우는 대부분 이스라엘에게 본질상 거룩하신 하나님의 형상을 닮으라고 요청할 때이다.[6]

그렇다면 여기서 하나님은 이름을 사용하여 그분이 그들을 위해 하신 크신 일들과, 언약을 통해 이루어진 긴밀하고 구속력 있는 관계를 상기시키고 계신 셈이다. 이것은 압도적인 권위를 주장함으로써 그들을 짓누르는 이름이 아니라 감당할 수 없는 은혜를 기억함으로써 그들에게 희망을 주는 이름이었다. 출애굽기 20:2에 나오는 십계명 서두에서도 동일한 이름을 사용한다. 그분의 말씀은 하기 싫은 사람들에게 억지로 부과되어 마지못해 복종해야 할 법이 아니다. 오히려 그 말씀에 순종하면 더 충만하고 온전한 삶을 살 수 있다는 것을 알기에 하나님의 구원하시는 행위에 대한 반응으로 마땅히 그들 삶에서 나타나야 할 삶의 원리다.

그렇다면 첫째로, 하나님이 주신 성적 행위들에 관한 규례들에는 이스라엘을 해방하신 은혜로우신 하나님을 닮아 그분에게 충성을 다하라는 요청이 담겨 있다.

b. 구별되라는 부르심(18:3)

하나님에 대한 충성은 필연적으로 주변 국가들과 구별되어야 한다는 결과를 낳는다. 그래서 하나님은 이스라엘에게 "너희는 너희가 살던 이집트 땅의 풍속도 따

---

4 초기에 사용한 예로 출 6:6-8을 보라.
5 Hartley, p. 292.
6 Wenham, p. 251.

르지 말고, 이제 내가 이끌고 갈 땅, 가나안의 풍속도 따르지 말아라"(3절, 새번역) 라고 말씀하신다. 과거 이집트 생활 방식의 유혹을 거부하고, 미래 약속의 땅 거주민들의 생활 방식에 동화되고 싶은 유혹에 저항할 필요성을 직설적인 명령으로 강조한다. "너희는 그들의 규례를 따라 살지 말아라"(3절, 새번역).

그들은 이집트와 가나안에서 어떻게 살았으며, 이스라엘이 반드시 피해야 할 관습들은 무엇이었을까? 두 국가 모두 성을 신성시했다. 나이트는 이집트의 상황을 이렇게 요약한다. "이집트는 이교 국가였다. 모세 시대에 이집트 백성들은 여든 개의 신을 숭배했다. 이 신들 중 일부는 인간의 폭력, 국수주의, 힘에 대한 탐욕의 현현이었고, 다른 신들은 단순한 성적 탐욕의 신격화였다."[7] 이집트는 음란함으로 유명했고, 이집트 왕가의 형제와 자매가 관습적으로 결혼하는 근친상간은 잘 알려져 있었다.[8] 가나안은 동성애와 수간을 장려하는 것으로 유명했고,[9] 이 장에서 정죄하는 관습들[10]은 사원 매춘부(남녀 모두)들이 자신의 신들 앞에서 성행위를 하면서 땅의 풍요를 기원하는 다산의식의 중요한 요소였다.

이스라엘의 소명은 다른 종류의 삶, 곧 통제할 수 없는 성욕을 만족시키는 대상으로 모든 사람을 이용하기보다는 그들을 존중하는 삶을 사는 것이었다. 이스라엘 백성은 하나님이 명령하신 대로 신실한 결혼의 경계 안에서 성적 충동을 해소하도록 요청받았고, 그것이 문란한 삶보다 더 이롭다는 것을 확실히 알았다. 하나님의 명령에 부합한 삶이 파괴적이고 길들여지지 않은 혼돈의 힘보다는 생명을 창조하시는 하나님의 정결을 반영했다.

그들의 소명은 또한 하나님을 신뢰하는 것이었다. 하나님은 자기 백성을 돌보려는 의지와 능력이 있는 분이기에, 사람들은 풍성한 수확을 달라고 조르기 위해 열광적인 다산 의식을 거행할 필요가 없었다.

이스라엘은 거룩해지도록 해방되었다.

---

7 Knight, p. 103.
8 Milgrom, *Leviticus 17-22*, p. 1518; Wenham, p. 251.
9 Milgrom, *Leviticus 17-22*, p. 1520.
10 Levine, p. 118는 근친상간이 이집트나 가나안의 광범위한 풍습이었다는 증거가 거의 없다고 생각하지만, 정죄 대상인 다른 풍습들은 흔했다고 확인해 준다.

c. 삶으로의 부르심(18:5)

이스라엘의 부르심은 풍성한 삶으로의 부르심이었다.[11] 하나님의 명령에 순종하는 것은 가난이나 죽음, 파괴가 아니라, 하나님의 말씀 대신에 자신의 법에 따라 사는 사람들에게 허락되지 않은 풍성한 삶을 가져다주었다.[12] 하나님은 그분의 언약에 순종하는 사람들을 돌보시고(26:9), 그들에게 평화와 번영의 복을 주겠다고 약속하셨다. 풍요롭고 생산적인 삶은 그들 몫이 될 것이었다. 이와 반대로 아담과 하와의 에덴동산 추방 이야기는 하나님의 명령대로 살지 못해 발생한 죽음과 파괴의 결과를 지속적으로 상기해 주는 역할을 했다.[13]

어떤 사람들은 자기 백성에게 삶의 방식을 요구할 하나님의 권리에 반대하고 싶을지도 모르지만, 우리가 그분의 창조세계에서 어떻게 살아야 하는지에 대해 우리 자신보다 우리를 만드신 그분이 더 잘 아신다는 것은 사실 놀라운 일이 아닐 것이다. 창조자의 명령에 순종하는 것이 우리에게서 최선을 끌어내고 우리를 충만한 삶으로 인도하는 것은 당연하다.

2. 성에 관한 규례(18:6-23)

스탠리 그랜츠(Stanley Grenz)는 "죄가 구석구석 퍼진 결과, 하나님의 본성을 표현하는 수단으로 의도된 우리의 성은 쉽게 왜곡될 수 있다. 성욕은 공동체를 만드는 결속의 토대로 고안되었지만 불건전하고 유해한 방식으로 오용되고 표현될 수 있다"[14]고 쓴다. 이를 아시는 하나님은 다른 사람들, 특히 가족 중에서 가까운 사람들이 우리의 통제력 부재로 상처나 해를 입지 않도록 보호하기 위해 우리의 성적 표현 방식에 몇 가지 제한을 두신다. 성적 충동을 다루는 것

---

[11] 이 구절은 겔 20:11, 21에서 언급된다. 여기에서 에스겔은 동일한 메시지를 반복한다. 순종은 생명으로 이어지고 불순종은 파멸로 이어진다.
[12] Levine, p. 119는 이 구절에 대한 랍비의 해석을 다음과 같이 인용한다. "사람은 하나님의 명령 때문에 죽는 것이 아니라 그것 때문에 살 수 있다."
[13] 창 3:1-24.
[14] Stanley Grenz, *Sexual Ethics: A Biblical Perspective* (Louisville, KT: Westminster John Knox, 1997; Carlisle: Paternoster, 1998), p. 53.

은 차를 관리하는 것과 같아서, 대혼란을 피하려면 차를 다룰 줄 알아야 한다. 거세게 흐르는 강의 경로를 유지하여 주변 지역을 파괴하는 홍수를 예방하려면 강둑이 필요하듯이, 우리의 성적 충동이 주변 사람들의 삶을 말로 다 할 수 없이 비참하게 만들지 않으려면 강력한 경계선이 필요하다.

a. 가족 내에서 금지하는 성행위(18:6-19)

6절은 첫 번째로 규정하는 성적 행위들에 대한 도입부 역할을 한다. "각 사람은 자기의 살붙이를 가까이하여 그의 하체를 범하지 말라"라는 명령은 본질적으로 근친상간을 금한다. 직역하자면, 이 말씀은 각 사람은 "자기의 살붙이를 가까이하여 벗은 몸을 드러내지 말라"[15]라는 뜻이다. 부부 사이를 제외하고 가까운 가족 사이의 성관계는 금지된다.

다음으로는, 경계선을 벗어난 구체적인 관계들을 나열하여 누구를 "자기의 살붙이"로 간주할 수 있는지를 더 명확하게 정의한다.[16] 이 목록은 영국 혼인법에서 가까운 관계를 보여주는 표와 같은 역할을 한다. 금지 영역으로 목록에 언급된 사람들은 어머니(7절) 또는 계모(8절), 누이 또는 의붓 누이(9, 11절), 손녀(10절), 고모와 이모, 숙모(12-14절), 며느리(15절), 형수(16절), 의붓딸 또는 의붓 손녀(17절)다. 흥미롭게도, 딸은 이 목록에서 언급하지 않는다. 그러나 자기 딸과 성관계를 금하는 것은 아주 분명하므로 말할 필요도 없으며, 어떤 경우라도 다른 법으로 금지된다. 따라서 여기서 언급하지 않았다고 해서 아버지와 딸의 근친상간을 용납한다는 의미로 간주할 수 없다.[17] 자녀와의 성관계 금지는 특히 오늘날 아동 학대에 관한 우려와 관련하여 의의가 있다.

이런 성관계를 금지하기 위해 제시하는 근거는 흔히 말하듯 그들이 우리의

---

15 Levine, p. 119.
16 이 법들은 가부장제가 지배적인 문화적 관점에서 기록되었다. 따라서 형제자매 간의 성관계와 같은 오늘날 모든 형태의 근친상간을 포함하지는 않는다. 이 법의 배경에 깔린 원칙은 모든 근친상간을 금지하려는 의도가 분명하다.
17 창 19:30-38은 롯의 딸이 그와 동침한 결과로 모압과 벤암미가 태어났다고 기록한다. 이 간음 사건으로 모압 족속과 암몬 족속의 조상이 태어나 이스라엘의 영원한 가시가 된 것은 경고의 의도가 있다.

살붙이라는 점이다.[18] 결혼은 수직적으로 위아래 세대 간, 곧 위로는 부모와 아래로는 자녀와 가까운 혈연관계를 형성한다. 또한 남자가 결혼하면 아내의 가족과도 수평적으로 가까운 친족 관계가 만들어진다. 성욕을 채우려고 이런 가까운 관계를 남용하는 것은 모두에게 수치스러운 일이다. 이것은 불순종을 통해 주님의 영광을 더럽힌다. 또한 이런 불법 행위자는 자신의 외도 때문에 수치를 당해 불명예를 안게 되고, 상대 여성을 불명예스럽게 만든다. 아울러 근친상간은 불법 행위자의 아내와 딸과 누이의 명예를 더럽힌다. 당시 문화에서는 아내와 자녀를 독립적인 개인이 아니라 그들이 속한 남자의 연장선으로 간주했다. 그래서 어떤 여자를 범하면 그 여자의 남편도 범하는 것이었다. (이런 개념은 우리의 발전된 개인주의 문화에서조차 여전히 존재해서, 내 아들을 해치는 것은 나를 해치는 것이기도 하다.)

이 점은 더 고상한 문체의 NIV 번역보다 NRSV의 직설적인 번역에서 더 잘 드러난다. 근친상간과 관련된 불명예는 단순한 존경심의 부재 이상이었다. 이러한 금지 행위를 저지르는 것은 여자의 맨몸을 드러내는 것이었고[19] 이 여자들은 이미 다른 사람과 '한 몸'인 관계에 있었기에, 여자의 맨몸을 드러내는 것은 그 남자의 맨몸을 드러내는 것과 마찬가지였다. 그것은 이미 형성된 '한 몸' 관계의 신성함을 침해했다.

손녀와 근친상간한 사람은 자신의 맨몸을 드러냈으며 자신의 성적 온전함에 대한 존경심이 없다는 말을 듣는다(10절). 이 경우에는 왜 그가 아들의 맨몸을 드러냈다고 말하지 않을까? 가부장적인 당시 상황에서 할아버지는 죽기 전까지 여전히 가장이어서 아들이 결혼한 뒤에도 아들을 계속 다스렸으며 할아버지가 아버지 역할을 했기 때문이었을 것이다. 따라서 그 수치는 할아버지 자신의 머리로 돌아갔다.[20]

고든 웬함은 이러한 기본법들을 이렇게 요약한다. "남자는 가까운 살붙이인

---

18 참고. Wenham, p. 255.
19 "맨몸을 드러내는 것"은 완전히 벗었다는 것이 아니라 성행위를 가리킨다.
20 Hartley, p. 295.

여자, 또는 남자의 가까운 살붙이 중 하나와 이미 결혼하여 가까운 친족이 된 여자와 결혼할 수 없다."[21]

이 규례의 한 가지 예외를 언급할 필요가 있는데, 이것은 신명기 25:5-10에서 언급하는 이른바 형사취수 결혼과 관련된다. 레위기 18:16은 "네 형제의 아내"와의 성관계를 금한다. 그러나 만일 결혼한 형제가 죽고 아들을 낳지 못한 경우에는 남아 있는 형제가 미망인과 관계를 맺어 죽은 형제의 이름을 계속 유지해야 할 책임이 있었다. 레위기의 금지는 형제가 살아 있는 것을 전제한다.

가족 내 성행위를 금지하는 이 단락에 두 가지 단서를 덧붙인다. 첫째로는 남자가 "아내가 생존할 동안에 그의 자매를 데려다가" 결혼하는 것을 금지한다(18절). 이 행동은 이전 규례들도 어떤 식으로든 규정했지만, 그럼에도 불구하고 그런 행위가 나타났다. 야곱의 이야기는 자매들과 결혼한 행위가 얼마나 어리석은지를 자세히 보여주며, 이 구절에서 언급하는 자매들의 경쟁 관계가 실제로 나타난다.[22] 마찬가지로, 한나는 엘가나의 다른 아내가 출산하는 바람에 자녀를 낳지 못해서 겪는 고통이 더욱 가중된다. 한나의 짧은 이야기는 다른 아내들을 두는 것이 얼마나 해로운지를 잘 보여준다.[23]

두 번째로는 남자가 아내가 "월경으로 불결한 동안에 그에게 가까이하는" 것을 금지한다(19절). 이 법은 15:19-23에서 정결 규례를 논의할 때 이미 다루었다.

이스라엘처럼 긴밀히 엮인 사회에서 근친상간을 금지하는 법은 백성의 신체적 건강과 가족의 정서적 건강을 유지하는 데 반드시 필요했다.[24] 친족 간 결혼은 신체적 쇠약을 초래할 뿐만 아니라 핵가족의 역학관계에서 많은 언쟁과

---

21 Wenham, p. 255
22 창 29:14-30:24.
23 삼상 1:1-20.
24 Harrison, p. 189. 그는 근친상간의 결과로 태어난 자녀의 건강에 미치는 해로운 영향의 증거를 제시한다. M. A. Swann, "Incest," in *NDCEPT*, p. 480는 성적 취향에 대한 큰 충격, 오명의 낙인, 배신감, 무력감을 포함하여 근친상간이 피해자의 심리에 미치는 부정적 영향을 열거한다.

질투를 불러일으킬 것이다. 사무엘하 13장에 나오는 암논과 다말의 이야기는 근친상간이라는 위험이 얼마나 비극적인지 보여준다.

b. 가족 밖에서 금지하는 성행위(18:20-23)

말하자면 이제는 가족에만 제한적으로 초점을 맞추던 카메라를 거두고, 광각 렌즈를 이용하여 금지된 다른 성행위 네 가지, 곧 간음(20절), 자녀를 제물로 바치는 행위(21절), 동성애(22절), 수간(23절)을 포착한다.

i. 간음

간음을 정죄하는 내용은 십계명에 명확히 나타났다.[25] 간음은 다른 남자의 아내와 성관계를 갖는 것이다. 성경은 간음하는 사람은 무지하며, 자기 영혼을 망친다고 말한다.[26]

신약성경도 간음을 정죄하지만[27] 두 가지 면에서 그 수위가 강화된다. 첫째, 예수님은 외적 행위를 넘어서 간음으로 이어지는 내적 음욕에 주목하신다.[28] 정욕은 음욕을 품은 대상자의 인간성을 부정하고 사물로 취급하는, 억제되지 않은 성적 욕망이다. 둘째, 신약성경의 나머지 부분은 간음의 영역을 확대하여 결혼한 여자는 물론 결혼 관계 밖에 있는 모든 여자와 맺는 성관계를 포함하여 간음 금지를 강화한다.[29]

그때나 지금이나 하나님 백성의 소명은 단순히 잘못된 행위를 피하는 것이 아니라 선으로 가득한 건전한 삶을 통해 성취된다. 그래서 바울은 데살로니가 교인들에게 이렇게 썼다. "하나님이 우리를 부르심은 부정하게 하심이 아니요 거룩하게 하심이니."[30] 이와 유사하게 히브리서는 신자들에게 "모든 사람은 결

---

25 출 20:14; 신 5:18.
26 잠 6:32.
27 마 19:9, 18; 막 7:21; 10:11-12, 19; 눅 16:18; 18:20; 롬 2:22; 13:9; 계 2:22.
28 마 5:27-30.
29 엡 5:3; 골 3:5; 살전 4:3-8; 히 13:4.
30 살전 4:7.

혼을 귀히 여기고 침소를 더럽히지 않게 하라. 음행하는 자들과 간음하는 자들을 하나님이 심판하시리라"[31]라고 권면한다.

ii. 자녀를 제물로 바치는 행위

가족 밖에서 금지하는 성행위 목록에서 다음 항목은 "너는 결단코 자녀를 몰렉에게 주어 불로 통과하게 함으로 네 하나님의 이름을 욕되게 하지 말라. 나는 여호와이니라"(21절)라고 말한다. 현재 우리 상황에서는 이 금지가 간음 바로 다음에 나오는 것이 역설적이다. 오늘날 대중적인 의견은 간음에 대한 규례를 불필요한 제한으로 간주할 것이다. 사람들은 "우리는 우리 몸으로 우리가 좋아하는 것을 할 수 있어야 한다. 도덕성은 개인적인 일이다. 하나님은 물론이고 누가 누구에게 올바른 삶의 기준을 제시한단 말인가?"라고 말한다. 그러나 거의 억제되지 않은 성적 자유에 탐닉하는 사회가 동시에 자녀를 다루는 문제에 대해서는 새로운 청교도주의를 나타낸다. 현대 서구 사회에서 소아성애자들은 17세기 뉴잉글랜드의 마녀와 동일한 취급을 받는다. 아동의 신체와 성과 정서를 보호하기 위해 강력하고, 심지어 강박적인 조치가 취해졌다.[32] 따라서 현대 사회는 간음 금지는 맹렬히 조소하겠지만 이 명령에는 환영의 박수갈채를 보낼 것이다.

레위기가 금지한 치명적인 아동 학대의 구체적인 형태는 몰렉에게 자녀를 제물로 바치는 것이다. 구약성경에서 몇 차례 언급된 몰렉[33]은 암몬 족속의 가증스러운 신이었다. 그에게 바치는 제사는 훗날 힌놈의 아들의 골짜기의 성전 산(Temple Mount)으로 알려진 곳 기슭에서 행해졌으며, 사람들 사이에서 인기가 있어서 심지어 솔로몬도 노년에 이 제사에 참여하고 싶은 유혹을 받았다. 버드(Budd)의 제안에 따르면, 몰렉의 이름은 "수치의 왕"[34]이란 뜻이었다. 그의 이

---

31 히 13:4.
32 다른 곳의 상황은 다르다. 내가 이 내용을 쓰던 날, (런던의) 「더 타임스」에 한 기사가 실렸다. 기사에 따르면, 힌두교 성자의 조언에 따라 아버지가 아들의 결혼에 내려진 저주와 싸우기 위해 아들을 목졸라 죽이는 비극적인 사건이 일어났다. *The Times*, 3 March 2004.
33 레 20:2-5; 왕상 11:5, 7, 33; 왕하 23:10, 13; 사 57:9; 렘 32:35; 49:1, 3; 습 1:5. 겔 23:39도 보라.

름과 관련된 제사들은 확실히 수치스러웠고 자녀들을 불 속을 통과하여 죽게 하여 희생 제물로 바치는 의식이 포함되었다.[35] 버드는 이 구절과 앞 구절의 용어의 유사성에 착안하여 간음 행위로 여자에게 "자신의 씨를 주는 것"이 "자신의 씨를 몰렉에게" 주는 것만큼이나 심각한 범죄라고 지적한다.[36]

아동 희생 제사는 엄밀히 말하면 성행위는 아니었지만 성행위와 비슷한 관능적 행위였다. 이것이 이 목록에 포함된 이유는 그 행위가 가족의 행복을 약화하고 가족의 존속에 해를 끼쳤기 때문일 것이다. 또한 그것은 가나안 족속의 풍속인데, 이스라엘의 소명은 가나안 족속이 가나안에서 행하는 것을 하지 않는 것이었기 때문이었다(3절). 이스라엘 백성이 몰렉의 제사에 참여하는 것은 주변 국가들 입장에서는 하나님의 거룩한 이름을 더러운 곳으로 끌고 가서 조롱거리로 삼는 행동이었기에 "네 하나님의 이름"(21절)을 욕되게 했다.

신약성경이 이런 관행을 언급하지 않은[37] 이유는 당시에는 더 이상 몰렉의 제사가 이슈가 되지 않았기 때문이었다. 그러나 신약성경은 하나님의 백성이 자기 자녀를 어떻게 다뤄야 하는지 언급한다. 예수님은 랍비들 사이에서는 유례가 없는 방식으로 아이들에게 시간을 내주시고, 전례가 없을 정도로 존중하는 태도로 아이들을 대하셨다.[38] 바울은 아버지들에게 자녀를 강요하거나 "노엽게 하지" 말고, 주 안에서 긍정적인 격려와 교훈을 제공해야 한다고 두 차례나 언급했다.[39]

iii. 동성애

세 번째로 금지한 성행위는 **동성 간의 성행위**다(22절).[40] 이 구절의 명백한 의미

---

34 Budd, p. 259.
35 더 자세한 내용은 Milgrom, *Leviticus 17-22*, pp. 1551-1555를 보라.
36 Budd, p. 259.
37 예외적으로 행 7:43에서 잠깐 언급한다.
38 마 19:13-15; 막 10:13-16; 눅 18:15-17. "하나님 나라는 이런 사람의 것이다"라는 말씀은 아이들의 순진함이나 신뢰에 대한 감상적인 관점과는 관련이 없다. 오히려 하나님 나라가 아무것도 아닌 존재와 보잘것없는 존재에게 열려 있다는 뜻이다. 예수님 시대에는 아이들을 그런 존재로 보았다.
39 엡 6:4; 골 3:21.

는 하나님의 백성은 동성애 행위를 결코 받아들일 수 없다는 것이다. 몇 가지 요소가 이런 직접적인 해석을 지지한다. 창세기 1:27-28과 2:24-25은, 하나님의 본래 설계는 남자는 여자와의 친밀하고 구속력 있는 관계를 통해 외로움을 극복해야 하며 둘이 한 몸이 되어 자녀가 태어나는 것이라고 가르친다. 따라서 개인적 필요의 만족과 생물학적 출산의 축복은 오로지 서로 헌신하는 이성 관계를 통해서만 성취될 수 있었다. 동성애 행위는 이성 간 결혼이라는 성경의 일관된 주장에 명백히 위배된다. 건강한 가정이 번성할 수 있는 환경을 만드는 것이 목적인 레위기 11장의 직접적인 맥락에서 볼 때 동성애가 어떻게 이런 목적을 뒤엎는지는 쉽게 이해할 수 있지만 어떻게 그것에 기여하는지는 이해하기 어렵다. 동성애 파트너들은 생물학적으로는 자녀를 낳을 수 없다. 다양한 문화와 시대를 포괄하는 신구약성경의 몇몇 구절들도 한목소리로 반복해서 동성애 행위를 비난한다(또는 적어도 매우 최근까지 그렇다고 간주되었다). 이 단락 외에도 동성애를 반대하는 주요 구절로는 창세기 19:1-29, 사사기 19:1-30, 레위기 20:13, 로마서 1:18-32, 고린도전서 6:9-11, 디모데전서 1:9-10이 있다. 후기 유대교는 동성애 행위를 혐오하는 태도를 일관되게 유지했다.[41] 동성애 행위는 우리 시대는 물론 신구약 시대를 포함하여 모든 시대의 하나님 백성에게 금지된 것 같다.

그러나 레위기 20:13[42]과 함께 이 구절은 최근 인권과 동등한 기회에 관한 논쟁에서 중심이 되었다. 대중매체가 전하는 내용이 사실이라면, 오늘날 아주 많은 사람들은 개인의 생활 방식 선택 영역에 속한다고 생각하는 문제들이 이

---

40 나는 이 문제가 특히 현재 풍토에서 매우 민감하며 목회적으로 복잡한 이슈임을 알고 있다. 사람들이 원하는 만큼 이 문제를 충분히 탐구할 만한 지면이 여기서는 허락되지 않는다. 우리의 과제는 레위기의 메시지를 상술하는 것이며, 동성애 금지는 레위기가 다루는 여러 이슈 중 하나다. 이 문제를 더 자세히 살펴보려면, Stanley Grenz, *Welcoming but not Affirming* (Louisville, KT: Westminster John Knox, 1998)과 Thomas E. Schmidt, *Straight and Narrow? Compassion and Clarity in the Homosexual Debate* (Downers Grove, IL, and Leicester: IVP, 1995)를 참고하라.
41 Robin Scroggs, *The New Testament and Homosexuality* (Philadelphia, PA: Fortress, 1983), pp. 66-98. 그는 후기 유대교가 동성애 행위를 악으로 간주하고 그에 대해 강경한 부정적 관점을 취했다고 결론을 내린다(p. 97).
42 이 구절은 이 범죄에 사형 판결을 내린다. 그 함의는 이 책 17장에서 논의할 것이다.

런 식으로 강력하게 비판을 받아야 한다는 사실을 불쾌하게 여긴다. 특히 이런 형태의 성적 표현을 채택하는 사람들이 차별 대상이 될 때 더욱 그렇다. 대부분의 사람들은 성경을 현대 세계에 더 이상 권위가 없는 과거의 유물로 간주한다.

동성애 행위의 합법성은 지지하지만 성경을 버리고 싶지도 않은 사람들은 때로 이 본문과 아울러 다른 관련 구절을 함께 받아들여서 재해석하는 전략을 채택한다.[43] 그래서 어떤 사람들은 레위기의 금지 규정과 관련하여 이 규정이 나타난 맥락을 강조한다. 이스라엘은 사원의 남자 매춘부들이 중요한 역할을 하는 가나안의 관습들을 반대해야 한다.[44] 따라서 진짜 문제가 되는 죄는 동성애가 아니라 우상숭배였다고 말한다. 오늘날 동성애는 더 이상 우상숭배에서 아무 역할을 하지 않기 때문에(그러나 이 점은 상당히 의문의 여지가 있는데, 성이 현대의 우상숭배처럼 보이기 때문이다), 이런 형태의 행위를 금지하는 것은 더 이상 우리와 관련이 없다. 다른 사람들은 동성애 금지가 도덕법보다는 의식법에 속하며, 의식법은 이제 폐지되었기 때문에 이 특정한 법은 더 이상 우리에게 권위가 없다고 열렬히 주장한다. 밀그롬은 이 율법들의 공통점이 "안정적인 가족 내에서의 자녀 출산"에 대한 관심이라고 강조한 후, 엄청난 논리의 비약으로 다음과 같이 결론을 내린다. 만일 이것이 옳다면 "유대인 동성애자들에게(이 율법은 비유대인들에게는 해당하지 않는다) 위로와 보상의 해결책이 마련된 셈이다. 이를

---

43 주요한 수정주의적 해석은 다음과 같다. (1) 창 19:1-29을 성행위와 관련된 율법이 아니라 환대와 관련된 율법에 대한 위반으로 간주한다. (2) 롬 1:18-32을 창조세계나 일반적인 것의 비정상 상태를 가리키는 것이 아니라 관련된 개인의 비정상 상태를 가리키는 것으로 해석한다. (3) 고전 6:9-11과 딤전 1:9-10은 동성애 전체가 아니라 수동적인 파트너 또는 (특히) 남자 매춘부를 포함하는 특별한 형태만을 비난한다고 본다. 이 분야의 방대한 문헌 중에서 이런 입장의 대중적인 버전은 Michael Vasey, *Strangers and Friends: A New Exploration of Homosexuality and the Bible* (London:Hodder & Stoughton, 1995), pp. 124-138에서 찾아볼 수 있다. 이런 해석에 대한 반론으로는 앞에서 언급한 Grenz와 Schmidt의 책과 함께, 특히 William J. Webb의 탁월한 책 *Slaves, Women and Homosexuals: Exploring the Hermeneutics of Cultural Analysis* (Downers Grove, IL: IVP, 2001)를 보라. 이 책은 특정한 한 문화에 속한 성경적 이슈와 다문화적인 성경적 이슈를 구별하는 법에 대해 대단히 훌륭한 안내를 제공한다. Webb은 노예제와 여자의 이차적인 역할과 달리 동성애 행위 금지는 모든 시대에 해당한다고 결론을 내린다.

44 자세한 내용은 Levine, p. 123를 보라.

테면 동성애 파트너들이 자녀를 입양하면 이 금지 규정의 **의도**를 위반하는 것이 아니다."[45]

그러나 이러한 최근의 해석들은 자기들에게만 유리한 일방적인 주장으로 보이며, 이 본문의 명백한 의미를 무시하는 것 같다. 이 레위기 규례의 목적이 가족생활을 강화하고 자녀를 출산하여 양육할 수 있는 안정적 환경을 만드는 것이라면, 이 장에서 정죄하는 다른 풍습들과 함께 동성애가 하나님의 백성 사이에 설 자리가 없다는 자연스러운 결론을 내릴 수 있다. 왜냐하면 동성애는 이런 목적을 이루지 못하기 때문이다. 이집트와 가나안에서는 동성애 행위가 제의에 포함되었다는 사실이 이스라엘 사람들이 동성애를 삼가게 된 또 다른 이유이지만, 그것이 유일한 이유는 아니다. 그들이 동성애를 기피한 부분적인 이유가 구별되라는 그들의 소명 때문인 것은 사실이지만, 일차적으로는 여호와가 그들의 하나님이며 그분이 성적 욕구는 이성 간의 결혼관계에서 이루어져야 한다는 그분의 바람(과 계획)을 알려 주셨기 때문이다.

때로 사람들은 이 규례가 여성 동성애를 언급하지 않는 점을 지적한다. 그 관찰은 옳지만, 이유는 간단하다. 여성 동성애에 관한 침묵은 그것을 허용한다는 뜻이 아니라 오히려 "율법의 입안자는 아마 그런 것이 존재한다는 것조차 상상할 수 없었을 것이다."[46]

iv. 수간

마지막으로 금지하는 성행위는 수간인데, 남녀 모두에게 적용된다(23절). 이스라엘이 짐승과 아주 가까이 사는 농업 사회라는 점을 감안할 때 이런 유혹을 받기가 아주 쉬웠을 것이다. 고대 문헌은 이런 관습이 다른 문화에서는 용납되었다는 것을 보여준다.[47] 그러나 그런 행동은 인간을 단순한 짐승 수준으로 낮추고 하나님이 인간과 짐승 사이에 만드신 경계선을 함부로 넘는 것이다.[48]

---

45 Milgrom, *Leviticus 17-22*, p. 1568.
46 Grabbe, *Oxford*, p. 103.
47 Hartley, p. 297.

3. 마지막 권고(18:24-30)

이 장은 긴 권고로 마무리된다. 이것은 지금까지 말한 내용을 요약하는 것 이상이며, 이 규례에 대한 우리의 이해를 중요한 측면에서 넓혀 준다.

a. 왜?

하나님의 뜻에 부합하게 행동해야 하는 이유로 이 장 서두에서 이미 제시한 이유에 더하여 다른 이유가 추가된다. 가나안 족속의 특징이었던 통제되지 않은 성적 방종이 얼마나 역겨웠던지 그들이 살던 땅조차 그것을 역겨워했다. 이스라엘 남자들이 성욕을 제한하여 여자와 아이들에게 더 큰 존경을 표시하지 않는다면, 그들 역시 가나안 족속처럼 땅을 더럽힐 것이며, 하나님은 그들에게 "그 땅이 너희가 있기 전 주민을 토함같이 너희를 토할까 하노라"(28절)라고 약속하신다. 창조세계 자체에 도덕적 활력이 있기 때문에 인내의 한계에 도달하면 그런 타락한 행동을 물리칠 것이다.

　이 말씀은 하나님이 가나안에 살던 부족을 몰아내고 약속대로 이스라엘이 그 땅을 점령할 때 처음 성취되었다. 그러나 슬프게도, 이 말씀은 또다시 끔찍하게 성취되는데, 훗날 이스라엘은 이런 경고를 소홀히 하여 그 땅에서 추방당했다. 하나님은 항상 약속을 지키신다.

b. 누가?

지금까지 이 규례들은 이스라엘 백성, 특히 가장인 남자에게 주어진 것이 분명했다. 그러나 이 마지막 권고에서는 다른 두 집단이 이 규례의 대상에 포함된다.

　첫째, 이 규례의 대상으로 "민족"(28절, 새번역)이 포함된다. 가나안 부족들은 하나님이 이스라엘과 맺은 언약의 당사자가 아니었다. 그럼에도 하나님은 그들의 성적·종교적 행위에 책임을 물으셨다. 하나님이 그분이 선택한 백성에게 원

---

48 경계선에 관한 문제는 이 책 10장을 보라.

하시는 생활 방식을 자세히 언급한 구체적인 언약이 없다고 해서 그들이 그분에게 응답할 수 없는 것은 아니었다. 창조 언약은 하나님이 그분이 창조하신 모든 사람에게 원하시는 생활 방식을 일반 용어로 제시했다. 그들은 이 창조 언약을 완전히 무시했기에 그들이 지은 죄에 대해 처벌을 받을 것이었다.

선지자들은 한결같이 동일한 가정을 제시했다. 이스라엘은 특별한 은혜를 경험했기에 더 엄격한 기준에 따라야 하지만, 모든 민족은 그들이 예배하는 방법과 대상, 다른 사람을 대하는 방식, 창조세계의 자원을 사용하는 방식과 하나님의 세계를 점유하는 방식에 대해 하나님 앞에서 책임져야 했(고 책임져야 한)다. 특히 이사야[49]와 아모스[50]의 예언은 이를 잘 보여준다.

바울은 로마서 서두에서 동일한 주제를 언급했다.[51] 그는 세상 민족들이 핑계를 댈 수 없다고 설명했다. 그들은 유대인의 특권과 율법과 언약의 유익—그에 대한 표시가 할례였다—을 누리지 못하지만, 그들의 부끄럽고 죄악된 행동에 책임을 질 수 있을 정도로 하나님을 충분히 잘 알고 있었다. 하나님은 그들에게 충분히 스스로를 계시하셨다. "창세로부터 그의 보이지 아니하는 것들 곧 그의 영원하신 능력과 신성이 그가 만드신 만물에 분명히 보여 알려졌나니 그러므로 그들이 핑계하지 못할지니라."[52] 사실 그들에게는 율법이 없었기 때문에 하나님이 율법의 기준으로 그들을 심판하시는 것은 불공평했을 것이다. 그러나 하나님은 그들이 아는 것과 양심이 그들에게 가르치는 것을 근거로 그들을 심판하실 것이며, 또한 그분의 완전한 정의의 기준에 따라 그렇게 하실 것이다.[53] 따라서 이 장에서 언급하는 성행위에 대한 규례가 옛 언약과 새 언약 아래 있는 하나님의 백성에게 특별한 의무를 부과하지만, 다른 사람들에게도 회피할 수 없는 의미가 있다.

둘째, "너희 중에 거류하는 거류민"(26절)이 이 규례의 범위에 포함된다. 이

---

[49] 사 13:1-21:17.
[50] 암 1:1-2:3.
[51] 롬 1:18-2:29.
[52] 롬 1:20.
[53] 특히 롬 2:12-16을 보라.

스라엘 민족 가운데 정착하기로 선택한 외국인들은 자신이 사는 나라의 도덕 체계에 따라 살아야 할 의무가 있었다.[54] 그들은 이스라엘 사람으로 태어나지 않았다는 점을 근거로 자신들의 도덕법을 도입하고 자신들의 법에 따라 살겠다고 주장할 수 없었다. 그것은 핵심을 잘못 짚은 것이었다. 이스라엘의 신앙과 도덕성을 약화할 수 있는 어떤 행위도 허용되지 않았기에 그들은 다양한 다른 문제는 물론 성행위 문제에서도 이스라엘의 법을 따라야 했다.

현대 세계는 과거 어느 때보다 다문화주의라는 도전에 직면해 있다. 나라마다 다문화주의가 제기하는 도전들에 다양한 해결책을 채택한다. 프랑스 같은 국가들은 공공 영역에서 사람을 두드러지게 표시하는 모든 것, 특히 그것이 실제적이건 상징적이건 간에 우월함을 드러내는 것을 엄격히 배제하려고 노력한다. 그래서 예를 들면, 공공장소에서 종교적 상징을 드러내는 것을 금지한다. 그러나 실제로는 그런 표시를 모두 차단하기는 힘들어서, 특히 사람들이 믿는 종교에서 특별한 옷이나 엄격한 절기 준수로 믿음을 드러내기를 요구할 때 더욱 그렇다. 미국과 영국의 해결책은 모든 문화 집단이 차별 없이 어울려 살면서 자신의 관습과 종교를 자유롭게 지키고 심지어 자신의 언어를 사용하는 것을 허용한다. 그러나 이것은 그런 다양한 하위문화를 하나로 통합할 수 있는 방법과 국민이 분열되지 않고 응집할 수 있는 방법에 대해 심각한 질문들을 제기한다. 실제로 다수파이며 지배 문화에 속한 많은 사람들은 이런 정책에 위협을 느낀다. 이스라엘의 접근법, 그리고 이런 접근법을 채택하는 여러 국가들은 그들 가운데 사는 사람들은 최소한 윤리 문제와 관련하여 그들과 같은 방식으로 살아야 한다고 말한다.

c. 금지 사항을 어기면 어떻게 될까?

공동체의 구성원들이 금지 명령을 어기면 어떻게 될까? 범죄자가 개인이라면 그 사람은 "그 백성 중에서 끊어졌다"(29절). 이런 처벌은 다른 곳에서도 설명

---

54 예를 들어, 16:29; 17:8, 10, 13을 보라.

하고 있다. 그러나 많은 백성이 광범위하게 죄를 범한 경우에는 추방이 뒤따를 것이다.

이런 강력한 경고에도, 하나님은 그들을 위협하지 않고 사랑하기 원하셨다. 그분은 자기 백성이 그분이 그들에게 부어 주시기 원하는 유익을 누릴 수 있는 방식으로 살기를 간절히 바라셨다. 그러나 그분의 경고를 무시하고 언약을 불순종할 경우 그들은 그에 따르는 결과를 알아야 했다.

앞에서 언급한 정결 규례와 달리, 이 장에 규정된 성 윤리는 지금도 하나님의 백성에게 유효하다. 신약성경 어디에서도 이것을 폐지하지 않는다. 성 윤리를 언급하는 곳에서는 모두 그 유효성을 확인해 주며, 간음의 경우에는 오히려 더 강화된다. 하나님의 백성은 (근친상간, 간통, 간음, 동성애, 수간을 포함한) 성적 부도덕을 피하고 자기 몸을 절제하는 법을 배워야 할 소명이 있다. 우리는 대중 매체의 윤리나 여론에 따라 살지 않고 우리를 사랑하시고 어둠의 나라에서 구해 주신 분의 뜻에 따라 살도록 부름 받았다. 이러한 기독교의 행동 기준을 거부하는 것은 인간의 지혜가 아니라 우리에게 생명을 주시려는 하나님의 거룩한 말씀을 거부하는 것이다. 하나님의 뜻을 따르는 삶은 우리가 다른 사람에게 잘못을 행하지 않고 약한 사람들을 이용하지 않도록 막아 준다. 요약하자면, "하나님이 우리를 부르심은 부정하게 하심이 아니요 거룩하게 하심이니."[55]

우리가 성 윤리를 지키지 못하면 어떻게 될까? 데살로니가 교인들에게 쓴 바울의 단호한 말씀은 하나님이 이스라엘 민족에게 주신 경고를 시사한다. "이 모든 일에 주께서 신원하여 주심이라."[56] 그러나 용감하게 유혹에 맞서 싸우다가 실패한 사람이나 때때로 실패하고 깊이 뉘우치는 사람과 의도적으로 하나님의 법을 무시하는 사람들 간에는 차이가 있다. 고대 이스라엘 백성들처럼, 그리스도의 대속하는 희생을 통해 회개한 죄인에게는 항상 돌아갈 길이 있다. 그러나 노골적으로 하나님의 말씀과 정반대로 사는 사람들에게는 희망이 없다.

---

55 살전 4:7.
56 살전 4:6.

이 율법들은 특별히 하나님의 언약 백성에게 주신 말씀이지만, 모든 시대와 문화의 모든 사람에게 지혜를 제공한다. 이 율법들은 튼튼한 가정을 세울 수 있는 구성 요소인데, 가정이 건강해야 사회도 건강하다. 현대 사회에서 건강한 가정의 부재는 개인에게 말할 수 없는 비참한 결과를 초래하며 자녀의 정서를 파괴한다. 그 때문에 우리 사회는 하나님의 길보다 자신의 길을 가기로 한 사람들에게서 피해를 본 사람들에게 법적·사회적·심리적·의학적 지원을 하느라 막대한 대가를 치르고 있다. 광야에서 위로부터 모세에게 계시된 이 고대의 지혜로 돌아가는 길이야말로 이 세상을 더 좋게 만들 수 있는 최선의 방법일 것이다.

"하지 마라"로 가득해 보이는 이 율법은 실제로는 좋은 소식이다. 이 율법들은 여성을 존중하고, 부부가 서로 존경하며, 관계를 소중히 여기고, 아동을 보호하며, 경계선을 배려하고, 심지어 땅을 돌보는 결과를 낳기 때문이다. 이 율법들은 인간이 동물로 전락하지 않고 인간의 잠재력을 실현하게 한다. 우리가 풍성한 삶을 경험하려 한다면 이 율법의 길을 따라야 한다.

16장

사회 복지에 관한 하나님 말씀
19:1-37

예수님이 하신 이야기 중에서 선한 사마리아인 이야기가 가장 유명하다.[1] 그러나 이 이야기가 잘 설명해 주는 "네 이웃을 네 자신같이 사랑하라"라는 중요한 말씀의 기원이 레위기 19:18이라는 사실을 아는 사람은 별로 없다.

레위기 19장은 세상에서 가장 위대한 윤리 헌장 중 하나임에 틀림없다. 레위기 나머지 부분의 가치에 의문을 제기하는 사람들도 이 장에서는 그 가치를 인정한다. 이 장은 십계명 중 첫 계명을 제외한 모든 계명을 명시적으로 언급한다. 첫 계명은 이 장 전체에서 가정하는 내용이며, 이 장 시작 부분의 간접적인 배경이다.[2] 그러나 이 장의 구조를 형성하는 데 이런 계명들을 이용하지는 않는다. 이 장은 범위를 훨씬 더 확대하여 주요한 이슈와 사소한 이슈를, 제의적 문제와 윤리적 문제를, 신학적 문제와 행위 문제를 각각 혼합한다. 이 장의 비

---

1 눅 10:25-37.
2 십계명은 이 장에서 다음과 같이 언급된다. 둘째 계명은 4절, 셋째 계명은 12절, 넷째 계명은 3절과 30절, 다섯째 계명은 16절, 일곱째 계명은 20-22절과 29절, 여덟째 계명은 11절과 13절, 아홉째 계명은 11절과 16절, 열째 계명은 (명확하지 않지만) 17-18절에서 언급된다. 자세한 내용은 Milgrom, *Leviticus 17-22*, pp. 1600-1602를 보라.

체계적인 특징 때문에 딱 떨어지는 분석틀을 적용하기 어렵다. 인생이 산 너머 산이기에 이런 혼란스러운 구성은 의도된 정글일 것이다. 굳이 어떤 틀을 상정한다면 3-10절에서 근본적인 문제들을, 11-18절에서 우정 문제들을, 19-37절에선 광범위한 영향을 미치는 문제들을 각각 다룬다고 볼 수 있다.[3] 이런 분석을 뒷받침하는 한 가지 근거는 하나님을 가리키는 용어가 단락마다 바뀌기 때문이다. 아래에서 각 용어를 소개하면서 이에 대해 언급할 것이다.

1. 문제의 핵심: 거룩한 삶으로 부르심(19:2)

18장은 사회의 기본 구성 요소인 가정과 관련된 윤리 문제를 다루었다. 이 장에서는 범위를 넓혀서, 사람들이 행복하게 살고 서로 마음 편히 대할 수 있는 건강한 사회를 만들기 위해서 어떻게 살아야 하는지에 관심을 갖는다. 사회적 조화에 기여하는 요소는 아주 많다. 그러나 이 장의 관점에서 볼 때 모든 개인은 자신이 속한 사회에 책임을 져야 하는데, 그들의 행동과 태도로 사회의 건강에 기여할 수도 있고 그것을 파괴할 수도 있다. 하나님이 주신 이 명령들은 "이스라엘 자손의 온 회중"을 대상으로 한다(2절). 이 명령들은 정부나 지도자, 제사장들의 책임이 아니라 공동체 모든 구성원의 책임이다.

사회학자들은 사회가 원활하게 기능하려면 '사회적 자본'이 필요하다는 이야기를 점점 더 많이 한다.[4] 사회가 번영하려면 금융 자본과 물리적 사회 기반 이상의 것이 필요해서, 사회의 공동 가치를 공유하는 양질의 사회관계와 안전망이 필요하다. 사회적 자본에 많이 투자한 사회에서는 사람들이 서로 불신하고 의심하거나 범죄 해결에 끝없이 자원을 소모하지 않을 것이다. 그런 사회는 살기 편안하고 구성원들이 공동의 자원을 함께 누릴 것이다. 또한 사회적 자본이 낮은 사회보다 훨씬 더 효율적으로 운영될 것이다. 오늘날 많은 사람이

---
3 Milgrom, 같은 책, pp. 1586-1587와 Wenham, p. 263.
4 예를 들어, Robert Putnam, *Bowling Alone* (New York: Simon & Schuster, 2001), pp. 18-24를 보라. 『나 홀로 볼링』(페이퍼로드).

두려워하는 것은 개인주의가 발달한 모든 문화에서 사회적 자본이 빠르게 사라지고 있다는 것이다.[5] 이런 시각에서 보면, 레위기 19장은 모든 공동체 구성원이 사회적 자본에 기여하는 방법을 다룬다.

하지만 우리는 이 특별한 길을 너무 빨리 달려가지 않도록 조심해야 한다. 레위기 19장의 율법이 비록 건전한 공동체의 창출과 사회적 자본을 담는 훌륭한 방법들을 다룬다고 해도 이것이 이 장의 존재 이유는 아니다. 이 법들의 일차적인 목적은 사회적 편의 문제가 아니라 하나님의 거룩함이다. 이 법들은 "너희는 거룩하라. 이는 나 여호와 너희 하나님이 거룩함이니라"라는 하나님의 요청에서 비롯된다.

존 하틀리는 "거룩함은 야웨의 본질적인 특징이다. 온 우주에서 그분만이 본질적으로 거룩하시며…하나님이 거룩하시다는 것은 그분이 높임을 받으시며 그 능력이 엄청나시며 그 모습이 영광스러우시며 그 본성이 순결하시다는 뜻이다"[6]라고 설명한다. 하지만 하나님의 구별되심에도 불구하고, 놀랍게도 그분의 거룩하심이 손을 내밀어 이 땅에 있는 하나님의 백성은 그분의 본성을 그대로 드러내라는 부름을 받는다. 거룩한 삶은 본질적으로 하나님을 닮는 삶이다. 크리스토퍼 라이트가 말했듯이, 이것은 "숨이 멎을 만큼 놀라운 일이다." 이스라엘의 삶의 수준은 "하나님의 성품의 핵심을 반영해야 한다."[7] 예수님도 이렇게 말씀하시면서 제자들에게 동일한 요구를 하셨다. "그러므로 하늘에 계신 너희 아버지의 온전하심과 같이 너희도 온전하라."[8] 베드로는 나중에 이 명령을 다시 언급하면서 초기 그리스도인들에게 "모든 행실에 거룩한 자가 되라"[9]라고 권면했다. 거룩함으로의 부르심은 결코 철회된 적이 없으며, 오늘날에도 여전히 하나님 백성의 일차적인 소명이다.[10]

---

5 영국에 대한 자세한 설명은 Jonathan Sacks, *The Politics of Hope* (London: Jonathan Cape, 1997), 특히 pp. 198-209를 보라.
6 Hartley, p. 312.
7 C. J. H. Wright, *Ethics*, p. 39.
8 마 5:48.
9 벧전 1:15.
10 고전 1:2; 엡 5:3, 26; 골 1:22; 살전 4:7; 약 1:27; 벧전 1:15-16.

거룩함은 현실 세계에서 멀리 떨어진 추상적·천상적 특징이 아니었다. 거룩함은 항상 실제적인 일상으로 전환될 수 있는 특징, 땅에서 볼 수 있는 것으로 측정할 수 있는 특징이었다.[11] 거룩함은 또한 공동체의 모든 구성원이 닿을 수 있는 범위 내에 있었다. 하나님의 은혜로, 거룩한 삶은 감당할 수 있는 목표들을 포함했다. 거룩한 삶은 너무 멀리 있어서 사람들이 끊임없이 실패할 수밖에 없는 목표가 아니었다. 게다가 거룩함은 고립된 개인이 삶의 내적 차원에서 함양할 수 있는 개인적 경험이 아니라, 대단히 사회적인 경험이었다. 거룩함은 공동체의 일이며, 공동체 내 한 사람의 윤리적 선함과 관계의 질에서 드러났다. 들판에서 수확물을 거두는 행위, 시장에서 물건을 파는 행위, 법정에서 말하는 행위, 거리에서 수다를 떠는 행위, 심지어 머리를 손질하는 행위도 거룩함과 관련이 있었다.

a. 오늘날의 율법 적용

오늘날에는 이런 율법이 무슨 의미가 있을까? 거룩함은 율법이 금하는 모든 것을 피하고 율법이 명하는 모든 행동을 따르라고 요구하는가? 경우에 따라, 그러기는 쉽지 않을 것이다. 나는 밭이 없기 때문에 밭모퉁이 이삭을 거두지 않고 내버려 둘 수 없다(9절). 포도원도 없기 때문에 땅에 떨어진 열매를 다른 사람이 주워 가도록 내버려 둘 수도 없다(10절). 설령 내가 그렇게 한다 해도, 원래 이 규례가 도와주기로 의도했던 가난한 사람과 거류민들에게 도움이 되지 않을 것이다. 어떤 경우에는 오히려 나보다 더 활기가 넘치는 "센 머리 앞에서" 항상 "일어서야" 하는가?(32절) 몸에 문신을 하는 것은 여전히 금지 사항인가? 여기 나오는 명령들은 강한 윤리적 거인과 보잘것없는 윤리적 난쟁이 사이를 계속 오가는 것 같다. 이 모든 명령은 아직도 중요한가? 여전히 한 글자도 빠짐없이 모두 지켜야 하는가?

최신 연구는 이 율법이 이스라엘에서 어떤 기능을 했는지 이해하는 데 도

---

11 Levine, p. 256.

움을 주고, 하나님께 충성했는지 여부와 상관없이 모든 사람에게 이것을 '깔끔하게' 적용하려는 근본주의적 오류를 피하라고 권고한다. 앞서 이 책 서문에 다양한 접근법에 대한 논의를 소개했다. 여기서는 내가 보기에 가장 만족스러운 방법, 곧 리처드 보컴이 소개한 방법을 이용하려 한다.

보컴은 구약성경의 율법을 현대의 상세한 법률과 혼동하지 말아야 한다고 일깨워 준다. 구약 율법에 작용하는 일반 원리는 명시적일 때도 있고, 그 원리들을 적용하는 구체적인 명령에 암묵적으로 전제되고 숨겨져 있기도 하다. 원리가 명시적이지 않은 경우, 세부 사항의 배후를 파서 원리들을 찾고 다시 적용하는 것은 우리 책임이다. 현대의 법과 달리, 구약의 율법에는 만일의 상황을 모두 포함하여 규정하려는 의도가 없었다. 율법이 세부 규칙을 제시하는 경우—종종 그렇게 했다—"그것들은 율법의 정신으로 사람들을 교육하기 위한 **실례**일 뿐이며, 따라서 사람들은 유비를 통해 율법이 직접 언급하지 않은 사례에 대해 어떻게 행동해야 하는지 배울 수 있다."[12] 율법을 다룬 다른 장들과 마찬가지로, 레위기 19장도 법정에서 사용하는 법령집으로 간주해서는 안 된다. "오히려 율법의 목적은 공동체 의식을 함양하기 위해, 하나님 백성으로서의 온전한 삶을 바라시는 하나님의 뜻 가운데 그 백성을 가르치는 것이다."[13] 율법의 목적은 혐오스러운 범죄를 처벌하는 것이라기보다 건강한 가치관을 함양하는 것이었다.

이 점을 고려할 때, 우리는 성경에 적힌 율법을 읽고 곧장 그것을 다원적이고 세속적이며 민주적인 사회의 현대적인 법률로 바꿀 수 있다는 생각이 얼마나 어리석은지 알 수 있다. 법이 도덕성을 형성하는 데 중요한 역할을 하기는 하지만, 사람은 법으로 쉬이 선해지지 않는다. 현대의 그리스도인들은 율법을 원하지 않는 시민들에게 율법 준수를 요구하는 것이 아니라, 먼저 이 율법을 그들 삶의 모든 영역에서 거룩함을 촉진하는 수단으로 진지하게 받아들임으

---

12 Bauckham, p. 25.
13 같은 책 p. 26.

로써 도덕적 사회를 원하는 그들의 간절한 바람이 이루어지도록 해야 한다. 율법이 상식을 지향하고 건강한 사회적 자본을 강화한다는 점을 고려할 때 그리스도인들은 사회의 집단적인 가치에 관하여 더 넓은 사회의 입법자와 불신자들과의 토론에 참여하려고 노력해야 할 것이다. 그리고 이런 율법을 기초로 우리가 어떤 사회에서 살고 싶은지에 대한 질문을 제기해야 할 것이다.

2. 근본 원리(19:2-10)

첫 번째 율법 모듬에 속한 각각의 법은 "나는 너희의 하나님 여호와이니라"(3, 4, 10절)라는 구절로 끝을 맺는다. 이 구절은 2절에 나오는 전체 도입부에서 따왔다. 영원 가운데 하나님께 선택 받고, 역사 가운데 하나님에 의해 해방된 이스라엘 민족은 이제 하나님의 백성이며 그분께만 배타적인 충성을 바쳐야 한다. 그분이 주님이시기에 그들은 그분을 본받아 살아야 한다. 이 첫 단락에서는 그들 삶의 세 영역—다른 모든 영역에 기초가 된다—을 언급한다.

a. 존경해야 할 것(19:3)

이 한 절에서 십계명의 두 계명을 언급한다. 사람들이 부모를 존경할 때 사회는 건강해질 것이다. 부모는 사회 구조에서 가장 기본 단위인 가정의 핵심이며, 자녀를 하나님께 인도하는 데 일차적인 역할을 수행하기 때문이다.[14] 이 명령에 등장하는 표현이 흥미롭다. "경외"는 "두려워하다" 또는 "숭배하다"를 의미하는 강력한 단어로, 헌신의 태도를 요구한다. 아버지보다 어머니를 먼저 언급한다는 사실(새번역 성경의 번역을 참고하라—역주)은 둘을 동등하게 보고, 부모 모두가 가족에서 수행하는 중요한 역할을 인정한 것이다.[15]

두 번째로 존중해야 할 것은 안식일인데 이 명령은 30절에서도 반복된다.

---

14 Kaiser, p. 1132.
15 Wegner, p. 43는 "레위기는 오로지 부모의 능력 측면에서만 여성에게 평등을 부과한다"고 마지못해 언급한다(이는 잘못된 말이다).

안식일은 노동의 폭압에서 자유롭게 하며 사람들이 하나님과의 관계를 발전시킬 수 있는 공간을 제공한다. 상업 활동에 탐닉하여 부를 창출하기 위한 끝없는 일을 쉬지 않는 사회는 건강한 사회가 아니다. 그런 사회의 물질적 풍요는 영적 가난과 다를 바가 없을 것이다. 그런 사회의 시민들은 산업 장비의 톱니나 정보 네트워크의 바이트(byte)에 불과할 뿐 충만한 삶을 살지 못할 것이다.

b. 거부해야 할 것(19:4)

이스라엘에 우상숭배가 설 자리는 없다. 사람은 자신이 숭배하는 신을 닮는다. 왜 이스라엘은 살아 계시고 전능하시며 도덕적으로 무흠하며 은혜롭고 자비로운 하나님에 대한 예배를 인간이 만든 무능하고 부정한 이류 신들에 대한 예배로 바꾸길 원했는가? 그런데 인간의 마음이 심하게 타락했기 때문에 종종 사람들은 우상숭배가 더 큰 만족을 주리라는 잘못된 믿음으로 이런 어리석은 길을 택한다. 더 나아가, 인간이 창조한 형상으로 무한하고 보이지 않는 하나님을 나타내려는 어떤 시도도 해서는 안 되었다. 하나님이 인간의 형상을 따라 만들어진 것이 아니라 인간이 그분의 형상을 따라 만들어졌다. 하나님을 표현하려는 시도는 필연적으로 그분을 잘못 표현하고, 그들을 파멸로 이끄는 문을 열어 놓았다.

c. 기억해야 할 것(19:5-10)

언뜻 보기에, 이 단락은 적절하지 않은 것 같다. 앞서 나왔던 화목제물에 관한 제한 사항, 곧 화목제물을 누가 언제 먹을 수 있는지에 대해 비교적 긴 설명을 제시한다.[16] 이어서 밭과 포도원의 수확물을 모두 거두지 말고 밭모퉁이의 곡식과 바람에 떨어진 포도를 그대로 두어 "가난한 사람과 거류민"(10절)이 거두게 하라는 새로운 내용을 제시한다. 이 규례들의 공통점은 무엇이며, 왜 이 규례들이 윤리 명령 목록에서 앞자리를 차지했을까?

---

16 자세한 내용은 3:1-17과 7:11-21에 나온다.

이 규례들의 공통점은 삶의 근본 요소인 음식이다.[17] 전자는 하나님 앞에서 먹는 음식에, 후자는 사회 주변부에 사는 사람들에게 필요한 음식에 관심을 둔다. 하나님의 음식을 중요하지 않고 평범한 것처럼 취급할 경우에는 중대한 처벌이 따랐다(8절). 그러나 하나님의 굶주린 백성을 중요하지 않고 무가치한 존재로 대우하는 것도 마찬가지로 극악무도한 행위였다. 제사에서 표현된 영성의 수직적 차원과 사회적 돌봄으로 표현된 영성의 수평적 차원은 동일하지는 않지만 분리될 수 없었다.

이런 수단으로 가난한 사람들에게 음식물을 공급하는 것은 이스라엘에서 기본 복지 제도를 확립하는 것 이상의 역할을 했다. 일부 수확물을 거두지 않고 남겨 두는 것은 하나님의 풍요로움에 대한 감사의 표시요 그분의 공급하심에 대한 신뢰의 표시이며, 탐욕을 억제하는 방법이었고, 한때 이스라엘도 큰 고난의 시기를 겪었음을 상기시켜 주었다. 하틀리는 이런 명령들의 지혜와 실용성을 지적한다. 땅 주인은 밭모퉁이 곡식과 땅에 떨어진 포도를 그대로 두기 때문에 이를 수확하는 비용이 들지 않아 추가 비용이 발생하지 않았고, 반면에 가난한 사람들은 자신의 필요를 채우기 위해 직접 수확함으로써 구제에 의존하기보다 노동의 존엄성을 느낄 수 있었다.[18] 물론 룻 이야기는 이 원리가 적용되는 놀라운 실례를 제공한다.[19] 그렇다면 거룩함은 관대함과 관련이 있고, 원예학과도 관련된다. 거룩함은 성소에서 이루어지는 일뿐만 아니라 밭에서 이루어지는 일에서도 드러났다.

3. 우정 문제(19:11-18)

다음 명령 모둠은 네 가지 세부 항목으로 구성되는데, 각각은 "나는 여호와이

---

17 Milgrom, *Leviticus 17-22*, p. 1596에 암시되어 있다. 그럼에도 그는 9-10절이 그 이전 절보다 이후 절과 더 관련이 있다고 생각한다.
18 Hartley, p. 314.
19 룻 2:1-23.

니라"(12, 14, 16, 18절)라는 문구로 끝을 맺는다. 고든 웬함은 이 모둠에서 "동포", "백성", "이웃", 심지어 "형제"라는 단어가 자주 나타나는 점을 언급하면서 이 단어들이 가까이에서 함께 사는 사람들의 우정과 관계와 관련이 있다고 결론을 내렸다. 이것은 특히 이 단락의 절정에 등장하는 "네 이웃 사랑하기를 네 자신과 같이 사랑하라"(18절)[20]라는 말씀의 관점에서 볼 때 타당하다. 좋은 이웃 관계에 기여하는 특징은 무엇일까? 좋은 관계의 네 특징으로 진실, 착취 금지, 정의, 사랑을 언급한다.

a. 진실(19:11-12)

다시 십계명으로 돌아가서, 부정직한 행동과 말을 금지하기 위해 여덟째 계명과 아홉째 계명을 인용한다. "속이지 말라"(11절)는 요약이 이 두 계명을 모두 강조한다. 네 번째 계명을 언급하는 12절에서 이 내용을 다시 강조한다. 하나님의 이름으로 거짓 맹세를 하여 하나님의 이름―이름은 그분의 존재 전체를 나타낸다―을 더럽히는 것은 방금 전에 언급한 내용과 분리된 새로운 이슈가 아니라 동일한 주제의 연장선상에 있다. 어느 논쟁에서든 하나님의 이름은 기만행위를 은폐하는 수단으로 이용될 수 있었다. 이스라엘 백성은 정직하게 거래하고 말하는, 철저히 진실한 사람이 되어야 했다.

하버드 대학교 정치학자 로버트 퍼트남(Robert Putnam)은 그런 진실이 가져오는 명백한 이익을 지적한다. 사회적 자본은 "공동체가 부드럽게 나아갈 수 있도록 바퀴에 기름칠을 해준다. 사람들이 서로 믿고 신뢰할 만한" 사회는 사람들이 말한 대로 실천했는지 계속 확인해야 하는 사회보다 비용이 덜 든다.[21] 사람들이 정직해서 감독자가 더 이상 필요 없게 되어 수많은 감시 시스템과, 최근 들어 임명된 많은 감독관, 조사자, '경찰'이 사라진다면 얼마나 더 경제적으로 효율적이고 사회적으로 편안하겠는가! 그런 사람들은 점차 줄어드는 활동

---

20 Wenham, p. 276. Grabbe, *Oxford*, p. 103. 그는 Wenham의 주장이 설득력 있다고 생각한다.
21 Putnam, p. 288

적인 생산자들을 조사하는 대신 직접 생산적인 일을 할 수 있을 것이다. 이 고대의 율법은 현대에도 놀라울 정도로 타당하며, 이 오래된 지혜는 그 영원성을 다시 한 번 입증한다.

b. 착취 금지(19:13-14)

이웃이나 노동자, 장애인을 착취해서는 안 된다. 이스라엘은 경제 제도가 단순해서 노동자는 대개 당일 저녁까지는 임금을 받을 수 있었다. 만일 고용주가 어떤 이유에서건 임금을 지불하지 않으면 노동자는 실제적인 곤경에 처했다. 그런 행동은 실제로 불법은 아니더라도 하나님의 자녀들 사이에서 기대되는 존중과 배려의 기준을 보여주지 못하기 때문에 반드시 피해야 했다. 특히 품꾼의 임금이 노예 임금의 두 배였기에 이런 엄격한 기준을 이행하는 것이 고용주에게 불이익이었을 테지만,[22] 노동자보다는 고용주가 불이익을 당하는 편이 당연히 나았을 것이다.

듣거나 보지 못하는 사람들은 착취당하기 쉬운 또 다른 집단이었다. 청각장애인들은 사람들이 저주하는 소리를 들을 수 없었고, 시각장애인들은 그들이 가는 길에 누가 장애물을 놓는지 볼 수 없었다. 그래서 어떤 사람들은 "그들을 이용하여 '악의 없는' 재미를 본다고 해서 뭐가 나쁜가? 그들은 어차피 아무것도 모르는데"라고 말할 수도 있다. 그러나 그런 무례한 행동은 이웃이 서로 져야 할 돌봄의 의무를 저버리는 것이며, 가해자는 그 사람들이 정말 어떤 사람들인지 이해하지 못하고 있음을 보여준다. 그들은 장애가 있지만 여전히 하나님의 형상으로 창조된 사람들이기에 존중 받을 가치가 있다. 가해자가 그들은 두려워하지 않는다 해도, 하나님은 두려워해야 한다.

c. 정의(19:15-16)

고대 이스라엘 법정은 현대의 형사 법정보다 민사 법정과 훨씬 더 비슷했다. 법

---

22 Budd, p. 275, 신 15:18 인용.

정은 지역별로 있었는데, 공동체와 분리되지 않고 그 안에 포함되어 있었을 것이다. 두 당사자가 (우리에게 익숙한 전문 변호사의 도움 없이) 재판관 앞에서 사건을 변호했다. 재판관의 의무는 누가 옳은지 결정하는 일이었다. 그래서 크리스토퍼 라이트는 "이런 배경에서 볼 때 율법을 엄격히 공정하게 적용하라는 신중한 명령과 뇌물과 온정주의를 반대하는 경고는 더욱더 타당하다"[23]고 설명한다. 라이트는 출애굽기 23:1-8의 평행 구절을 논의하면서 증인은 진실 되게 증언하고 반대자는 정중하게 행동하며, 재판관은 공정하고 깨끗하게 재판을 주재해야 했다고 결론을 내린다.[24] 이 규례가 요구하는 정의의 저울은 균형을 이루어야 한다. 부와 지위가 법정의 판결에 영향을 미쳐서는 안 된다. 재판관은 단순히 가난하다는 이유만으로 가난한 자들 편을 들어주거나 부자라는 이유만으로 부자들을 더 가혹하게 다루어서는 안 된다. 모든 사람을 동등하게 대우해야 했다.

16절에서 끝에서 두 번째 문장인 "네 이웃의 피를 흘려 이익을 도모하지 말라"라는 말씀은 이 맥락에서 적절하지 않은 것처럼 보인다. 그러나 우리는 이 내용을 16절 상반절에 대한 보충 구절로 읽고, 법정에서 거짓을 말하는 것이 무고한 사람을 죄인으로 선고 받게 할 뿐만 아니라 그 결과 사형을 당할 수도 있다는 뜻으로 받아들여야 할 것이다.[25] 그렇다면 거짓 증언도 얼마든지 생명을 위태롭게 할 수 있다.

d. 사랑(19:17-18)

외적인 행동과 말에서 내적인 태도로 강조점이 바뀐다. 이 구절들은 사람의 감정은 물론 지성과 의지까지 포함하는 "마음"을 다룬다.[26] 거룩함은 단순히 잘못된 행동을 삼가는 것 이상이요, 심지어 옳은 일을 하는 것 이상이다. 마크

---

23 C. J. H. Wright, *Ethics*, p. 303
24 같은 책, p. 304.
25 Milgrom, *Leviticus 17-22*, p. 1645. 그는 출 23:7과의 연관성을 언급한다.
26 Budd, p. 175.

트웨인(Mark Twain)이 말했듯이 "최악의 의미에서 선한" 사람들이 존재하기 때문이다. 옳은 일에 올바른 태도와 성향이 수반되지 않는다면, 그것은 경건이라기보다 위선일 수 있다. 이 구절들은 복수로 이어질 수 있는 증오와 부정적 태도를 금지하고, 그 대신 분쟁을 해결하는 더 좋은 방법을 권고한다.

17절과 18절 모두에서 부정적인 것과 긍정적인 것이 정확히 균형을 이룬다. 증오 대신에, "네 이웃을 반드시 견책하는 것"이 용납되면서도 오용되지 않을 수 있도록 관계의 질을 높여야 한다.[27] 갈등을 공개적으로 다루는 편이, 내면에서 곪아터지도록 내버려 두었다가 나중에 분노와 함께 터져 나와 불필요한 큰 손실을 유발하는 것보다 낫다. 상벌을 주어야 한다면 법정을 통해서 하나님께 맡기고 그분이 규정하신 방법을 따라야 한다. 분쟁이 개인적인 복수를 가하는 구실이 되어서는 안 된다. 이와 관련하여 성경은 한목소리로 분명히 말한다.[28] 분노하는 대신 사랑해야 한다. "네 이웃 사랑하기를 네 자신과 같이 사랑하라."

이웃을 자기 자신처럼 사랑하라는 권고는 설명이 필요한데, 감정이 모든 것의 기준이고 이 말씀을 이웃을 사랑하라는 명령으로 진심으로 받아들이는 대신 종종 자기 사랑의 구실로 사용하는 시대에는 더더욱 그렇다. 이 말씀이나 예수님이 이 명령을 반복하며 강조하셨을 때[29] 나 모두 나르시시즘 같은 자기애를 옹호하지 않았다. "네 자신과 같이"라는 구절은 상황을 있는 그대로 인정할 뿐 아니라 자기를 존중하는 지혜를 인정하는 것이다. 사람들은 선천적으로 자신을 돌보고 대개는 자기 몸을 미워하지 않는다.[30] 이를 감안할 때 이 명령은 우리가 본능적으로 자신에게 적용하는 것과 같은(그리고 다른 사람이 우리에게 적용해 주기 원하는 대로) 존경과 배려로 다른 사람을 대해야 한다는 뜻이다. 자기애는 죄다.[31] 게리 디머리스트(Gary Demarest)는 이 문제에 대해 다음과 같이 쓰면서 신학적 건전함은 물론 목회적 지혜를 보여준다.

---

27 잠 15:31; 17:10; 27:5-6.
28 마 5:38-42; 롬 12:19-20.
29 마 22:39; 막 12:31; 눅 10:27.
30 엡 5:29.
31 딤후 3:2.

현대의 많은 주해는 자기 사랑이 이웃 사랑의 첫걸음이라고 강조한다. 그러나 이것은 다른 사람을 결코 사랑하지 못하게 되는 자기애를 낳을 수 있다.…낮은 자아상은 다른 사람을 사랑하는 것에 대한 걸림돌이 되지 않아야 하며, 타인을 사랑하지 못하는 것에 대한 변명이 되지 못한다. 사실, 나는 부정적인 자아상을 해결하는 최선의 방법 중 하나는 자신에 대한 감정이 어떠하든지 상관없이 의도적으로 다른 사람을 사랑하는 것이라고 확신한다.[32]

이웃을 사랑하라는 적극적인 요청은 거룩함을 법적인 문제나 부정적인 것으로 이해하는 데서 우리를 해방해 주고, 거룩함의 관대하고 건설적인 정신을 성취하도록 우리를 자유롭게 한다. 새뮤얼 밸런타인은 "19:2의 거룩하라는 요청이 레위기의 핵심 메시지라면, 19:17-18의 서로 사랑하고 미워하지 말라는 명령은 우리를 레위기의 중심으로 데려간다"[33]고 말한다. 그의 말이 옳다. 단순하지만 부담스러운 이 율법에 따라 산다면 우리 공동체가 얼마나 달라지겠는가. 우리에게서 나온 이 영향력이 우리가 속한 더 넓은 공동체를 지속적으로 바꾸기 시작할 것이다.

4. 더 폭넓은 이슈들(19:19-37)

세 번째 단락은 "너희는 내 규례를 지킬지어다"(19절)[34]라는 명령으로 시작한다. 규례라는 단어는 하나님이 영원히 정해 놓으셨기 때문에 넘어가서는 안 되는 경계선을 암시한다. 이것은 인간의 판단과는 대조가 된다. 아무리 인간의 판단이 현명하다 해도 무류성(無謬性)이나 영구성 측면에서 하나님의 규례와 같을 순 없다.

---

32 Demarest, p. 222. *The Cross of Christ* (Leicester: IVP, 1986), pp. 274-276에 실린 John Stott의 예리한 논평도 보라. 『그리스도의 십자가』(한국 IVP).
33 Balentine, p. 166.
34 Milgrom, *Leviticus 17-22*, pp. 1656-1657는 다른 것들과 달리 이 첫 문구가 19절만 가리킨다고 생각한다.

이 단락에는 "다양한 층과 색깔"을 보여주는 다양한 명령이 함께 포함되어 있다.[35] 이것들은 모두 존중이라는 공통 주제를 갖고 있다. 건강한 공동체 생활을 누리기 원하는 모든 사회는 사람들은 물론 경계를 존중하는 것이 마땅할 것이다. 그런 존중이 없는 사회는 곧 무정부 상태로 전락할 것이다. 여기서는 사회관계, 환경 문제, 제의 준수에 대한 존중이 하나로 합쳐져서, 성경적인 거룩함이 삶의 모든 영역에 영향을 미친다는 진리를 다시 한 번 증언한다. 보다 명확하게 설명하기 위해 본문을 특정한 방식으로 분석하여 하나님에 대한 존중을 특별히 강조하는 몇 구절을 분리할 수 있겠지만, 하나님을 존중해야 할 필요성은 우리가 주목하는 모든 영역에 밀접하게 얽혀 있다.

a. 경계에 대한 존중(19:19)

경계를 존중해야 하는 사례로 세 가지 실례를 제시한다. "다른 종류의 가축", "두 종자", "두 재료"의 경계가 그것이다. 각 사례에서 비정상적인 결합은 피해야 한다. 다른 종류의 씨앗과 다른 종류의 재료가 그렇듯이, 다른 종의 짐승은 각각 자율성이 있기 때문에[36] 임의로 함께 섞어서는 안 된다. 이런 경계를 존중해야 할 유일한 근거로 제시하는 내용은 하나님이 우리에게 그렇게 해야 한다고 명령하셨다는 것이다. 우리에게는 다른 추론의 가능성이 없다.[37] 게르스텐베르거(Gerstenberger)가 제안하듯이,[38] 이것은 아마 마귀들을 건드리지 않으려는 의도보다는 레위기 11장의 정결법에서 이미 숙고했듯이 하나님의 창조질서와 관련이 있을 것이다. 11장에서 설명했듯이, 현대 세계에 사는 우리는 여전히 경계에 대한 민감한 의식과 사물을 적절한 장소에 두어야 할 필요성에 대

---

35 Gerstenberger, p. 273.
36 일차적으로는 아마 짐승의 짝짓기를 가리키는 말일 것이다. 그러나 Harris(p. 606)는 이것이 노새를 교배하는 것보다는 짐을 끌 때 다른 종류의 짐승을 섞어서 사용하지 않는 것과 더 관련이 있다고 생각한다.
37 Craigie는 이것이 "신비한 연관성이 있을 것이라고 보는 다른 나라의 관습을 방지하기 위한 것"일 수 있다고 말한다. 또는 각 율법은 그 배후에 다른 의도가 있을 수 있다고 말한다. P. C. Craigie, *The Book of Deuteronomy*, NICOT (London: Hodder & Stoughton, 1976), p. 290.
38 Gerstenberger, p. 273.

한 예리한 의식을 드러낸다.[39] 오늘날 이 명령을 적용할 때 신중해야 하는 이유는 이것이 용납하기 힘든 비성경적 인종차별을 정당화하는 데 사용되었기 때문이다. 그럼에도 이런 규례 때문에 우리는 그 결과가 어떻게 될지 모른 채 이종 유전자를 섞는 유전자 조작의 영역으로 저돌적으로 달려가거나 과학적으로 가능하다는 이유만으로 더 넓은 윤리 문제를 고려하지 않고 (예를 들어) 인공수정 기술의 경계를 넘는 것을 경계해야 마땅하다.

b. 사람에 대한 존중(19:20-22, 29, 32-36)

여기서는 사람을 존중하라는 공통 주제를 공유하는 많은 상황을 제시한다. 첫째로는(20-22절) 노예에 관심을 기울인다. 당시의 노예제는 후대에 나타난 것처럼 그렇게 잔인한 제도가 아니었기에, 카리브 해 지역이나 미국 남부의 대규모 농장에서 노예로 일한 아프리카인들의 이미지를 우리 마음에서 지워야 한다. 노예는 쇠고랑을 찬 죄수보다는 함께 사는 도제와 더 비슷했으며 일정한 권리를 누렸다.

"다른 사람과 정혼한 여종 곧 아직 속량되거나 해방되지 못한 여인"과 동침한 남자 주인에 관한 이 특정한 사례는 이후의 사례 중에서도 가장 논란이 된다. 노예 소유주의 행동은 명백히 잘못이며 "책망을 받을 일"이다(20절). 이것은 그 여인이 아직 결혼할 자유를 얻지 못했다고 해도 곧 결혼을 앞둔 여자를 존중하지 않은 것이며, 또 그녀가 곧 결혼할 남자도 존중하지 않은 것이다. 그렇다면 왜 범죄자는 사형에 처하도록 규정된 다른 간음 행위와 비교할 때(20:10을 보라) 관대한 대우를 받은 것처럼 보이는가? 사실, 이 상황은 간단하지 않다. 이미 정혼했다고는 해도 여인이 주인과 동침한 시기에는 아직 그의 소유였다. 여인의 현재 신분의 관점에서 볼 때 동침은 일탈 행동이지만 위법은 아니었을 것이다. 그러나 여인이 곧 올릴 예정인 정혼의 관점에서는 분명히 무례한 행동이었다. 이 사례는 중대하지 않기 때문에 처벌이 심각해도 가혹하지는 않다. 범

---

[39] 예를 들어, 흙은 거실이 아니라 정원에 있어야 한다.

죄자가 여인과 장래 남편을 존중하여 그런 어리석은 행동을 피했더라면 더 현명했을 것이다.

29절에 나오는 직설적인 명령에는 더 이상 추가 설명이 필요 없을 것이다. 세상에 어떤 남자가 자기 딸을 창녀로 만들려고 그렇게 무례하게 대할 수 있을까? 그러나 어떤 사람들은 경제 사정이 너무나 절망적일 때 이것을 유일한 대안으로 생각하기도 한다. 이 절 하반절이 염두에 둔 매춘 형태가 제의적 매춘, 곧 딸을 가나안의 다산 의식에 강제로 참여시키는 것을 암시할 수도 있다.[40] 그러나 그런 해석으로만 좁게 생각하여 한 가지 죄가 또 다른 죄를 낳는다는 경고로 이해해서는 안 된다.

세 번째 구체적인 예는 노인들(32절)인데, 그 앞에서 일어서서 그들을 존중하라고 명령한다. 노인들은 오랜 경험에서 얻는 지혜 때문에 존중을 받았다.[41] 오늘날 전통적인 사회에서는 이른바 다수의 선진국 사회보다 노인 세대에 훨씬 더 큰 존경을 나타낸다. 선진국에서는 노인들을 자원만 소진하는 존재로 표현할 때가 많다. 그러나 이런 차이는 전통적인 사회 대 진보적인 사회의 문제가 아니라, 성경적인 거룩함 대 부도덕한 거만함의 문제다. 노인을 지혜의 소중한 원천으로 여기지 않는 사회는 머지않아 쇠퇴하기 쉽다.[42]

존중이 필요한 다음 집단은 이스라엘 자손 가운데 사는 "거류민"이다(33-34절). 이 명령을 자주 언급한다는 사실은 하나님이 이를 중요하게 여기신다는 점을 강조한다.[43] 이스라엘은 그들 가운데 거주하는 다른 민족 출신들을 단순히 외국인이라는 이유만으로 착취해서는 안 된다. 근절해야 할 것은 착취 행위만이 아니다. 인종차별적 태도나 우월적인 태도도 비난의 대상이다. 현대의 인종 관계 산업이 생기기 오래전부터, 하나님은 자기 백성에게 편파적인 행동을

---

40 Milgrom, *Leviticus 17-22*, p. 1695.
41 잠 16:31; 20:29. 성경의 매우 많은 율법과 계명처럼, 이 내용은 일반적 관점에서 표현한 것이다. 슬프게도, 이것은 모든 노인이 현명하다는 뜻은 아니다!
42 사 3:5.
43 Noordtzij, p. 207. 그는 구약성경이 "적어도 36회 이상 이스라엘 백성에게 거류민, 과부, 고아들에 대한 그들의 의무"를 상기시킨다고 말한다.

삼가고 이민자들을 사랑으로 대하라고 명령하셨다. 19장에서 두 번째로, 그들을 "자기같이 사랑하라"(34절)는 명령이 언급된다. 처음에는 이웃과 관련하여 이 명령을 주셨다면, 이번에는 이방인과 관련된다. "너희도 애굽 땅에서 거류민이 되었음"을 상기하는 것은 이민자들을 존중해야 할 또 다른 좋은 이유를 제공했다. 이스라엘은 이집트에서 받은 대우를 결코 잊지 않았다. 그러나 그 기억은 그들로 하여금 기회가 되면 '복수하는 것'이 아니라 다른 사람들을 똑같은 방식으로 대하지 않게 했다. 노예제에 대한 두려움 때문에 그들은 사회에서 소외된 사람들을 배려하고 존중하는 마음을 갖게 되었다.

이 장에서는 세 가지 취약 집단, 곧 장애인(4절), 노인(32절), 이민자(33-34절)를 강조했다. 각 집단은 학대당하거나 중요하지 않은 사람들로 치부되기 쉬웠지만, 이스라엘은 절대 그렇게 해서는 안 된다. 흥미롭게도, 이 명령들을 언급할 때는 항상 여호와를 분명히 언급한다. 14절과 32절(장애인과 노인에 관한 명령)은 "나는 여호와이니라"라는 말씀으로 끝을 맺는다. 이 집단에 속한 모든 사람이 하나님의 형상을 지녔으며 따라서 어떤 식으로든 그들을 경멸하거나 학대해서는 안 된다. 그들을 냉대하는 것은 하나님을 냉대하는 것이요, 그들을 존중하지 않는 것은 하나님을 존중하지 않는 것이었다.

다른 사람에 대한 존중을 요구하는 마지막 영역은 시장이다(35-36절). 사업 거래를 할 때 부당하게 대우하거나 저울을 속여서 팔면 안 되었다. 벼락부자가 되고 싶은 기만적인 기업가들이 실제로는 법의 정신을 어기면서도 법의 형식을 지키고 있다고 주장하며 자신의 무죄를 항변할 수 없다. 모든 사업 거래는 전적으로 진실해야 했다.⁴⁴ 하나님은 이 명령 끝에 "나는 너희를 인도하여 애굽 땅에서 나오게 한 너희의 하나님 여호와이니라"라고 말씀하셔서 정직하지 않은 사람은 모두 그들이 이집트에서 알던 억압자들과 같다고 암시하신다. 확실히 그들은 그런 착취에서 벗어나기 위해 해방되었다! 그들은 거룩해지도록 해방되었다.

---

44 이것은 11절 내용과 일치한다.

c. 자연에 대한 존중(19:23-25)

23-25절은 다른 관심 영역을 제시한다. 여기서는 자연계에 대한 돌봄을 권장한다. 이 구절의 히브리어는 이해하기 까다로운데, 나무를 심고 첫 3년 동안의 열매를 "할례 받지 못한 것"으로 간주해 넷째 해의 열매를 여호와께 바치고 다섯째 해부터 열매를 먹으라고 요구한다. 3년 동안 나무 열매를 솎아 내지 않으면 나무의 성장에 방해가 되어, 25절이 말해 주는 이 율법의 목적인 수확량 증대에 역효과가 날 것이다. 그렇다면 이 말씀은 무슨 뜻일까?[45]

밀그롬은 이 구절을 첫 3년 동안은 나무를 가지치기하지 말고 열매가 나오기 전에 새싹을 따서 버리라는 뜻으로 받아들이면 할례 비유를 이해할 수 있다고 믿는다.[46] 그는 이것이 현대의 원예 농법과 일치하며, 이렇게 하면 나무가 초기에 건강하게 자라게 된다고 말한다.

이 명령은 열매를 수확하게 되었을 때에도 먼저 하나님께 드려야 한다고 분명하게 말한다. 그렇게 해서 이스라엘 사람들은 구체적인 방식으로 순종의 축복을 경험했을 것이다. 왜냐하면 하나님은 "그리하면 너희에게 그 소산이 풍성하리라"라고 약속하시기 때문이다. 이 명령은 또한 "야웨가 땅의 주인이시라는 공동체의 의식"[47]을 강화하는 결과를 낳는다.

d. 하나님에 대한 존중(19:26-28, 30-31, 37)

모든 명령이 하나님을 존중하는 것과 관련이 있지만, 몇몇 명령은 이것을 주요 초점으로 다룬다. 고기를 "피째" 먹지 말라는 명령(26절)은 앞에서 살펴보았다.[48] 그러나 이 명령이 점을 치지 말라는 명령과 나란히 위치한 것은 여기서 이교 예배의 특정한 의식—이것은 보다 쉽게 영들과 접촉하여 미래를 예언하

---

45 Gerstenberger, p. 275가 제안하듯이, 이것은 첫 3년 동안의 나무 열매가 "나무의 신들과 들판의 영들"의 것이라는 뜻이 아니다. 이런 시각은 이스라엘의 일신교 신앙과 전혀 맞지 않으며, 레위기에서 마귀와 영들을 대하는 태도와도 부합하지 않는다.
46 Milgrom, *Leviticus 17-22*, p. 1679.
47 Hartley, p. 319.
48 26a절의 주제는 이 책 pp. 266-274에서 이미 논의했기 때문에 여기서는 생략한다.

는 능력을 키우기 위해서였다―을 염두에 두고 있음을 나타내는지도 모른다.⁴⁹

미래를 예언하는 수단인 점과 미래를 바꾸는 수단인 주술은 명백하고 일관되게 정죄를 받는다.⁵⁰ 하나님은 그분의 뜻을 알리는 다양한 수단을 제공하셨지만⁵¹ 이스라엘은 하나님의 뜻이 분명하지 않을 때도 점이나 영매를 이용하지 않고(26b절) 그분을 신뢰해야 했다. 예측할 수 없는 운명이나 무력한 힘이 아니라 하나님이 이스라엘의 미래를 책임지셨으며, 이스라엘은 그분의 손에서 안전했다. 이사야는 저항하기 힘든 논리로 당대의 사람들에게 물었다. "백성이 자기 하나님께 구할 것이 아니냐? 산 자를 위하여 죽은 자에게 구하겠느냐?"⁵² 살아 계신 하나님을 자신들의 하나님으로 둔 이스라엘은 미래를 분별하고 준비하기 위해 그렇게 결함 많고 쓸모없는 수단이 필요하지 않았다.

왜 하나님은 거룩함의 표시로 특정한 머리 모양(27절)을 하거나 문신을 새기지 말라(28절)고 하셨을까? "죽은 자 때문에"(28절)라는 문구에 비밀이 있다. 옆머리를 손질하는 것과 대머리로 깎는 것, 몸에 문신을 새기는 것은 모두 죽은 자를 위한 제사와 조상 숭배, 바알 숭배와 관련이 있었다.⁵³ 게다가 머리카락은 사람의 생명력을 상징했다. 이 두 가지 이유로, 이교 예배에 참여하거나 하나님이 주신 생명을 제거하는 행동은 하나님을 존중하지 않는 것이었다. 그래서 이 말씀은 하나님을 위해 구별되라는 요청이다. 신명기의 평행 구절이 이 점을 분명히 해준다. "너희는 너희 하나님 여호와의 자녀이니 죽은 자를 위하여 자기 몸을 베지 말며 눈썹 사이 이마 위의 털을 밀지 말라. 너는 네 하나님 여호와의 성민이라. 여호와께서 지상 만민 중에서 너를 택하여 자기 기업의 백성으로 삼으셨느니라."⁵⁴

조상 숭배라는 위험은 31절에서 "신접한 자"와 "박수"에게 의존하지 말라고

---

49 Hartley, p. 320.
50 왕하 17:7; 21:6; 사 2:6; 8:19을 보라.
51 예를 들어, 8:8에 나오는 우림과 둠밈.
52 사 8:19.
53 Milgrom, *Leviticus 17-22*, pp. 1689-1695.
54 신 14:1-2.

하는 배경이기도 하다. 죽은 자와 상의하려고 '아는 자'(knower)에게 의지하는 것을 금지하는 이유는 그것이 우상숭배이며 그것을 원하는 자들이 부정해지기 때문이었다. 이스라엘 백성은 살아 계신 하나님을 믿는 산 자들이 왜 죽은 자의 조언을 통해 그들이 안내를 구하는 모든 문제를 해결해 주리라고 생각하는지 물어야 했다. 엔돌에 신접한 자를 통해 사무엘의 조언을 구하려던 사울은 그런 불순종의 어리석음을 보여주는 영원한 교훈이다.[55]

3절에 나온 안식일을 지키라는 요청을 반복하면서(30절), 하나님의 성소를 귀히 여기라는 요청을 덧붙인다.

"너희는 내 모든 규례…를 지키라"로 시작하는 37절은 19절에서 "규례"에 대한 언급으로 시작한 단락을 완전히 마무리한다. 또한 "여호와께서 모세에게 말씀하여 이르시되"라는 문구로 시작하여 이 내용을 명령하신 여호와의 본성을 반복적으로 강조한 전체 장 역시 "나는 여호와이니라"라는 37절의 마지막 말씀으로 적절하게 결론을 맺는다.

5. 결론

거룩함의 부르심에 대한 이런 구체적인 실례 중에 일부는 이제 더 이상 유효하지 않다. 이 율법들 때문에 그리스도인들이 일용직 노동자만 고용하거나 양털과 폴리에스터로 만든 옷을 입지 못하거나 미용실을 가지 못하지는 않는다. 이런 특정 이슈들의 중요성은 율법이 처음 광야에서 공표된 이후로 바뀌었다. 어쨌든 앞서 설명했듯이, 율법은 우리에게 명쾌한 일반 원리를 제시하기도 하고, 은연중에 가정하는 원리들을 일반적으로 적용한 사례만을 제시하기도 한다. 그러나 신중하게 적용해야 할 필요성에도 불구하고, 신약성경이 이 장의 내용을 자주 언급하여 가르치듯이, 다양한 사회생활에서 거룩한 삶을 살아야 한다는 요청은 바뀌지 않는다.

---

55 삼상 28:1-25.

예수님은 어느 짧은 단락에서 이 율법을 두 번 언급하셨다. 먼저 예수님은 제자들에게 이웃은 물론 원수도 사랑해야 한다고 말씀하시고, 이어서 하늘 아버지의 온전하심을 본받아야 한다고 말씀하셨다.[56] 베드로도 비슷한 진리를 가르치면서, 레위기 19:2을 인용하여[57] 독자들에게 이전 삶의 방식을 따라 살지 말고 예수 그리스도께 순종하며 살라고 핵심적으로 요구한다.

그러나 신약성경에서 이 장을 가장 놀랍게 사용하는 예는 야고보서가 아닐까 한다. 야고보는 2:8에서 "성경에 기록된…최고의 법"을 언급한다. 우리는 이것이 그가 레위기 19장에 붙인 '제목'이라는 것을 안다. 왜냐하면 그는 곧바로 이 장에서 두 말씀, 즉 18절과 15절을 인용하기 때문이다. 그러나 레위기 19장에 대한 그의 관심은 이보다 훨씬 더 넓다. 루크 존슨(Luke Johnson)은 야고보서에 레위기 19:12-18을 암시하는 단어나 주제가 "확실히는 4개, 최대로 잡으면 6개가 더 포함되어 있다"고 밝혔다.[58] 진실, 공평, 상호 권면, 용서, 하나님의 공급하심에 대한 신뢰, 특히 사랑하라는 요구는 기독교 신자들에게 여전히 구속력이 있는 최고의 법이다. 신약성경의 거룩함은 레위기 19장의 정신으로 가득 차 있다.

이 말씀들은 하나님의 백성에게 주어졌으며, 일차적으로는 기독교 공동체와 더 넓은 사회 안에서 서로 관계를 맺는 방식과 관련이 있다. 이 말씀은 우리에게 거룩함이 영적인 헌신뿐만 아니라 사회적 관계와도 관련이 있다고 가르쳐 준다. 우리가 하나님을 대하는 방식은 서로를 대하는 방식과 분리될 수 없다. 하지만 이 말씀이 하나님의 언약 백성에게 주어졌다 해도 여기에는 모든 사회와 모든 시대에 유익한 지혜가 들어 있다. 우리가 그 지혜에 따라 산다면 서구 사회에서 매우 고갈된 사회적 자본이 급속하게 증가할 것이다. 존중하며

---

56 마 5:43-48.
57 벧전 1:16.
58 Luke T. Johnson, "The Use of Leviticus 19 in the Letter of James", *JBL* 101 (1982), p. 399. 그의 분석에 따르면, 12절=약 5:12; 13절=약 5:4; 15절=약 2:1, 9; 16절=약 4:11; 17절=약 5:20; 18절=약 5:9; 18절=약 2:8. 14절이 누락된 것 같지만, 공평성에 대한 야고보의 요구에 거의 확실히 포함될 것이다.

살기, 정직하게 관계 맺기, 복수 내려놓기, 소외된 사람들 돌보기, 환경 지키기, 하나님과 다른 사람들을 신뢰하기, 하나님을 위한 공간 마련하기 등 이 장에서 주장하는 이러저러한 특징들은 많은 사람들이 현재 속해 있는 사회보다 훨씬 더 건강한 사회를 만드는 데 기여할 것이다.

17장

형법에 관한 하나님 말씀
20:1-27

그리스도인은 사형을 지지해야 하는가? 만일 그렇다면, 어떤 범죄에 사형을 요구해야 할까? 영국에서는 오래전에 사형 제도를 철폐했고 이제 논의의 대상도 아니지만, 다른 나라들에서는 사형 제도에 관한 논쟁이 격렬하다. 그리스도인들은 흔히 이 논쟁에서 서로 다른 편에서 엇갈린 목소리를 낸다. 살인죄에 대한 처벌로 사형을 지지하는 사람들은 그 근거로 구약성경을 인용하고,[1] 반면에 사형을 반대하는 사람들은 그리스도가 그런 율법들을 폐지하셨다고 주장하기도 한다. 이 논쟁의 한 극단 진영에 속한 소수의 사람들은 단순히 계획적인 살인 사건에 사형을 적용하는 것에 찬성하는 사람들보다 훨씬 더 나아가기를 원한다. 이 사람들은 구약성경 율법이 모든 형태의 '범죄'에 사형 처벌을 지지하기에 간음, 근친상간, 남색, 안식일 위반, 선도 불가능한 아동의 경우에도 사형을 적용해야 한다고 말한다.[2] 그들은 폭넓은 범죄에 사형을 요구하는 성결

---

[1] 특히 창 9:5-6과 아마도 민 35:31.
[2] 이것은 1960년대 미국에서 시작된 유대교 재건주의 운동의 시각을 나타낸다. 이 관점의 핵심 내용은 Greg. L. Bahnsen, *Theonomy in Christian Ethics* (New Jersey: Craig Press, 1979)에 나온다.

법전의 일부분인 레위기 20장에서 그들의 주장에 대한 매우 중요한 근거를 찾는다.

1. 이 장의 문맥

a. 직접적 문맥-레위기

언뜻 보면 레위기 20장은 18장의 반복처럼 보인다. 다루는 죄의 목록이 거의 동일하고 비난하는 태도도 똑같은 것 같다. 그러나 18장의 율법은 단언적 형태(추가 조건 없이 단순히 어떤 행동이 잘못이라고 명령법으로 언급하는 방식)로, 20장의 율법은 결의론적 형태("…이면…이다"라는 형태로 잘못된 행위에 대한 결과를 자세히 언급하는 방식)로 각각 제시된다. 따라서 20장은 이 논의에 새로운 처벌 내용을 소개하며, 이스라엘의 형법 역할을 한다.

b. 중간 차원의 문맥-모세오경의 율법

이 장은 우리에게 이스라엘의 형법에 대한 통찰을 제공하는 많은 내용 중 일부다. 이 장 자체로는 완벽한 그림을 제공하지 않아서, 예를 들어 살인 같은 범죄는 언급하지 않는다. 이 장은 가족의 안정과 예배의 정결을 약화하는 범죄에 초점을 맞춘다. 이런 범죄에 가혹한 벌을 내리는 이유는 그것이 이스라엘의 사회생활과 종교생활에 근본 토대이기 때문이다.[3]

모세오경의 율법을 더 폭넓게 고려하면 이 장의 맥락을 이해할 수 있다. 고든 웬함은 당대의 다른 형법과 비교하여 모세오경 율법의 특성을 살펴본 후, 구약성경 율법의 두드러진 특징이 인도주의라고 주장했다.[4] 세 요소가 그의 판단을 뒷받침한다. 첫째, 대인 범죄는 대물 범죄보다 더 엄중하게 다룬다. 이스라엘에서는 살인죄에 반드시 사형을 내렸지만, 다른 문화에서는 단순한 금전

---

3 C. J. H. Wright, "Leviticus", p. 149.
4 Wenham, pp. 281-288. 또 다른 개요를 원한다면 C. J. H. Wright, *Ethics*, pp. 281-326를 보라.

적 배상으로 감형될 수 있었다. 이스라엘과 달리 바벨론 법은 대물 범죄, 곧 무단 침입, 절도, 약탈에 대해 사형을 내렸다. 둘째, 다른 곳에서 밝혔듯이, 이스라엘에서는 대리인이 범죄에 대한 처벌을 받는 것을 허용하지 않았다.[5] 셋째, 형법의 일차적 목적은 분쟁 당사자들을 화해시키는 것이며, 그러기 위해 벌금형이나 투옥보다는 보상을 요구했다. 범죄자가 태형을 선고받는 경우에도 죄인의 존엄을 유지하기 위해 체벌을 제한했다.[6] 법적 처벌 수단으로 신체를 훼손하는 경우는 거의 없었다.[7]

이스라엘에서 사형에 해당하는 범죄는 총 열일곱 가지였다.[8] 여기에는 살인, 납치, 중과실, 지속적인 불순종, 간음, 동성애, 특정 형태의 근친상간, 거짓 예언, 안식일 위반, 신성모독, 우상숭배, 주술, 점이 포함되었다. 이스라엘에서 사형에 해당하는 범죄의 수가 중세 잉글랜드보다 훨씬 더 적었다는 사실을 잊지 말아야 한다.

사형을 내렸다고 해서 항상 사형을 집행했다는 뜻은 아니다. 우리가 생각하는 만큼 사형을 많이 집행하지는 않았다는 의견이 있는데, 이런 추정의 증거는 민수기 35:31에서 살인의 경우에 사형에서 감형하는 것을 분명히 배제하면서, 다른 범죄의 경우에는 감형의 가능성을 (심지어 일상적으로) 열어 두기 때문이다. 이런 입장을 주장하는 웬함은 사형 집행 방법을 명시한 경우에는 감형 가능성이 없다고 생각한다. 사실 우리는 이 율법들이 어떻게 실행되었는지 확실히 알지 못한다.

정의에 대한 현대의 관점들은 인과응보적 정의보다는 회복적 정의를 선호하며, 처벌에 대한 현대의 관점들은 범죄자가 응분의 대가를 받는 것보다는 재활에 중점을 둔다. 초기 이스라엘 사회는 현재 우리만큼 인과응보적 정의에 지나치게 예민하지 않았을 것이다. 그들의 형법은 인과응보만을 추구하지 않

---

5 신 24:16.
6 신 25:2-3.
7 신 25:11-12에서 단 한 번 신체 절단형을 언급한다. Wenham, p. 284에서 언급하듯이, 이 경우 범죄가 극단적이며 "앗시리아의 법과 비교할 때 처벌이 가볍다."
8 Milgrom, *Leviticus 17-22*, p. 1733.

았다. 실제로, 웬함은 구약성경 접근법에서 다섯 원리를 포착한다.[9] 처벌의 목적은 범죄자가 법적으로 응분의 대가를 치르게 하고, 그들의 마음에서 악을 제거하고, 다른 사람들이 죄를 짓지 못하게 막고, 속죄하고 사회와의 화해를 촉진하고, 피해자에게 보상을 제공하는 것이다.

c. 더 폭넓은 차원의 문맥 – 신학적 논의

올리버 오도노반(Oliver O'Donoban)은 사형에 대한 훌륭한 논의에서, 국가의 속성과 국가가 시민을 통치하는 권위의 한계를 논의하지 않고는 이 문제를 다룰 수 없다고 제대로 지적한다.[10] 한편으로, 성경은 하나님을 대신하여 재판하는 핵심 역할을 정부에 부여한다. 로마서 13:4은 권세자들이 하나님의 종이며, 하나님을 대신하여 칼을 갖고 범죄자들에게 그분의 분노를 나타낸다고 말한다. 다른 한편으로, 성경은 정부가 부패할 수 있으며 하나님께만 속한 권력을 전유(專有)하는 것은 우상숭배가 될 수 있다고 인정한다. 요한계시록 13장에서 당대의 로마제국을 포함한 억압적인 세상 정부들에 대한 요한의 관점은 후자의 입장을 대변한다. 이 경우에는 국가가 하나님을 대적하기 때문에 국가는 하나님을 대신하여 재판할 수 없다. 특정 정부가 로마서 13장과 요한계시록 13장의 연속선상에서 어디에 위치하는지는 항상 논쟁과 분별의 대상이 될 것이다.

그러나 이스라엘에게는 그 위치가 분명했다. 이스라엘은 하나님의 직접 통치 아래 집단으로 그분의 법에 따라 살아야 하는 신정정치 체제였다. 이스라엘은 다양한 종교적·정치적·윤리적 관점이 사람들의 지지를 얻기 위해 서로 다투는 다원주의적 공동체가 아니었다. 권위의 유일한 핵심 원천, 즉 하나님에게서 비롯된 한 법에 복종해야 했다. 유대가 긴밀한 이스라엘 공동체에서는 하나님의 율법에 복종하고, 거기서 벗어날 경우에는 가장 가혹한 방법으로 처벌을 받아야 했다.

---

9 모든 원리는 신 19:19-21에 나타난다. Wenham, pp. 282-284를 보라.
10 Oliver O'Donovan, *Measure for Measure: Justice in Punishment and the Sentence of Death*, Grove Booklet on Ethics 19 (Bramcote: Grove Books, 1977), p. 6.

유대교 재건주의자들은 우리가 세속주의를 사회의 기초로 거부하고 성속 이분법을 물리쳐야 한다고 믿는다. 그들은 하나님의 기록된 말씀을 우리의 도덕 기준들로 삼아 곧바로 21세기 사회에 적용해야 한다고 말한다. 그들은 율법과, 레위기 20장을 포함한 형법의 모든 내용을 한 글자라도 철회해서는 안 되며,[11] 따라서 성경이 범죄로 규정한 행동은 여전히 불법이고, 성경이 규정한 형벌을 적용해야 한다고 주장한다.

그러나 과연 이런 방식으로 사회를 구축해야 하는지 매우 의심스럽다. 첫째, 우리는 신정정치 체제가 아니라 세속 민주주의 사회에서 살고 있다. 둘째, 이 입장의 핵심 주창자 중 한 사람인 반센(Bahnsen)이 스스로 고백하듯이, 성경은 결코 이 율법을 다른 사람들에게 적용하라고 말하지 않는다. 반센은 우리의 목적을 달성하기 위해서는 개인의 재생산을 추구하고 재교육과 사회 개혁의 길을 가야 한다고 주장한다.[12] 셋째, 유대교 재건주의자들은 구약성경의 회복을 주장할 때 모세오경에 나타나는 율법의 다양한 유형 차이를 충분히 구별하지 않는다. 우리는 이 오래된 도덕법에 특정 시대에 적합한 민법이 포함되어 있다는 것을 쉽게 받아들일 수 있다. 가장 중요한 것은, 그리스도가 이런 율법들을 대체하셨는지 여부에 대해 그들이 인정하는 것보다 더 많은 논쟁이 존재한다는 점이다. 그들은 구약성경과 신약성경의 불연속성을 무시하고 양자의 연속성을 지나치게 강조한다. 그리스도 안에서 성취되어 폐지된 것은 의식법만이 아니다. 한 가지만 예를 들자면, 안식일에 관한 신구약 사이의 불연속성은 명백하다.[13] 사형에 관한 한, 아무리 낙관적으로 보아도 그리스도는 모호한 입장이라고 말할 수 있을 것이다. 마태복음 15:4은 요한복음 7:53-8:11과 긴장 관계에 있다. 그리스도는 정죄하기보다는 구원하기 위해 오셨다.[14] 사형에 관해서는 명확한 지침이 없는 것처럼 보인다. 올리버 오도노반에 따르면, "기독교적

---

11 그들은 그 근거로 마 5:17-18을 인용한다.
12 Greg Bahnsen, "Christ and the Role of Civil Government: The Theonomic Perspective, Part II", *Transformation* 5.3 (1988), p. 28.
13 추가로 이 책 pp. 347-351를 보라.
14 요 3:17.

관점에서는 사형을 단정적으로 요구하지도, 단정적으로 금지하지도 않는다."[15]

2. 범죄의 구분

이런 배경 지식을 염두에 두고 레위기 20장 본문을 살펴보자. 이 장에서 나열하는 악들은 18장과 상당히 중첩되지만 그 구성 방식이 다르다. 18장에서는 가장 가까운 가족 관계에서부터 가장 먼 관계로 나열한다. 여기서는 받아야 할 처벌의 심각성에 따라 나열한다. 그 범죄 목록은 다음과 같다.

> 자녀를 몰렉에게 제물로 바치는 행위(20:1-5; 참고. 18:21)
> 주술 행위(20:6, 27; 참고. 19:31)
> 부모를 저주하는 행위(20:9; 참고. 19:3)
> 간음(20:10; 참고. 18:20)
> 근친상간(20:11-12, 17-21; 참고. 18:6-18)
> 동성애 행위(20:13; 참고. 18:22)
> 아내와 자기의 장모와 동시에 결혼하는 행위(20:14; 참고. 18:17)
> 수간(20:15-16; 참고. 18:23)
> 월경중인 여인과의 성관계(20:18; 참고. 18:19)
> 형제의 아내와의 결혼(20:21; 참고. 18:16)

3. 처벌 규정

범죄에 따라 죄인에게 네 가지 형을 선고한다. 가장 가혹한 벌은 다른 사람에게 죽임을 당하고 동시에 하나님에게서 끊어지는 것이다. 그다음은 가혹한 정도에 따라 사형, 끊어지는 것, 자식이 없는 것이다.

---

[15] O'Donovan, 앞의 책, p. 3.

a. 이중 형벌(20:2-6)

몰렉을 숭배하는 범죄는 우상숭배와 살인을 동시에 저지르는 이중 범죄다. 따라서 이런 행위에는 이중 형벌이 가해지는데, 곧 "죽음"(2절)과 하나님이 범죄자들에게서 얼굴을 돌리시고 그들을 끊으시는 것(3절)이다. 주술 행위도 그와 비슷한 이중 형벌을 받았다. 6절에서는 "접신한 자와 박수무당"을 "백성 중에서 끊으리니"라고만 언급하지만 이것은 형벌을 축약해서 말한 것으로 보인다. 왜냐하면 27절은 이런 범죄자들을 돌로 쳐야 한다고 덧붙이고, 미쉬나도 이런 범죄에 사형을 규정했기 때문이다.[16]

b. 사형(20:9-16)

간음, 근친상간, 동성애, 아내와 장모를 포함한 일부다처제, 수간은 모두 사형에 해당한다. 그중에서 "아내와 자기의 장모를 함께"(14절) 데리고 사는 남자의 경우에만 사형 방법을 명시한다. "그들을 함께 불사를지니 이는 너희 중에 악행이 없게 하려 함이니라"(14절). 하틀리가 제안하듯이, 이것은 아마 그들의 몸을 산 채로 불태워 사형을 집행하는 것이 아니라 먼저 사형을 집행한 후 시신을 불태워야 한다는 의미일 것이다. 아간의 사례가 이를 확인해 주는 것 같다.[17] 그 밖의 경우에는 사형 집행 방법을 규정하지 않지만, 돌로 쳐서 죽였을 것으로 추정한다. 대개 사형을 선고받은 사람들을 높은 곳으로 데려가서 떨어뜨렸고, 그래도 죄인이 죽지 않은 경우에만 돌로 쳐서 죽였다. 그것을 가장 인간적인 사형 방법으로 간주했다.[18] 이런 사형 방법은 개인이 아니라, 사악한 행위에 집단 반감을 나타내는 집단이 실행하기 때문에 이것이 공동체의 처벌임을 강조하는 역할도 했다. 또한 이런 사건들에서 범죄를 계획한 사람은 물론 범죄와

---

16 Levine, p. 137.
17 Hartley, p. 339. 수 7:1-26을 보라.
18 "'네 이웃을 사랑하기를 네 자신과 같이 사랑하라'(19:18)는 유죄를 선고받은 범죄자에게도 적용된다. 우리는 그들에게 가능한 가장 인간적인 죽음을 내림으로써 그들을 사랑하고, 시신을 파괴하거나 절단하지 말아야 한다"(Milgrom, *Leviticus 17-22*, pp. 1732, 1733). 현대의 형벌 제도는 범죄자를 인간적으로 대우하는 것에 대해 아직 배워야 할 점이 많다. 종신형이나 장기 투옥 같은 수감 제도가 인간적인가 하는 점은 의문의 여지가 있다.

관련된 모든 당사자가 그 악행에 대해 유죄판결을 받고(추정컨대 그들이 그 행위에 동의했기 때문이다), 사형이 선고되었다는 점에 유의해야 한다. 예를 들어, 간음한 남자와 여자(10절), 근친상간을 저지른 악인과 피해자(11-12절), 동성애 범죄자와 그 상대(13절), 인간과 짐승(15-16절)이 모두 사형에 처해졌다.

c. 끊어짐(20:17-19)

세 번째 집단은 "그들의 민족 앞에서…끊어지는" 형벌을 받았다. 이런 범죄에는 이복 자매와 결혼하는 것, 월경중의 여인과 동침하는 것, 고모나 이모와 성관계를 갖는 것이 포함되었다. "끊어지는" 것은 범죄자들이 너무 일찍 죽거나 (심지어는 즉사) 그들의 계보가 끊어지거나 자녀가 그들보다 먼저 죽는다는 의미일 가능성이 가장 높다.[19] 이런저런 수단으로 가족을 통한 생명의 연속성이 끝났을 것이다. 그것은 공동체가 가한 처벌이라기보다 하나님의 행동이었다. 따라서 이런 행위는 인간 법정에서 재판을 받지 않았다. 하지만 범죄자들이 그런 수치를 모면한다 해도 굴욕을 완전히 피하지는 못했다. 그들이 "그들의 민족 앞에서" 끊어질 것이라는 17절 말씀은 그들이 남 몰래 죄를 짓고 혹시라도 그에 대한 처벌을 받지 않고 넘어가기를 바랐더라도 결국엔 공개적으로 처벌을 받을 것을 의미한다.[20]

d. 자식이 없음(20:20-21)

마지막 범죄들, 곧 숙모와 동침하는 것, 자기 형제가 아직 살아 있을 때 그의 아내와 결혼하는 것은 자녀가 없는 형벌을 받는다. 자녀가 없다는 것은 문자적으로는 "벌거벗기다"라는 뜻이어서 수치의 의미를 함축했다.[21] 자녀를 하나님의 축복의 표시로 보았기 때문에 불임—자기의 유산을 누릴 자녀가 없는 것[22]

---

19 Levine, p. 241; Milgrom, *Leviticus 17-22*, p. 1754.
20 참고. 삼하 12:12.
21 Budd, p. 296.
22 창 15:2.

—은 하나님의 축복을 박탈당한 것으로 보았고, 자녀가 없는 사람들은 하나님께 범죄했기 때문이라는 공포감을 불러일으켰다.

4. 이 장에 담긴 소중한 원리

만일 이런 율법을 다른 사람에게 적용하여 다양한 범죄에 규정된 처벌을 요구하는 것이 우리의 의무가 아니라면, 우리는 이 규례를 어떻게 해야 하는가? 이 규례들은 앞서 이 책에서 다양한 방식으로 이미 배운 몇 가지 중요한 진리를 가르쳐 준다. 이 장의 구조[23]를 분석하면 이 장의 실제적인 취지가 사형을 집행하는 것이 아니라 거룩함을 권고하는 것임을 알 수 있다.

A^1 어둠의 세계의 신들에 대한 숭배(1-6절)
　B^1 거룩하라는 권고(7-8절)
　　C 죄에 대한 처벌(9-21절)
　B^2 거룩하라는 권고(22-26절)
A^2 어둠의 세계의 신들에 대한 숭배(27절)

a. 하나님은 중요하시다(20:22-26)

전후의 위대한 축구 감독 빌 샹클리(Bill Shankly)는 이런 유명한 말을 남겼다. "어떤 사람들은 축구가 생사의 문제라고 생각합니다. 나는 그런 태도를 좋아하지 않습니다. 나는 축구가 그보다 훨씬 더 심각한 문제라고 확신합니다."[24] 이 장은 그 당시 셈족들이 쉽게 이해했을 법한 형태로 "하나님께 대한 순종이 생사의 문제"[25]라고 선포하는 한 가지 방식이다. 그들은 우리 생각과 달리 이 내용이 하나님을 잔인하고 야만적으로 묘사했다고 결론짓지 않았을 것이다.

---

23 다음 구조는 Milgrom, *Leviticus 17-22*, p. 1728의 내용에 따라 만든 것이다.
24 *Sunday Times*, 4 October 1981.
25 Knight, p. 126.

그들은 오히려 이 내용이 은혜로우신 구원의 하나님이 우리 삶에서 최고가 될 권리를 갖고 계시며, 그분께 우위를 부여하고 그분의 명령에 복종함으로써 우리가 살게 될 것을 나타낸다고 이해했을 것이다.[26] 이스라엘은 순종을 통해서만 그들이 상속하게 될 땅의 번영을 누리게 될 것이다. 불순종의 길은 반역의 길이어서 죽음과 재앙만을 초래할 것이다. 하나님께 순종하길 거부하면 그들이 가게 될 땅이 이전 거주민들에게 한 것처럼 그들을 뱉어 버릴 것이다(24절; 참고. 26:1-46).

형법은 우리가 어떤 대상에 부여하는 다양한 가치를 반영한다. 우리가 가장 소중하게 여기는 것을 해치는 범죄에 가장 무거운 형벌을 내리고, 우리가 가볍게 여기는 것에 대한 범죄에는 더 가벼운 형벌을 부과한다. 이스라엘은 하나님을 아는 것에 가장 큰 가치를 부여했는데, 그 하나님은 자기 백성이 다른 신들을 숭배하지 않고 가정의 온전함을 위해 그들의 능력 안에서 최선을 다하라고 요구하셨다. 따라서 사람들이 이런 영역에서 죄를 지을 때 가혹한 처벌이 따랐다.

b. 죄는 심각하다

하나님이 중요하시다는 말을 뒤집어 표현하면 죄는 심각한 것이라고 말할 수 있다. 죄는 우리가 무심하게 탐닉할 수 있는 중립적 활동이 아니다. 죄에는 항상 대가가 따른다. 이 장에서 여러 범죄에 대해 규정한 형벌들은 이 피할 수 없는 진리를 나타내는 극적인 방법이다. 이런 내용이 없다 해도 죄의 대가는 인간 입장에서도 너무나 명백했을 것이다. 자녀들이 몰렉의 팔에서 죽고 가정이 파괴되고 질투가 불타오르며 사회가 붕괴되었을 것이다. 하나님은 자기 백성이 그런 죄를 범하지 않게 하려고 이런 형벌을 규정하셔서 죄의 심각성을 분명하게 보여주시려 했다. 이런 법조문은 사람들이 그동안 자신의 어렴풋한 경험으로만 알던 내용을 선명하게 해준다. 곧 죄에는 가격표가 붙어 있다는 사실 말이다.

---

26 한 예로 삼상 6장, 특히 20절에 나타난 교훈적 사건을 보라.

그러나 형벌은 죄의 비인격적 결과에 관한 말씀 이상이다. 형벌은 그분께 저지른 범죄 행위에 대한 거룩하신 하나님의 개인적 분노를 표현한 것이다. 켈로그는 "이 율법의 가장 중요한 의도는 격분한 정의를 만족시키는 것"[27]이라고 주장한다. 이것은 특히 "내가 그 사람과 그의 권속에게 진노하여"(5절)라는 하나님의 말씀에 잘 나타난다. 그분의 개인적 분노는 친히 나서서 "그들을 그의 백성 중에서 끊으리라"(5, 6절)라는 말씀을 실행하시는 데서 분명히 나타난다. 사람들이 자신과의 관계를 누리고 세상이 선하고 생명으로 풍성하기를 의도하셨던 하나님이 그분에게서 멀어지게 하고 창조세계를 파괴하는 행동을 하는 사람들에게 진노하실 것이라는 점을 사람들은 왜 그렇게 이해하기 힘들까? 도대체 어떤 하나님이 자기 세계에 존재하는 악에 무심할 수 있을까?

크리스토퍼 라이트는 형벌은 바뀔 수도 있지만 신약성경은 여전히 이런 범죄들을 "심각한 도덕적 죄"로 간주하며, 그리스도인들은 그런 죄를 혐오스럽게 바라보아야 한다고 현명하게 지적한다.[28] 비록 하나님의 진노의 표현이 지연되거나 다른 형태를 띨 수 있지만, 바울은 초기 그리스도인들에게 음란, 부정, 우상숭배 같은 죄들 때문에 "하나님의 진노가 임[한다]"[29]고 경고한다.

c. 인간은 책임을 져야 한다

오늘날의 풍조는 죄를 항상 다른 사람의 잘못으로 언급한다. 우리는 부모와 학교와 정부와 사회 전체를 비난한다. 많은 사람들이 자신이 저지른 잘못된 행동에 개인적인 책임을 지려 하지 않는다. (이런 태도가 비단 현대인들만의 것이 아님을 인정해야 한다. 책임 전가는 에덴동산에서부터 시작되었기 때문이다.)[30] 이스라엘 백성에게는 너무 쉽게 피해자의 지위를 얻는 것이 허용되지 않았다. 이 규례들은 그들이 피할 수 없는 죄에 대해 집단적으로뿐 아니라 개인적으로도 책임을 져야

---

27 Kellogg, p. 422.
28 Wright, "Leviticus", p. 149. 마 15:4; 롬 1:18-32; 고전 5:1-5을 보라.
29 골 3:6.
30 창 3:12-13.

한다고 강조했다. 이 책임은 전가할 수 없었다.

집단적 책임은 4-5절에 언급되어 있다. "그가 그의 자식을 몰렉에게 주는 것을 그 지방 사람이 못 본 체하고 그를 죽이지 아니하면 내가 그 사람과 그의 권속에게 진노하여." 하나님은 사람을 책임 있는 도덕적 행위자로 창조하셨고, 이 책임은 그들 자신의 생명이나 직계 가족들에게만 한정되지 않는다. 그들은 자신이 속한 공동체에 대해서도 책임이 있다. 악에 눈감는 행위와 악이 그들과 아무런 관계도 없다는 식의 태도는 허용되지 않았다. 그런 비겁한 무관심은 상황을 악화하고 하나님이 친히 재판에 개입하시게 만들 뿐이다. 사람들은 하나님의 인내를 고갈시키는 대신 자신의 능력 한도 내에서 조치를 취하는 편이 더 나았다.

집단적 책임과 개인적 책임은 균형을 이룬다. 어느 한 가지로는 충분하지도 않고, 한 가지가 다른 것을 대체할 수도 없다. 사형 판결을 선고하는 다섯 번마다 "그들의 피가 자기들에게로 돌아가리라"(9, 11, 12, 13, 16절)라는 말씀을 덧붙인다. 이것은 자신의 행동으로 유죄판결을 받은 사람들이 생명에 대한 권리를 박탈당한다는 뜻이다.[31] 죄인들은 자신의 죽음을 초래했고 스스로의 죽음에 참여한다. 따라서 사법적인 처형을 집행하는 사람들은 피를 흘리는 죄를 짓는 것이 아니며, 살인에 대한 형벌에 대해서도 책임이 없었다. 잘못에 대한 개인적 책임과 집단적 책임을 새롭게 받아들이지 않는다면 현대 사회는 아무런 발전이 없을 것이다.

d. 거룩함은 명령이다

사형을 공포하는 내용은 거룩하라는 두 차례의 부르심(7-8, 22-26절)에 둘러싸여 있는데, 이 부르심은 아래와 같이 함께 엮인 몇 가닥으로 구성된다.

거룩함은 깨끗하게 하는 것이다(7절). 거룩함은 그냥 생기지 않는다. 거룩함은 따뜻하고 포근한 성스러운 느낌이 아니라, 의도적인 결정과 확고한 행동에

---

[31] Hartley, p. 339.

서 생긴다. 그것은 이스라엘 민족에게 그랬듯이 우리 역시 마찬가지다. 거룩해 진다는 것은 하나님을 따르는 일과 그분을 진노하게 하는 행동을 삼가는 일에 헌신한다는 뜻이다. 순종―"내 규례를 지켜 행하라"(8, 22절)―이 열쇠다.

거룩함은 구별하는 것이다(23, 26절). 이 장에서 불법으로 규정한 많은 행동이 이스라엘 주변국들의 생활과 예배에서는 중요한 역할을 했다. 이런 관습들을 금지한 이유는 그것들 자체가 잘못이며, 동시에 이교 문화와 관련이 있었기 때문이다. 그래서 이스라엘은 "내가 너희 앞에서 쫓아내는 족속의 풍속을 따르지 말라"(23절)는 말씀을 들었다. 지금도 거룩함은 하나님이 계시하신 뜻을 무시하거나 거스르는 방식으로 사는 주변 사람들의 풍속에 역행하는 생활 방식을 수반한다.[32] 우리의 소명은 유행을 따르거나 받아들일 만하거나 전통적인 사람이 되는 것이 아니라 하나님께 최선의 존재가 되는 것이다. 그러나 우리의 구별은 부정적인 이유가 아니라 긍정적인 이유 때문인데, 우리가 하나님께 속했고 그분과 특별한 관계를 누리기 때문이다. "내가 또 너희를 나의 소유로 삼으려고 너희를 만민 중에서 구별하였음이니라"(26절).

거룩함은 성화다(8절). 하나님은 "나는 너희를 거룩하게 하는 여호와이니라"라고 말씀하신다. 거룩해지는 과정은 하나님이 친히 우리 삶 가운데서 이루시는 과정이다. 이스라엘 민족이 하나님 말씀에 순종할 때마다 그들은 그들 가운데 하나님의 임재를 체험하고 일체감이 강화되었다.[33] 이교의 신들을 멀리하라고 요구받은 이스라엘 백성은 하나님께 더 가까이 다가가 그분을 닮아 가고 주변 이교도들을 닮지 않게 되었다. 하나님은 지금도 성령으로 우리 삶을 변화시켜 그분을 닮게 하신다.[34] 그러나 그분은 순종하는 사람들의 삶에서 그렇게 하신다.

거룩함은 정결함이다(25절). 많은 사람이 이 시점에서 정한 짐승과 부정한 짐승에 관한 구절이 등장하는 것을 두고 고민한다. 이 구절은 이 장의 흐름을

---

[32] 고후 6:14-7:1.
[33] Hartley, p. 338.
[34] 고후 3:18; 행 5:32도 보라.

방해하고 논의 중인 주제에서 이탈하는 것처럼 보이기 때문이다. 그러나 이 구절은 거룩함이 우리 삶에 포괄적인 영향을 미친다는 사실을 다시 한 번 일깨워 주는 역할을 한다. 거룩함은 그저 경건이나 도덕성에만 국한되지 않는다. 하나님은 우리 삶의 모든 부분에서 전적으로 충성할 것을 주장하시고, 우리에게 정결하게 살라고 요구하신다.

거룩함은 모방이다(26절). 거룩함의 본질을 말하자면, 거룩함이란 19:2에서 보았듯이 한 사람의 삶에서 하나님의 정결함과 성품을 나타내는 것이다.

이 장에 나오는 이스라엘의 형법은 세속적이고 다원적인 현대 사회의 법적 처벌에 별 다른 지침을 주지 않을 수도 있지만, 여전히 현대 사회에도 타당성이 있다. 이것은 어떻게 "거짓 종교가 비도덕적 삶을 낳고 정결한 종교가 거룩한 삶을 낳는지"[35]를 보여준다. 이것은 우리에게 하나님의 정의를 시행하는 것에 대한 통찰을 제공한다. 또한 하나님의 백성에게 여전히 거룩한 삶을 살라고 요구하는 도덕법을 우리 앞에 제시한다. 모든 실패에 속죄의 길이 있고, 용서해 주려고 기다리시는 하나님이 계시다는 것은 얼마나 기쁜 일인가!

---

35 Ross, p. 378.

18장

영적 리더십에 관한 하나님 말씀
21:1-22:33

이스라엘은 거룩한 백성으로 부르심을 받았다. 그들이 이 부르심을 완수하려면 거룩함을 추구하는 데 헌신하는 영적 지도자들의 인도가 반드시 필요했다. 따라서 레위기 21장과 22장에서 제사장들을 상대로 그들이 충족해야 할 자격과 기준을 제시한 것은 우연이 아니다.

교회는 교회 지도자들의 영적 수준 이상으로 성장할 수 없다는 말이 있다. 이것은 너무 지나친 주장이다. 주권적인 여호와는 지도자들이 기여하는 것보다 훨씬 더 많이 그 백성을 축복하실 수 있다. 또한 하나님은 자기 백성을 더 높은 곳에 이르도록 격려(또는 자극)하기 위해 지도자들을 건너뛰어 아무런 권위 있는 직책도 없는 사람들을 세우실 수 있다. 그렇지만 지도자들이 환경을 조성하고 사람들의 영적 활력에 매우 큰 영향을 미칠 수 있는 것이 사실이다. 지도자들은 전략적 역할을 차지하기에 그들을 지도자로 인정하기 전에 그들이 마땅히 갖추어야 할 자격과 그 역할을 맡았을 때 그들이 도달해야 하는 기준을 신중히 숙고하는 것이 현명하다.

이 장들은 직무에 관한 행동 규범을 소개하기 전에 제사장들의 개인 생활과 신체 조건과 관련된 문제를 다룬다. 일반 백성에게도 높은 기준의 거룩함을 기대했지만 제사장들에게는 훨씬 더 높은 기준을 요구했다. 월터 카이저는 "여기서 알 수 있는 원리는 더 높은 수준의 거룩한 삶에 대한 특별한 의무를 진 사람들에게 특별한 특권과 영예가 주어진다는 변치 않는 원리"[1]라고 언급한다. 앞서 인용했듯이 예수님은 "무릇 많이 받은 자에게는 많이 요구할 것이요 많이 맡은 자에게는 많이 달라 할 것이니라"[2]라고 말씀하셨다. 야고보는 신약성경 교회 지도자들에게 비슷한 태도로 이렇게 쓴다. "너희는 선생 된 우리가 더 큰 심판을 받을 줄 알고."[3]

요구된 기준을 달성해야 할 책임의 무게는 제사장들 어깨에만 놓이지 않는다. 백성은 제사장들이 하나님의 말씀대로 살게 할 책임을 공유하는 한편, 제사장들에게 올바른 태도를 갖추고 그들을 거룩히 여기라(8절)는 권고를 받는다. 어쩌면 요즘 교인들 중에는 충분히 돌보았는지, 충분히 기도했는지, 충분히 격려했는지, 충분히 바로잡았는지, 그들의 지도자들이 자신의 소명에 충분히 집중하게 했는지 스스로 돌아보아야 할 때, 너무 성급히 목회자들의 실패를 비난하는 경우가 많은지도 모르겠다.

더 의미심장한 것은 "너희를 거룩하게 하는 나 여호와는 거룩함이니라"라는 구절이다. 이 구절은 21:8, 15, 23; 22:9, 16, 32에서 다양한 형태로 나타난다.[4] 여호와가 친히 그들을 거룩하게 하신다. 그분의 변화시키는 능력이 그들 삶에서 일하셔서 선한 것을 확인해 주시고, 잘못에 유죄판결을 내리시고, 나쁜 것을 깨끗하게 제거하시기 때문이다. 거룩함은 그들 혼자만의 노력으로는 성취할 수 없다. 그렇더라도 그들을 거룩하게 하시는 하나님의 역할은 그들의 헌신과 협력하여 작용한다.[5] 이 구절을 처음으로 언급한 곳은 20:8[6]이며 마지막으

---

[1] Kaiser, p. 1147.
[2] 눅 12:48.
[3] 약 3:1.
[4] 일부 사람들은 이 구절이 이 단락에 두드러진 구조를 부여한다고 생각한다.
[5] Hartley, p. lxi; Milgrom, *Leviticus 17-22*, pp. 1741-1742.
[6] 레 20:8은 하나님이 제사장들뿐만 아니라 모든 백성을 거룩하게 만드신다고 언급한다.

로 언급한 곳은 22:31-32이다. 책장의 책이 쓰러지지 않도록 지지해 주는 북엔드 역할을 하는 이런 언급은 사람들이 하나님이 주신 규례를 지켜 행할 때 거룩함의 과정이 진보하는 것을 보여준다. 거룩함과 순종은 불가분의 관계여서, 하나님은 그분의 길을 걸으려는 사람들의 바람과 상관없이 그들에게 거룩함을 주시지는 않는다.

1. 개인적인 자격(21:1-15)

이 본문에서는 먼저 "아론의 자손"에게 집단으로 말씀이 주어진다(1-9절). 다음으로는 아론 개인과, 이후 대제사장의 직무를 수행할 사람들의 대표자로서 "대제사장" 아론에게 말씀이 주어진다(10-15절). 시급한 문제는 주로 애도 의식과 결혼식에 관한 것이다. 장례와 결혼은 분명 가정사에서 가장 중요한 행사다. 그러나 우리가 결혼에 관한 말씀은 이해할 수 있을지 몰라도, 애도에 관한 말씀은 모호해 보인다. 둘 다 제사장들이 지위와 상관없이 하나님을 그들의 절대 우선순위로 삼고 가정이나 개인감정보다 하나님께 먼저 충성해야 할 필요성과 관련이 있다. 이 내용은 오스왈드 샌더스(J. Oswald Sanders)가 분명히 밝힌 리더십 원리를 나름의 방식으로 구체적으로 설명한다. "훈련된 사람만이 최고 권위의 자리까지 올라갈 것이다. 지도자는 스스로를 정복했기 때문에 다른 사람을 인도할 수 있다."[7]

a. 제사장의 개인 생활(21:1-9)

i. 애도(21:1-6)

시신을 만지면 누구든 이레 동안 부정하게 되며, 부정해진 사람은 셋째 날과 일곱째 날에 자신의 몸을 씻어야 부정을 없앨 수 있었다.[8] 이스라엘 일반 백성

---

[7] J. Oswald Sanders, *Spiritual Leadership* (London: Lakeland, 1967), p. 44. 『영적 지도력』(요단출판사).
[8] 민 19:11-22.

의 경우에는 이런 부정은 그다지 심각한 문제가 아니었지만, 제사장은 그 기간에 하나님 앞에서 백성을 대표할 수 없게 되었다. 하지만 제사장들에게 친척을 위한 애도를 금한 것은 절대적이지 않아서 가장 가까운 혈육 곧 "그의 어머니나 그의 아버지나 그의 아들이나 그의 딸이나 그의 형제"의 경우는 애도가 인정되었다. (형제의 미망인은 형제와 같이 취급하며, 제사장은 형제의 미망인에 책임을 졌을 것으로 추정한다.) NIV는 4절을 결혼으로 맺어진 친척들에 대해서는 애도를 인정하지 않는 것으로 번역한다(개역개정의 번역에는 이런 의미가 드러나 있지 않다—역주). 이 본문의 맥락은 이 번역을 다소 모호한 원문을 바르게 옮긴 것으로 지지한다.[9] 이것은 제사장들이 자기 아내의 장례식에 참여하는 것마저도 허락하지 않았다는 뜻이다.[10] 이렇게 한 목적은 인간관계를 폄하하려는 것이 아니라—인간관계는 중요하다—훨씬 더 중요한 제사장과 하나님의 관계를 높이려는 것이었다.[11]

이처럼 겉으로 보기에는 가혹할 정도로 애도 표현을 제한한 이유가 5-6절에 나온다. 19:27을 살펴보면서 보았듯이[12] 머리털이나 수염을 미는 것은 이교도의 애도 풍습을 따르는 것이요 망자 숭배와 관련이 있었다. 그래서 이런 풍습은 "하나님의 이름을 욕되게" 했다. 죽은 자와 관련된 숭배 의식의 대중적 인기를 고려할 때 제사장들은 반드시 눈에 띄게 그런 풍습을 멀리하고 오직 여호와에 대한 한결 같은 충성을 보여줄 필요가 있었다.

ii. 결혼(21:7-9)

제사장들은 또한 결혼 상대를 신중하게 선택하여, 그들의 가정생활이 비난의 대상이 되지 않게 하고 하나님에 대한 섬김에 오점을 남기지 않아야 했다. 모든 창녀, 특히 이교 제사의 창녀들은 성적·종교적 습관의 음란한 특성 때문에 배우자로 적합하지 않았다. 이혼한 여자들도[13] 그들의 과거가 가정의 온전함,

---

9 Hartley, p. 348, Wenham, p. 290와 비교하라. Wenham은 이것을 7절을 앞서 예고한 것으로 해석한다.
10 서기관들은 나중에 이 규례를 완화하여 제사장이 자기 아내의 장례식에 참석하도록 허용했다. Levine, pp. 142-143.
11 Kellogg, pp. 434-435.
12 이 책 p. 315를 보라.

곧 제사장들이 유지하려고 노력해야 하는 온전함을 약화하기 때문에 부적절하다고 간주했다.

고집스러운 딸은 잘못 선택한 아내만큼이나 제사장의 가정에 요구하는 높은 기준을 약화시킬 수 있었다. 딸의 행음은 그 아버지를 속되게 한 것이기 때문에 어떠한 자비도 베풀지 말아야 했다. 제사장의 딸이라는 이유로 어떠한 특권도 이용할 수 없었고, 오히려 그 반대였다. 가족에게 끼친 불명예를 제거하기 위해 아마 완전한 형태의 사형, 곧 먼저 돌로 친 다음 시신을 불사르는 처벌[14]을 시행했을 것이다.

비록 구체적인 적용 내용은 바뀌었지만, 바울도 교회 지도자들이 모든 사람에게 존경받을 만한 가정을 세우는 것이 중요하다고 주장한다.[15] 목회자나 장로 가정에서 자라난 자녀들이 그리스도인답게 믿지도 않고 행동하지도 않는다면, 그들이 행사하는 지도력의 신뢰성에 의문이 생길 수밖에 없다.

b. 대제사장의 개인 생활(21:10-15)

대제사장에 대해서도 동일한 두 가지 문제를 제기한다. 그의 기름부음과 대제사장의 의복은 대제사장의 직책이 더 높은 지위임을 강조한다.

i. 애도(21:10-12)

대부분의 사람들에게 애도 표시가 전혀 악의 없는 행위라고 해도, 대제사장에게는 어떠한 관습적인 애도 표시도 허용하지 않았다. 그는 이교의 숭배 의식과 관련된 모든 풍습에 참여할 수 없다. 대제사장은 "그의 머리를 풀지 말며 그의 옷을 찢지 말며"(10절). 게다가 일반 제사장들에게는 가능한 것도 허락되지 않는다. 가장 가까운 혈육의 장례식에 참석하거나 슬픔을 표현해서도 안 된다.

---

13 Levine, pp. 143-144. 그는 이혼이 다른 이유보다도 충실하지 못한 결혼관계와 간음에 의해 비롯되었을 것이라고 생각한다. 따라서 결혼의 온전함이 약화될 것이다.
14 Hartley, p. 349.
15 딤전 3:2-5, 12; 딛 1:6.

애도 기간 중에도 대제사장은 자신의 직무를 떠날 수 없고 계속 의무를 수행해야 한다.[16] 하나님께 충성하고 다른 사람들을 섬기는 일은 개인의 필요와 기호보다 더 중요하기에 자신에 대한 의무를 무색하게 만든다. 이 구절은 이런 제한이 대제사장의 아내의 죽음에도 적용되는지에 대해서는 침묵하기 때문에 이런 경우에는 어떻게 되는지 알 수 없다.

ii. 결혼(21:13-15)

대제사장은 "처녀를 데려다가 아내를 삼아야" 한다(13절). 그가 결혼할 수 없는 대상에는 앞서 언급한 창녀와 이혼한 여자뿐만 아니라 과부도 포함되었다(14절). 그래야 "그는 더러워지지 않은 자녀를 자기 백성 가운데 남기게 될 것"(15절, 새번역)이기 때문이다. 웨그너가 지적하듯이, 이런 제한의 목적은 계보의 정결함을 보호하고 제사장이(대제사장은 더더욱) 아버지임을 확실히 하기 위해서다.[17] 가능한 의구심을 모두 제거하는 것이 필수였던 까닭은 대제사장직이 세습직이었기 때문이다.

이런 모든 규례는 이스라엘의 영적 지도자들이 하나님을 다른 모든 것보다 중요하게 여기고 절대적인 헌신과 완전하게 정결한 삶으로 그분을 섬기게 하기 위해서였다. 섬김은 절대로 미지근한 마음으로 행해서는 안 되며, 거룩함은 결코 타협할 수 없었다. 바울의 말대로 지도자들은 "책망할 것이 없어야"[18] 했다.

2. 신체 조건(21:16-24)

이스라엘 제사장들은 흠 없는 생활 방식에 걸맞은 흠 없는 신체를 갖추어야 했다. "누구든지 (신체적) 흠이 있는 자[19]는 가까이하지 못할지니" 제단에서 직

---

16 Kaiser, p. 1148는 회막에 주거 구역이 없었기 때문에 이것은 직무를 수행하는 동안에는 회막에 있어야 한다는 뜻에 불과하다고 말한다. 이와 반대로, Hartley, p. 349에는 "대제사장은 성소 안에 있는 주거지를 떠나는 것이 허용되지 않는다"고 쓴다.
17 Wegner, p. 42.
18 딤전 3:2.

무를 수행할 수 없다(18절). 이러한 일반적인 금령 후에는 제사장이 제물을 드릴 수 있는 자격을 박탈하는 열두 가지 신체장애를 언급한다. 이 목록은 철저히 모든 내용을 언급한 것이 아니라 실례를 제시하기 위한 것으로 보인다.[20] 목록은 가장 심각한 장애에서부터 가장 가벼운 장애 순으로 나열한다. 밀그롬은 이 열두 가지 장애가 22:22-24에 나오는, 짐승을 제물로 적합하지 않게 만드는 열두 가지 흠에 상응하는 것으로 선택되었다고 제안한다.[21]

이 목록은 이것이 주는 대답 못지않게 많은 의문을 불러일으킨다. 왜 이런 신체적 결함을 제단에서 섬기는 자격을 박탈하기에 충분한 조건으로 간주했을까? 이 목록은 너무 차별적이지 않은가? 이 목록에 따르면, 신체가 건강한 제사장들보다 덜 중요한 이등급 제사장 집단이 불가피하게 생길 수밖에 없지 않은가? 그런 제사장들은 어떻게 되었을까? 왜 신체의 결함만 언급하고, 도덕적 또는 심리적 결함은 언급하지 않았을까?

이 질문 중 일부는 이 본문 자체에 해답이 있다. 부적절한 제사장이 제물을 바칠 수 없었던 이유는 희생 제물이 그렇듯 완전한 것만이 완전하신 하나님 앞에 가까이 갈 수 있었기 때문이다. 그렇지 않을 경우 하나님의 역동적인 거룩함이 발출되어 온전하지 않은 것을 파괴했을 것이다. 훌륭하지 않은 것은 모두 그분께 무가치했을 것이다. 제물을 드리는 일에서 면제된 제사장들의 이익은, 그들이 제단에 서거나 지성소 앞 휘장에 가까이 다가가는 것을 금지하는 바로 그 율법이 보호해 주었다. 22절은 그들이 중요한 생계 수단인 음식물 배분에서 누락되어서는 안 된다고 분명하게 언급한다. 이 요점을 자세히 설명해 주는 대목은 그들이 "그의 하나님의 음식이 지성물이든지 성물이든지 먹을 것이나"라는 말씀이다. 그들이 받을 보수는 안전했다. 그들이 제물을 드리지 않

---

19 이스라엘에서는 남자만 제사장이 될 수 있었다. 이는 기본적으로 이스라엘의 제사장직과 여자 제사장을 두었던 주변 지역의 이교 제사장직과 구별하기 위해서였다. 이에 대한 상세하고 균형 잡힌 논의는 Mary Hayter, *The New Eve in Christ: The Use and Abuse of the Bible in the Debate about Women in the Church* (London: SPCK, 1987), pp. 60-79를 보라.
20 여기 나열한 열두 목록은 아마도 일반적인 범주일 것이다. 랍비들은 이 목록을 142개로 확장했다. Milgrom, *Leviticus 17-22*, p. 1825.
21 Milgrom, *Leviticus 17-22*, pp. 1821, 1836-1841.

고도 제사장 무리에 소속되어 성막 바깥뜰에서 할 수 있는 다른 일들은 많았을 것이다. 이런 제한이 그 사람의 가치나 존엄을 판단할 의도는 아니었다는 점은 분명하다.[22]

신체적 흠만 언급한 이유가 그것이 제물로 적합하지 않은 짐승의 신체적 결함과 상응하기 때문이라는 밀그롬의 생각에 어느 정도 일리가 있을지도 모르지만, 확실히 그것이 전부는 아니다. 이어지는 구절들을 포함하여 율법의 다른 부분은 제사장의 자격을 박탈할 수 있는 도덕적·제의적 이유를 자세히 언급한다. 따라서 그런 내용을 여기서 반복할 필요는 없다. 이스라엘은 오늘날 우리처럼 정신장애를 생각하지는 않았을 것이다. 설령 정신장애들을 나열했다 해도 그 당시 문화에서는 그런 '흠'을 이해할 수 없었을 것이다. 그렇지만 아마도 신체적 차원이 온전한 사람을 나타내는 기준으로 선택되었을 것이다. 극적이고 신체적인 행동으로 영적 진리를 상징하는 문화 배경에서 자주 그러하듯이, 외면이 내면을 나타낸다고 간주된다. 여기서 몸은 그 사람을 총체적으로 나타내는 것으로 간주된다. 나지안주스의 그레고리우스(Gregory of Nazianzus)가 표현했듯이 "율법은 완전한 사람이 완전한 제물을 드릴 것을 요구했다. 나는 이것을 영혼의 온전함을 나타내는 상징으로 받아들인다."[23] 이에 덧붙여 우리는 이것이 우리의 위대하신 대제사장 예수 그리스도의 완전하심을 미리 보여 주는 것임을 분명히 해야 한다.

3. 직무에 관한 행동 규범(22:1-32)

여호와의 관심은 개인적인 자격에서 실제적인 직무 수행으로 이동한다. 22장은 제사장이 성물을 다루는 방식 때문에 성물이 받아들여지지 않는 여러 경우를 언급한다. 제사장이 제단에서 직무를 수행하는 데 필요한 개인적·신체적

---

22 Demarest, p. 237.
23 Gregory of Nazianzus (4세기), "Oration 2: In Defence of his flight to Pontus", in Lienhard (ed.), p. 192.

기준을 충족했다고 해서 마음 내키는 대로 일할 수 있는 것은 아니었다. 유념해야 할 다른 고려 사항이 있었다. 하나님 앞에서 신중하게 자신의 의무를 수행하지 않는 것은 하나님에 대한 존경심이 부족함을 보여주며(2절), 결국 그분의 말씀을 "속되게" 하는 결과를 초래했다(9절). 그럴 경우 죽음을 당할 수도 있었다. 이런 명령들은 우리에게 "기독교 지도자들은 절대로 하나님의 일을 평범한 일처럼 다루어서는 안 되며 항상 최선을 다해 헌신해야 한다"[24]고 가르쳐 준다.

a. 인정되지 않은 제사(22:1-9)

다른 면에서는 적절한 제사장이라도 "그의 몸이 부정한"(3절) 경우에는 일시적으로 제사를 드리는 자격을 박탈할 수 있었다. 이 부분에서는 당사자가 단순히 제사장이라는 이유만으로 특권을 인정하지 않았다. 피부병이 의심되는 경우에는 통상적인 절차를 시행해야 했다(4절; 13:1-46; 14:1-32). 그가 부정한 것에 접촉한 경우(4-5절), 통상적인 제한과 요구 사항을 적용하고,[25] 아울러 사소한 부정을 제거할 수 있는 저녁때까지 거룩한 음식을 먹지 못한다는 제한을 추가했다(6-7절). 제사장(8절)도 다른 사람들과 마찬가지로 죽은 짐승에 관한 규례를 지켜야 했다.

오늘날의 기독교 지도자들처럼, 제사장들은 자신이 특별한 존재이며 다른 사람들이 자신에게 의존하기 때문에 동일한 방식으로 규례가 적용되지 않는다고 주장하고 싶은 유혹이 들지도 모른다. 하나님의 말씀이 그들을 제외한 나머지 모든 사람에게 적용된다는 생각은 성직자들의 직업적 위험 중 하나다. 하지만 이 규례들은 명백하다. 제사장들은 다른 모든 사람과 똑같이 규례에 복종해야 한다. 오히려 거룩하신 하나님 앞에 가까이 다가가 성물을 다루는 그들이 더 철저히 복종해야 한다. 그렇게 하지 못하면 유죄가 되어 그들의 주

---

24 Ted Engstrom, *The Making of a Christian Leader* (Grand Rapids, MI: Zondervan, 1976), p. 199. 그는 pp. 103-104, 199-200에서 기독교 사역에서의 탁월함 대 평범함을 논의한다.
25 관련 규례들은 레 11-14장에서 다른 규례들과 한데 엮어 있다.

제넘음에 대해 최악의 대가를 지불해야 할 것이다(9절).

이런 내용은 제사장들이 자신을 거룩하게 해야 한다는 말과 같다. 이 명령은 오늘날 하나님의 백성을 인도하는 사람들에게도 동일하게 해당한다.[26]

b. 용납되지 않은 부주의(22:10-16)

그다음 규례들은 기독교 지도자들 사이에서 나타나는 두 번째 직업적 위험과 관련된다. 그들은 하나님의 일에 익숙해진 나머지 별 생각 없이 그 일들을 처리하기 시작한다. 여기서 제기하는 특정한 문제는 제물을 먹는 것이다. 허용된 것과 허용되지 않은 것의 경계를 보여주기 위해 제시한 두 가지 예는 쉽게 모호해질 수 있다.

첫 번째 예는 "성물"을 먹도록 허용한 사람이 누구인지와 관련이 있다(10-13절). 제사장과 그 가족을 위해 제물에서 따로 떼어 둔 음식은 그의 가족만 먹을 수 있으며 "일반인"은 먹을 수 없었다(13절). 그렇다면 누가 가족 구성원일까? 제사장의 객, 품꾼, 결혼한 딸도 가족에 포함되는가? 이에 대한 대답은 엄격히 "아니요"이다. 그들에게 음식을 제공하는 것은 다른 사람 책임이다. 손님과 품꾼은 일시적으로 제사장과 접촉할 뿐이어서 그는 그들에게 영구적 책임이 없다. 마찬가지로, 결혼한 딸은 결혼한 남편의 책임이 되었다. 딸이 어떤 이유에서건 영구히 집으로 돌아온 경우에는 다시 가족의 일원이 되어 거룩한 고기를 먹을 수 있었다. 종들은 상황이 달랐다(11절). 그들은 제사장에게 속했고 그의 책임이었다. 따라서 종들은 거룩한 고기를 먹을 권리가 있었다. 이런 경계는 중요하지 않으며 까짓 고기 한 조각이 대수냐고 말하기 쉽다. 그러나 거룩한 제물에서 제사장을 위해 따로 떼어낸 고기는 여전히 여호와의 것이며, 누가 성물을 먹을 수 있는지 결정할 권리는 제사장이 아니라 여호와께 있었다.

두 번째 예는 앞서와 비슷한 유형의 상황이다. 이 경우는 제사장이 "부지중에" 성물을 먹은 것과 관련이 있다(14-15절).[27] 이것은 속죄제가 필요한 상황이었다

---

26 벧후 3:11.

(4:2-12). 실수를 범했을 때는 제사장도 다른 사람들처럼 자신의 잘못을 고백하고 제사를 드리고 보상을 해야 했다. 하나님의 일에 익숙해져서 부주의하게 다루는 행위는 어떤 변명도 용납되지 않았다.

c. 받아들여지지 않은 제물(22:17-33)

마지막으로, 제사장들은 드리는 제물의 품질에 매우 주의를 기울여야 했다. 그들은 제물이 요구되는 기준에 부합하는지 여부를 판정하는 매우 중요한 역할을 수행했다.[28] 여기서 상술하는 내용의 요지는 앞에서 언급했지만, 좀더 상세한 지침을 제시한다. 핵심 원리는, 하나님이 받으시는 제물은 완전해야 한다는 것이다. 예배자들이 하나님께 이런 예물을 드린다고 해서 그분의 은혜를 얻는 것은 아니었다. 하나님이 예물을 받으시고 속죄를 베푸셔야 비로소 그들은 그분의 은혜를 입었다. 따라서 예배자가 아니라 하나님이 친히 예배자가 드린 예물의 질을 판단하시는 것이 반드시 필요했다.

여기 나오는 새로운 내용은 제물을 부적합하게 만드는 흠의 목록(22, 24절), 서원제가 아니라 자원제의 경우에는 완전하지 않은 제물을 드릴 수 있다는 허용(23절),[29] 외국인에게서 구입한 하자 있는 제물은 이스라엘 사람에게서 산 경우와 마찬가지로 받아들일 수 없다는 규례(25절),[30] 제사용 짐승은 적어도 태어난 지 일주일이 지나야 한다는 규례(26절), 어미와 그 새끼를 같은 날에 제물로 바치지 말아야 한다는 규례(27절)[31]이다. 원칙을 무시하고 불완전한 예물을 드리려는 시도는 예배자가 그들이 상대하는 하나님의 절대적인 완전하심을 제

---

27 누가 죄를 지었는지 완전히 명확하지는 않지만 대개 제사장의 책임으로 본다.
28 이것은 10:10에서 언급하는 제사장의 역할을 보여주는 또 다른 예다.
29 Levine, pp. 151-152. 그는 이 허용이 지니는 전적으로 예외적인 성격을 지적하고, 서원제나 하나님께 의무적으로 감사해야 하는 제사에는 적용되지 않는다는 점을 강조한다. 흠이 있는 짐승이 용납된 것은 자원하여 드리는 제사였기 때문이었다.
30 이것은 외국인이 예물을 드리는 것을 염두에 둔 것이 아니라 외국인이 이스라엘 사람에게 제물을 팔고 그것을 드리는 것을 상정한다. Milgrom, *Leviticus 17-22*, pp. 1881-1882.
31 출 23:19; 34:26; 신 14:21. Wenham, p. 296. 그는 이 율법이 감상적인 마음 때문이 아니라 창조세계에 대한 고의적인 파괴를 피하려는 바람과 보존에 대한 관심에서 비롯된다고 말한다. 그러나 이것은 또한 다산을 의도한 이교 풍습에 대한 경고를 나타내는지도 모른다.

대로 이해하지 못하고 있음을 보여준다.

22장은 결국 제사장들을 위한 '모범 실천 지침'인 셈이다. 이 장은 하나님에 대한 예배 기준을 허물어뜨리거나 하나님께 가깝다는 특권을 이용해서는 안 된다고 경고한다. 지도자들은 신중하게 복종해야 한다. "말과 행실과 사랑과 믿음과 정절에 있어서 믿는 자에게 본이 되어야" 한다.[32] 다른 사람의 후원을 받을 만하지만, 돈이나 지위에 대한 욕심 때문에 봉사해서는 안 된다. 주장하는 자세를 하지 말고 "기꺼이 해야" 한다.[33] "그들은 권력을 탐내는 지도자가 아니라 하나님의 대속하시는 은혜의 모범이 되어야 한다."[34]

4. 완전한 성취

이 장에서 제기한 구체적인 이슈들의 이면에는 모든 기독교 지도자들에게 타당한 원리가 숨어 있다. 성공하는 지도자들은 개인의 편의, 감정적인 욕구, 유행을 쫓아가고 싶은 욕구를 포함한 다른 모든 것보다 하나님을 중요하게 여길 것이다. 열성적인 지도자들은 거룩함을 힘써 추구할 것이다. 경건한 지도자들은 "종국에는 파멸할 이 세상 일에 지나치게 집착하지" 않아야 한다.[35] 현명한 지도자들은 자기 몸을 성령의 전으로 보살필 것이다.[36] 유능한 지도자들은 평범함을 피하고 최선을 다해 자신의 의무를 수행할 것이다. 헌신적인 지도자들은 거룩한 일을 정기적으로 다룰 때 발생할 수 있는 특별한 유혹과 직업적 위험을 주시할 것이다. 주제넘음, 부주의, 타협은 반드시 피해야 한다. 훌륭한 지도자들은 사람들과 하나님을 이어 주고 그들이 하나님이 받으실 만한 예물을 드리도록 도와주는 엄청난 특권을 기쁘게 누릴 것이다.

그러나 지도자들에게 초점을 맞추기는 해도, 이 내용이 그들에게만 적용되

---

32 딤전 4:12.
33 벧전 5:2-4.
34 Hartley, p. 357.
35 Hartley, p. 351. 마 6:25-34; 눅 12:33-34을 보라.
36 고전 6:19. 딤전 4:8도 보라.

지는 않으며, 현대의 기독교 사역자들이 속죄 제사를 드리는 구약성경의 제사장들과 동일하다고 가정해서는 안 된다. 새 언약에서는 모든 그리스도인이 제사장이며,[37] 따라서 그리스도의 제자들은 이 문제가 자신과 상관없다고 말할 수 없다. 하나님이 받으실 만하게 섬기려는 바람과 거룩함을 향한 열정은 우리 모두에게도 똑같이 필요하다.

또한 새 언약에서는 죄를 위한 제물을 드릴 수 있고 실제로 드린 유일하신 위대한 대제사장이 계신다. 이런 이상이 때로 실패할 수 있는 인간 지도자나 인간을 대신하기에 불충분한 짐승 제사가 아니라 하늘에 계신 우리의 위대한 대제사장[38]이자 갈보리에서 완전한 희생 제물이 되신 그리스도 안에서 완전히 성취된다.[39] 그분은 완전한 헌신의 삶을 사셨고, 자신의 의무를 탁월하게 수행하셨으며, 남김없이 자신을 내어 주셔서 "자기 앞에 영광스러운 교회로 세우사 티나 주름 잡힌 것이나 이런 것들이 없이 거룩하고 흠이 없게 하려 [하셨다.]"[40]

---

37 벧전 2:9.
38 히 4:14; 7:26.
39 히 9:14; 벧전 1:19.
40 엡 5:27.

19장

절기에 관한 하나님 말씀
23:1-44

모든 사회에는 특별한 날이 필요하다. 시간의 경과를 표시하는 날이나 그들을 한 민족으로 형성해 준 역사적 사건들을 기억하는 기간이 필요하다. 이러한 규칙적인 리듬이 없다면 삶은 극히 지루할 것이다. 이스라엘에도 판에 막힌 단조로운 달력에 주기적으로 끼어드는 그런 날이 많았다. 그러나 대부분의 사회와 달리 그들은 자리에 앉아서 그들에게 편한 것만 하지 않았다. 이날들은 여호와가 결정하시고 모세를 통해 선포하신 "여호와의 절기"(2절)였다.[1] 여호와가 이날들을 그분의 절기라고 주장하셨기 때문에 그날들에는 그분의 성품이 스며들어 있었다. 이날들은 그분의 관대하심과 공급하심과 정의와 구원과 약속을 나타냈다.

해마다 돌아오는 절기에 대해 자세한 내용을 언급하기 전에 매주 지키는 안식일을 소개한다(3-4절). 안식일에서부터 시작하는 것은 일주일마다 지키는 날을 해마다 지키는 절기와 분리하는 방법일 뿐 아니라 안식일의 의미를 강조

---

[1] "여호와께서 모세에게 말씀하셨다"는 말씀은 다섯 차례(1, 9, 23, 26, 33절) 나온다.

해 준다. 완성과 완전을 나타내는 7은 이 장 전체에서 가장 의미 있는 숫자다. 일곱 절기와 일곱 쉬는 날이 있으며, 몇몇 기념일은 일곱째 달에 거행한다. 안식일의 원리는 다른 모든 기념일의 기초가 된다.

모세가 광야에서 이런 명령을 공포했지만, 절기는 변치 않는 선물("영원한 규례")로 이스라엘에 주어졌으며 그들이 가나안에 영구히 정착한 뒤 대대로 지켜야 했다(14, 21, 31, 41절). 물론 시간이 흘러 이스라엘이 이주하는 유목 민족에서 점차 벗어나 정착된 도시 국가가 되면서 절기는 재해석되었다.[2] 그러나 절기의 본질, 즉 하나님의 선하심을 영원히 기억하는 것은 바뀌지 않았다.

기념일은 봄(4-22절)과 가을(23-43절)에 모여 있다. 이 장은 "나는 너희의 하나님 여호와이니라"(22, 43절)라는 말씀으로 두 단락을 마무리하여 이러한 중요한 구분을 표시한다. 우리는 이 표제가 강력한 명령을 내릴 뿐만 아니라 구원의 은혜를 베푸시는 하나님을 함축한다는 사실을 기억해야 한다.[3] 각 절기의 형태는 다르지만 이스라엘 백성은 "성회"(2, 3, 4, 7, 21, 24, 27, 35, 36, 37절)로 모여서 절기를 지켰다. 성회에서는 백성이 함께 모여 공동 예배에 참여하고 적어도 그 시기의 일부 동안에는 일을 하지 않았다.

1. 안식일: 하나님이 쉬신다(23:3)

안식일은 이스라엘의 획기적인 사상 중 하나였다.[4] 다른 사람들은 음력 주기에 따라 달력을 만들고 달을 나누었다. 이스라엘은 하나님의 명령을 따라 달의 경로와 상관없이 규칙적인 주로 시간을 나누었다. 안식일은 기본적으로 쉬는 날이었다. "너희는 아무 일도 하지 말라. 이는 너희가 거주하는 각처에서 지킬 여호와의 안식일이니라." '안식일'(Sabbath)이란 단어는 '그치다', '쉬다'라는

---

[2] Bailey, p. 89. 예를 들어, 그는 맥추절(15-22절)이 회당 시대에 시내 산에서 하나님이 토라를 선물로 주신 사건을 어떻게 기념하게 되었는지를 언급한다.
[3] 이 문구에 대해서는 이 책 p. 278를 보라.
[4] Levine, p. 261.

동사에서 파생했다. 이 본문은 집단적인 예배 행위를 암시하지만 구체적인 명령은 언급하지 않으며, 사람들이 해야 할 일보다는 하지 말아야 할 일을 늘 더 강조한다.

하나님이 세상을 모두 창조하신 뒤 일곱째 날에 쉬셨다는 창세기의 창조 기사로 미루어 보건대[5] 안식일은 이스라엘이 이집트에 있을 때 일주일 내내 하루 종일 무자비하게 일한 경험 때문에 또 다른 의미가 있었다. 출애굽기 20:8-11[6]과 신명기 5:12-15은 안식일에 대해 더 많은 것을 알려 준다. 이 본문들은 일하지 말라는 명령이 이스라엘 자손은 물론 그들에게 의존하거나 관계를 맺고 사는 모든 사람, 즉 종이나 거류민, 심지어 짐승에게도 적용된다고 설명한다. 그들이 이집트에서 쉬지 않고 계속되는 강제 노동을 경험했기 때문에 다른 사람들에게 그런 포악한 행위를 가하지 말아야 했다. 창조자는 사람이 "한숨 돌릴 수 있도록"[7] 이날을 주셨다. 하나님은 그들을 끊임없는 고역에서 해방하셨다. 매주의 안식일은 그들이 삶에서 그분의 구원하시는 정의를 경험했음을 정기적으로 상기시키고, 비슷한 자비와 정의로 다른 사람들을 대우하도록 정기적으로 촉구하는 역할을 했을 것이다.

이를 감안한다면, 하나님이 자유의 도구로 계획하신 것이 이후에 억압의 도구로 바뀐 것은 비극이다. 하나님은 자기 백성에게 일반 원칙을 제시하신다. 그러면 그들은 스스로 세부적인 적용 내용을 만들 필요가 있었다.[8] 훗날 좋은 의도를 가진 종교 관리들이 공동체의 연약한 구성원들을 도우려고 그들이 안식일에 할 수 있는 일과 할 수 없는 일을 정확하게 설명했다. 사실상 그들은 사람들을 다시 한 번 더 속박하는 새로운 사슬을 만든 것에 불과했다. 예수님이 자신을 "안식일의 주인"[9]이라고 선언하셨을 때는 해방하는 안식일의 원리 자체가 아니라 그러한 편협한 해석들을 반대하신 셈이었다.

---

5 창 2:2-3.
6 출 31:15; 35:2-3도 보라.
7 참고. Kaiser, p. 1157.
8 Hartley, p. 375.
9 마 12:1-14; 막 2:23-28; 눅 6:1-11; 13:10-17; 요 5:1-30; 9:1-41.

월터 브루그만은 이날이 이스라엘의 윤리 체계에서 대단히 중요한 의미를 지녔고, 하나님이 그들 가운데 계시는지 여부를 결정하는 매우 중요한 요소가 된다는 것을 알고 깜짝 놀란다. 그런데도 그는 왜 안식일이 그렇게 중요해졌는지 납득할 수 있다고 말한다. 안식일은 "세상을 우리 자신의 방식으로 확보하려는 열광적인 추구를 단념한다는 뜻이다."[10] 안식일은 우리의 충동을 억제한다. 우리의 욕심을 가로막는다. 우리의 가치관을 재조정한다. 다시 기본으로 돌아가서 하나님을 의지하게 한다. 또한 그분과의 관계를 새롭게 할 수 있는 공간을 제공한다.

안식일 준수는 신약성경에서 지키라고 권고하지 않는 유일한 십계명이다. 신약성경의 침묵은 아마도 두 가지 측면에서 설명할 수 있을 것이다. 첫째, 초기 그리스도인들은 그 당시 유대인들이 가진 안식일에 대한 왜곡된 이해를 멀리할 필요가 있었다. 신약성경에서 안식일에 대해 언급한 내용은 안식일 준수가 더 이상 법적 구속력은 없지만 선택 사항으로 고려될 수 있음을 암시한다.[11] 둘째, 여덟째 날의 중요성이 일곱째 날의 중요성을 능가했다. 레위기에서 새로운 시작의 상징으로 계속해서 사용되는 여덟째 날은[12] 예수님이 죽은 자 가운데서 살아나신 날이기도 하다. 초기 그리스도인들은 그리스도의 부활을 기념하기 위해 한 주의 마지막 날이 아닌 첫날에 예배로 모였다.[13]

그리스도가 우리를 위해 주신 자유의 삶에 율법주의가 들어설 여지는 없다.[14] 그러나 우리 삶에서 안식일의 원리를 준수하고 실현하는 것은 여전히 지혜로운 일이다.[15] 부활하신 주님의 넘치는 생명을 기쁘게 경축하는 것만큼이나 하나님을 위해 정기적으로 공간을 마련하는 것, 너무나 쉽게 폭군처럼 군림하는

---

10 Brueggemann, *Finally*, p. 95.
11 롬 14:5; 갈 4:8-10; 골 2:16.
12 레 9:1; 12:3; 14:10, 23; 15:14, 29; 23:36, 39.
13 요 20:1; 고전 16:2. 논의 내용 전체는 D. A. Carson (ed.), *From Sabbath to Lord's Day* (Grand Rapids, MI: Zondervan, 1982)를 보라.
14 갈 5:1.
15 사 58장은 안식일 준수를 엄격히 권고한다. 아울러 그렇게 하는 것이 개인을 해방시키고 동시에 사회 정의의 목적을 이루는 길임을 구체적으로 보여준다.

노동을 중단하는 것, 우리 영적 가치관의 초점을 다시 맞추는 것, 남을 억압하지 말라는 요구를 기억하는 것도 영적 생활을 형성하는 매우 중요한 요소들이다.

2. 유월절: 하나님이 구원하신다(23:4-5)

"여호와의 유월절" 식사는 매년 "첫째 달 열나흘 날"에 지켜야 했다. 이 시기는 중요한 의미가 있었다.[16] 그 해에 처음 지켜야 할 첫 제사인 이날은 하나님의 주권적 행위 덕분에 이스라엘이 누린 새로운 출발에 대해 말해 주었다. 유월절은 오래전 이집트에서 있었던 그 운명적인 날, 곧 죽음의 천사가 문설주에 피를 바른 이스라엘 사람들의 집은 건너뛰고 그들을 억압했던 폭군들에게 하나님의 심판을 내린 날을 기념했다. 그 자세한 내용을 기록한 출애굽기 12:1-51에는 첫 번째 유월절 사건뿐만 아니라 장래에 그날을 어떻게 기념해야 할지를 명령한 내용도 기록되어 있다.[17]

유월절 식사에서 중심이 되는 행위는 유월절 어린 양을 잡아서 먹는 것이었다. 레위기의 다른 제사들처럼 그 의미는 세부적인 내용에서 드러나는데, 양을 선택하고 양의 피를 사용하는 방법에 대한 자세한 내용은 훗날 레위기가 소중하게 다루는 제사들에 대해 많은 것을 암시한다. 유월절 식사는 이스라엘이 이집트에서 해방되고 제사장으로 위임을 받았음을 알려 주었다.[18] 이스라엘의 출애굽은 역사에서 많은 해방운동의 패러다임으로 이용되었다. 그러나 인간의 노력과 정치 조직에만 의존하는 대부분의 운동과 달리, 이 해방운동은 하나님의 행위였다. 유월절 식사는 이스라엘에게 이 사실을 끊임없이 상기

---

16 나중에 니산월이라고 알려진 첫째 달은 요즘 달력과 달리 1월이 아니라 봄철인 3-4월에 해당한다.
17 상세한 설명은 Derek Tidball, *The Message of the Cross*, The Bible Speaks Today (Leicester: IVP, 2001), pp. 51-67를 보라.
18 Desmond Alexander는 유월절 식사와 레 8장의 아론과 그 아들들의 제사장 위임식 이야기 사이의 놀라운 유사성을 도출한다. T. D. Alexander, "The Passover Sacrifice", in R. T. Beckwith and M. J. Selman (eds.), *Sacrifice and the Bible* (Carlisle: Paternoster, 1995), p. 8.

해 주었을 것이다. 그들이 해방된 것은 모세의 민첩한 정치조직이나 아론의 외교술, 대중 봉기, 심지어 이집트의 군사력에 대항하는 강력한 군대를 조직했기 때문이 아니라 하나님이 개입하여 심판하고 구원하셨기 때문이다. 이는 영원히 "여호와의 유월절"이었다.

이 유월절 절기에서 그리스도인이 누리는 성찬식이 발전했다. 예수님이 제자들에게 그들을 위해 내어 주시는 그분의 몸을 기념하여 떡을 먹고, 그들을 위해 흘리는 그분의 피를 기념하여 포도주를 마시라고 명령하신 배경이 바로 유월절 식사였다.[19] 예수님은 스스로 유월절 어린 양의 역할을 주장하신다. 우리는 떡을 먹고 포도주를 마시면서 십자가에서 희생 제물이 되셔서 우리를 위해 베풀어 주신 그분의 구원을 기념한다.

3. 무교절: 하나님이 기르신다(23:6-8)

유월절은 자연스레 무교절로 녹아들었다. 무교절은 유월절 다음 날 시작하여 이레 동안 계속되었다. 이 절기는 보리 수확의 시작을 표시하며, 하나님의 명령에 따라 이스라엘 남자들이 일 년에 세 번 성소를 방문하는 시기 중 하나였다.[20] 이 절기의 첫날과 마지막 날에 "성회"로 모였고, 성회로 모일 때는 일을 하지 않았다. 첫날과 마지막 날 사이에 사람들은 누룩 없이 구운 얇은 빵을 먹고, 집에서 모든 누룩을 제거해야 했다.[21] 이것은 이스라엘이 유월절 날 밤에 이집트에서 먹었던 누룩을 넣지 않은 빵을 떠올리게 했다.[22] 본래 무교병을 먹은 이유는 이스라엘이 급히 이집트를 떠나 순례를 시작해야 해서 빵을 발효할 여유가 없었기 때문이었다. (이 절기의 히브리어 명칭은 무교절과 순례의 관련성을 강조한다.)[23] 이동 중인 사람들에게는 누룩을 넣은 빵보다 무교병이 더 나았을 것이다.

---

19 마 26:17; 막 14:12; 눅 22:1-23.
20 출 23:17.
21 출 12:15.
22 출 12:8.
23 Levine, p. 156. 이 절기의 정식 명칭은 "the Pilgrimage Feast of Unleavened Bread of the Lord"다.

나중에 누룩은 타락의 상징이 되었고, 집에서 누룩을 제거하는 것이 그들의 삶에서 모든 타락을 제거하는 표시로 여겨졌다. 신약성경에서 유일하게 그리스도를 유월절로 분명히 언급한[24] 고린도전서 5:7에서 바울은 어린 양—헬라어 원문에서는 명시적으로 언급되지 않는다—이 아니라 유월절 식사에서 부차적인 요소, 곧 집에서 누룩을 제거하라는 요구에 초점을 맞춘다. 그가 계속해서 던진 질문은 사실상 이런 뜻이다. "악하고 악의에 찬 누룩을 제거하지 않는다면 어떻게 명절[25]을 지킬 수 있는가?" 그리스도인의 정기적인 식사는 죄로 더럽혀지지 않은 "순전함과 진실함의 떡"이 되어야 한다.

그리스도인들에게는 무교절에 상응하는 절기는 없지만, 이 절기는 그리스도인에게 적어도 네 가지 중요한 '책임'을 상기해 준다. 첫째, 그리스도인은 신속하게 하나님의 뜻에 순종해야 한다. 둘째, 그리스도인은 절대로 우쭐해하며 영적 안주 상태에 빠지지 말아야 한다. 셋째, 그리스도인은 규칙적으로 자기 삶을 살펴보고 죄의 부패한 영향력을 일소해야 한다. 마지막으로, 그리스도인은 영양가가 높은 진리의 음식을 먹고, 진리로 오인하기 쉬운 타협이라는 그럴듯한 정크 푸드를 멀리해야 한다.

4. 첫 이삭의 제사: 하나님이 소유권을 주장하신다(23:9-14)

다음 절기는 이스라엘 민족이 약속의 땅을 소유하고 올보리를 수확할 때를 예고한다. 이것은 절기라기보다 행사였다. 부득이하게도, 이 절기의 날짜를 미리 정할 수 없었기 때문에 그 날짜가 정해져 있지 않다. 날짜는 첫 곡식이 익는 때에 따라 달라졌다.

---

[24] 이것을 암시적으로 언급하는 구절은 많다. 예를 들면, 요 1:29, 36; 벧전 1:18-19; 계 5:6, 8, 12, 13; 12:11이 있다.
[25] 바울이 고전 5:8에서 사용한 "명절"은 문맥에서 무엇을 의미하는지 분명하지 않다. 이 단어는 성찬식을 암시하는지도 모른다. 그러나 현재 진행 시제를 사용하기 때문에 이 단어는 우리가 매일 드리는 삶의 제사를 지칭할 수도 있다. A. C. Thiselton, *The First Epistle to the Corinthians*, NIGTC (Grand Rapids, MI: Eerdmans; Carlisle: Paternoster, 2000), p. 406를 보라.

보리가 익었을 때 "너희의 곡물의 첫 이삭 한 단"을 제사장에게로 가져가면 제사장은 하나님께 예물을 드린다는 표시로 "그 단을 여호와 앞에…흔들었다"(10-11절). 하나님은 만물에 우선적인 소유권을 갖고 계셨다. 가장 먼저 난 것, 가장 먼저 수확한 것, 가장 좋은 것은 그분 몫이었다. 사람들은 처음 수확한 열매를 하나님께 바치고 난 후에야 나머지 수확물을 누릴 수 있었다(14절). '요제'를 드릴 때에는 번제와 소제도 함께 드렸다. 그날은 큰 축제일이었을 것이다.

이런 제의적 행위는 이스라엘과 주변국들을 분명하게 구별해 준다. 주변 국가들의 다산제에서는 사람들이 자신의 신들을 조종하여 풍성한 수확물을 얻어 내려 했다. 이스라엘 민족은 그런 강요 행위 없이도 하나님이 풍성한 수확을 주시리라고 신뢰할 수 있었다. 익은 첫 곡식 단을 하나님께 바침으로써 그들은 그분이 모든 좋은 것의 원천이며, 비옥한 땅이 그분께 속했고 그분의 통치를 받고 있다고 인정했다.[26]

신약성경은 "첫 열매"라는 이미지를 상당히 많이 사용한다. 이것은 첫 분 납금을 의미하며, 이후에 동일한 것이 더 많이 이어지리라는 확신을 나타낸다. 그리스도는 부활하셔서 "잠자는 자들의 첫 열매"[27]가 되셨다. 부활의 본격적인 수확은 아직 도래하지 않았다. 기독교 신자들은 "성령의 첫 열매"를 누리고, 앞으로도 그들 삶에서 성령의 재창조 사역을 훨씬 더 누리게 될 것이다.[28] 그리스도인들 자신이 새 창조의 첫 열매이자, 그리스도가 재림하실 때 완성될 시대의 전조로 언급된다.[29]

5. 칠칠절: 하나님이 공급하신다(23:15-22)

첫 열매를 바치는 것이 보리 수확의 시작을 알렸다면 칠칠절은 그 종료를 표

---
[26] 약 1:17.
[27] 고전 15:20.
[28] 롬 8:23.
[29] 약 1:18. 17절과 18절은 이 제사에 뿌리를 둔다. 전자는 하나님이 모든 좋은 것의 제공자임을 인정하고, 후자는 첫 열매의 이미지를 사용한다.

시했다. 칠칠절이라는 명칭[30]은 이 절기의 개최 시기를 판단하는 방법으로 첫 열매를 바치는 날로부터 7주를 세는 관례에서 비롯되었다. 50일째 날에 사람들은 다시 "성회"로 모이고 노동을 하지 않았다(21절). 이 절기에는 새 곡식에 "누룩을 넣어서" 구운 떡 두 개를 하나님께 바쳤는데(17절), 이는 이스라엘 사람들의 평범하면서도 더 풍성한 식사를 나타냈다.[31] 떡에 누룩이 들어갔다는 점을 고려할 때, 그 떡은 제단에 두지 않고 봉헌의 행위로 여호와 앞에서 '올려' 드렸을 것이다. 이 의식 후에는 일곱 번제와 소제, 속죄제, 화목제를 드렸다. 이것은 하나님의 공급하심을 기뻐하는 거대한 축제였다.

이 규례에는 흥미로운 각주가 붙어 있다. 풍요의 축제 가운데 이스라엘 자손은 가난한 사람들에 대한 그들의 의무를 상기한다(22절).[32] 추수와 거룩함은 하나였다.[33] 그들은 이웃의 필요에 무관심한 채로 하나님께 헌신과 감사를 제대로 표현할 수 없었다.

16절에 나오는 "오십 일"이라는 말 때문에 이 절기는 오순절로 알려지게 되었다. 나중에 이 절기는 하나님이 자기 백성에게 주시는 또 다른 풍성한 양식인 율법의 수여와 연관되게 되었다. 그러나 그리스도인들에게 이 절기는 세 번째 선물, 곧 교회에 주시는 성령의 선물과 불가분하게 관련된다. 예수님이 죽은 자 가운데서 부활하시고 50일째 되는 날에 "다 같이 한 곳에 모여" 기다리던 제자들은 "다 성령의 충만함을 받았다."[34] 제자들은 자신들이 보고 들은 것을 통해 하나님이 그분이 약속하신 '선물'을 보내셨다고 확신했고[35] 새롭게 용기를 얻어 밖으로 나가 무리 가운데서 예수님이 "주와 그리스도"라고 전파했다.[36] 그 날 그들이 거둔 영적 추수는 엄청나서 교회 신도가 3천 명이나 늘었다.

---

30 이 명칭은 레위기에 나오지 않고 신 16:10에 언급되어 있다. 출 23:16에서는 "맥추절"이라고 부른다.
31 Noordtzij, p. 236.
32 이 구절들은 레위기 19:9-10의 명령을 반복한다.
33 느 8:10.
34 행 2:1-4.
35 행 1:4.
36 행 2:36.

6. 나팔절: 하나님이 기억하신다(23:23-25)

이제 가을에 열리는 절기들로 관심이 이동한다. 한 해 후반기의 첫 "성회"는 "일곱째 달 곧 그 달 첫날"에 열렸다.[37] 일곱째 달은 이스라엘 민족에게 큰 의미가 있었다. 그 달은 농사력에서 가장 한가로운 달이었기 때문에 얼마 동안 "일을 중지"할 여유가 있었다. 그러나 이 달이 정말로 중요한 이유는 일곱이 완전을 나타내는 숫자이고, 이 달에 몇 가지 축제가 열리기 때문이었다. 나팔절은 그 축제들 중에 첫 번째 행사였다.

이 절기를 설명해 주는 내용은 거의 없다. 우리는 이 절기가 사람들이 일하지 않는 이레 중 하루였으며, 그날에 특별한 번제를 드렸다는 것을 알고 있다.[38] 그러나 이날의 독특한 특징은 나팔(당신에는 금관 악기가 아니라 숫양의 뿔이었다)을 크게 불었다는 점이다.[39] "기념하다"라는 단어를 사용한 데서 알 수 있듯, 나팔 불기는 기억을 불러일으키는 것과 관련이 있었다. 말 그대로 이날은 "소리를 울려서 기념하는 날"[40]이다. 그러나 누구의 기억을 자극하여 무슨 기억을 불러일으키는 것일까?

다른 문화들에서 새해에 나팔을 부는 것은 악한 영을 물리치고 그들이 섬기는 신의 주의를 끌어서 앞날에 그 호의를 얻으려는 목적이 있었다. 그러나 이런 태도는 이스라엘의 신앙과 풍습에는 적합하지 않다. 하나님이 그들 편이시기에 이스라엘은 악한 영들을 달랠 필요가 없고 그들의 미래는 그분의 주권적이고 자비로운 손 안에서 안전하다. 존 하틀리가 제안하듯이, 여기서는 하나님과 그 백성이 서로 기억을 되살리는 것이 요점인 것 같다.[41] 시내 산에서 율법을 받을 때 나팔 소리를 크게 울렸고[42] 다른 중요한 절기와 축제마다 나팔

---

37 이 달은 나중에 티슈리(9-10월)라고 알려졌다.
38 민 29:1-6.
39 참고. 시 81:3.
40 Noordtzij, p. 237.
41 Hartley, p. 387. 이것은 Noordtzij의 견해와 상반된다. Noordtzij는 수 6:4; 마 24:31; 고전 15:52; 살전 4:16; 계 8-11장을 인용하면서 이것이 하나님의 심판에 대한 경고라고 믿는다.
42 출 19:16.

을 불었다.⁴³ 이스라엘은 나팔 소리를 들을 때마다 자신들이 언약 당사자임을 떠올린다. 그들은 언약에 복종하고 하나님을 따르는 데 충실했는가? 마찬가지로, 나팔 소리는 하나님께 그분이 이스라엘과 맺은 언약을 상기해 주었다. 이는 하나님이 언약을 잊어버리셔서 다시 확인해 줄 필요가 있었다는 뜻이 아니라⁴⁴ 이스라엘에 대한 약속을 지키겠다는 그분의 헌신을 새롭게 하는 수단이었다.

후대 유대교에서 이날은 신년일이 되었다. 기독교에는 나팔절에 상응하는 날이 없지만, 새해가 밝아 올 때 송구영신 예배를 드리거나 매년 교회 창립기념일을 지키는 관습—두 행사를 통해 새롭게 헌신을 다짐한다—은 이 절기를 본받은 것일 수 있다.

7. 대속죄일: 하나님이 용서하신다(23:26-32)

이스라엘의 죄를 완전히 용서받는 대속죄일은 앞에서 폭넓게 다루었다(16:1-34). 독특한 의식들을 거행하는 이날은 한 해의 가장 중대한 날임에 틀림이 없다. 특별히 선택한 염소 두 마리가 각기 다른 운명을 맞는 핵심적인 의식을 통해 지난해 동안 범한 모든 죄가 깨끗이 제거되었다. 한 마리는 백성을 위한 속죄 제물로 죽고, 그 피가 지성소와 회막에 뿌려졌다. 다른 염소는 산 채로 두었다가 대제사장이 그 염소에 안수하며 이스라엘의 죄악을 고백한 뒤 광야로 내보냈다. 이 염소는 이스라엘 자손의 죄를 짊어지고 광야로 나간 뒤 다시는 돌아오지 못했다. 이렇게 해서 "그들이 범한 모든 죄"(16:16)가 속죄되었다.

이 규례는 대속죄일을 "일곱째 달 열흘날"(27절; 참고. 16:29)⁴⁵에 지켜야 한다고 반복하고, 속죄일을 지키지 않을 경우 여호와가 직접 심판하시는 가장 엄

---

43 민 10:10.
44 사 49:15을 보라.
45 32절에서 "아홉째 날 저녁"을 언급한 것은 이스라엘의 하루가 해질 때부터 다음날 해질 때까지임을 암시한다.

한 벌을 받을 것이라고 덧붙인다(29절). 레빈은 이 절기가 한 해의 중요한 순례 절기보다 며칠 앞선 것은 이 순례 절기에 "적합한 상태로 성소와 백성을 확실히 회복하기 위해서"라고 지적한다.[46]

8. 초막절: 하나님이 기억나게 하신다(23:33-43)

한 해의 마지막 절기는 농사 주기를 마무리하는 이레 동안의 축제였다. 하틀리의 적절한 표현을 빌리자면, 이 절기는 "한 해 최고의 축제 행사"[47]였다. 이 규례는 이스라엘 민족이 약속의 땅에 정착하여 공동체로 흩어져 살 때를 분명히 내다본다.[48] 이 축제는 이스라엘 남자들이 예루살렘으로 순례를 떠나야 하는 세 절기 중 하나였다.

이 절기는 "일곱째 달 열닷샛날"에 시작하여(15절) 절기 내내 계속 제사를 드렸는데, 그 절정은 "여덟째 날"에 특별한 제물을 드리는 제사였다(36절). 첫날과 마지막 날에는 노동을 금지했다. 이 절기의 제물은 안식일에 통상적으로 드리는 제물처럼 일상적인 제물과 절기 때 드리는 개인적인 서원 제물이나 자원 제물 외에 추가로 드리는 것이었다(37-38절).

기본 규례를 보충하는 단락인 39-43절에 이 절기의 독특한 두 가지 특징이 나와 있다. 첫째, 감귤과 감람나무 열매를 수확하고 종려나무와 도금양나무와 버드나무 가지를 취하여 제단까지 즐겁게 행진했다(40절).[49] 둘째, 순례자들은 추수철에 들판에 세우는 것과 같은 임시 초막을 지었다(42절). "이스라엘에서 난 자는 다" 그들이 기념하는 사건에서 혜택을 입었기 때문에 이런 임시 초막에서 살아야 했다.

43절에 이런 임시 거주의 이유가 나와 있다. "이는 내가 이스라엘 자손을

---

46 Levine, p. 162.
47 Hartley, p. 388.
48 많은 학자들은 39-43절을 본래 명령에 바벨론 포로기 이후 추가된 것으로 본다. Milgrom, *Leviticus 23-27*, pp. 2036-2038를 보라. Milgrom은 이 절기의 이후 자세한 발전 과정을 매우 훌륭하게 다룬다.
49 시 118:27.

애굽 땅에서 인도하여 내던 때에 초막에 거주하게 한 줄을 너희 대대로 알게 함이니라." 이스라엘이 그들의 땅에 정착하여 영구 주택의 안락함을 누리게 되면 이집트에서 그들을 인도하고 광야 여정 동안 음식과 거처를 제공한 분이 여호와라는 사실을 쉽게 잊어버릴 것이다. 그들은 필요한 것을 스스로 공급할 수 있다고 생각하고, 자신들이 누리는 음식과 안전이 여호와의 관대함의 결과가 아니라 자신의 노동의 결과라고 생각할 가능성이 있었다.[50] 그러나 그들의 과거를 상기해 주는 이런 의식을 거행함으로써 적어도 일 년에 한 번은 그런 오만이 줄어들었을 것이다. 많은 사람이 이 절기의 주요 목적을 순례자들에게 그들이 광야에서 경험한 고난을 상기시키고 그들이 그 이후 누린 것에 감사의 마음을 북돋우기 위한 것이라고 이해한다. 그러나 더 긍정적인 해석도 가능하다. 이 관습의 목적은 그들의 옛 고난을 되새기는 것이 아니라 현재 여호와의 공급하심을 주목하게 하는 것일 수도 있다. 여호와는 혹독한 광야에서 그들을 지키시고 필요한 것을 공급하셨다. 그렇다면 그분은 약속의 땅에서도 그들의 필요를 공급하시지 않겠는가? 하틀리는 이런 해석을 주장하면서 그들이 광야의 보잘것없는 나무가 아니라 약속의 땅에서 자란 눈부시게 아름다운 나무로 초막을 지었다고 지적한다.[51]

우리가 이 절기의 후대 풍습을 통해 알듯이, 이날의 주요 목적 중에는 하나님이 곡식에 비를 내려 주시기를 기도하는 것도 있었다. "사방으로 가지를 흔드는 것은 비를 가져오는 사방의 바람을 부르는 것이다."[52] 이 절기에 덧붙여진 헌수 의식(water libation)도 마찬가지였다. 예수 그리스도 시대에 이 절기를 거행할 때는 하나님께 비를 기원하기 위해 실로암 연못의 물을 떠서 수문을 통과하여 성전으로 가져가 쏟는 의식을 반드시 시행했다. 랍비들은 이 의식이 모세가 므리바 광야에서 백성에게 물을 공급하기 위해 지팡이로 바위를 내리친 사건에서 비롯되었다고 주장했다.[53] 그들은 하나님이 이전에 그렇게 하셨듯이 다

---

50 신명기 8장은 여호와가 과거에 하신 일을 망각하는 것의 영적 위험성을 경고한다.
51 Hartley, pp. 389-390.
52 Milgrom, *Leviticus 23-27*, p. 2043.

시 그렇게 해달라고 기원했다.

그런데 또 다른 희망이 물에 대한 염원과 결합되었다. 이것은 에스겔[54]과 스가랴[55]가 예언했듯이 생명을 주는 물이 성전 중앙에서 흘러나오는 메시아의 날을 상징하게 되었다. 유대인들은 메시아가 오실 때 적들이 패배하고 지극한 평화와 번영의 시대가 도래하리라고 믿었다. 수 세기 후 예수님은 순례자로 이 축제에 참여하시고, "명절 끝날 곧 큰 날에"—이날에는 전날들처럼 행렬을 지어 물을 나르는 의식을 하지 않았을 것으로 생각된다—"누구든지 목마르거든 내게로 와서 마시라. 나를 믿는 자는 성경에 이름과 같이 그 배에서 생수의 강이 흘러나오리라"라고 외치셨다. 예수님은 요한복음 7:37-44에 기록된 이 놀랍고 논쟁적인 부르심을 통해 그분이 오셔서 메시아의 날이 이미 도래했음을 선포하고 계셨다.

초막절의 희망과 열망이 예수님 안에서 성취되었기 때문에 그리스도인들에게는 이에 상응하는 절기가 없다. 그럼에도 이 절기가 보여주는 몇 가지 교훈을 마음에 새기는 것이 현명하다. 과거를 회상하는 것은 중요하다. 하나님의 백성은 과거를 잊고 위험에 처한다. 궁핍한 날에 지난날 하나님이 공급하신 은혜를 기억하는 것은 계속 그분을 신뢰하는 데 필요한 힘을 제공해 줄 수 있다. 번영하는 날에 하나님이 공급의 원천이셨음을 기억하면 겸손하게 되어 자급자족할 수 있다는 어리석은 생각을 피할 수 있다. 기억은 중요하다. 이 절기는 또한 우리가 순례자로 부름 받았음을 일깨워 준다. 이스라엘이 약속의 땅에 들어간 후에 그랬듯이, 영적으로 안주하고 자기만족 상태에 빠지기란 얼마나 쉬운가. 하나님이 공급하시는 물질을 감사함으로 받으면 그것을 누릴 수 있다.[56] 하지만 우리의 편의를 위해 계획된 바로 그 축복이 쉽게 덫이 될 수 있다. 따라서 우리는 땅의 것에 냉담한 태도를 취하고, 물질적 소유에 우리의 희망과

---

53 민 20:1-13. 삼상 7:6도 보라.
54 겔 47:1-12.
55 슥 14:8.
56 딤전 4:4.

신뢰를 그릇 두기보다는 하나님에 대한 신뢰를 키워야 한다.[57] 이 땅에서 하나님의 백성은 순례하는 사람에 불과하다. 순례자들은 영원한 안식의 최종 목적지에 도달할 때까지 항상 이동하며, 항상 성장하며, 항상 영적 진보를 이루어 나가야 한다.[58]

월터 카이저는 이 절기들의 의미를 다음과 같이 다소 감미롭게 요약했다. "안식일이나 절기는 연인들의 입맞춤과 같았다. 절기는 항상 변함없는 진실을 특별한 순간으로 집중시켰다."[59] 하나님이 자기 백성이 그분을 신뢰함으로써 얻는 안식을 알기 원하신다는 것은 항상 변함없는 진실이다. 하지만 우리는 일주일에 한 번, 미친 듯이 바쁘게 돌아가는 삶을 멈추고 일곱째 날에 하나님의 안식과, 아무도 노동시장에서 착취당해서는 안 된다는 그분의 바람을 기억한다. 하나님이 구원하시고, 자기 백성에게 양식을 주시고, 그들의 헌신을 요구하시고, 그들의 필요를 공급하시고, 그들에게 그분의 언약을 기억하게 하시고, 그들의 죄를 용서하시고, 그들의 정체성을 깨닫게 하신다는 것은 늘 변함없는 진실이다. 그러나 특별한 날을 정해 이런 진실들을 특별한 방식으로 기념하고, 그것들을 이미 알고 있다고 여기는 주제넘음을 피하는 것은 도움이 된다. 요즘 그리스도인들 중에도 특별한 날을 지키는 것이 의무는 아니지만 그렇게 하면 영적 생활에 도움이 된다는 것을 아는 이들이 있다. 그리스도가 오신 이후로는 외적 준수 여부를 기준으로 서로 판단하지 않는 것이 중요하다. 이런 부분에서는 하나님 앞에서 우리 양심이 명령하는 것을 행해야 한다. 무엇보다도, 그림자 역할을 하는 이런 날들에 지나치게 집착하지 말아야 한다. 왜냐하면 그것들은 단지 미래의 실재를 가리킬 따름이기 때문이다. 오히려 우리는 우리의 구속자요 보호자요 공급자이시며, 우리 삶의 가장 새로운 것과 최고의 것을 요구하시는 주님이신 그리스도의 실재 자체를 단단히 붙들어야 한다.[60]

---

57 딤전 6:6-10, 17-19.
58 히 4:11.
59 Kaiser, p. 1160.
60 롬 14:5; 골 2:16-17.

절기를 지키는 것은 전혀 힘든 일이 아니었다. 절기는 사람들에게 공간을 제공하고 다른 사람과 하나님과 다시 연결해 주었다. 절기를 통해 그들은 하나님의 선하심을 숙고하고, 삶의 초점을 재조정하고, 앞으로도 그분을 신뢰할 것을 새롭게 다짐했다. 이런 절기는 하기 싫은 일이 아니라 이스라엘이 하나님을 앎으로써 경험하는 기쁨을 증명해 주었다.[61] 다음에 나오는 조셉 하트(Joseph Hart)의 짧은 찬송에는 절기가 주는 종합적인 메시지가 잘 드러나 있다.

우리가 경배하는 하나님은 얼마나 좋으신 분인지
우리의 신실하고 변함없는 친구라네!
그분의 사랑은 그분의 능력만큼 위대하시고
그 크기도 끝도 알 수 없네!

처음이자 마지막이신 예수님
그분의 성령은 우리를 안전하게 집으로 인도하시리.
지난 모든 것을 인하여 그분을 찬양하리라.
다가올 모든 것에 대해 그분을 신뢰하리라.[62]

---

61 Kellogg, p. 473.
62 Joseph Hart (1712-1768).

20장

거룩한 물건의 보호에 관한 하나님 말씀
24:1-23

오늘날 거룩한 시간과 장소와 물건과 행위가 자기들 영성에 유용하다고 생각하는 사람들이 많다. 그중에는, 심지어 역사적으로 그것들에 매우 의구심을 표명했던 일부 복음주의자들도 있다. 복음주의자들의 의심은 종교개혁과, 마르틴 루터와 다른 사람들이 성지 순례, 유물 숭배, 종종 미신적인 마술로 취급받았던 사제들의 행동에 보여주었던 태도까지 거슬러 올라갈 수 있다. 이런 거룩한 것들의 배후에는 항상 우상숭배의 위험과 공로에 의한 구원 신앙이 숨어 있다. 신약성경 어디에서도 특정한 날이나 장소, 물건, 행위를 '거룩한' 것으로 지키라는 명령은 고사하고 권고도 찾아보기 힘들다.[1] 오히려, 신약성경은 정반대로 가르친다. 우리는 앞 장에서 신약성경이 특별한 날들에 무관심한 태도를 보인다는 것을 살펴보았다.[2] 아울러 어떤 특별한 사람이 제사장의 지위를 받지 않으며, 숭배할 가치가 있다고 묘사하지 않는다는 점을 덧붙일 수 있다.[3] 어떤

---

1 최신 논의는 Peter Adam, *Hearing God's Words: Exploring Biblical Spirituality* (Leicester: Apollos; Downers Grove, IL: IVP, 2004), pp. 148-162를 보라.
2 골 2:16-17.

장소도, 심지어 예루살렘도 순례할 가치가 있는 곳으로 권장하지 않는다."

그러나 구약성경에서는 상황이 달랐다. 특정 장소, 시간, 행위, 물건은 거룩한 것으로 지정되고, 영성에 대한 실물 교훈이자 언젠가 그리스도 안에서 실현될 실재의 '유형'(원형)으로 이용되었다. 성막은 거룩한 공간이며 지성소는 가장 거룩한 공간이었다. 제사는 거룩한 행위였다. 안식일과 절기는 거룩한 시간이었다. 또한 거룩한 물건은 주의 깊게 다루어야지, 평범한 물건처럼 다룰 수 없었다.

많은 이들이 24장에서 일관성을 거의 발견하지 못하고, 이 시점에 이 장이 포함된 뚜렷한 이유도 찾지 못한다.[5] 하지만 이 장은 세 가지 거룩한 물건, 곧 성소에 있는 등잔과 상 위에 놓는 떡과 하나님의 거룩한 이름을 관리하고 보호할 필요성을 다룬다. 이것들은 특별한 주의를 기울일 가치가 있었다. 이 장에서는 등잔과 떡의 경우에는 명령의 말씀으로(1-9절), 하나님의 거룩한 이름의 경우에는 이스라엘에서 발생한 슬픈 사건을 기록하여 그 중요성을 가르친다(10-23절).

1. 거룩한 물건의 보호(24:1-9)

a. 평범한 봉사의 중요성

등잔불과 떡을 관리하라는 짧은 명령에는 "계속해서"(개정개역 성경은 3, 4, 8절에서 "항상"으로 번역한다-역주)라는 단어가 네 번(2, 3, 4, 8절) 나온다.[6] 이것은 이 시점에 이 명령들이 포함된 이유에 대한 단서와, 이 명령들이 강조하려는 핵심 원리를

---

3 참고. 행 14:8-20.
4 행 6:8-7:59은 예루살렘이 아니라 예수님이 우리 신앙의 중심이요 우리가 하나님을 만나는 장소라고 가르친다.
5 Mary Douglas는 레위기의 순서를 하나의 주기(cycle)로 설명하려고 시도했다. 이 주기에서는 이 장에 나오는 거룩한 이름을 더럽히는 것이 레 10장의 거룩한 장소를 더럽히는 것에 대응된다. 이 두 장은 레위기에서 유일하게 내러티브 단락을 포함한다. Douglas, "Forbidden Animals", p. 11. 이 책의 서론 p. 22를 보라.
6 NIV는 이 단어 중 마지막 단어를 "정기적으로"(regularly)라고 번역한다.

우리에게 제공한다. 23장에서는 한 해의 주요 행사를 간략하게 소개했다. 이와 반대로 이 구절들은 매일과 매주에 행하는 일상적인 일을 다룬다. 등잔불은 매일 돌보아야 하고, 진설병은 매주 교체해야 한다. 이 일은 어느 모로 보나 하나님을 위한 특별하지 않은, 일상적이며 정례적인 봉사였다. 그럼에도 이것은 큰 절기를 주관하거나 많은 제사를 드리는 것만큼 중요했다.

중요한 집회와 유명 강사에 집중하는 오늘날 많은 기독교 단체의 위험은 젊은 기독교 지도자들 앞에 잘못된 열망을 제시하는 것이다. 일부 지도자들은 화려한 겉모습만 보고 미처 준비를 갖추기도 전에 축하 행사에서 눈에 잘 띄는 자리를 차지하고 싶어 한다. 그들은 하나님을 섬기는 대부분의 일이 그렇듯 평범하고 작고 일상적인 일에서 신실하게 하나님을 섬기는 것이 얼마나 중요한지 깨닫지도, 이해하지도 못한다.

제자들은 예수님의 학교에서, 다른 사람들이 시간을 투자할 가치가 없다며 무시하는 평범하고 작은 일을 통해 하나님을 섬길 필요성을 이해하는 법을 훈련받았다. 아이들에 대한 예수님의 태도, 연약한 제자들을 뜻하는 "작은 자들"[7]을 보살피는 일에 대한 강조, 소박한 "냉수 한 그릇"[8]에 부여하신 의미는 그분이 무엇을 중요하게 여기시는지에 대한 통찰을 제시한다. 지혜로운 청지기 이야기를 하신 후 그분이 말씀하신 내용도 마찬가지다. 표면적으로는 예수님이 불성실을 칭찬하시는 것처럼 보이기 때문에 이 이야기를 이해하기 어려울 수 있지만, 그분이 이 이야기에서 이끌어 내시는 교훈은 매우 분명하다.[9] 하나님을 섬기는 종들은 큰일을 맡기 전에 먼저 작은 일에, 영적 책임을 맡기 전에 세속 책임에, 자신의 소유물을 맡기 전에 다른 사람의 소유물을 충실하게 다루는 모습을 보여주어야 한다.[10]

---

7 마 10:42; 18:6, 10, 14.
8 마 10:42; 25:35.
9 눅 16:1-15. 이 비유는 불성실을 칭찬하지 않는다. 당시의 사업 환경을 감안하여 해석할 때, 청지기는 자기 주인에게 빚을 진 사람들의 부채를 삭감해 주는 결단성과 예민한 민첩성을 보여준다. 탁월한 해설을 원한다면 Kenneth E. Bailey, *Poet and Peasant* (GrandRapids,MI: Eerdmans, 1976), pp. 86-118를 보라.
10 눅 16:10-12.

구약 시대 제사장들은 "사소한 일과, 곧 평범한 일에 우리가 매일 하나님께로 더 가까이 다가갈 수 있는 길이 있다"[11]는 것을 이해했을 것이다. 등잔불을 지키고 떡을 새로 교체하는 일은 단순하고 일상적인 일로, 하나는 매일 하는 일이고 다른 하나는 일주일마다 해야 하는 일이었다. 이 일들을 통해 하나님의 빛을 어두운 세상에 비추고, 배고픈 사람들이 하나님의 음식을 이용할 수 있었다.

사실, 많은 사람이 끝없이 반복되는 지루한 일에 녹초가 된 나머지 그 일을 통해 하나님께 더 가까이 다가가고 있다는 점을 알지 못한다. 이럴 때 우리는 예수님을 바라보아야 한다. 루스 에첼스(Ruth Etchells)의 기도는 이를 뛰어나게 표현한다. 그녀는 "끝없이 계속되는 일상의 피곤함"과 좌절에 대해 불만을 토로한 후, 계속해서 이렇게 기도한다.

그리고 주 그리스도 당신께 내 눈을 돌립니다.

당신은 영원의 무한한 공간과
하늘의 빛나는 고요함을 포기하셨습니다.
당신의 능력과 영예와 합당한 영광을 버리고
참담할 정도로 유한한 인간의 삶이 되었습니다.

오 나의 주 그리스도여, 무엇 때문에? 누구를 위해서입니까?
그렇습니다, 주님, 맞습니다. 우리를 위해서입니다. 나를 위해서입니다.

당신은 사랑으로 가득한 영원한 교제,
완벽한 신뢰, 완벽한 하늘의 신실한 사랑을 포기하시고
하찮게 여김과 경멸과 오해,

---

11 John Keble (1792-1866)의 "New every morning is the love"에서 인용.

당신의 친구들이 당신에게 줄 수 있는 제한적인 사랑,
당신의 적들에게서 굴욕과 죽음을 당하셨습니다.

그렇습니다. 주님, 옳습니다. 우리를 위해서입니다. 나를 위해서입니다.

오 나의 주님, 나를 용서하소서. 당신은 스스로 나와 같이 지루하고 낙심되는 이런 평범한 인간의 삶을 택하시고 그 삶을 통해 우리가 창조된 목적이며 내가 고대하는 천국의 삶의 영광과 풍요로움을 언뜻 보여주셨기 때문입니다. 당신은 지금 여기에서 천국의 삶을 사는 법을 보여주셨습니다. 당신은 우리가 그렇게 살 수 있는 길을 활짝 열어 놓으셨습니다.

오 주님, 오늘 이 진리를 붙잡을 수 있도록 도우소서. 그리하여 내가 하는 평범한 일들과 나의 모든 만남이 비록 희미하다 해도 천국의 빛[12]을 나타내게 하소서. 사랑하는 주 그리스도여, 장차 나를 온전히 천국으로 이끄소서.

아멘.[13]

b. 등잔불 관리(24:1-4)[14]

제사장들은 이스라엘 자손에게 "감람을 찧어 낸 순결한 기름"을 가져오게 하여, "여호와 앞에…등잔불"이 밤낮 없이 계속해서 타도록 관리했다. 제사장들은 기름이 절대 떨어지지 않게 하고 심지를 계속 다듬어야 할 의무가 있었다. 가지가 여섯인 순금 등잔대는 성소 남쪽에 세워져 있었다.[15] 등잔불은 하나님이 빛의 창조자시며, 밤에 해가 져도 그분의 능력을 전혀 잃지 않고 계속 세상

---

12 이 단어는 "빛" 또는 "광휘"를 뜻한다.
13 Ruth Etchells, *Just as I Am: Personal Prayers for Every Day* (London: SPCK, 1994), pp. 58-59. 저자의 허락을 받고 사용했다.
14 이 명령은 출 27:20-21에서 반복된다.
15 자세한 내용은 출 37:17-24; 40:24-25에 나온다.

을 다스리신다는 것을 상기해 주었다.[16] 밤에 타는 불빛은 그들 가운데 하나님의 한결같은 임재를 나타냈으며, 불빛이 없다면 혼돈과 어둠이 곧 잠식했을 것이다. 이런 배경에 비추어 볼 때, 빛은 하나님의 "질서와 선하심과 안정"[17]을 나타냈다. 등잔불은 의미가 가득한 거룩한 물건이며, 만일 사람들이 아무리 기초적이라고 해도 "하나님은 빛이시라. 그에게는 어둠이 조금도 없으시다"[18]는 것을 진정으로 이해한다면 사랑과 관심으로 관리해야 할 필요가 있었다. 우리는 구약 시대 제사장들이 등잔불을 돌볼 때 보여준 동일한 규칙성과 애정과 관심으로 주 예수님과의 관계를 유지해야 한다.

c. 떡을 새로 진설함(2:5-9)

등잔불 맞은편으로 성소 북쪽에는 또 다른 거룩한 상징, 곧 "임재의 떡"을 놓는 상이 있었다. 역시 금으로된 이 떡상은 높이 약 75센티미터, 길이 약 1미터, 폭 50센티미터로 들고 다닐 수 있게 만들었다.[19] 매주 그 위에 놓는 떡 때문에 이 떡상의 거룩함을 간과해서는 안 되었다. 매주 안식일에 새 떡 열두 개를 그 위에 두 줄로 놓고, 유향을 그 옆에 두었다.[20] 떡 열두 개는 하나님이 이스라엘 열두 지파에 풍족한 양식을 공급하신다는 것을 나타냈다. 이 떡은 문자 그대로 "얼굴의 떡" 즉 이스라엘 자손이 하나님의 얼굴 앞에 계속 있게 하는 떡이다. 유향은 "기념물로 여호와께 화제로 삼을 것"(7절)으로, 백성의 필요를 하나님 앞에 퍼뜨린다. 이 모든 상징은 나팔절 같은 절기와 함께, 하나님이 그분이 자기 백성과 맺은 언약이나 그들의 관심사를 결코 한시도 잊지 않으시게 한다.[21]

---

16 Gerstenberger, p. 356.
17 Bellinger, p. 143.
18 요일 1:5.
19 출 37:10-16.
20 Hartley, p. 401. 그는 아론과 그의 아들들이 이 떡을 먹었기 때문에(9절) 유향을 떡에 뿌리기보다는 그 주위에 놓았을 가능성이 많다고 지적한다. 떡을 만들고 나서 일주일 뒤에 먹었다는 점을 감안할 때 틀림없이 떡에 누룩을 넣지 않았을 것이다.
21 Hartley, p. 402. 그는 "제사장들이 이 떡을 먹는 것은 아마도 열두 지파의 모든 구성원이 여호와와 함께하는 식탁 교제에 참여하는 것을 상징했을 것"이라고 덧붙인다.

d. 신약성경의 눈으로 본 상징

예수님은 스스로 "세상의 빛"[22]과 "생명의 떡"[23]이라는 칭호를 주장하셨다. 빛이신 그분은 우리 죄와 기만의 극심한 어둠을 뚫고 우리를 인도하여 생명을 주시는 하나님의 빛 가운데 걷게 하신다. 떡이신 그분은 우리의 주린 영혼을 먹이시고 우리 삶의 가장 깊은 갈구, 곧 다른 음식으로 결코 채울 수 없는 갈급함을 만족시키신다.

하지만 이 상징들이 예수님 안에서 궁극적으로 성취되었다고 해도, 이 상징들은 제자들이 세상에서 하는 사역에도 함축적 의미가 있다. 그리스도는 우리에게 열방 가운데 그분의 빛을 비추고, 우리 스스로 "세상의 빛"[24]이 되라고 명령하신다. 우리는 생명을 주시는 예수님의 빛을 마치 수치스러운 것인 양 피하지 말고 우리 삶을 통해 당당하게 드러내야 한다. 우리가 "세상을 위한 떡"이라는 말씀은 없지만, 예수님이 5천 명을 먹이실 때 제자들에게 주신 명령은 오랜 세월이 지난 지금 우리에게도 크게 울리고 있다. "너희가 먹을 것을 주라."[25] 빛이 밝게 비치고 떡이 상하지 않으려면 예수님의 제자들은 정기적으로—매일과 매주—주님과 만나야 한다. 마음 내킬 때만 어쩌다 한 번씩 "등잔불을 돌보거나 떡을 새로 진설하는 것"보다 일상 영성 훈련을 지속하는 것이 훨씬 더 유익하다.

2. 거룩한 이름의 보호(24:10-23)

이 장 후반부는 가장 거룩한 존재의 "이름"을 보호하는 문제를 다룬다(11절). "이름"은 한 사람의 전 인격을 나타내기에, 하나님의 이름을 저주하는 것은 그분의 거룩한 인격을 저주하는 것과 같았다.

---

22 요 8:12.
23 요 6:35.
24 마 5:14.
25 마 14:16.

a. 비극적인 사건(24:10-16, 23)

여기에 언급된 사건은 레위기에 삽입된 단 두 개의 이야기 중 하나다.[26] 이것은 이집트인 아버지와 이스라엘인 어머니에게 태어난 반(半) 이스라엘 사람이 "여호와의 이름을 모독하며 저주한"(11절) 사건이다. 본문에 저주의 내용이 자세히 나오지는 않지만, 그 말을 들은 사람들은 분명히 그가 제3계명을 심각하게 위반했다고 생각했을 것이다. 조지 나이트는 범죄자가 틀림없이 하나님의 이름을 단순히 욕설로만 사용하지 않고, "여호와이신 야웨가 그분의 이름과 같지 않다고 말하여 이스라엘 백성의 신앙을 사실상 파괴하려고 시도했을 것이며, 따라서 그는 언약의 이상이 아주 터무니없다고 암시했을 것"[27]이라고 제안한다. 신성모독은 하나님에 대한 대역죄였다.

사람들은 "주님의 뜻이 그들에게 밝혀질 때까지"(12절, 새번역) 그를 임시로 "가두었다"[28](구약성경에서 감금을 언급하는 드문 경우다). 여기서도 자세한 내용은 누락되어 있다. 그들은 여호와의 뜻을 어떻게 판단했을까? 본문을 읽어 보면, 아론의 우림과 둠밈을 사용하는 대신 여호와의 뜻이 모세에게 직접 전달된 것 같다. 의사소통 수단이 무엇이었든 간에 판결은 그 남자를 사형에 처해야 한다는 것이었다. 이 범죄는 하나님의 명예를 더럽히고 이스라엘의 정체성과 소명의 전체적인 기초를 약화했기 때문에 사형에 처할 만한 중죄였다. 이런 성격의 범죄는 비록 일차적으로는 하나님에 대한 범죄이지만, "하나님께 의존하는 국가에 대한 범죄"[29]이기도 했다. 그래서 이스라엘 "온 회중"이 그를 끌어내어 돌로 쳐 죽였다(14절). 아마도 열두 지파 지도자와 대표들을 통해 사형을 집행했을 것이다. 그 남자가 순수한 이스라엘인이 아니라고 해도 아무런 차이가 없었다. 순수한 이스라엘 사람, 반 이스라엘 사람, 외국인을 무론하고 하나님의

---

26 다른 이야기는 10:1-9에 나온다.
27 Knight, p. 148.
28 Wenham, p. 286. 그는 Driver와 Miles가 감금이 공동체에 많은 비용을 발생시키고, 대개는 죄수를 타락시키며, 그의 가족들에게 부당한 고통을 안겨 주기 때문에 후대의 발명품이라고 말한 내용을 (찬성하며?) 인용한다.
29 C. J. H. Wright, "Leviticus", p. 152.

성호와 그것이 상징하는 모든 것에 뻔뻔하고 오만한 행위를 한 사람은 누구든 결코 용납할 수 없었다. 거룩한 이름은 마땅히 보호해야 한다.

b. 일반 원리(24:17-22)

이 특정 사례는 율법에 대한 더 폭넓은 숙고로 이어지지만, 특정한 것과 일반적인 것을 긴밀히 연결하는 방식으로 이루어진다. 신성모독자의 사형 집행에 곧바로 이어서 살인자를 사형에 처하라는 명령을 배치한 것은 신성모독을 살인과 같이 간주한다는 것을 암시한다. 하나는 하나님에 대한 중대한 공격이고, 다른 하나는 하나님의 형상으로 지어진 동료 인간에 대한 극악무도한 공격이다.[30] 따라서 이 둘은 모두 사형에 처할 만한 죄다.

율법의 일반 원리는 '복수법'(lex talionis) 곧 "생명으로 생명을…부러뜨린 것은 부러뜨린 것으로, 눈은 눈으로, 이는 이로"(18-20절, 새번역) 갚는 것으로 알려져 있다. 정의는 정확한 상호성의 원리에 기초했다. 이 법은 많은 목적을 달성했다. 레위기의 다른 법들이 이미 강조했듯이, 이 법은 생명의 신성함을 강조했다. 비록 계획적인 살인과 그렇지 않은 살인의 차이를 적절히 참작한다 해도,[31] 타인의 생명을 취하면 반드시 자신의 생명을 내주어야 했다. 폭력 범죄자가 다른 사람의 팔이나 신체 기관을 훼손하는 경우 그는 자신의 팔이나 신체 기관에 대한 권리를 박탈당했다. 이 율법은 범죄자에 부과할 처벌을 제한하고 무차별적인 복수를 억제하여 보복의 악순환을 미연에 방지하는 목적도 있었다. 어떤 사람이 한쪽 눈을 잃은 경우, 그 대가로 생명을 취하거나 집을 날려 버리고 가족을 길거리로 내몰 권리는 없었다. 처벌은 범죄보다 더도 덜도 말고 똑같아야 했다. 또한 법정과 치안 판사들이 공동체와 피해 당사자를 대신하여 처벌을 집행해야 했다.[32] 복수법은 법 집행을 개인의 손에 맡긴다는 선언이 아니었다.[33] 이 법의 신명기 버전은 "긍휼히 여기지 말라"라는 말씀으로 시작하는데, 정의

---

30 Balentine, p. 187.
31 신 19:1-7은 비의도적으로 살인을 저지른 사람들을 위해 세 군데에 도피성을 만들었다.
32 출 21:22; 22:8-9.

를 집행할 때 부적절한 감상주의를 배제할 뿐 아니라 법정이 법을 시행할 때 완전히 공평해야 할 필요성을 강조했다.[34]

'복수법'은 인간에게 적용한다. 짐승에게 해를 입히는 경우는 다른 범주에 해당한다(21절). 짐승에게 해를 입히면 거의 확실하게 그 주인의 재산에 손실을 입히기 때문에 심각한 문제였을 것이다. 따라서 주인에게 반드시 보상을 해야 한다. 그러나 짐승의 생명은 인간의 생명만큼 가치 있지 않았다. 따라서 보상이 필요하기는 해도 동일한 처벌을 요구하지는 않았다.

구약성경의 법은 인간의 생명을 짐승의 생명보다 더 소중하게 여기고 처벌을 제한함으로써 당시의 다른 법들과는 비교가 되지 않는 인도주의를 모범으로 보여준다.

앞서 17장에서 사형을 언급할 때 논의했듯이[35] 현대 법정이 이런 법들에 따라 형벌 정책을 접근하는 방법을 결정해야 하는지에 대해서는 의견이 분분하다. 사람들은 적어도 보상을 강조한다면 현대 형벌 제도가 크게 개선될 것이라고 느낄 것이다. 하지만 여기서 곁길로 빠져 형벌 정책을 논의한다면 우리는 이 장의 주요 취지를 놓치게 될 것이다. 거룩한 것은 반드시 보호해야 한다. 우리는 거룩한 것이 어떤 식으로든 폄하되거나 경멸당하지 않도록 조심해야 한다. 하나님의 영광을 높이기 위해 우리는 중대하고 특별한 일뿐만 아니라 작고 일상적인 일들도 살펴야 한다.

그리스도인들에게는 보호해야 할 거룩한 장소나 날, 물건, 행위는 더 이상 없을 것이다. 이것은 다 과거의 일이다. 어떤 사람들이 이런 것들을 영적 성장의 보조 도구로 사용한다면 좋은 일이지만, 그것들을 얼마나 많이 사용하는지를 두고 다른 사람의 영성을 판단해서는 안 된다. 또한 표상에 머물러 그 너머

---

33 예수님이 이 법을 언급하신 이유는 복수법을 사적으로 집행하려는 사람들에게서 이 법을 보호하여 법정이라는 적정 장소에서 실행하게 하려는 의도인 것 같다. 마 5:38-42을 보라.
34 신 19:21. 신 19:15-21은 레 24장보다 더 폭넓은 몇 가지 원리와 더 폭넓은 정의의 철학을 제시한다. Wenham, p. 282를 보라.
35 이 책 pp. 322-323를 보라. 현대 사회의 신성모독 법에 관한 논의는 A. J. Rivers, "Blasphemy Law in the Secular State", *Cambridge Papers* 14 (1982)를 보라.

실재를 보지 못하는 위험에 빠지지 않도록 경계해야 한다.

그러나 하나님의 인격은 여전히 거룩하시다. 아버지 하나님의 이름과 그 이름이 나타내는 모든 것, 아울러 우리 신앙의 새로운 중심이신 예수님의 거룩한 인격은 여전히 공경해야 한다. 그것을 공경한다는 것은 어떤 의미일까? 또한 우리는 거룩한 것을 거의 인정하지 않는 사회에 속한 다른 사람들에게 어떻게 그렇게 하도록 격려할 수 있을까? 우리의 의지를 다른 사람에게 강요할 수는 없다. 그러나 우리의 모범과 헌신을 통해 그들이 우리가 소중히 여기는 그 이름과 인격을 존중하도록 권면할 수는 있다. 하나님의 이름을 존중한다는 것은 분명히 그 이름을 욕설로 사용하지 않는다는 뜻이다. 또한 우리는 항상 정직하게 말해야 하기 때문에 맹세할 때 하나님의 이름을 사용할 필요가 없다는 것을 알아야 한다. 야고보가 말했듯이 "내 형제들아, 무엇보다도 맹세하지 말지니 하늘로나 땅으로나 아무 다른 것으로도 맹세하지 말고[36] 오직 너희가 그렇다고 생각하는 것은 그렇다 하고 아니라고 생각하는 것은 아니라 하여 정죄 받음을 면하라."[37] 더 나아가 그분의 이름을 존중한다는 것은 하나님의 이름을 비방하거나 예수님의 인격을 폄하하지 않으며, 또한 우리 삶에서 그분들의 주권적 권위에 대항하는 일을 하지 않는다는 뜻이다. 우리는 삶과 입술로 삼위일체 하나님을 깊이 공경해야 한다.

---

36 후대의 유대인들은 맹세할 때 하나님의 이름을 사용하는 것을 피하고 우회적 표현을 이용했다. 하늘은 하나님의 거처였으며 땅은 그분 발등상이었다.
37 약 5:12.

21장

급진적 경제에 관한 하나님 말씀
25:1-55

진보적 관점으로 유명한 신문 「옵서버」(Observer)에서 레위기의 권고 내용을 찾아보기는 쉽지 않다. 그러나 1999년 10월 3일, 이 신문에는 "주빌리(Jubilee) 운동 결실을 맺다: 레위기 덕분에 부채 탕감 캠페인 '주빌리 2000'이 큰 승리를 거두다"라는 제목의 머리기사가 실렸다. 윌 휴턴(Will Hutton)은 세계 최빈국들의 부채를 줄이라는 전례 없는 국제적 압력에 여러 정부를 굴복하게 만든 주빌리 2000 캠페인의 성공을 환영하면서, 그 공로를 레위기에 돌리며 이렇게 썼다. "점점 세속화되는 세기 마지막에, 지금까지 난공불락 같은 성이었던 국제 금융 원칙에 불을 지른 것은 성경적 증거와 종교의 도덕적 상상력이었다. 그 결과 자본주의에 관한 급진주의의 길을 열었고 그 영향은 아직 확실히 알 수 없다." 이 캠페인은 레위기 25장에 나오는 희년에서 영감을 얻었는데, 희년의 주요 목적은 빚에 빠진 사람들에게 탈출로를 제공하는 것이었다.

이 장의 구조는 복잡하며 다루는 이슈는 희년보다 더 폭넓다. 하지만 그 핵심만큼은 23절에 잘 드러나 있다. "토지를 영구히 팔지 말 것은 토지는 다 내 것임이니라. 너희는 거류민이요 동거하는 자로서 나와 함께 있느니라." 이스라엘 민족은 약속의 땅을 차지했을 때 그 혜택을 누릴 수 있었지만 "그들에게는 그 땅에 대한 궁극적 소유권이 없고 하나님이 그 땅의 주인이심"[1]을 알았다. 따라서 가나안에서 그들의 지위는 그들 중에 사는 외국인의 지위와 같았다. 그들은 땅을 차지하고 일정한 보호 조치도 있었지만, 결국에는 그 땅을 소유하지 못했다. 과거나 지금이나 땅의 소유권은 가족에게 정체성과 안정감의 기초를 제공할 뿐만 아니라 경제활동에서 필수 요소다. 거룩함의 의미를 제시하는 것이 목적인 레위기 같은 책이 이 이슈를 언급하지 않았다면, 매우 중요한 영역을 빠뜨리게 되었을 것이다. 거룩하라는 요구에는 우리의 교회 활동 못지않게 경제적 결정도 포함된다.

1. 안식년(25:1-7)

이 장은 희년이 아니라 안식년에 대한 논의로 시작한다. 7년마다 "그 땅이 쉬어 안식하게 할지니." 이 안식은 이스라엘 민족이 누렸던 매주의 안식일만큼이나 거룩한데, 이 안식년을 "여호와께 대한 안식"이라고 말씀하셨기 때문이다(4절).[2] 씨 뿌리고 가지 치고 돌보고 거두는 통상적인 활동을 1년 동안 중단하고, 그 기간에는 경작하지 않은 밭에서 산출되는 것을 먹고 살아야 했다. 여기에는 어떠한 예외도 없어서, 이스라엘에 사는 모든 사람은 안식년을 엄격히 준수해야 했다. 이스라엘의 가장들은 다른 사람에게 대신 땅을 경작하게 하여 안식년을 해결할 수 없었다.

안식년을 지킨다면 실제로는 제대로 된 수확을 다시 거두기까지 2년이 걸린다는 뜻이었다. 그들은 여섯째 해의 수확물로 그해뿐만 아니라 일곱째 해와 여덟째 해까지 견뎌야 했다.[3] 그것은 엄청난 요구였다. 그들은 어떻게 대처했을까?

---

1 C. J. H. Wright, *Ethics*, p. 201.
2 안식년은 출 23:10-11과 신 15:1-16에도 언급되어 있다. 후자는 안식년을 이스라엘 사람들이 진 채무의 면제와 관련짓는다.
3 희년에는 연속하여 2년 동안 휴경해야 했기 때문에 사정이 더 어려웠다. 20절을 보라.

식량 공급은 충분할까 아니면 고갈될까? 한 해 동안 땅의 자원을 놀리는 것보다 활용하는 것이 더 타당하지 않은가? 인간의 노력으로 문제를 해결할 수 있는데 왜 하나님을 의지하는 위험을 감수한단 말인가?

이 장 후반부에 명시되어 있듯이 안식년에는 여러 목적이 있었다. 안식년은 이스라엘이 땅을 지나치게 경작하여 황량한 건조 지대로 변하는 것을 막고 땅이 자연스럽게 다시 회복되게 했다.[4] 또한 사람들에게 한 해 동안 휴식하면서 다른 일을 할 수 있는 자유를 제공했다. 그러나 안식년에는 그보다 더 깊은 목적들도 있었다. 땅은 하나님의 것이고, 그분이 택하신 대로 땅의 용도를 결정하는 것은 그분의 권리였다(23절). 세상을 창조하실 때 칠 일째에 안식하셨던 하나님은 그분의 땅이 같은 특권을 누리기를 원하신다. 땅뿐 아니라 이스라엘 백성도 하나님의 소유였기에 그분은 자신이 그들을 돌볼 것이라고 약속하신다. 관건은, 이스라엘이 언뜻 보기에 터무니없는 이런 명령에 순종하여 그분에 대한 신뢰를 보여주느냐 하는 것이었다. 안식년 중의 안식년인 희년이 되었을 때 그 약속을 믿기란 훨씬 더 어려웠다. 그러나 하나님은 희년을 언급하면서 이렇게 약속하셨다. "내가 명령하여 여섯째 해에 내 복을 너희에게 주어 그 소출이 삼 년 동안 쓰기에 족하게 하리라. 너희가 여덟째 해에는 파종하려니와 묵은 소출을 먹을 것이며 아홉째 해에 그 땅에 소출이 들어오기까지 너희는 묵은 것을 먹으리라"(21-22절). 그들은 이 말씀을 그대로 믿었을까?

이 율법은 오늘날 그리스도인들에게 두 가지 문제를 제기한다. 첫째, 하나님의 백성인 우리는 환경을 돌보아야 한다. 우리의 생활 방식은 이 땅이 하나님의 땅이며 예수님이 그 땅을 다스리시는 주님이라는 우리의 신앙을 반영해야 한다.[5] 따라서 우리는 단기적이고 이기적인 이득이 아니라 이후 세대의 유익을 위해 건강하게 회복될 수 있는 방식으로 자원을 현명하게 사용하기 위해 최선

---

[4] Levine, pp. 170, 272. 그는 이 규례가 원예농업에 제공하는 이점을 지적한다. 안식년은 특히 관개 시설이 없는 토양에 알칼리, 나트륨, 칼슘 성분이 증가하는 것을 막는다. 현대 농법은 토양을 회복하기 위해 다른 기술들을 도입했다.
[5] 골 1:15-17.

을 다해야 한다. 또한 우리는 환경보호를 주장하는 사람들을 가장 열렬히 후원하는 사람들이 되어야 한다.

둘째, 이 율법은 이스라엘 사람들에게 그랬듯이 우리가 어디에 진정한 신뢰를 두고 있는지 질문하도록 도전한다. 앞으로 우리의 필요를 공급하실 살아계신 하나님의 능력에 진정으로 우리의 안전을 맡기는가, 아니면 우리가 쌓아놓은 연금과 보험과 건물에 의지하는가? 리처드 포스터(Richard Foster)는 "우리에게 신성한 중심이 없기 때문에 안정감을 얻으려고 미친 듯이 물질에 집착하게 된다"[6]고 말했다. 그는 자신이 서구 사회의 소유에 대한 정신병적 욕망이라고 생각하는 내용을 묘사하면서 우리가 소비 지상주의 생활 방식에 대한 죄의식을 줄이기 위해 어떻게 언어를 바꾸었는지 지적한다. "우리는 시기심을 야망이라고 부르고, 축적을 신중함이라고 부르고, 탐욕을 근면성이라고 부른다."[7] 만일 여호와가 우리에게 물질에 대한 의존에서 자유하기 위해 일생에 한 번이 아니라 정기적 영성 훈련 수단으로 안식년을 가져야 한다고 말씀하신다면, 우리는 더 잘할 수 있을까?

2. 희년(25:8-17, 23-55)

a. 첫 공포(25:8-13)

이스라엘 백성은 일곱 차례 안식년 후에 특별한 해를 지켜야 했다. 50년마다 돌아오는 희년은 49년째 해의 휴경을 한 해 더 연장하는 것이었다.[8] 희년은 대속죄일의 나팔 소리와 함께 시작되며 "그 땅에 있는 모든 주민을 위하여 자유를 공포한다"(10절). 희년은 온 백성이 그들의 죄를 용서받고 새로 출발하는 날

---

[6] Richard Foster, *Celebration of Discipline* (London: Hodder & Stoughton, 1980), p. 70. 『영적훈련과 성장』(두란노).
[7] 같은 책, p. 71.
[8] 희년이 50번째 해인지, 49번째 해와 같은 해인지, 아니면 우리가 윤년에 2월을 29일로 계산하는 것처럼 49일 동안만 지속되는 특별히 단축시킨 해인지에 대해서는 여러 의견이 있었다. Wenham, p. 319를 보라.

에 시작되었다. 희년의 특징은 서로 긴밀히 연결된 해방과 회복이라는 사상이었다. 노동과 부채에서의 해방은 망가진 가족의 유대를 회복하고 잃어버린 재산을 다시 되찾는 것과 밀접한 관계가 있었다. 희년에는 자신의 뿌리로 돌아갈 수 있다는 희망은 어려운 시기를 보내던 많은 사람을 지탱해 주었을 것이다.

b. 초기 함의(25:14-22)

본문은 즉시 희년의 두 가지 함의를 살펴본다. 첫째는 희년이 재산권과 재산 가치에 미치는 영향이다. 14-19절은 두 희년 사이 기간에 재산(토지, 주택, 노예와 같은 자산을 말한다—역주)에 대해 지불할 가격이 다음 희년까지 남은 기간에 따라 달라진다고 설명한다. 그 기간이 길면 가격이 높아지고 짧으면 낮아진다. 이것은 희년이 되면 지난번 희년 이후 소유권이 바뀐 모든 재산이 원래 주인에게 돌아가기 때문이다. 재산 구입은 자유 보유권이 아니라 임차권을 구입하는 것과 비슷했다. 따라서 반환 날짜가 가까울수록 감소하는 방식으로 재산의 가치를 계산했다. 이 제도를 시행하면 부동산 투기를 할 여지가 없었다.

이 제도는 정치적 편의의 문제가 아니라 많은 핵심 영적 원리의 필연적 결과였다. 모든 재산은 궁극적으로 하나님의 것이었고(23절) 아무도 그것을 자기 소유물로 처리할 수 없었다. 실제로 사람들은 하나님의 은혜로운 허용으로 일정 기간만—그 기간이 길든 짧든—점유할 수 있을 뿐이었다. 그리고 공동체 연대의 원리가 있었다. 이 짧은 단락에 "이웃을 속이지 말라"는 명령이 두 번이나 나온다(14, 17절). 사람들은 어려운 시기를 맞아 생존을 위해 자기 땅을 팔아야 했던 이웃을 착취해선 안 되었다. 부채는 이스라엘의 사회적 기초와, 동등한 존재로서 서로에 대한 존경을 쉽게 약화할 수 있었다.[9] 이. 규례의 목적은 이런 일이 일어나지 않도록 하는 것이었다. 세 번째 영적 원리는 가족과 친족들에 대한 존중이다. 가문의 토지는 세대에서 세대로 전달되었으며 거의 "신성한 권리"로 간주되었다.[10] 희년에는 원래 주인에게 재산을 돌려주어서 이스라엘

---

9 Hartley, p. 424.

의 가족과 친족 구조가 손상되지 않고 유지될 수 있었다. 이 모두는 이 규례의 배경이 되는 더 큰 원리로 이어진다. 이 규례의 의도는 가난한 사람들의 희생으로 부자는 더 부자가 되고 가난한 사람은 더 가난해지는 것을 방지하는 것이다. 희년은 탐욕을 제한한다.

두 번째 함의는 앞서 언급했듯이 사람들이 희년 기간에 농사 활동을 하지 않으면서 어떻게 생계를 유지할 것인가 하는 문제다. 정상적인 안식년 주기를 따르면, 매 7년째 되는 해에는 인간이 생산하는 수확물이 없었고, 따라서 전년도 수확물로 2년을 살아야 했을 것이다. 7년째의 안식년에 이어 희년이 추가될 경우, 전년도 수확물로 3년을 살아야 했다. 18-22절은 이런 상황에 따른 두려움을 인정한다. 그러나 하나님은 그들의 필요에 충분한 수확물을 주시겠다고 약속하신다(22절). 그들은 전년도의 풍작으로 9년째 수확물을 거둘 때까지 생계를 유지할 수 있었을 것이다. 앞서 언급했듯이, 이것은 이스라엘이 언약의 하나님을 얼마나 신뢰하는지를 시험했다.

c. 신학적 기초(25:23-24)

이런 규례들의 신학적 기초는 이 장 앞부분에서 설명했다. 하나님은 모든 땅을 소유하시고 그분의 백성에게 일정한 조건 하에 임대하셨다. 땅은 결코 경쟁적인 경제 활동 수단으로 이용할 수 없었다. 이 규례는 재산의 사유권을 타당한 것으로 지지하며, 특히 가족에게 부여된 재산인 경우 더욱 그러했다. 일부 토지에 대해서는 공동 소유권을 인정하지만[11] 이것은 일반적인 경우가 아니라 예외였다. 로버트 노스(Robert North)가 지적하듯이, 사회주의는 아무도 재산을 소유하지 못한다고 말하지만 레위기의 메시지는 아무도 재산을 잃지 않을 것이라고 말한다.[12] 따라서 파산의 위험이 닥친 경우에는 재산을 다시 돌려받

---

10 C. J. H. Wright는 *God's People*, p. 119에서 이 용어를 사용한다. 그의 책은 재산권과 가족 구조가 얼마나 불가분하게 서로 결합되어 있는지 보여준다.
11 예를 들어 34절을 보라.
12 North, p. 175.

을 수 있는 길을 찾아야 했다.

d. 희년의 단계(25:25-55)[13]

희년은 경제적 곤경에 빠진 사람들을 해방시키기 위한 마지막 수단이었다. 빚은 빚진 사람들을 약하게 만들고 인간성을 말살하는 주요 악으로 간주되었다. 가능한 빨리 빚을 해결하기 위해 모든 조치를 취해야 했다. 그래서 사람들은 그 중간에라도 스스로 부채를 상환할 수 있으면 50번째 해까지 기다릴 필요가 없었다. 하지만 희년은 자유를 얻을 수 있는 모든 수단이 실패한다 해도, 일생에 적어도 한 번은 자유를 얻을 수 있다는 의미였다. 25장의 나머지 내용은 희년이 시작되기 전에 취해야 할 절차들을 제시한다. 그런데 이 명령에는 특별한 세 가지 사례, 즉 "성벽 있는 성내의 가옥"(29-31절), 레위 족속의 사례(32-34절), 이방인 종들의 사례(44-46절)에 대한 고려가 포함되어 있다. 우리는 먼저 주요 과정을 살펴보고, 그 후에 예외적인 사례로 돌아갈 것이다.

"만일 네 형제가 가난하게 되어"(25, 35, 39, 47절)라는 구절이 주요 과정을 표시해 준다. 이 과정은 처음에는 부드럽게 시작한다. 쉽게 상환할 수 있는 사소한 부채의 경우에 취해야 할 절차를 간략히 소개하고, 그다음 점차 어려운 문제를 다루면서 마지막에는 "그가 이같이 속량되지 못하면 희년에 이르러는 그와 그의 자녀가 자유하리니"(54절)라는 말씀에까지 이른다.

i. 1단계(25:25-28)

어떤 이유로든 빚을 진 이스라엘 사람들이 첫 번째로 의지할 수단은 "그가 가진 유산으로 받은 땅의 얼마를 파는" 것이었다(25절, 새번역). '공개 시장'에서 재산을 판다면, 땅은 가능한 가문 내에서 소유해야 한다는 근거에 기초하여 최대한 "가까운 친척"[14]이 그것을 사는 것이 이상적이었다. 그것이 불가능한데

---

13 다음 단락은 C. J. H. Wright, *God's People*, pp. 119-125와 *Ethics*, pp. 203-206를 따른다.
14 가장 가까운 친척은 룻 이야기에서 잘 나타나듯이 '고엘'(gōʼēl), 곧 기업을 무르는 친족이다.

채무자의 재산이 늘어나 스스로 판매한 재산을 되찾아 올 수 있는 경우에는, 언제든지 그렇게 할 권리가 있었다. 그러나 값을 깎으려고 흥정을 할 수는 없었다. 재산의 가치는 희년까지 남은 기간에 따라 정해져 있었다. 다른 모든 수단으로도 재산을 되찾지 못한 경우, 희년이 되면 그 재산은 원주인에게 돌아갔다.

ii. 2단계(25:35-38)

상황이 더 악화되어 재산 매각으로도 해결하지 못할 경우, 가까운 친족은 채무자를 품꾼으로 고용하여 그를 부양하고 또 빚을 갚도록 돈을 무이자로 빌려줄 의무가 있었다. 친족은 어떤 이유로도 친족의 불행을 이용해 영리를 취해서는 안 된다.

iii. 3단계(25:39-46)

극단적인 상황에서 가난한 사람들은 친족에게 자기 "몸"까지 팔 수 있었다(39절). 그러나 그럴 경우, 그들을 고용한 친족은 몇 가지 조건이 추가되는 것을 알아야 했다. 그들은 자신의 가문에 속한 구성원을 종이 아니라 품꾼으로 취급해야 했는데, 이는 그들에게 품삯을 주어야 한다는 뜻이 아니라 존중하여 대우해야 한다는 뜻이었다.[15] 그들을 다른 소유주에게 팔 수 없었다. 그들을 가혹하게 다루어서는—말 그대로 "등이 부러지도록 혹사해서는"—안 되었다.[16] 이런 상태는 가난한 사람의 가족 전체가 자유를 회복하는 희년까지만 지속되었다. 기업 무를 자는 가난한 아버지가 그를 섬기는 동안 태어난 자녀에 대해 소유권을 주장할 수 없었다. 이런 명령들은 친족의 강한 연대감을 다시 한 번 강조하고 기업 무를 자가 형제의 곤경을 이용해서는 안 된다는 점을 상기해 준다. 기업 무를 자는 "하나님을 경외해야" 했다(43절). 사람들은 하나님이 모든 것을

---

15 Hartley, p. 441.
16 Levine, p. 179. 물론 그런 노동은 그들이 구원받았던 이집트의 노예 상태를 상기시켜 주었을 것이다.

보고 계신다는 것을 기억함으로써 권력의 유혹에 저항할 용기를 얻고, 자신의 역할을 남용하면 벌을 면치 못한다는 것을 깨달았을 것이다.[17]

이 본문의 주요 취지는 "네 사방 이방인 중에서 취한" 종(44절)들과 이스라엘 동포에 대한 대우를 달리하는 것으로 강조된다. 이방인 종들은 다른 재산처럼 매매하고 처리하고, 자녀에게 유산으로 물려줄 수도 있었다. 그러나 이스라엘 사람들은 절대로 다른 이스라엘 사람을 노예로 삼을 수 없었다. 그런 행위는 그들 모두를 하나님의 동등한 "종"으로 만든 언약을 무의미하게 만들었다(42절).

iv. 4단계(25:47-54)

가난한 이스라엘 사람이 자신을 친족이 아니라 부유한 "거류민이나 동거인"에게 판 경우에도 속량 받을 권리를 박탈당하지 않았다(48절). 그가 자유를 얻을 수 있는 두 가지 길은 다음과 같다. 첫째, 반드시 형제가 아니더라도 그의 가까운 친족이 그 부유한 사람에게서 그를 사는 것이다(49절). 둘째, 그 노예의 상황이 바뀐 경우에는 스스로 속량할 수 있었다(49절). 속량 가격표는 다음 희년까지 남은 기간에 따라 산정되었고 흥정의 대상이 아니었다.

v. 5단계(25:54-55)

다른 방법이 모두 실패한 경우, "희년"이 해방을 알려 주었다. 실제로 희년 규례는 이보다 훨씬 더 폭넓었다. 희년은 이방인이나 일시적인 거류민들의 손에 넘어간 재산을 회복시킬 뿐만 아니라, 심지어 재산이 친족 손에 있거나 가까운 친족에 의해 속량되었다 해도 모든 재산을 원주인에게 돌려보냈다. 희년은 재산에 대한 다른 모든 해결책을 능가하는 "우선적인"[18] 요소였다.

---

17 Levine, p. 173.
18 C. J. H. Wright, *God's People*, p. 123.

e. 예외(25:32-34, 44-46)

희년 규례는 농촌 지역의 전통적 가족 토지에 적용되었지만 "성벽 있는 성내" 가옥에는 적용되지 않았다(29-31절). 이런 경우에는 가옥이 팔린 지 1년까지는 다시 살 수 있었지만 그 이후로는 "희년에라도 돌려보내지 아니할 것이니라."

레위 족속의 사례(32-34절)는 보기보다 문제가 많지만 여기서 지체할 필요는 없다.[19] 이 구절은 레위기에서 처음으로 "레위 족속"을 언급한다.[20] 레위 족속은 제사를 드릴 의무는 없었다. 그러나 그들의 지위가 명확하지는 않지만 성막에서 보조자로 일했던 것 같다.[21] 그들은 금송아지 사건 때 스스로를 구별한 결과로 하나님으로부터 축복을 받았다.[22] 본래 레위 족속은 아무 재산도 소유하지 않았지만[23] 배분 받은 48개 성읍에 살면서 주변 들판을 이용할 수 있었다.[24] 웬함은 간단한 방식으로 이 본문의 의미를 제대로 해석한다.[25] 다른 사람들이 소유한 도시의 가옥들과 달리, 레위 족속이 소유한 도시의 가옥들은 판매한 지 첫 1년 동안뿐 아니라 희년에 이르기까지 언제든지 다시 살 수 있었다. 희년이 오면 다른 성읍의 가옥과 달리 그들이 저당 잡혔던 모든 재산은 다시 그들에게 돌아갔다. 이렇게 되지 않는다면 레위인들은 결국 집을 잃고 말 것이다. 그러나 성읍 주변 들판은 "그들의 영원한 소유지"(34절)였기 때문에 팔 수 없었다.

세 번째 예외(44-46절)는 이미 앞에서 언급했듯이 토지 소유권이 아니라 종 소유권과 관련이 있다. 종이 타국인이거나 이스라엘 공동체 안에 있는 일시적 거류민인 경우에는 종을 소유하는 것을 허용했다. 이는 그들을 마치 토지 같

---

19 이 문제에 대한 논의는 Budd, pp. 352-353, and Milgrom, *Leviticus 23-27*, pp. 2202-2203를 보라.
20 히브리어 성경에서 이 책은 "그리고 그가 부르셨다"라는 첫 어구로 알려져 있다. "레위기"라는 제목은 칠십인역이 이 책에 "레위 족속에 관하여"라는 제목을 붙였기 때문에 첨가되었다. Harrison, p. 13는 이 제목이 완전히 부적절하지는 않다고 말한다. 비록 이 책이 (아론 집안) 제사장들을 위한 명령을 담고 있고 레위 족속은 여기에서만 언급되지만, "히브리인 제사장직은 기본적으로 성격상 레위 계통이었기 때문이었다"(참고. 히 7:11).
21 신 17:9, 18; 18:1은 그들이 제사장으로 간주되었음을 암시한다.
22 출 32:26-29.
23 신 10:9; 18:1.
24 민 35:1-8; 수 21:1-45.
25 Wenham, p. 321.

은 재산으로 취급한다는 뜻이며, 따라서 그들은 다른 재산처럼 자손에게 유산으로 물려줄 수 있었다.

3. 단순한 이론인가?

희년 사상은 "성경에서 가장 급진적인 사회적·경제적 사상일 것이다."[26] 희년은 투기를 배제하고 경제적 착취를 예방한다. 희년을 통해 토지 남용 중지, 부채 탕감, 본래 주인에게 토지 반환, 가족 회복, 노예제 종결이 율법 가운데 소중하게 자리 잡았다. 희년이 보여주는 해방의 선포와 정의의 정책은 출애굽처럼 이후 많은 해방 운동의 상상력에 불을 지피고 희망을 북돋워 주었다. 그런데 과연 이스라엘에서 희년이 제대로 시행되었을까?

로버트 노스는 희년에 관한 중요한 연구에서 "이후의 성경 책들이 희년의 이론과 실천에 관해 절대적으로 침묵한다"[27]라고 결론짓는다. 기껏해야 이사야 37:30에서 희년을 암시할 뿐[28] 이스라엘에서 희년을 시행했다고 분명하게 언급한 곳은 없다. 그러나 그런 증거가 없다고 해서 희년을 시행하지 않았다고 단언할 수 없다. 신구약성경에는, 무언가를 시행했다고 명시적으로 언급하지 않지만 우리가 알기로는 실제로 시행한 것들이 많다. 기업을 무르는 친족이 등장하는 룻기의 감동적인 이야기는 물론, 느헤미야 5장과 예레미야 32:6-15, 34:8-10에 희년의 일부 내용이 반영되어 있다. 그러나 이것들은 희년의 완전한 형태는 아니며, 노예 해방은 레위기의 희년 규례보다는 출애굽기 21:1-8과 신명기 15:12-18 덕분일 것이다. 선지자들은 부자와 왕족이 토지를 획득하는 것을 정죄했다.[29] 만약 이스라엘에서 희년 개념을 진지하게 받아들였다면 선지자들이 그렇게 할 필요가 없었을 것이다.

---

26 Hartley, p. 265.
27 North, p. 36.
28 C. J. H. Wright, *God's People*, p. 126, n. 9는 희년이 하나님의 명령에 대한 순종에 따라 자발적으로 이루어졌다기보다 외국의 침략으로 강요된 2년 동안의 휴경일지도 모른다고 생각한다.
29 예를 들어, 왕상 21:1-29; 사 5:8; 암 5:11; 8:5; 미 2:2.

그렇다면 희년은 이상일 뿐 현실성은 전혀 없었다는 말인가? 월터 브루그만은 이 질문에 반대한다. 희년이 실행 불가능하고 완전히 비현실적이라고 암시하는 이 질문은 이기적인 의도로 이루어질 때가 많기 때문에, 사람들이 파괴적인 경제 정책에 대한 책임을 포기하는 구실을 제공하기 때문이다. 그는 이 질문에 이렇게 대답한다. "이 본문에 관해 내가 중요하다고 판단하는 것은 이 규례를 통해 이스라엘이 그것[희년]을 주장하고 소망했다는 점이다." 희년은 이스라엘에게 자유를 위해 헌신하는 민족이라는 "근본 정체성"을 제공하며, 비록 그것이 아직 시행되지 못했을지라도 그들이 열망해야 할 목표를 그들 앞에 설정하는 비전을 제시한다.[30]

4. 지속적인 적용

이스라엘이 이 율법을 실천했는지 여부와 상관없이, 희년에 소중하게 담겨 있는 이런 원리들은 그리스도인의 삶의 많은 측면에 지속적인 의미가 있다. 존 브라이트(John Bright)는 희년이 그리스도인들에게 영구적으로 타당한 "규범적 윤리"라고 주장한다.[31]

a. 희년은 사회정의를 촉진하라고 요구한다

희년은 하나님이 가난하고 궁핍한 사람들의 요구를 옹호하신다는 점을 분명히 보여준다. 하나님은 그들의 곤경에 공감하실 뿐만 아니라 그 곤경에서 건지실 실제적인 방법을 이스라엘에 제공하신다. 그분은 자기 백성이 가난한 사람들을 포함한 모든 사람에게 긍휼을 베풀고 경제적으로 취약한 사람들을 절대 이용하지 말라고 요구하신다. 형제가 다른 형제를 노예 상태로 떨어뜨리는 것을 반대하신다. 종과 품꾼들을 무자비하게 다루는 것을 금지하신다. 가족 구

---

30 Brueggemann, *Finally*, p. 102.
31 John Bright, *The Authority of the Old Testament* (Grand Rapids, MI: Baker, 1975), p. 153.

성원의 필요에 무관심한 것을 반대하신다. 소수의 손에 재산이 집중되는 것을 단호하게 반대하신다. 부자들이 더 부유해지고 가난한 사람들이 더 가난해지는 것을 제한하신다. 모든 사업 거래를 감독하시며, 그들이 그분을 경외하는 증거를 보여주는지, 또는 자산가들이 자신이 아닌 다른 사람들을 책임질 필요가 없다고 스스로 생각하지는 않는지를 확인하기 위해 살펴보신다. 그분은 빚은 결코 탕감될 수 없다는 신념에 반대하신다. 토지와 사람을 이기적으로 착취하는 것에 이의를 제기하신다.

b. 희년은 진실한 예배를 드리라고 요구한다

레위기 25장은 정치적인 문서로, 사회적·경제적 정책 선언문 역할을 한다. 그러나 이것은 강력한 영적 문서이기도 해서, 하나님의 지문이 이 문서 곳곳에 찍혀 있다. 그분은 말씀하시며(1절), 돌보시며(17, 36, 43절), 공급하시며(21절), 소유하시며(23절), 다스리시며(55절), 희망을 주신다(54-55절). 이스라엘은 존경하고 경외하는 마음으로 그분 뜻에 순종함으로써 그분을 경외하라는 경고를 세 번 받는다(17, 36, 43절). 그들은 성소에서뿐만 아니라 경제 영역에서도 하나님을 예배해야 했다. 경제생활에서 자비를 드러내지 않는다면 성막에서 드린 모든 제사가 무익해질 것이다.[32] 우리는 삶의 모든 영역에서 하나님을 공경해야 한다.

이사야가 이 외침을 이어 가서, 당대 사람들의 껍데기뿐인 예배를 맹렬히 비난했다. 그들이 성전에서는 하나님을 구하는 척했지만 시장에서는 가난한 자들을 억압하고 있었기 때문이다.

"내가 기뻐하는 금식은
 흉악의 결박을 풀어 주며
  멍에의 줄을 끌러 주며
 압제 당하는 자를 자유하게 하며

---

[32] 호 6:6.

모든 멍에를 꺾는 것이 아니겠느냐?"[33]

로버트 노스가 주장하듯이 "모든 예배에 활력을 불어넣는 것은 자선인데, 이 행위를 통해 우리는 하나님과 이웃에 도달한다. 모든 예배는 경제적 부를 최대한 널리 배분함으로써 효력을 얻는다."[34]

c. 희년은 자비로운 삶을 추구하라고 요구한다

어떤 사람들은 희년을 개인 영성의 완전한 패러다임으로 보았다.[35] 개인 영성에 관한 이런 관점의 핵심은 서로 자비롭게 대하라는 요구다. 자비로운 생활 방식은 매우 반문화적인데, 우리 사회는 받을 자격이 있는 사람이 받고, 열심히 일한 사람이 얻고, 받은 만큼 돌려주는 사회이기 때문이다. 놀랍게도, 레위기 25장은 가난의 원인은 언급하지 않는다. 빚을 진 사람들 중에는 나태나 어리석음, 무능력 때문에 빚을 진 사람도 있었을 테고, 그런 불행에 대해 직접적 책임이 없는 사람도 있었을 것이다. 그러나 성경은 이 둘을 구별하지 않으며, 빚진 원인을 조사하지도 않는다. 가난한 사람들이 그런 곤경을 당할 만한 사람인지 아닌지와는 상관없이 희년은 그들을 위한 것이어서, 그 가족과 백성들은 그들에게 자비를 베풀어 놓아 주고 용서해 주어야 했다.

예수님은 똑같이 놀라운 방식으로 하나님을 "은혜를 모르는 자와 악한 자에게도 인자하신" 분이라고 말씀하셨고, 이에 근거하여 제자들에게 "너희 아버지의 자비로우심같이 너희도 자비로운 자가 되라"라고 가르치셨다.[36] 야고보도 자비하라는 명령을 이어받아 희년과 예수님의 가르침을 그대로 나타냈다. "너희는 자유의 율법대로 심판 받을 자처럼 말도 하고 행하기도 하라. 긍휼을

---

33 사 58:6.
34 North, p. 231.
35 Maria Harris, *Proclaim Jubilee: A Spirituality for the Twenty-first Century* (Louisville, KT: Westminster John Knox, 1996)를 보라. 그녀는 희년의 핵심 가르침에서 다섯 가지 '전통' 즉 휴경, 용서, 자유, 정의, 축제를 찾아낸다. Ross Kinsler and Gloria Kinsler, *The Biblical Jubilee and the Struggle for Life* (Marynoll, NY: Orbis Books, 1999)를 보라.
36 눅 6:35-36.

행하지 아니하는 자에게는 긍휼 없는 심판이 있으리라. 긍휼은 심판을 이기고 자랑하느니라."[37]

d. 희년은 흔들리지 않는 소망을 품으라고 요구한다

빚진 자들은 절망의 유혹을 받을 때 희년을 바라보면서 계속 소망을 품었다. 희년은 미래의 소망, 곧 여호와의 은혜의 날의 도래를 나타내는 은유가 되었다. 그때에는 눈먼 자가 보고, 듣지 못하는 자가 듣고, 다리 저는 자가 걷고, 말 못하는 자가 말하게 될 것이다.[38] 희년은 지금 우리에게도 만물이 회복될 미래의 구원을 상징하는 역할을 한다.[39] 미래를 향한 희년의 추진력은 우리로 하여금 낙심과 의심을 불러일으키는 경험을 둘러보지 않고 장래를 내다보며 소망 가운데 인내하도록 격려한다.[40] 해방의 날은 본래 숫양의 뿔로 만든 나팔을 불어서 선포했다. 마찬가지로 또 다른 나팔 소리가 우리가 해방되는 날을 공표할 것이다. "주께서 호령과 천사장의 소리와 하나님의 나팔 소리로 친히 하늘로부터 강림하시리니."[41]

e. 예수님은 희년이시다[42]

이런 희년의 원리 중 몇 가지가 예수님 안에서 한데 결합된다. 예수님이 이사야 61:1-2의 예언을 성취하기 위해 오셨다고 주장하는 "나사렛 선언"[43]은 레위기 25장의 희년 규례에서 시작된 여정의 중심에 그분을 확고하게 위치시킨다.[44]

---

[37] 약 2:12-13.
[38] 사 35:5.
[39] 롬 8:18-21; 고전 15:24-28; 골 1:20.
[40] 롬 5:3-5.
[41] 살전 4:16. 마 24:31; 고전 15:32도 보라.
[42] 배경에 관한 논의는 C. J. H. Wright, *Ethics*, p. 205-206, 특히 John Howard Yoder, *The Politics of Jesus* (Grand Rapids, MI: Eerdmans, 1972), pp. 34-40, 64-77를 보라. 『예수의 정치학』(한국 IVP).
[43] 눅 4:16-21.
[44] Joel Green은 희년이 예수님의 사역을 제한했다기보다 그분의 사역 배경이며, 예수님이 희년을 그대로 시행하셨다고 생각할 필요는 없다고 옳게 주장한다. 그의 *The Gospel of Luke*, NICNT (Grand Rapids, MI: Eerdmans, 1997), p. 212, n. 33를 보라.

이사야 61장에는 희년의 이미지가 울려 퍼진다. 기름부음 받은 자가 "여호와의 은혜의 해…를 선포할 것이다." 이 말씀은 가난한 자들에게 좋은 소식이 전해지고, 마음이 상한 자들이 위로를 받고, 갇힌 자들이 자유를 얻는다는 뜻이었다. 예수님은 그분이 오심으로 그날이 이미 왔다고 말씀하신다.

예수님은 사역 내내 그분의 주장을 입증하는 증거를 제시하셨다. 사람들은 수많은 질병과 장애, 악령, 부정, 빚과 죄에서 해방되었다. 자비와 용서가 막힘 없이 흘렀고 가난한 자를 위해 정의가 시행되었다. 그분은 국가적인 경제 구조 조정을 시작하지 않았다. 오히려 열방의 백성이 자신들을 노예로 만들고 기존의 부채를 심화하는 더 강한 세력들에게서 해방된(되는) 더 큰 희년을 시작하셨다.

희년은 하나님과 그분의 세계가 맺는 관계의 본보기다. 그 관계에서 주권자 하나님이 주도권을 쥐시고 불공정하고 죄에 얽힌 사회의 현실을 다루신다. 그분은 공동체의 연약하고 상처받기 쉬운 구성원들을 특별히 긍휼히 여기신다. 자기 백성이 그분 말씀에 순종하고 그분의 섭리를 신뢰할 것을 요구하신다. 또한 그들이 자비와 정의로 서로를 대하라고 요구하신다. 그분은 지금 우리에게 새 출발의 기회를 주시며, 그와 동시에 우리에게서 미래의 소망을 이끌어 내신다.

희년은 다음과 같은 내용을 말한다.

1. 인간과 환경의 관계: 안식과 갱신의 필요성
2. 세상에서 우리의 사명: 자유와 정의의 필요성
3. 교회 예배: 진정성과 자비의 필요성
4. 가족 관계: 긍휼과 지지의 필요성
5. 성령 안에서의 성장: 자비와 용서의 필요성
6. 구원자에 대한 믿음: 예수님을 신뢰할 필요성
7. 미래의 소망: 예수님의 재림을 고대할 필요성

22장

미래의 번영에 관한 하나님 말씀
26:1-46

이 글을 쓰는 지금 이스라엘의 장관인 나탄 샤란스키(Natan Sharansky)는 구소련 체제 하에서 수년간 투옥된 적이 있었다. 그는 석방된 후에 말하기를, 투옥 생활 내내 케이지비(KGB) 요원에게 "예"와 "아니요" 중에 어떻게 대답할지를 선택하는 것으로 하루를 시작했다고 했다. "사람들은 아침부터 저녁까지 삶의 본질 즉 빛과 어둠, 선과 악의 차이에 대해 생각합니다. 사람들은 자신이 발견한 대답들로 풍요해집니다. 이런 것들과 비교할 때 서구 세계에서 자유로운 사람들의 선택들은 약간 피상적이고 지루합니다. 어떤 신발을 살까? 어디로 휴가를 갈까?"[1]

성결 법전의 끝이 가까워지면서 이스라엘 자손—과 우리—은 냉정한 선택에 직면한다. 하나님의 백성이 해야 하는 선택은 생명의 본질, 빛과 어둠, 선과 악, 미래의 번영이나 미래의 파멸과 관련이 있다. 성경의 나머지 책들이 말하듯이, 하나님께 순종하면 보상이 있고 불순종하면 곤경과 재난이 닥칠 것이다.

---

1 *Sunday Times*, 17 July 1988.

레위기 26장은 지금까지의 내용과는 다르다.[2] 레위기의 특징인 법적·제의적 표현은 사라지고 그 자리를 '축복'과 '저주'의 언어가 차지한다. 신명기 27-29장과 비슷한 이 장의 언어와 구조는 고대 근동 지역 조약문들의 결론 부분과 같은 방식을 따른다.[3] 조약문은 통치 당사자가 언약의 세부 내용을 일단 제시한 후, 언약을 지킬 경우의 이익과 무시할 경우의 위험을 언급하면서 결론을 맺었다. 하나님은 이런 방식을 채택하여 이스라엘 민족에게 세상이 변덕스럽지도, 그들의 미래가 예측 불가능하지도 않다고 말씀하고 계신다. 예상할 수 있는 선을 따라서 세상이 돌아가고 그들의 미래가 전개될 것이다. 만물의 대주재요 이스라엘의 구원자 하나님은 그분이 하신 말씀에 신실하시기 때문이다.

메리 에반스(Mary Evans)[4]는 축복과 저주의 신학을 논하면서, 우리가 이 장을 바르게 이해하려면 명심해야 할 몇 가지 중요한 기초들을 제시했다. 그녀는 축복과 저주를 개인에게 적용하기보다는 언약 백성 전체를 대상으로 한 것으로 읽어야 한다고 설명한다. 또한 축복과 저주는 결과의 철칙을 암시하기 위한 것이 아니며, 축복과 저주에 따르는 물질적 표현은 더 깊은 것, 즉 백성과 하나님의 관계를 표현한다고 설명한다.

하나님의 언약 백성이 되는 것, 즉 하나님께 속하는 것은 축복이다. 하나님과의 관계 밖에 있는 것은 저주다. 저주도 (축복과 마찬가지로) 물질적 용어로 제시하지만, 저주를 개별 위반 사항에 일대일로 대응하는 방식으로 기계적으로 적용하려는 의도는 아닌 것 같다. 오히려 이런 저주는 하나님을 진지하게 받아들여야 하며, 그들을 위한 하나님의 뜻을 저버릴 경우 엄청나게 파괴적인 결과가 발생하며, "야웨 바깥"에 있는 것은 반드시 피해야 할 끔찍

---

2 Milgrom, *Leviticus 23-27*, p. 2274. 그는 26장이 25장과 이어지는 단위라고 주장한다. 왜냐하면 26장에는 서론에 해당하는 표현이 없고, 두 장 모두 출애굽을 언급하고 안식년에 관심을 두며, 하나님의 명령에 대한 불순종이 가차 없이 추방으로 이어진다는 단일한 주제를 공유하기 때문이다. 이것은 예리한 관찰이지만, 그럼에도 26장의 표현 방식이 26장과 앞선 내용을 구분하는 것 같다.
3 조약문 구조는 레 16장과 대응하는 신 28장에 훨씬 더 분명하게 나타난다.
4 Mary Evans, "'A Plague on Both Your Houses': Cursing and Blessing Reviewed", *Vox Evangelica* 24 (1994), pp. 77-89.

한 상태임을 보여주기 위한 것이다. 그러나 축복이 사실상 하나님의 약속에 달려 있을 뿐 율법 준수에 대한 보상으로 설명하지 않듯이, 저주 역시 엄격히 말하면 율법 위반에 대한 처벌이 아니라 하나님의 축복 바깥에 있는 결과를 설명하는 것이다.[5]

26장은 11장 이후 처음으로 "여호와께서…말씀하여 이르시되"라는 말씀으로 시작하지 않는 장이다. 26장 첫 절은 이 장과 앞서 다룬 내용을 연결하면서, 다른 이슈들을 대표하여 두어 가지 이슈를 강조한 후에 미래에 대한 약속과 경고로 나아간다. 이 장 내내 하나님은 말씀하실 때 "단순한 말씀"이 아니라 "실천적 언어" 즉 무언가를 실행하는 것을 표현하는 언어, 말씀한 내용이 이행되어 이루어지는 언어를 사용하신다. 그래서 축복을 선포할 때 축복이 뒤따르는 반면, 저주를 선포할 때는 반드시 저주가 뒤따른다. 이 장은 손쉽게 세 단락으로 나눌 수 있다. 3-13절은 순종에 수반하는 축복을 언급한다. 14-39절은 불순종에 수반하는 저주를 묘사한다. 40-45절은 죄의 고백에 수반하는 회복에 관한 내용이다. 이 단락은 하나님이 그들에 대해 주장하신 내용이 그들을 이집트에서 구원한 사실에 있음을 일깨워 주는 말씀으로 끝맺는다. "이것은 여호와께서 시내 산에서 자기와 이스라엘 자손 사이에 모세를 통하여 세우신 규례와 법도와 율법이니라"(46절)라는 마지막 구절로 성결 법전이 끝난다.

1. "너희가…을 준행하면": 순종의 축복(26:3-13)

26장 서두의 표제인 3절 이후에 나오는 축복들을 구분하는 방법에는 여러 가지가 있다. 웬함은 세 그룹(4-5, 6-10, 11-13절)[6]이 있다고 말하고, 하틀리는 네 그룹(4-5, 6-8, 9-10, 11-13절),[7] 그중에서도 밀그롬은 다섯 그룹(4-5, 6, 7-8, 9-10, 11-12절)[8]

---

5 같은 책, pp. 81-82.
6 Wenham, p. 329.
7 Hartley, p. 457.

을 각각 제시한다. 너무 세분한 것 같기도 하지만, 밀그롬 방식의 장점은 다음 단락에 분명히 제시되는 다섯 저주 그룹과 상응한다는 점이다. 이런 이유로 우리는 다섯 개로 구분하는 방식을 따르려 한다.

a. 풍요의 축복(26:4-5)

식량은 인간의 가장 기본적인 필요다. 중동의 더운 기후에서는 식량 생산에 필요한 기본 요소인 물 공급이 보장되지 않기 때문에 식량 공급이 늘 원활하지는 않았다. 두 차례의 우기는 필수였다. 가을에는 새로 파종한 땅에 물을 대기 위해 많은 비가 필요했고, 초봄에는 추수할 곡식이 무르익으려면 약간의 비가 필요했다. 하나님은 이스라엘이 그분의 언약을 지키면 "내가 너희에게 철따라 비를 주리니 땅은 그 산물을 내고 밭의 나무는 열매를 맺으리라"라고 약속하신다. 5절은 그 결과인 풍요를 묘사한다. 수확물이 아주 풍성하여 타작 기간이 끝나자마자 바로 다른 곡식을 파종하게 될 것이다.

b. 평화의 축복(26:6)

다음 약속은 "그 땅에 평화"다. 우리가 사용하는 '평화'라는 단어는 성경에서 이 단어가 뜻하는 깊은 조화와 비교할 때 매우 피상적인 이해를 떠올리게 한다. 여기서는 땅의 안전에 초점을 맞춘다. 평화의 약속이 있으면, 사람들은 하나님의 보호를 실감하고 거주지에서 발생하는 모든 위협에 대해 염려하지 않고 편안히 잠을 이룰 수 있을 것이다. 그들은 공동체 내의 분쟁으로 인한 위험이든, 그 땅을 돌아다니는 사나운 짐승들의 위험이든, 모든 위험에서 안전할 것이다. 게다가, 하나님은 "칼이 너희의 땅에 두루 행하지 아니할 것이며"라고 약속하신다. 이는 이스라엘 국경이 안전하여 침략자들이 그들의 풍성한 수확물을 망치지 못한다는 의미를 내포한다.

---

8 Milgrom, *Leviticus 23-27*, pp. 2286-2288.

c. 승리의 축복(26:7-8)

이제 하나님은 내부의 위협에서 외부의 위협으로 방향을 바꾸어, 이스라엘의 순종에 대한 보상으로 그들이 적들에게 승리를 거둘 것이라고 약속하신다. 이것은 연약한 신생국 이스라엘이 약속의 땅에 들어갈 때 그들에게 반드시 필요한 약속이었다. 그들은 적대적인 국가들에 둘러싸여 있고, 추방당한 민족들의 증오 대상이었기 때문에 자주 공격을 받고 전쟁에 휩쓸릴 것이다. 그러나 하나님은 이스라엘이 적들에게 승리를 거둘 것이라고 약속하신다. "너희 다섯이 백을 쫓고 너희 백이 만을 쫓으리니"라는 이미지에는 그들이 당할 극적인 역경과 그들이 거둘 놀라운 승리가 잘 드러나 있다. 특히 다윗과 솔로몬 통치기에 이스라엘은 그들의 상상 이상으로 이 약속이 실현되는 것을 목격했을 것이다.[9]

d. 번영의 축복(26:9-10)

하나님은 순종에 대한 보상으로 또 다른 번영의 표지를 언급하신다. 하나님은 "내가…너희를 번성하게 하고 너희를 창대하게 할 것"이라고 약속하신다. 높은 출산율과 낮은 유아사망률의 결합은 하나님의 은혜와 창조 계획에 대한 그분의 지속적인 헌신의 표시로 대가족과 강한 국가를 가져올 것이다. 이것은 하나님이 아브라함에게 하신 약속을 그대로 보여준다. 하나님은 아브라함의 자손을 크게 번성하게 하시고 그를 여러 민족의 아비로 만들겠다고 말씀하셨다. 이것은 언약 체결을 강화하는 맥락에서 이루어진 약속이기도 했다.[10]

그러나 인구 증가는 이스라엘에게 걱정거리를 유발할 수도 있었다. 인구가 그렇게 많아지면 식량 공급이 충분할까? 하나님은 이런 두려움을 잠재우시기 위해 5절의 약속을 반복하시고, 나아가 그분이 맹세한 내용을 부연하신다. 수확물이 아주 풍성하여 "너희는 오래 두었던 묵은 곡식을 먹다가 새 곡식으로 말미암아 묵은 곡식을 치우게 될 것이며." 밀그롬이 제안하듯이 10절의 의도

---

[9] 삼하 5:1-왕상 10:29.
[10] 창 17:1-8.

는 5절과의 대조다. 5절에 나오는 "풍요는 자연적이지만, 인구 증가를 고려할 때 10절에서의 풍요는 초자연적이다."[11]

e. 임재의 축복(26:11-13)

최고의 축복은 그들 가운데 하나님이 임재하시는 것이었다. 비록 성막이 그분의 거처라고 해도, 하나님은 스스로 부여한 가택연금 상태처럼 자신을 성막에 제한하지 않고 그들 가운데서 자유로이 걸어 다니실 것이다. 그분은 백성들과 함께 있는 것을 즐기시고 그들과의 관계에 자부심을 가질 수 있도록 그들의 자유를 보장하셨다. 게다가 그분의 호의를 누린 백성이 어떤지를 다른 민족들에게 보여주는 훌륭한 예로 그들을 자랑하고 싶으셨을 것이다. 이것이 그분의 계획임을 감안할 때 이스라엘은 자신들이 한때 이집트에서 종이었다는 이유만으로 자존감을 잃을 필요는 없다. 그들은 수많은 사람을 과거에 가두는 그런 피해의식을 거부해야 했다. 이집트에서 주입된 비굴한 정신에서 탈피하지 못한다면, 그들이 하나님이 행하신 일에 감사하지 않으며, 그들을 향한 그분의 지속적인 사랑과 그들을 보호하는 그분의 능력을 믿지 않음을 드러낼 뿐이었다. 하나님은 이집트에서 그들이 진 무거운 짐 때문에 생긴 구부정한 자세를 치유하셨다.[12] 이제 그들은 열방 가운데 "바로 서서" 걸어 다녀야 했다.

하나님과 동행하는 축복과 비교할 때 다른 모든 축복은 하찮았다. 아우구스티누스는 이렇게 말했다.

하나님은 누구라도 정당하게 열망할 수 있는 것 이상으로, 생명과 건강, 음식과 부, 영광과 명예, 평화와 모든 선행보다, 모든 만족의 원천일 것이다. 사도 바울이 말했듯이, 하나님은 "만유의 주로서 만유 안에 계시려 하심이라." 그분은 우리 모든 갈망의 정점이 되실 것이다. 우리의 끝없는 비전의 대상이

---

11 Milgrom, *Leviticus 23-27*, pp. 2298-2299.
12 Hartley, p. 265.

며, 결코 줄어들지 않는 사랑의 대상이며, 지치지 않는 찬양의 대상이시다.[13]

2. "너희가 내게 청종하지 아니하여…" : 불순종의 저주(26:14-29)

고든 웬함은 이렇게 쓴다. "비나 평화, 심지어 하나님의 임재라는 축복마저도 당연하게 여기기가 아주 쉽다. 그분의 섭리적 선물들이 사라질 때 삶이 어떻게 되는지를 자세히 일깨워 주는 것은 유익하다."[14] 축복보다 저주가 두 배나 더 긴[15] 의도가 바로 이것이다. 이 저주 목록은 이집트의 전염병들처럼[16] 가혹함의 강도가 점점 세지면서, 불순종의 필연적 종착역인 추방과 파괴에 이르기 전에 이스라엘에게 즉시 불순종의 길에서 떠나라고 경고한다. 이 다섯 단계 저주는 "너희가 내게 청종하지 아니하여"(14절)라는 차분한 구절로 시작한다. 하지만 이 구절 다음으로 점점 더 절박한 구절이 이어진다. "너희가 이 지경이 되어도 나의 말을 듣지 않으면…"(18절, 새번역), "너희가 나를 거슬러…"(21절), "이런 일을 당하여도…"(23절)에 이어, 마지막으로 27절에서 최후의 저주를 공포한다.

어떤 사람들은 하나님이 자기 백성을 위협해서 순종하게 할 목적으로 '강압'을 휘두르는 것으로 볼 수도 있지만, 실제로는 전혀 그렇지 않다. 오히려 이것은 하나님이 자기 백성을 성숙하고 책임 있는 도덕적 행위자로 대우하시는 방식이다. 계약서의 위약 조항을 숨겨서 거래를 성사하려는 다수의 저급한 판매원들과 달리 하나님은 그들에게 아무것도 숨기지 않으셔서 그들을 제대로 대우하시고, 처음부터 모든 것을 솔직하게 밝히신다.

우리는 하나님의 목소리를 듣지 않는 것이 재앙을 초래하는 첫 단계였다는 점에 유의해야 한다. 모세는 계속해서 하나님의 말씀을 전달했다. 이스라엘 자손은 하나님의 계시를 받고 그에 따라 살기로 언약을 맺었다는 점에서 다른

---

13 Augustine, *City of God*, 22.30, Lienhard (ed.), p. 204에 인용. 『하나님의 도성』(크리스챤다이제스트).
14 Wenham, p. 330.
15 이것은 그 시대의 다른 법적 조약문 형식과 일치한다.
16 Noth, p. 197. 정확히 일치하지는 않는다.

민족과는 구별되었다. 하나님의 백성이 된다는 것은 그들이 하나님의 말씀의 사람들이라는 의미였다. 이러한 하나님의 계시는 그들이 건강한 공동체를 세우고 개인적으로 지혜롭게 사는 데 충분했다. 그들이 청종을 거부한 것은 다른 모든 곤경의 원인이 되는 근본적인 잘못이었다.

a. 패배의 저주(26:14-17)

이스라엘이 처음 하나님을 청종하기 거부할 때 그분은 그들의 주의를 사로잡고 다시 순종하도록 하기 위해 몇 가지 징계 조치를 시작하신다. 이스라엘이 세 전장 중 한 군데 이상에서 패배를 겪게 하시는 것이 그분의 징계였다. 그들은 광야에 머물 때 여러 차례 그랬듯이[17] 몇 가지 질병에 걸려 건강을 위한 싸움에서 질 것이다. 식량을 위한 싸움에서 패배하여, 그들이 키운 곡식을 다른 민족들이 거두어 먹게 될 것이다. 자유를 위한 싸움에서 패배하여, 적들과의 전쟁에서 져서 자유를 잃고 다른 사람들의 통치를 받게 될 것이다. 각각의 경우, 불행한 사건들이 지속되는 기간은 제한되는데, 이는 그들을 다시 하나님께 돌아오게 하려는 의도였다.

b. 가뭄의 저주(26:18-20)

초기 징계로 원하는 결과를 얻지 못할 경우 하나님은 징계 수위를 높이실 것이다.[18] 하나님이 그들을 "일곱 배나 더" 징벌하겠다는 말씀은 백성을 향한 처벌 강도를 수학적으로 정확히 계산하여 적용하겠다는 의도가 아니라 강도를 상당히 높이겠다는 상징적 표현이다. 즉 "분명하게 표현할 수 없는 심판 강도의 증가를 명확한 숫자"[19]로 나타낸 것이다. 하나님은 가뭄을 보내 밭을 굳게 만드셔서 그들이 허리가 부러지도록 열심히 일해도 수확을 얻지 못하게 하신다.

---

17 예를 들어, 민 16:41-50; 21:4-9; 25:1-9.
18 18절과 28절에 나오는 히브리어 '야사르'(yāsar)는 보통 '징벌하다'로 번역하며, 이는 '징계하다'라는 뜻이다. 신 8:5을 보라.
19 Kaiser, p. 1180.

그렇게 되면 그들의 자만은 곧 시험을 받게 될 것이며, 하나님은 이를 통해 그들이 그분 앞에서 새로이 겸손해지기를 바라셨다.

c. 사나운 짐승들의 저주(26:21-22)

처음 두 저주가 첫 번째 축복을 방해했다면, 세 번째 저주는 두 번째 축복을 방해한다. 그들이 순종하면 "사나운 짐승"(6절)으로부터의 안전을 포함한 그 땅에서의 평화를 약속하셨던 하나님은 이제 이 백성이 그분 말씀을 계속해서 거역하자 축복을 거둬들이고 "들짐승"이 그들 중에 돌아다니게 하여 황폐하게 만드신다. 자녀들이 사나운 짐승에게 잡혀 끌려가 죽임을 당하고, 가축도 불구가 되고 죽을 것이다. 인구가 급감할 것이다. 엘리사의 사역 초기에, 그의 선지자 지위를 조롱한 아이들 마흔두 명이 암곰 두 마리에 무참하게 공격을 당했다. 이 비극적인 이야기는 이 저주가 실효성이 있다는 것을 구체적으로 보여준다.[20]

d. 황폐의 저주(26:23-26)

하나님의 수정 요구를 계속 거부할 경우, 그분은 더 적극적으로 징계 활동에 개입하신다. 지금까지의 저주는 "식량을 산출하고 생명을 유지하는 창조세계의 하부구조"가 그 기능을 중지했다는 점에서 자연환경의 결과로 볼 수도 있다.[21] 그러나 이제 하나님이 친히 그분의 빗나간 백성에게 개인적인 적대감을 나타내기 시작하신다. 네 번째 저주는 백성이 적들의 포위 공격을 피해 도시의 성벽 뒤에 웅크리게 될 것이라고 묘사한다. 하나님은 적에게서 보호해 주겠다는 약속을 철회하고 그들이 불순종의 결과를 직면하게 내버려 두신다. 그래서 그들은 장기간의 포위 공격으로 참혹한 삶, 곧 전염병과 굶주림을 경험하지만 구원받지 못한다. 이 저주는 네 번째 축복을 뒤집는다.

---

20 왕하 2:23-25.
21 이 문구와 개념은 Brueggemann, *Theology*, p. 540에서 가져왔다.

e. 전멸의 저주(26:27-39)

마지막 저주는 최악의 저주로, 다른 저주들이 사람들을 돌이켜 구원하는 사명을 감당하지 못할 경우에만 시행된다. 이 저주의 목적은 여전히 응징이 아니라 회복이다. 그러나 하나님의 인내가 결국 고갈되어 그분의 "분노가 이스라엘의 완고한 교만과 충돌할" 때[22] 전멸이 뒤따른다. 사람들은 적들뿐 아니라 자기 부모에게 멸망당할 텐데, 이들 부모는 생존을 위해 어쩔 수 없이 자녀를 먹게 된다(29절).[23] 우상을 섬기는 산당이 파괴된다. 한때 그들이 이방 신들에게 자기 영혼을 팔았던 그곳에 시체가 쌓일 것이다.[24] 문명이 파괴되고 성읍과 성소들이 쑥대밭이 될 것이다. 땅은 황폐해지고 사람들은 흩어질 것이다. 이런 비극적인 방식으로, 사람들이 하나님의 명령에 대적하여 그 땅에 주지 않았던 안식이 마침내 이루어지고, 그들이 "그 땅에 거주하는 동안 너희가 안식할 때에 땅은 쉬지 못하였으나 그 땅이 황무할 동안에는 쉬게 되리라"(35절).

그 땅이 파괴된 후의 사람들 운명을 이야기하는 추가 단락(36-39절)이 이어지는데, 이 내용은 생존한 남은 자들에게서 희망을 본 사람들에게서 순식간에 그 소망을 빼앗아 버린다. 생존자들은 극심한 두려움에 사로잡혀 "바람에 불린 잎사귀 소리에도 놀라 도망할" 것이다(36절). 그들은 군사 장비는 고사하고 내면의 자원이 완전히 고갈되어 어떤 적과도 맞서지 못할 것이다. 그들이 할 수 있는 일이라곤 도망가서 숨는 것뿐이다. 그들의 행동은 하나님의 축복을 아는 사람들의 특징인 "바로 서서 걷는" 모습(13절)과는 정반대일 것이다. 그 결과, 나라가 망하고도 살아남은 사람들은 "여러 민족 중에서 망하리니" 이방 땅에서 "쇠잔해질" 것이다(38-39절).

이것은 "하나님이 왜 고난을 허용하시는가?"라고 묻는 사람들에게 부분적으로나마 대답이 될 것이다.[25] 하나님은 특정 행동이 특정 결과를 거둔다고 분

---

22 Bellinger, p. 158.
23 왕하 6:28-29; 렘 19:9; 애 2:20; 4:10; 겔 5:10은 이 말씀의 성취를 보여준다.
24 Levine, p. 188. 그는 이렇게 쓴다. "이것은 매우 역설적인 말씀이다. 이스라엘의 용사와 백성은 그들이 이방 신과 우상을 숭배하여 하나님을 분노하게 한 바로 그 제단과 분향소에서 죽임을 당할 것이다."
25 Knight, p. 164.

명히 경고하셨다. 하지만 슬프게도, 이스라엘은 이런 경고는 물론이고 후대 선지자들의 경고에도 주의를 기울이지 않았다. 그들은 마침내 하나님의 인내가 다하여 파멸이라는 최후의 저주가 떨어지고 위협이 현실이 될 때까지 하나님이 그분의 저주를 점점 더 키우게 만들었다. 그때까지의 모든 징계는 예행연습에 불과했고, 실제는 훨씬 더 참혹했다. 주전 587년 예루살렘이 파괴되고 성전은 폐허가 되었다. 땅은 초토화되고 남은 사람들은 주전 582년에 포로로 잡혀갔다. 강제 추방되지 않은 사람들은 흩어졌고 이스라엘 국가는 멸망했다.[26] 여러 세대에 걸쳐 이스라엘은 추방이라는 어둡고 긴 밤을 겪었다. 하나님의 말씀(이 시기에는 은혜의 말씀이 아니라 심판의 말씀)은 또다시 사실로 입증되었다.

3. "너희가 자복하면…": 회복의 가능성(26:40-46)

하지만 저주가 하나님의 마지막 말씀은 아니다. 이스라엘이 아무리 불충해도 그들은 여전히 하나님의 언약 백성이기 때문에 하나님은 그분의 언약을 결코 저버리지 않을 것이라고 약속하신다. "내가 야곱과 맺은 내 언약과 이삭과 맺은 내 언약을 기억하며 아브라함과 맺은 내 언약을 기억하고 그 땅을 기억하리라"(42절). 이스라엘에게 죄의 빚을 지불하라고 요구하는 동안, 추방으로 인해 그 땅은 안식할 것이다. 그러나 추방 기간이 지나면 회복의 소망이 있다. 하나님은 변함없이 은혜로우시기 때문이다.

회복은 손쉽게 오지 않는다. 회복을 경험하려면 백성이 자기 죄의 심각함을 고백해야 한다. 그들은 자신의 잘못이 "배신" 죄라고 인정하라는 요구를 받는다. 그들은 자신의 주 하나님께 대항하여 반역했고, 그 반역이 의도하지 않은 부주의나 우연의 결과가 아니라 그분에 대한 깊이 뿌리박힌 "반항적" 태도의 결과이기 때문이었다(40절, 새번역). "할례 받지 아니한…마음"을 언급한 내용(41절)은 그들의 행동이 어리석게도 사실상 자신들을 언약(할례는 언약의 표시였다)

---

[26] 대하 36:15-21.

밖으로 내쳤고, 그 결과 그들이 언약의 특권에서 배제된 다른 민족과 다를 바 없게 되었음을 알게 해준다. 하나님의 은혜는 그들을 회복하기 원했지만, 그렇다고 해서 그분이 아무렇지도 않게 죄를 눈감아 주실 수 있다는 뜻은 아니었다. 다시 돌아갈 수 있는 길은 스스로를 낮추는 길뿐인데, 그들은 그 길을 통해 자신과 하나님에 대한 생각을 재고할 것이다. 그들은 하나님이 그들을 섬기기를 기대하기보다 하나님의 종으로 돌아갈 것이다. 그들은 하나님을 다시 그들의 주권자로 보좌에 앉히고 자신은 물러나서, 더 이상 스스로에게 주권을 행사하지 않을 것이다. 아울러 그들은 그분의 징계에 대해 더 이상 변명하지 않고 정당하고 마땅한 것으로 받아들이며, 자신들의 죗값을 반드시 지불해야 함을 깨달을 것이다.

그러나 하나님의 언약의 말씀이 승리할 것이다. 그분은 자기 약속을 어기시지 않고, 궁극적으로는 그분이 자기 소유로 선택하고 놀라운 능력으로 노예에서 구원한 백성을 정죄하여 완전히 파괴하시지 않을 것이다(44절). 진실로 자비가 심판을 이길 것이다.[27]

하나님의 마지막 말씀은 항상 약속과 은혜와 소망의 말씀이다. 역대기 저자는 이스라엘의 말년을 기록하면서 "하나님께서 바빌로니아의 왕을 불러다가, 자신의 백성을 치게 하셨다"[28]라고 말한다. 우리는 여기서 이야기가 다 끝났다고 생각할 수도 있다. 그러나 하나님은 아직 끝내지 않으셨고, 역대기 저자도 마지막에 희망의 메시지를 기록한다. 역대기 저자의 마지막 말은 사람들을 포로로 잡아간 바벨론 왕 느부갓네살에 대한 기록이 아니라 바사 왕 고레스에 대한 기록이었다. 고레스 왕은 사람들을 포로에서 해방시키고 예루살렘으로 다시 돌아가 하늘의 신 여호와를 위해 다른 성전을 짓게 했다.[29] 이와 유사하게, 아모스는 여덟 장에 걸쳐서 하나님의 심판의 메시지를 선포한 후 마지막에 소망의 메시지를 남긴다. 아모스가 하나님 백성의 이야기에서 상상한 마지

---

27 약 2:13.
28 대하 36:17, 새번역.
29 대하 36:23.

막 이야기는 해를 대낮에 지게 하여 백주에 땅을 캄캄하게 하는 여호와의 두려운 날[30]이 아니라, "다윗의 무너진 장막"을 일으키고 그것들의 틈을 막으며 그 허물어진 것을 일으켜 세우고 풍작의 축복이 회복되는 날[31]에 관한 내용이다. 구약성경의 마지막 말씀도 동일하다. 말라기는 하나님께 무심한 이스라엘을 정죄하고 아무도 그가 임하시는 날을 견디지 못할 것이라고 경고한 후[32]에 마지막으로 은혜의 말씀을 선포한다. 그는 징벌의 날 너머의 날을 생각한다. 그날이 오면 "공의로운 해가 떠올라서 치료하는 광선을 비추리니."[33] 하나님은 진실로 회복의 하나님이시다. 지난날 엄청난 죄를 지은 많은 사람들의 소망이 여기에 있다. 진정한 회개가 있는 곳에는 항상 새 출발이 가능하다.

4. 오늘날 "내 백성이…한다면"

축복과 저주의 내용은 신중하게 적용해야 한다. 이 본문은 하나님에 대한 순종의 보답으로 자동으로 물질적 축복을 약속하지 않으며, 하나님의 말씀에 불순종하며 사는 사람들에게 휘두를 수 있는 무기도 아니다. 하지만 몇 가지 영원한 진리를 가르쳐 준다.

이 중심 메시지는 하나님과 사이좋게 걸을 때 축복이 있으며 하나님과 멀어질 때 위험이 닥친다는 것이다. 이것은 항상 변함없는 진리다.

하나님이 복을 주시거나 심판을 행하시려고 온 민족의 일상사에 역사하신다는 개념도 늘 변함없는 진리다. 한 민족이 경험하는 평화나 번영의 정도, 또는 불행이나 고난은 **어느 정도** 그러한 하나님의 역사를 나타낼 수 있다. 그분은 미래에 행할 심판을 쌓고 계시기만 하는, 멀리 계시는 하나님이 아니다. 로마서 1:18-32은 그분의 심판이 이미 세상에 역사하고 있다고 선언한다.

---

30 암 8:9.
31 암 9:11-15.
32 말 3:2.
33 말 4:2.

예수님은 마음이 가난한 사람들, 애통해하는 사람들, 온유한 사람들, 의에 주리고 목마른 사람들, 자비로운 사람들, 마음이 청결한 사람들, 화평하게 하는 사람들, 의 때문에 박해받는 사람들이 하나님의 복을 받는다고 가르치셨다.[34] 바울이 상기해 주듯이, 우리가 경험하는 가장 큰 축복은 영적 축복, 곧 하나님과 누리는 관계에서 찾을 수 있다.[35]

새 언약에 속한 사람들은 하나님의 저주를 받지 않는다. 그리스도가 이미 십자가에서 그 몸에 저주를 짊어지셔서 그를 믿는 사람들에게서 그 저주를 영원히 제거하셨기 때문이다.[36]

그럼에도 하나님의 백성은 실제적이고 구체적인 방식으로 하나님의 징계를 경험할 수 있다. 이 징계는 그분의 궁극적인 진노나 무관심의 표시가 아니라 사랑의 표시다. 징계는 자기 백성을 올바른 길로 돌이키려는 교정 수단으로 마련되었다. 하나님이 우리를 꾸짖으실 때 우리는 어리석게도 징계를 가볍게 여기거나 낙심한다.[37] 그분의 징계는 우리에게 늘 새로운 겸손과 회개를 요구한다.

하나님의 저주는 끈질기게 하나님께 적대하며 걸어가는 사람들에게 두려움으로 남아 있다. 예수님이 저주하신 사람들 가운데는 하나님에 대한 불순종의 결과로 현세에서 부유하고 잘 먹고 행복하고 인기 있는 사람들이 있었다.[38] 그분은 위선적인 눈먼 인도자요, 사람들이 하나님을 알도록 도와주기보다는 그들의 길을 가로막는 열성적인 영적 지도자들도 저주하셨다.[39]

하나님의 저주는 실재하며 오늘날에도 세상에서 수많은 방식으로 활발하게 역사하고 있다. 로마서 1:18-32은 어떻게 "하나님의 진노가 불의로 진리를 막는 사람들의 모든 경건하지 않음과 불의에 대하여 하늘로부터 나타나는지"에 통찰을 제시한다.

---

34 마 5:3-12.
35 엡 1:3.
36 갈 3:10-13.
37 히 12:4-12.
38 눅 6:24-26.
39 마 23:1-39.

하나님의 저주는 우리가 아니라 그분이 내리시는 것이다. "원수 갚는 것이 내게 있으니 내가 갚으리라고 주께서 말씀하시니라."[40]

하나님의 마음은 여전히 회복에 있다. 그리스도 안에서 그분의 최종적인 말씀은 다시 한 번 기회를 주신다는 말씀, 새로운 시작의 말씀이다. 하나님은 그분에게서 멀리 떨어져 어둠을 경험하고 비탄에 빠진 사람들까지도 회복되기를 간절히 원하신다. 그분이 이집트에서 이스라엘을 구원하시고 이후에는 포로에서 돌아오게 하셨듯이, 여전히 억압당하는 사람들을 해방하시고 그들에게 출애굽의 경험을 주시고 그분의 은혜 가운데 회복하신다. 하나님은 자기 백성이 그분의 세계에서 "바로 서서"(13절) 걸어가기를 간절히 원하신다.

하나님의 말씀은 언약의 말씀이며, 그분은 자기 약속을 결코 잊지 않으실 것이다.

---

40 롬 12:19, 신 32:35에서 인용.

6부

봉헌 실행 지침: 하나님의 은혜에 매혹되다

27:1-34

23장

봉헌에 관한 하나님 말씀
27:1-34

레위기의 마지막 장은 다소 의외다. 앞 장에서 성결 법전의 도덕적·영적 정점에 도달한 우리는 이 장이 실망스러운 결말이라고 생각할 수 있다. 세율표만큼이나 지루하기 짝이 없어 보인다. 오히려 26장이 레위기 전체의 적절한 결론인 것 같다. 그러면 도대체 이 장은 왜 필요한가? 여기에는 성결 법전의 특징적인 언어가 나타나지 않기 때문에 대부분의 사람들은 이 장이 성결 법전의 일부가 아니라 별도로 존재했다고 믿기 쉽다. 많은 전문가들은 이 모든 요인을 종합적으로 고려하여 이 장이 나중에 레위기에 추가되었다고 생각한다.[1]

많은 사람들이 이 장을 부록이라고 말하지만,[2] 이 장의 가치를 절하하거나 그 메시지를 나중에 생각이 나서 덧붙인 이차적인 내용으로 간주해서는 안 된다.[3] 사실, 이 장은 레위기를 원점으로 되돌려 독자들은 출발했던 곳으로 다

---

[1] Budd, p. 378; Noth, p. 203. Milgrom, *Leviticus 23-27*, p. 2407-2409의 논의를 보라.
[2] Noth, p. 12; Levine, p. 192.
[3] Hartley, p. 482, and Demarest, p. 278. 두 사람은 레 27장과 레 26장이 상반된다고 본다. 26장에서는 여호와가 자기 백성에게 약속하고, 27장에서는 그 백성이 여호와께 약속한다. 두 장이 관련이 있는 것은 분명하지만 이 두 장이 짝으로 의도되지 않은 것처럼 보일 정도로 두 장의 문제가 서로 다르다.

시 돌아가게 된다.[4] 레위기는 자원제, 즉 번제와 소제와 화목제에 대한 논의에서 시작했다. 그런 다음에 비로소 의무적으로 드려야 할 제사를 논의했다. 이후로 지금까지 이 책은 이스라엘이 해야 할 일들에 주의를 기울였고, 의무가 아닌 제사나 행위에 대해서는 이따금씩 잠시 살펴보았을 뿐이었다. 그러나 이 마지막 장은 다시 돌아가서 이스라엘 사람들이 믿음과 감사의 표시로 여호와께 자원하여 드리는 재산과 사람에 대해 숙고한다.

앤드류 보나르는 레위기를 마무리하는 방법으로 이 장의 중요성을 이해하고는 이렇게 썼다. "많은 사람들이 이 마지막 장과 이전 장들의 연관성을 어렵게 생각했다. 하지만 분명한 것은 이 연결은 **감정**의 연결이라는 점이다."[5] 26장까지는 자기 백성을 향한 하나님의 마음과 뜻을 표현했다면, 27장은 백성이 하나님께 드리는 헌신을 의무 사항이나 요구된 세부적인 순종을 넘어서 마음껏 자유롭게 표현한 것이다. 연인들은 선물 주기를 즐기며, 생일이나 기념일 같은 특별한 날에만 선물을 주어야 한다고 생각하지도 않는다. 사랑하기에 즉흥적으로 아낌없이 준다. 하나님이 이스라엘을 위해 율법이라는 좋은 소식을 제시하셨으니, 하나님의 백성은 경배와 감사의 마음으로 곰곰이 생각하면서 "내게 주신 모든 은혜를 내가 여호와께 무엇으로 보답할까"[6]라고 묻고 싶지 않겠는가? 완전한 헌신 이외의 그 무엇도 이 질문에 대한 적절한 대답이 되지 못한다.

1. 하나님이 제정하신 규례(27:1-25)

성별을 표현하는 한 가지 방법은 예배자가 자기 소유물을 여호와께 "드리어" 그분 처분에 맡기고 그분을 섬기는 일에 사용하시게 하는 것이었다. 그럴 때,

---

레 27장을 레위기 전체의 결론으로 보는 설명 방식이 더 자연스러운 것 같다.
4 Balentine, p. 212.
5 Bonar, p. 493.
6 시 116:12; Bonar, p. 494.

제물에 화폐 가치를 매기고 제물이 아니라 제물의 속량 가격을 제사장에게 준다면 실제로 더 유익했을 것이다. 이 장의 주요 단락은 이런 방식으로 하나님께 서약한 재산을 돈으로 대신 내는 것에 대해 하나님이 제정하신 규례를 제시한다.

a. 사람의 봉헌(27:2-8)

한나가 사무엘을 봉헌한 것은 이런 봉헌의 전형적인 예다.[7] 한나는 여호와가 기도를 들어주신 것에 감사하여 자기 아들을 드려 엘리의 지도하에 성전에서 섬기게 했다. 여기 사용된 언어는 노예 상태의 언어를 떠올리게 한다. 다시 말해, 이렇게 봉헌된 사람은 하나님의 종이 되었다.[8] 그러나 그 의도가 아무리 진실하다 해도, 하나님께 봉헌된 사람들이 정말로 제사장에게 가서 봉사하는 것이 항상 현실적이지는 않았을 것이다. 얼마 못 가 성전에 사람이 넘치게 될 수도 있었다. 그래서 사람들의 값을 계산하여 그 돈을 제사장에게 주는 방식을 고안했다. 화폐 가격표는 다음과 같다.

1개월-5세
남자 5세겔[9]
여자 3세겔

5-20세
남자 20세겔
여자 10세겔

---

7 삼상 1:1-28.
8 Wenham, p. 338.
9 5세겔은 처음 태어난 남자의 속량 값이다. 민 18:15-16.

20-60세[10]

남자 50세겔

여자 30세겔

60세 이상

남자 15세겔

여자 10세겔

이렇게 표를 만들어 놓으니 가격 산정에 영향을 미치는 두 요인이 곧바로 분명해진다. 첫째는 사람의 나이, 둘째는 성별이다. 첫째 요인은 봉헌된 사람의 생산능력, 특히 중노동을 감당할 수 있는 능력에 따라 값이 계산되는 것을 보여준다. 완전한 노동력을 발휘할 수 있는 연령대에 도달한 사람은 아직 그렇지 못한 사람이나 힘과 활력이 줄어들고 있는 사람보다 속량 값이 더 높았다.

같은 원리가 성별에 따른 차이를 설명해 준다. 이 차이는 여자에 대한 남자의 고유한 가치에 대해서는 아무것도 말하지 않는다. 이 차이는 육체노동 중심의 경제사회에서 남녀가 기여할 수 있는 능력을 반영한다.[11] 이를 보여주는 증거는 전성기에 있는 여자가 그렇지 않은 연령 집단의 남자보다 속량 값이 더 높다는 점이다. 여자의 속량 값이 남자의 50-66퍼센트 수준이라는 것은 여자를 폄하하는 것이라기보다 "여성이 틀림없이 이스라엘 노동력에서 꼭 필요하고 강력한 요소로 간주되었음"[12]을 보여준다. 남녀 차이에 대한 이런 해석은 더 폭넓은 맥락과도 부합한다. 그 외의 면에서 여성은 남성과 똑같이 평가되었고, 한 가지 경우에는 더 높게 평가되었다. 여자들은 봉헌물을 드릴 수 있었고, 또 남자와 똑같이 봉헌물의 주체가 될 수 있었다. 해리스는 신부는 반드시 돈을 주고 사야 하지만 신랑은 그렇지 않았다고 대수롭지 않게 지적한다.

---

10 20세는 이스라엘의 징집 연령이었다. 민 1:3.
11 Budd, p. 381; Levine, p. 193; Wegner, p. 43.
12 Milgrom, *Leviticus 23-27*, p. 2372.

그러나 이것은 남녀의 가치에 대해서는 아무것도 말해 주지 않았다.[13]

여기 기록된 평가액은 높은 수준이다. 월터 카이저에 따르면, 보통 사람의 한 달 수입은 1세겔 정도였다. 따라서 가장 낮은 속량 값이 세 달치 임금이고, 가장 높은 속량 값은 4년 치 임금보다 더 많았다. 이 속량 가격표는 경솔한 서원을 막아 주었을 텐데, 아마도 그것이 이 속량 가격표의 목적이었을 것이다.

이런 높은 가격은 언급할 가치가 있는 이 규정의 또 다른 특징으로 이어진다. 이것은 자원하여 드리는 봉헌물이기에, 하나님은 다른 자원제들의 경우처럼 "정한 값을 감당하지" 못하는 사람들이 제사를 드리지 못하는 일이 없도록 배려하신다(8절). 이를테면 그들의 은행 잔고가 부족하더라도 마음의 태도는 받아주실 수 있었다. 그래서 제사장들은 예배자와 상의하여 그가 지불할 수 있는 가격을 부과했다. 가난한 사람들의 봉헌은 부자들의 봉헌과 똑같이 환영받았으며, 하나님은 그런 메시지를 이스라엘에게 전달할 수 있는 길을 마련하셨다.

b. 짐승의 봉헌(27:9-13)

봉헌물이 짐승인 경우에 명심해야 할 요소가 몇 가지 있었다. 첫째(9-10절), 예배자는 성급하게 서원했다가 나중에 후회하지 않도록 주의해야 했다. 그들은 완전한 예물을 서원했다가, 나중에 너무 성급했다고 생각하고 질이 낮은 예물로 바꿀 수 없었다. 이런 허점을 쉽게 예방하는 방법은 그렇게 하려고 시도하는 사람들이 본래 서원한 짐승과 그들이 입막음을 하려고 제사장에게 주려한 다른 짐승을 모두 몰수하도록 규정하는 것이었다.

이것은 자원하는 봉헌물이기 때문에 "부정한…가축"도 이 경우에는 받아들여졌다(11절). 부정한 짐승은 제물로는 바칠 수 없지만[14] 성막 주변의 다른 일, 가령 교통수단이나 물건을 운반하는 데 유용했을 것이다.

---

13 Harris, p. 650.
14 NIV에서 "여호와께 예물로 드리지 못할 가축"이라는 구절은 아마도 "그것들은 희생 제물로 드릴 수 없을 것이다"(11절)라고 번역해야 할 것이다. 이것은 정한 짐승과 부정한 짐승의 암묵적 대조를 강조한다. Milgrom, *Leviticus 23-27*, p. 2378를 보라.

하지만 많은 경우에 봉헌자들은 짐승보다는 돈을 드리려 했을 것이며, 그럴 때 제사장이 그 값을 평가하고 봉헌자는 속량 값으로 그 값과 "정한 값에 그 오분의 일"을 더하여 지불해야 했다(13절). 제사장들은 심판 역할을 했으며 심판의 결정에 대해서는 어떤 호소도 통하지 않았다.

c. 집의 봉헌(27:14-15)

희년법(25:25-34)을 고려할 때, 집에 대한 언급은 조상에게 물려받은 가문의 부동산이 아니라 성읍에 있는 가옥의 봉헌을 말하는 것이 확실하다. 이런 집들을 제사장들에게 주면, 그들은 원하는 대로 자유롭게 사용할 수 있었다. 봉헌자가 나중에 그 집을 무르기 원할 경우에는 짐승의 경우와 동일한 절차를 거쳤다. 제사장은 집의 가격을 정하고 그 가격에 20퍼센트를 더하여 속량 값을 계산했다.

d. 토지의 봉헌(27:16-25)

토지 봉헌은 두 가지 형태를 예상할 수 있다. 유산으로 물려받은 밭(16-20절)과 그 외에 다른 사람에게서 구입한 밭(22-25절)을 봉헌할 수 있다. 이 규례는 희년법에 대한 인식을 보여주며, 희년 규례를 언급하지는 않지만 희년과 관련하여 규정된 권리와 책임이 여기서 언급하는 내용보다 우선함을 전제하는 것이 틀림없다. 하지만 토지 소유주는 제사장들이 밭의 산물을 얻을 수 있도록 자기 밭을 여호와께 봉헌할 수 있었다. 토지 가격은 땅에 필요한 씨앗의 양[15]과, 다음 희년까지 몇 년이 남았는지에 따라 결정된다. 희년에 토지를 봉헌했다면 가격이 고정되었다. 주인이 땅을 돌려받아서 직접 사용하고 싶으면 제사장이 정한 가격에 추가로 20퍼센트를 더하여 지불해야 했다. 이렇게 하도록 강하게 권고하는 이유는 다음 희년까지 그렇게 하지 않을 경우 토지 소유권이 영구적으

---

15 "땅에 필요한 씨앗의 양"이 땅에 뿌릴 씨앗 또는 땅에서 거둘 수확물 중 어느 것을 가리키는지에 대해서는 논란이 있다. Hartley, pp. 482-483, and Wenham, p. 340를 보라.

로 제사장들 소유가 되어—"여호와께 바친"(21절)—성물이 되기 때문이다. 이런 규례의 목적은 성막에 손해를 끼치지 못하도록 토지 주인들의 약삭빠른 행위를 막기 위해서였다.

상속받은 땅이 아니라 구입한 땅을 봉헌할 수도 있지만, 이 경우에는 희년이 되면 그 땅을 원주인에게 돌려주었다. 이런 땅을 봉헌한 경우, 제사장이 정한 값을 주고 즉시—"값을 정한 돈을 그날에…드려"(23절)—되돌려 받을 수 있었다. 이때 제사장은 희년까지 남은 기간을 고려하여 값을 정했으며 가산금은 부과하지 않았다.

값은 성소 화폐로 계산했다(25절). 세겔은 주조된 통화가 아니라 무게 단위를 가리켰는데, 그 무게는 은 11.5그램(1온스의 절반에 조금 못 미친다)이었다.

2. 하나님이 부과하신 제한(27:26-34)

이 장 전반에 걸쳐 하나님께 자원 예물을 드리는 것에 대해 염려하는 기운이 엿보인다. 우리는 종교적 감정이 고양된 상태에서 의식이나 축제 도중 그런 흐름에 휩쓸려 성급하게 서원했다가 나중에 후회하기 쉽다. 진정한 감정이 과시용 허세로 변질되기란 또 얼마나 쉬운가. 하나님에 대한 헌신을 증명하(고 스스로 그런 헌신을 확인하)고픈 노력으로, 우리는 과도한 행동[16]을 하고 싶은 욕구의 희생물이 될 수 있다. 그런 다음 나중에야 냉정한 반성을 통해 온전한 대가를 치르지 않고도 우리가 한 약속을 지킬 수 있는 방법을 찾게 된다. 우리가 영성을 흥정하는 한 가지 방식은 예물을 이중으로 계산하여, 이미 하나님께 속한 것을 새로 드리는 자원 예물인 양 그분께 드리는 것이다. 레위기 27장의 둘째 단락은 그렇게 값을 깎아서 드리는 봉헌을 막기 위한 것이다. 여기서는 하나님이 이미 소유권을 갖고 계신 세 영역을 언급한다.

---

[16] 과도한 행동이 모두 나쁜 것은 아니다. 죄인으로 살던 여자가 예수님의 발에 값비싼 향유를 부은 것처럼 어떤 행동은 하나님의 놀라운 은혜를 진실하게 드러낸다. 눅 7:36-50.

a. 처음 난 것에 관한 제한(27:26-27)

사람이나 가축의 처음 난 것은 이미 하나님께 속한 것이다. 그러나 장자는 생후 한 달이면 다섯 세겔을 주고 반드시 되찾아야 하는 반면,[17] 가금이나 가축의 처음 난 것은 이런 방식으로 되찾을 수 없다.[18] 그것들은 이미 여호와의 소유이기 때문에 이것을 자발적인 봉헌물로 드리는 것은 사기 행위가 될 것이다. 예배자는 실제로 그것을 소유한 것이 아니기에 드릴 수도 없었다. 하지만 부정한 짐승들은 다른 범주에 속한다. 부정한 짐승의 처음 난 것을 여호와께 드려야 한다는 요구는 없기 때문에 그것을 성막에 봉헌한 다음에 돈을 주고 무를 수 있었다. 이런 예물은 진정한 헌신 행위였다.

b. 온전히 바쳐진 것들에 관한 제한(27:28-29)

가장 강력한 형태의 서원은 "온전히 바쳐진 것이나 금지된 것"[19]이었다. 만일 어떤 것을 금지했다면 그것은 영원히 성소에서만 사용하도록 양도하거나 완전히 파괴했다. 이것은 결코 값을 주고 무를 수 없었다. 29절에서 가리키는 행위는 명확하다. 다른 신들을 숭배한 사람들[20]이나 전리품[21]의 경우처럼 개인이나 공동체가 "금지" 상태가 되는 상황은 많았다. 그러나 28절에서 언급한 행위는 약간 불명확하다. 이것은 어떤 사람이 여호와가 사용하시도록 재산을 금지하겠다고 엄숙히 맹세하는 경우를 가리키는 듯하다. 외국인 노예를 의미할 가능성이 가장 높다.[22] 이런 경우, 제한한다는 것은 그러한 봉헌자가 자기 마음을 바꿀 수 없다는 말이다. 일단 무언가를 "온전히 바치면" 그것은 금지되고, 추가로 자원하는 예물인 양 무를 수 없었다. 금지된 것은 이미 여호와께 속한 것이기에 또다시 예물로 간주할 수 없다.

---

17 민 18:15-16. 앞의 각주 9번을 보라.
18 민 18:17-19.
19 Hartley, p. 484. "금지한다는 것"은 "거래를 금지"하거나 "제한"하거나, "제제 아래 둔다"는 것이다.
20 출 22:20; 신 13:12-18.
21 수 7:1-22.
22 Levine, pp. 198-199를 보라.

c. 십일조에 관한 제한(27:30-33)

곡식과 짐승의 십일조도 마찬가지다. 십일조에 관한 더 완전한 규례는 민수기 18:21-29[23]과 신명기 14:22-29에 나온다. 십일조는 여호와께 드리는 의무적인 예물이며, 여호와의 몫이기에 자원 예물로는 드릴 수 없었다.

어느 짐승이 십일조에 해당하느냐 하는 문제는 짐승들을 "목자의 지팡이 아래로" 통과하게 하여 결정하는데, 열 번째로 지나가는 짐승을 그 상태와 상관없이 선택하여 여호와의 것으로 따로 구분했다. 가축 주인이 가장 좋은 것을 갖고 여호와께 가장 약한 것을 드리려는 의도로 결과를 수정하지 못하도록, 이 절차를 엄격하게 집행하라고 명령했다. 또한 이를 확실히 방지하기 위해서 10-11절에서 언급한 동일한 방법을 적용했다. 상태가 좋은 짐승을 좋지 않은 짐승으로 바꾸려 하는 농부는 둘 다 몰수당했다.

하지만 곡식이나 과일의 십일조는 무를 수 있었다. 여기에 구체적으로 명시되어 있지는 않지만 추정컨대 제사장이 그 값을 정했을 것이다. 그 값에 20퍼센트의 가산금을 더했다(31절).

3. 하나님이 바라시는 봉헌

이 마지막 장에는 모든 시대의 하나님 백성에게 적용되는 두 가지 핵심 이슈가 나타난다.

a. 헌신의 표현

이스라엘 민족은 하나님께 감사할 것이 많다는 것을 깨달았다. 하나님은 그들을 "노예 상태에서 자유로, 슬픔에서 기쁨으로, 애통하는 상태에서 축제 상태로, 어둠에서 큰 빛으로, 속박에서 구속으로"[24] 바꾸어 주셨다. 그 후에도 그분

---

23 민 18장은 레위인들에게 십일조를 주었고, 레위인들이 다시 그 십일조의 십일조를 제사장들에게 주었다고 말한다.

은 그들의 신실한 언약의 친구로 남아서 계속해서 그들과 그들 가족을 용서하고, 인도하고, 보호하고, 공급하고, 번성하게 하며, 다스리셨다. 그들은 이 모든 것에 감사를 표현하고 싶어 했다. 이것은 그들이 율법의 요구를 초월하여 마음으로부터 자유로이 예물을 드리고 싶은 필요성을 느꼈다는 뜻이었다. 이스라엘 백성이 그런 감사를 느꼈다면, 예수 그리스도의 십자가에서 우리를 향한 하나님의 완전하고 놀라운 사랑을 보는 우리는 얼마나 더 큰 감사를 느껴야 하겠는가? 종교는 의무가 아니라 사랑의 문제여야 한다. 우리가 진정으로 십자가 희생과 은혜의 의미를 이해한다면, 우리가 드리는 헌신의 표현은 하나님이 우리에게 요구하시는 수준을 훨씬 더 능가하여 과도할 정도의 봉헌도 드릴 것이다. 우리는 그저 순종에서 합격점을 얻으려고 마지못해 헌신하지 말고, 주님을 향한 뜨거운 열정을 품어야 한다. 우리는 드리는 데 인색하지 말고 주님의 일에 관대하게, 자기를 희생하기까지 봉헌해야 한다.

그러나 헌신을 표현할 때는 현명해야 한다. 놀라운 정도로 강렬한 예배 시간에 한순간 열정에 차서 좋은 의도로 서약한 내용은 나중에도 우리 뇌리를 떠나지 않는다. 그러나 하나님께 약속했기 때문에 우리는 감히 그 말을 철회하지 못한다. 레위기 27장에 대한 주석이라고도 할 만한 전도서의 한 구절은 우리가 쉽게 빠지는 함정에 대해 경고했다.

너는 하나님의 집에 들어갈 때에 네 발을 삼갈지어다. 가까이하여 말씀을 듣는 것이 우매한 자들이 제물 드리는 것보다 나으니 그들은 악을 행하면서도 깨닫지 못함이니라.

너는 하나님 앞에서
    함부로 입을 열지 말며

---

24 유월절 의식에서. 완전한 인용문과 맥락은 Derek Tidball, *The Message of the Cross*, The Bible Speaks Today (Leicester: IVP, 2001), p. 63를 보라.

급한 마음으로 말을 내지 말라.
하나님은 하늘에 계시고
　너는 땅에 있음이니라.
　그런즉 마땅히 말을 적게 할 것이라.
걱정이 많으면 꿈이 생기고
　말이 많으면 우매한 자의 소리가 나타나느니라.

네가 하나님께 서원하였거든 갚기를 더디게 하지 말라. 하나님은 우매한 자들을 기뻐하지 아니하시나니 서원한 것을 갚으라. 서원하고 갚지 아니하는 것보다 서원하지 아니하는 것이 더 나으니 네 입으로 네 육체가 범죄하게 하지 말라. 천사 앞에서 내가 서원한 것이 실수라고 말하지 말라. 어찌 하나님께서 네 목소리로 말미암아 진노하사 네 손으로 한 것을 멸하시게 하랴. 꿈이 많으면 헛된 일들이 많아지고 말이 많아도 그러하니 오직 너는 하나님을 경외할지니라.[25]

하나님과 한 약속을 뻔뻔스럽게 취소할 수 있는 용기를 가진 사람은 거의 없을 것이다. 그러나 많은 사람들이 사전에 계획하지 않은 서약을 희석하고 성급한 약속에 대한 온전한 대가를 피하려고 좀더 미묘한 전략을 이용한다. 레위기 27장은 하나님의 백성에게서 이런 행동을 예방하려고 마련된 것이다. 재산을 무르는 규례를 언급하고 가격을 제시한다. 빠져나갈 구멍을 사전에 차단하여, 이미 하나님께 속한 것을 다시 하나님께 드리는 척하면서 면피하려는 행위를 허용하지 않는다. 말씀에 신실하신 하나님은 자기 백성도, 아무리 대가가 크고 불편을 초래하고 신중하지 못한 약속이라 해도 그 약속을 지키기를 기대하신다.

아마도 이런 이유로, 맹세하는 관습이 신약성경에 나오는데도 그런 행위를 지지하지 않았고, 아나니아와 삽비라의 비극은 하나님께 경솔하게 약속하지

---

25 전 5:1-7.

말라는 지속적인 경고 역할을 하게 되었을 것이다.[26] 신약성경이 지지하는 내용은 다음과 같다. 첫째, 아무도 정의와 긍휼이라는 더 중한 문제를 저버린 채 서원이나 십일조를 드려서는 안 되며,[27] 둘째, 앞서 보았듯이 그리스도인들은 항상 흠잡을 데 없을 정도로 진실하게 말해야 한다.[28] 여호와에 대한 우리의 헌신을 표현하는 가장 좋은 방법은 날마다 긍휼의 삶을 살고 다른 사람을 공정하게 대하며 진실하게 행동하는 데 헌신하는 것이다.

레위기의 마지막 장은 하나님에 대한 우리의 헌신은 환영할 만한 일이지만 항상 진실해야 한다고 경고한다. 그분은 우리가 우리의 봉헌 약속을 지키게 하실 것이다.

b. 관대한 드림

정의, 긍휼, 진실 같은 더 큰 가치에 헌신한다고 해서 우리가 하나님의 일에 물질적으로 드려야 할 책임을 면제해 주지는 않는다. 레위기 27장은 이스라엘 백성이 의무적인 제사에서 요구하는 것 이상을 드리고 십일조와 자원하는 경제적 봉헌을 통해 제사장들의 사역을 지원한 방법들을 이야기한다.

십일조는 의무였다. 십일조의 기원은 아브람이 잡혀간 조카 롯과 그의 소유물을 되찾아 돌아왔을 때 "그 얻은 것에서 십분의 일"을 살렘 왕이자 지극히 높으신 하나님의 제사장 멜기세덱에게 드린 일에서 찾을 수 있다.[29] 이것은 롯의 구출에 대해 아브람이 하나님께 드린 감사의 표시로, 자발적으로, 아마도 즉흥적으로 드렸을 것이다. 그 결과로 아브람은 축복을 받았다. 이 관례는 나중에 율법에 소중히 간직되었고, 모세 시대 이후로 사람들은 곡식과 열매와 짐승의 십분의 일을 여호와께 드렸다. 십일조는 성막과 제사장과 레위인들의 사역을 지탱하는 주요 수단이었다. 구약 시대가 끝날 무렵까지도, 말라기 선지

---

26 행 5:1-11; 18:18; 21:23도 보라.
27 마 23:23-24.
28 고후 1:17-20; 약 5:12. 이 책 p. 373를 보라.
29 창 14:17-20.

자는 십일조 봉헌과 하나님의 축복 사이에 밀접한 관계가 있다고 단언했다. 봉헌하지 않으면 받지 못하는 결과를 낳는다. 드림의 축복은 받음의 축복으로 이어진다.[30]

신약성경 어디에서도 십일조를 권고하지 않는다. 그러나 이런 침묵은 우리를 이 의무에서 놓아 주기보다는, 신약성경이 하나님의 사역에 드리는 것에 대해 그리스도인들에게 훨씬 더 큰 기대를 제시하는 근거를 명백하게 보여줄 뿐이다.[31] 십일조는 적어도 유대 기독교계에서는 당연한 것으로 가정했을 것이다. 그러나 그리스도인이 드리는 독특한 연보의 본질적인 원리는 십일조를 훨씬 초월한다.

바울은 고린도전서 16:1-3과 고린도후서 8장과 9장에 이 원리들을 간략하게 언급한다. 전자는 우리의 연보가 규칙적이고("매주 첫날에"), 포괄적이고("너희 각 사람이"), 계획적이고("모아 두어서"), 비례적이고("수입에 따라"),[32] 책임 있는("저축해 두십시오", 새번역) 행위라야 한다고 분명히 말한다. 후자의 풍성한 가르침에서는 다음과 같은 원리들을 선별하여 간단히 언급할 수 있다. 그리스도인의 연보는 인색한 자선이 아니다("그들이 먼저 자신을 주께 드리고", 8:5). 그리스도의 연보는 은혜의 증명이다("이 은혜에도 풍성하게", 8:7). 그리스도인의 연보는 예수님을 본받는 것이다("우리 주 예수 그리스도의 은혜를 너희가 알거니와", 8:9). 그리스도인의 연보는 자신이 가진 것을 고려한다("있는 대로 받으실 터이요", 8:12). 그리스도인의 연보는 필요를 충당하는 것을 목적으로 한다("균등하게 하려 함이니", 8:13). 그리스도인의 연보는 책임 있는 회계를 요구한다("우리가 맡은 이 거액의 연보에 대하여 아무도 우리를 비방하지 못하게 하려 함이니", 8:20). 그리스도인의 연보는 관대하다("많이 심는 자는 많이 거둔다", 9:6). 그리스도인의 연보는 자원하는 마음으로 한다("인색함으로나 억지로 하지 말지니 하나님은 즐겨 내는 자를 사랑하시느니라", 9:7). 그리스도인의 연보는 그리스도

---

30 말 3:8-12.
31 Gregory the Great(설교 40)은 이렇게 말했다. "율법이 말하는 것은 여호와의 명령보다 요구하는 바가 적다. 율법은 십일조의 봉헌을 규정했지만, 우리의 구세주는 완전한 길을 따르려는 사람들에게 모든 것을 포기하라고 명령하셨다." Lienhard (ed.), p. 204에서 인용.
32 막 12:41-44에 나오는 예수님의 가르침에도 유의하라.

인의 형편이 더 나빠지게 하지 않는다("너희가 모든 일에 넉넉하여", 9:11). 마지막으로 그리스도인의 연보는 하나님께 감사하는 결과를 낳는다("우리로 말미암아 하나님께 감사하게 하는 것이라", 9:11).

이런 가르침에 비추어 볼 때, 십일조는 아마도 그리스도인이 드려야 할 최소한의 헌금으로 간주해야 할 것이다. 하나님의 백성은 하나님이 "능히 모든 은혜를 너희에게 넘치게 하시나니 이는 너희로 모든 일에 항상 모든 것이 넉넉하여 모든 착한 일을 넘치게 하게 하려 하심이라"(9:8)라는 뜻을 알고, 불규칙하거나 감정에 이끌려서가 아니라 기도하며 신중하게 계획하고 감사하는 마음에서 우러나와 체계적으로 드리되, 드릴 수 있다면 그 이상으로 드려야 한다.

이스라엘은 하나님이 요구하신 기준에 늘 도달하진 못했다. 그러나 하나님의 은혜를 깨달았을 때는 기꺼이 넘치게 드렸다. 요아스 왕과 요시야 왕의 이야기가 보여주듯이[33] 관대한 봉헌은 종종 성전 수리와 그들 가운데 참된 종교의 부흥을 가져오는 첫 단계였다. 하나님의 백성이 드릴 때 하나님은 축복하신다. 아마도 오늘날 교회에 가장 필요한 일은 새로운 방식으로 하나님의 놀라운 은혜를 깨닫는 일일 것이다. 그럴 때면 우리도 "이 [드리는] 은혜에도 풍성해져서"[34] 하나님의 일이 부흥할 것이다.

레위기의 마지막 분위기가 우울하다고는 할 수 없다. 레위기는 백성들이 하나님께 드리는 봉헌을 언급하면서 그분의 은혜에 매료된 백성을 보여준다. 레위기는 고조된 분위기로 끝을 맺으면서, 율법이 아니라 은혜, 의무가 아니라 사랑, 고역이 아니라 감사의 신앙을 보여준다. 하나님의 백성은 거룩해지도록 해방된 사람들이었다.

---

33 대하 24:8-14; 34:9-11.
34 고후 8:7.

참고 도서

주석

Bailey, L. R., *Leviticus*, Knox Preaching Guides (Atlanta, GA: John Knox, 1987).

Balentine, S. E., *Leviticus*, Interpretation (Louisville, KT: John Knox, 2002). 『레위기』 (한국장로교출판사).

Bellinger, W. H., *Leviticus*, Numbers, New International Biblical Commentary (Peabody, MA: Hendrickson; Carlisle: Paternoster, 2001).

Bonar, A., *A Commentary on Leviticus* (1846; Edinburgh: Banner of Truth, 1996).

Budd, P. J., *Leviticus*, New Century Bible Commentary (London: Marshall Pickering, 1996).

Demarest, G. W., *Leviticus*, Communicator's Commentary (Dallas, TX: Word, 1990).

Gerstenberger, E. S., *Leviticus: A Commentary*, Old Testament Library (Louisville, KT: Westminster John Knox, 1996).

Gorman, F. H., *Leviticus: Divine Presence and Community*, International TheologicalCommentary (Grand Rapids, MI: Eerdmans, 1997).

Grabbe, L. L., "Leviticus", in *The Oxford Bible Commentary*, ed. J. Barton and J. Muddiman (Oxford: Oxford University Press, 2001), pp. 91-110.

Harris, R. L., "Leviticus", in *The Expositor's Bible Commentary* 2, ed. F. E. Gaebelein (Grand Rapids, MI: Zondervan, 1990), pp. 499-654.

Harrison, R. K., *Leviticus*, Tyndale Old Testament Commentaries (Leicester: IVP, 1980). 『레위기』(CLC).

Hartley, J. E., *Leviticus*, Word Biblical Commentary (Dallas, TX: Word, 1992). 『레위기』(솔로몬).

Kaiser, W. C., "The Book of Leviticus", in The New Interpreter's Bible 1 (Nashville, TN: Abingdon, 1994), pp. 983-1191.

Kellogg, S. H., *The Book of Leviticus*, Expositor's Bible (London: Hodder & Stoughton, 1891).

Knight, G. A. F., *Leviticus*, Daily Study Bible (Philadelphia, PA: Westminster, 1981).

Kroeger, C. C., and Evans, M. J. (eds.), *The IVP Women's Bible Commentary* (Downers Grove, IL: IVP, 2002).

Levine, B. A., *Leviticus*, JPS Torah Commentary (Philadelphia, PA: Jewish Publication Society, 1989).

Lienhard, J. T. (ed.), *Exodus, Leviticus, Numbers, Deuteronomy*, Ancient Christian Commentary on Scripture, Old Testament, 3 (Downers Grove, IL: IVP, 2001).

Mays, J. L., *Leviticus, Numbers*, Layman's Bible Commentaries (London: SCM, 1963).

Milgrom, J., *Leviticus 1-16*, Anchor Bible 3 (NewYork:Doubleday, 1991).

_____, *Leviticus 17-22*, Anchor Bible 3A (New York: Doubleday, 2000).

_____, *Leviticus 23-27*, Anchor Bible 3B (New York: Doubleday, 2001).

Noth, M., *Leviticus: A Commentary*, Old Testament Library (London: SCM, 1965).

Noordtzij, A., *Leviticus*, Bible Student's Commentary (Grand Rapids, MI: Zondervan, 1982).

Pigott, Susan M., "Leviticus", in C. Clark Kroeger and M. J. Evans (eds.), *The IVP Women's Bible Commentary* (Downers Grove, IL: IVP, 2002), pp. 50-69.

Ross, A. P., *Holiness to the Lord: A Guide to the Exposition of the Book of Leviticus* (Grand Rapids, MI: Baker, 2002).

Wegner, J. R., "Leviticus", in C. A. Newsom and S. H. Ringe (eds.), *The Women's Bible Commentary* (London: SPCK, 1992), pp. 36-44.

Wenham, G. J., *The Book of Leviticus*, New International Commentary on the Old

Testament (London: Hodder & Stoughton, 1979). 『NICOT 레위기』(부흥과 개혁사).

Wright, C. J. H., "Leviticus", in *The New Bible Commentary: Twenty-First Century Edition* (Leicester: IVP, 1994), pp. 121-157.

그 밖의 주요 인용 자료

Bauckham, R., *The Bible in Politics: How to Read the Bible Politically* (London: SPCK, 1989).

Beckwith, R. T., and Selman, M. J. (eds.), *Sacrifice in the Bible* (Carlisle: Paternoster, and Grand Rapids, MI: Baker, 1995).

Brueggemann, W., *Finally Comes the Poet: Daring Speech for Proclamation* (Minneapolis, MN: Fortress, 1989).

_____, *Theology of the Old Testament* (Minneapolis, MN: Augsburg, 1997).

Douglas, M., "The Forbidden Animals in Leviticus", *JSOT* 59 (1993), pp. 3-23.

_____, *Leviticus as Literature* (Oxford: Oxford University Press, 1999).

_____, *Purity and Danger: An Analysis of the Concepts of Pollution and Taboo* (1966; London: Routledge & Kegan Paul, 1984).

Gammie, J. G., *Holiness in Israel*, Overtures in Biblical Theology (Minneapolis, MN: Fortress, 1989).

Grabbe, L. L., "The Book of Leviticus", in *Currents in Research: Biblical Studies* 5 (Sheffield: Sheffield Academic Press, 1997), pp. 91-110.

_____, *Leviticus*, Old Testament Guides (Sheffield: Sheffield Academic Press, 1993).

Hays, J. D., "Applying the Old Testament Laws Today", *Bib Sac* 158 (2001), pp. 21-30.

Houston, W., *Purity and Monotheism: Clean and Unclean Animals in Biblical Law*, JSOT Supplement Series 140 (Sheffield: Sheffield Academic Press, 1993).

Jenson, P. P., *Graded Holiness: A Key to the Priestly Conception of the World*, JSOT Supplement Series 106 (Sheffield: Sheffield Academic Press, 1992).

Kiuchi, N., *The Purification Offering in the Priestly Literature*, JSOT Supplement

Series 56 (Sheffield: Sheffield Academic Press, 1987).

_____, "Spirituality in Offering the Peace Offering", *Tyndale Bulletin* 50.1 (1999), pp. 23-31.

The Mishnah: A New Translation, trans. Jacob Neusner (New Haven and London: Yale University Press, 1988).

North, R., *Sociology of the Biblical Jubilee* (Rome: Pontifical Biblical Institute, 1954).

Rodd., C. S., *Glimpses of a Strange Land: Studies in Old Testament Ethics*, Old Testament Studies (Edinburgh: T. & T. Clark, 2001).

Sawyer, J. F. A. (ed.), *Reading Leviticus: A Conversation with Mary Douglas*, JSOT Supplement Series 227 (Sheffield: Sheffield Academic Press, 1996).

Wright, C. J. H., *God's People in God's Land: Family, Land and Property in the Old Testament* (Grand Rapids, MI: Eerdmans, and Exeter: Paternoster, 1990).

_____, *Old Testament Ethics for the People of God* (Leicester: IVP, 2004). 『현대를 위한 구약윤리』(IVP).

Wright, D. P., *The Disposal of Impurity*, SBL Dissertation Series 101 (Atlanta, GA: Scholars, 1987).

지은이 소개

데렉 티드볼(Derek Tidball)은 런던 신학교(London School of Theology)의 총장이고, 복음주의 연맹의 회장이다. 그는 침례교 교회 두 곳에서 목회자로 섬기고 있으며, 영국 침례교단 회장을 역임했다. 저서로는 『십자가』(IVP), *Skilful Shepherds, Builders and Fools* 등이 있다.

옮긴이 소개

안종희는 서울대학교 지리학과와 서울대학교 환경대학원 환경계획학과(교통계획학 전공), 장로회신학대학교 신대원을 졸업했다. 옮긴 책으로는 『예수 혁명』, 『삶을 위한 신학』, 『은밀한 세계관』, 『화해의 제자도』, 『교실에서 하나님과 동행하십니까?』(이상 IVP), 『바이블』(지식갤러리), 『피터 드러커의 산업사회의 미래』(21세기북스), 『위닝』(알에이치코리아), 『의료 선교사 와이스 부부의 헌신』(청년의사), 『과학, 인간의 신비를 재발견하다』(시그마북스) 등이 있다.

레위기 강해

초판 발행_ 2016년 2월 25일

지은이_ 데렉 티드볼
옮긴이_ 안종희
펴낸이_ 신현기

펴낸곳_ 한국기독학생회출판부
등록번호_ 제313-2001-198호(1978.6.1)
주소_ 04031 서울 마포구 동교로 156-10
대표 전화_ (02)337-2257 팩스_ (02)337-2258
영업 전화_ (02)338-2282 팩스_ 080-915-1515
직영서점 산책_ (02)3141-5321
홈페이지_ http://www.ivp.co.kr 이메일_ ivp@ivp.co.kr
ISBN 978-89-328-1436-0 94230
ISBN 978-89-328-1073-7 (세트)

ⓒ 한국기독학생회출판부 2016

책값은 뒤표지에 있습니다.
무단 전재와 복제를 금합니다.